韶关市武江区行政区划图

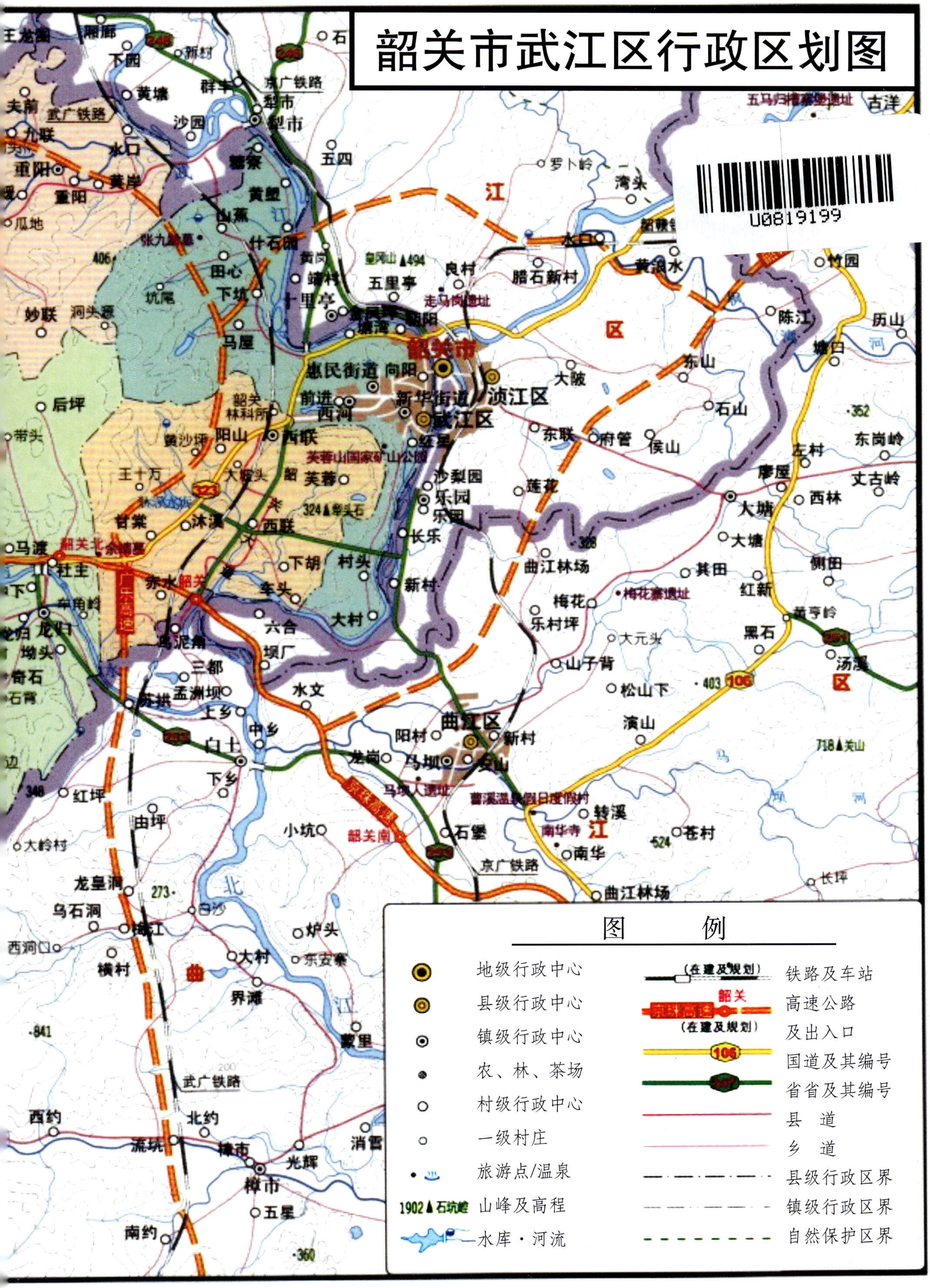

武江年鉴

2015（总第8卷）

《武江年鉴》编纂委员会　编

方志出版社
Publishing House of Local Records

图书在版编目（CIP）数据

武江年鉴．2015 /《武江年鉴》编纂委员会编．—北京：方志出版社，2015.11
ISBN 978-7-5144-1819-4

Ⅰ．①武… Ⅱ．①武… Ⅲ．①区（城市）—韶关市—2015—年鉴 Ⅳ．①Z526.53

中国版本图书馆CIP数据核字（2015）第292243号

武江年鉴（2015）

编　　者：《武江年鉴》编纂委员会
责任编辑：刘方圆
出 版 人：冀祥德
出 版 者：方 志 出 版 社
地址　北京市朝阳区潘家园东里9里（国家方志馆4层）
邮编　100021
网址　http：//www.fzph.org
发　　行：方志出版社发行中心
电话（010）67110500
经　　销：各地新华书店
印　　刷：韶关市新华宏达印务有限公司
开　　本：889×1194　1/16
印　　张：22.75
字　　数：555千
版　　次：2015年11月第1版　2015年11月第1次印刷
印　　数：001~500册
ISBN 978-7-5144-1819-4
定价：200.00元

编 辑 说 明

一、《武江年鉴》是由中共武江区委领导、区政府主持、区史志办公室组织实施、各承编单位共同参与编纂的地方综合年鉴。该书以马列主义、毛泽东思想、邓小平理论和“三个代表”重要思想为指导，深入贯彻落实科学发展观，全面、系统、准确地反映武江区自然、政治、经济、文化、社会等方面的基本情况，为读者了解和研究武江区提供基本资料。

二、《武江年鉴（2015）》采用分类编辑法。主体内容设类目、分目、条目三个结构层次，以条目为表现内容的基本形式。全书条目的标题统一用黑体加【 】表示，少数包含多方面资料的条目则在文内用楷体标题标明各段资料的主题。

三、《武江年鉴（2015）》着重反映2014年武江区各项事业发展的基本情况。全书分正文和彩页两大部分。正文内容由特载、大事记、概况、行业专文、镇（街）概况、人物荣誉、社会经济统计资料、附录等组成，共23个类目136个分目739个条目；彩页主要反映年内全区政务活动。

四、本年鉴编目设计在上一年的基础上，对部分栏目编排进行适当调整，并增加少量分目和条目，使篇目更加科学和完整。

五、本年鉴的统计数据采用法定计量单位（少量计量单位仍用“亩”、“公里”、“吨”），统计数据以武江区统计局提供的数据为准，统计局无此数据的则使用单位统计数据。

六、本年鉴撰稿人姓名在文末标出，部分特殊内容的作者在标题下方标出。

七、本年鉴的编辑出版工作在中共武江区委、区政府领导下，在各有关单位的通力合作下，依靠各单位撰稿人员共同完成，在此谨表谢意。书中难免有疏漏差错之处，敬请读者批评指正。

《武江年鉴》编纂委员会

名誉主任： 王德雄

主　　任： 黄建华

副 主 任： 孙理鸣　王敏雯　欧阳征禄

委　　员：（排名不分先后）

朱旭东　秦留柱　邓先顺　林小夏　刘　敏

邓桂生　成振铭　张思建　曹华龙　张祈俊

刘立文　韩伟强　陈雪延　李力克　潘歧亮

肖大清　方旭铭　王　鸽　彭桂珍　胡丽娟

何爱华　曾　宏　钟爱明　刘存友　梁嘉金

谢洪泉　杨　岚　龚耿岚　吕玉华　叶文辉

段锋刚　姜蕴芝

《武江年鉴》编辑部

主　　编： 欧阳征禄

副 主 编： 李卫东

编辑人员： 欧阳征禄　李卫东　董素梅　黄　敬

《武江年鉴》审稿组

组　　长： 王敏雯

副 组 长： 朱旭东　欧阳征禄　叶文辉　邱　江

成　　员： 段锋刚　刘学农　陈志坚　李惠歆　莫远媚

《武江年鉴》撰稿人员

（排名不分先后）

欧阳征禄　林雪丽　黄　平　覃　婷　禤宇萍　李　琪　麦燕玲　张　华　侯芊彤
王　莉　钟志敏　刘　琼　邓映辉　官庆添　李卫东　董素梅　罗雨霓　林基乐
王龙树　赵桂林　于方娟　朱玉娟　陈勇胜　成志军　李文杰　李旭阳　麦　娟
韦凤孝　朱　唯　曾楚钧　王　瑾　吕玉华　张志明　张益华　成燕萍　刘西中
王　敏　刘建强　曾伟虾　廖振诚　刘学农　马立峰　巫伟东　余子舒　李　虹
陈飞凤　彭　贞　甘　楠　翁一成　谢珍环　巫韶艳　王新潮　华建浩　黄　欣
刘　媚　钟卫娜　郭志东　温　碧　潘会亮　刘建庭　黄永和　黄文勇　林东韶
李林霖　廖志辉　龚　文　白玉婷　陈文利　陈志青　曾甫清　林秋苹　杨　娓
肖新桂

上级视察

1 2014年7月26日上午，十八届中央委员、广东省委副书记、省长朱小丹（左二）到芙蓉新区重点项目现场考察调研，市委书记、市人大常委会主任郑振涛（左一）陪同调研

2 2014年2月22日上午，广东省委常委、常务副省长徐少华（左二）和省直有关部门负责人到芙蓉新区重点项目现场考察调研，市委书记、市人大常委会主任郑振涛（右一），市委副书记、市长艾学峰（左一），区委书记、区人大常委会主任王德雄（右二）陪同

3 2014年4月1日，省委教育实践活动第六督导组副组长夏青（右二）到武江区检查群众路线教育活动，市委第四督导组组长市人大常委会副主任张平（左二），区委书记、区人大常委会主任王德雄（右一）陪同

1 2014年4月29日，市委书记、市人大常委会主任郑振涛（中）调研路网项目

2 2014年2月26日，市委副书记陈向新（右排中）到武江区龙归镇奇石村调研

3 2014年8月14日，市委常委、常务副市长陈波参加西河镇红星村组织生活会

4 2014年4月30日，市人大常委会副主任张平（右一）率督导组到武江区西河镇调研群众路线开展情况

5 副市长王青西（左二）到车头安置新村调研

领导政务

1 2014年1月28日，区召开武江区先进模范、优秀党员新春座谈会

2 2014年9月18日，区委书记、区人大常委会主任王德雄（左）到江湾镇调研

3 2014年5月27日，区委副书记、区长黄建华（左二），区委常委彭波（左一）现场办公，加快推进新城路网征拆工作

4 2014年12月23日，区委书记、区人大常委会主任王德雄（中）检查驻点直接联系群众工作，区委常委、组织部部长周小玥（左一），区委常委、区委办主任孙理鸣（右一）陪同

1 2014年1月3日，区委书记、区人大常委会主任王德雄（中）到西河镇检查村委换届工作，区委副书记张雯（右二），区人大常会委副主任陈雪（左二）陪同

2 2014年1月16日，区委书记、区人大常委会主任王德雄（前排右一），区委副书记、区长黄建华（前排右二），检查安全生产工作。后排右二为区委常委、常务副区长曾清兰

3 2014年2月25日，区委书记、区人大常委会主任王德雄（前排右一）到利民制药厂调研

4 2014年2月26日，区委书记、区人大常委会主任王德雄（右三）到花城社区实地办公

5 2014年3月10日，区委副书记、区长黄建华（右三）专题调研群众路线教育实践活动开展情况

6 2014年3月13日，区委书记、区人大常委会主任王德雄（前排右二），副区长刘拥军（右一）到重阳镇重阳村调研

1 2014年3月27日，区委书记、区人大常委会主任王德雄（右二）检查新区路网建设情况，区委常委彭波（左二），区委常委、区委办主任孙理鸣（右一）陪同

2 2014年5月8日，区委书记、区人大常委会主任王德雄（左二）调研市政工程建设，右二为区委常委、宣传部部长郑伟平，右一为区人大常委会副主任陈雪

3 2014年8月8日，区委副书记、区长黄建华（左二）率政府办、住建局、公路站有关人员检查落实2014年区十大民心工程——重阳陀村桥重建工程

4 2014年5月29日，武江区四套班子领导调研芙蓉新城重点项目

5 2014年4月24日，区委书记、区人大常委会主任王德雄（左三）到重阳镇察看水毁桥梁重建情况

6 2014年8月28日，人大代表视察民生实事情况

1 2014年9月30日，武江区组织机关干部参加2014年韶关市"烈士纪念日"祭奠革命先烈活动

2 2014年9月24日，区委副书记、区长黄建华到江湾镇调研特色农业

3 2014年9月11日，区委书记、区人大常委会主任王德雄（前排左二），区委副书记、区长黄建华（前排左一），检查甘棠园区和新城建设情况，区委副书记张雯（后排左一），区委常委彭波（前排右二），区委常委、区委办主任孙理鸣（前排右一）陪同

4 2014年9月25日，区委书记、区人大常委会主任王德雄（中右三），区委副书记、区长黄建华（中左二），检查广乐高速公路武江段建设情况，区委副书记张雯（左三），区委常委彭波（右三），区委常委、政法委书记曾文辉（左一），区委常委、区委办主任孙理鸣（左二）陪同

5 2014年9月10日，区委书记、区人大常委会主任王德雄（中）到区人武部检查工作，区委常委、区委办主任孙理鸣（右一），区委常委、人武部政委顾健（左二），人武部部长吴述东（左一）陪同

6 2014年9月20日，区委书记、区人大常委会主任王德雄到社区报到服务群众

1 2014年10月17日，区委书记、区人大常委会主任王德雄（中），区委副书记、区长黄建华（右二），督办新区项目建设。右一为区委常委彭波，二排右一为区政协副主席谭浩托

2 2014年12月19日，区委书记、区人大常委会主任王德雄（右二），区委副书记、区长黄建华（中）到芙蓉新区开展“每周一督查”活动。右一为区委常委彭波

3 2014年10月29日，区委书记、区人大常委会主任王德雄（左排左五）专题听取人大代表联络室工作情况汇报。

4 2014年12月8日，区委书记、区人大常委会主任王德雄（右四），区委副书记、区长黄建华（右一）督导创文工作。右三为区委常委、宣传部部长郑伟平

5 2014年12月17日，区委书记、区人大常委会主任王德雄（左三），区委副书记、区长黄建华（右二）到蝶峦、奥园项目调研。右一为区委常委、区委办主任孙理鸣

6 2014年10月29日，区委书记、区人大常委会主任王德雄（左二）调研人大代表联络室工作，左一为区人大常委会副主任王敏

会议学习

1

2

1 2014年1月22日，区委书记、区人大常委会主任王德雄主持武江区人大八届四次会议

2 2014年2月17日，区政府八届二次全会召开，区委副书记、区长黄建华讲话

3 2014年1月23日，区八届人大四次会议在区政府七楼会议厅举行，黄建华当选区人民政府区长

4 2014年1月22日政协会议闭幕，区政协主席陈坤明讲话

3

4

1 2014年1月19日，区委召开中共韶关市武江区委八届三次全体（扩大）会议

2 2014年1月21日，政协韶关市武江区八届四次会议开幕

3 2014年1月22日，区委书记、区人大常委会主任王德雄出席政协武江区八届四次会议并讲话

4 2014年2月17日，区委召开武江区党的群众路线教育实践活动动员部署会议

5 2014年1月22日，韶关市武江区第八届人民代表大会第四次会议在鸿洲体育馆开幕

1 2014年2月17日，区政府召开区政府八届二次全体会议

2 2014年2月24日，区委举行党的群众路线教育实践活动学习手册发放仪式

3 2014年3月12日，区委举办群众路线教育实践活动专题学习会

4 2014年3月13日，区委召开党的群众路线教育实践征求意见座谈会

5 2014年3月17日，区委举办群众路线教育实践活动学习交流会

6 2014年4月30日，区委举办武江区学习弘扬焦裕禄精神践行“三严三实”专题交流会

1 2014年3月25日，区委组织全区正科以上领导干部参观省反腐倡廉基地

2 2014年3月26日，召开区政协八届十次常委会议

3 2014年3月28日，区委召开武江区学习贯彻习近平总书记系列重要讲话精神及工作部署会议

4 2014年4月17日，区举办群众路线教育实践活动杨善洲专题学习会

5 2014年4月17日，区组织村社区两委干部开展反腐倡廉教育活动

6 2014年9月5日，武江区召开在职机关党员到社区报到服务群众活动动员会

1 2014年7年7月16日，区召开四套班子民主生活会

2 2014年7月24日，召开中共武江区委领导班子民主生活会情况通报会

3 2014年7月24日，市群众路线教育实践活动督导组主持召开区政府领导班子专题民主生活会情况通报会

4 2014年9月19日，区举办武江区《习近平总书记系列重要讲话读本》宣讲报告会

5 2014年10月16日，区委召开群众路线教育实践活动总结大会

6 2014年12月30日，区委举办武江区“作风建设永远在路上”警示教育会

1 2014年3月25日，区委组织全区正科以上领导干部参观省反腐倡廉基地

2 2014年3月26日，召开区政协八届十次常委会议

3 2014年3月28日，区委召开武江区学习贯彻习近平总书记系列重要讲话精神及工作部署会议

4 2014年4月17日，区举办群众路线教育实践活动杨善洲专题学习会

5 2014年4月17日，区组织村社区两委干部开展反腐倡廉教育活动

6 2014年9月5日，武江区召开在职机关党员到社区报到服务群众活动动员会

1 2014年7年7月16日，区召开四套班子民主生活会

2 2014年7月24日，召开中共武江区委领导班子民主生活会情况通报会

3 2014年7月24日，市群众路线教育实践活动督导组主持召开区政府领导班子专题民主生活会情况通报会

4 2014年9月19日，区举办武江区《习近平总书记系列重要讲话读本》宣讲报告会

5 2014年10月16日，区委召开群众路线教育实践活动总结大会

6 2014年12月30日，区委举办武江区“作风建设永远在路上”警示教育会

经济社会

1 2014年1月3日，碧桂园太阳城小学奠基

2 2014年1月23日，区委副书记、区长黄建华（右）为武江区地方公路站揭牌

3 2014年3月13日，芙蓉新城车头新村奠基仪式

4 2014年1月28日，区卫计局、食药局成立揭牌

5 2014年3月20日，区委副书记张雯（右二），区委常委、宣传部部长（右一）为武江区体育彩票工作中心揭牌

6 2014年7月4日，新华街道社区活动中心在花城社区启用

1 2014年1月26日，龙归镇龙归大桥重建竣工

2 2014年3月12日，区委书记、区人大常委会主任王德雄（左一），区委副书记、区长黄建华（中）植树节植树

3 2014年6月23日，武江区2014年广东扶贫济困日捐款启动仪式

4 2014年7月27日，武江区依法拆除违建，加快推进芙蓉北路改扩建工程建设

5 2014年8月7日，武江区国税局“广东省文明单位”揭牌仪式

6 2014年8月28日，武江区总工会“百万帮扶暖千家”暨“金秋助学”活动启动仪式

1 2014年1月1日，区政府举办迎新年倒计时晚会

2 2014年3月7日，区妇联组织举办庆“三八”广场舞比赛

3 2014年4月20日，重阳镇大夫前村村民开展“舞春牛”活动

4 2014年8月18日，龙归镇群众在龙归健身广场开展健身活动现场

5 2014年9月19日，区委宣传部、区文新局举办“革命歌曲大家唱，南粤幸福我来秀”文艺活动

6 2014年9月26日，武江区在江湾镇开展南粤幸福活动，图为文艺演出现场

1 2014年1月16日，区委书记、区人大常委会主任王德雄（右）慰问困难家庭

2 2014年1月17日，区委副书记、区长黄建华（左）慰问困难群众

3 2014年9月4日，区委书记、区人大常委会主任王德雄（中）慰问贫困户

4 2014年1月24日，区委副书记、区长黄建华（中）区委常委、区委办主任孙理鸣（左一）到江湾镇慰问贫困户

5 2014年6月27日，区委书记、区人大常委会主任王德雄（左）“七一”慰问困难党员

6 2014年7月24日，区四套班子领导慰问驻区部队

1 2014年3月20日，市科技文化卫生三下乡活动走进武江校园

2 2014年12月6日—7日，武江区组队参加2014年韶关市粤湘赣丹霞书法围棋艺术活动节

3 2014年9月9日，区委书记、区人大常委会主任王德雄（左一）开展教师节慰问活动，左二为副区长王敏雯

4 2014年9月23日，武江区开展廉政文化进校园活动现场

5 2014年11月25日，共青团区委在学校开展校园安全宣传活动

1 2014年4月25日芙蓉新城赤水新村安置房第一批分配公开抽签仪式

2 2014年10月29日，曲仁矿棚户区改造龙归社主安置房小区选房现场

3 芙蓉新城赤水新村安置房建成

4 2014年1月18日，重阳镇万侯新村建成搬迁

5 芙蓉新城一角

6 武江区大景一览

目　录

党政机关

民主党派·工商联

群众团体·社会组织

地方武装

法　治

经济管理

工 业

农·林·水

商业·贸易

财政·税务

城乡建设·公路

教育·科技

文 化

卫生·体育

社会生活

镇（街道）

人物·荣誉

统计资料

文件辑录

附　录

索　引

特　载

武江多措并举凝心聚力谋划2014

武江区加快推进新型城镇化建设

——摄于2014年1月25日

2013年对于武江区来说是不平凡的一年。面对严重的自然灾害和复杂多变的外部经济环境，武江区委、区政府按照市委、市政府的决策部署，团结和依靠全区人民，坚持城镇化和工业化“双轮驱动”战略，努力破解发展难题，全力推动全区经济社会加快发展。全年实现生产总值189亿元，同比（下同）增长11%；区级公共财政预算收入突破3亿元大关，达3.37亿元，增长21.5%。

2014年，武江区提出全区生产总值增长11%，总量突破200亿元，区级公共财政预算收入增长13%以上的经济社会发展预期目标。

数字看亮点

2013年武江区各项指标完成情况

◎全区完成国内生产总值189亿元，人均国内生产总值约6.2万元，成为全市唯一一个超过全省平均水平的县（市、区）。

◎全年实现农业增加值5.6亿元，增长4.5%；实现工业增加值83.9亿元，增长9.2%；第三产业实现增加值89.1亿元，增长13.1%，增幅排名全市前列。

◎完成固定资产投资63.8亿元，增长30%。实施重点项目39项，上报“三旧”项目42个。

◎涉及民生的支出4.3亿元，占公共财政预算支出的63.4%，增长31.7%。

加快园区建设
实现工业强区

2013年，在各方的共同努力下，武江区园区基础设施建设日臻完善。

甘棠园区建设
取得重大突破

甘棠工业园地处京港澳高速和广乐高速的交汇处，毗邻国道323线，离武广高铁韶关站和北江航道新港约3公里，交通条件非常优越，区位优势明显，已被划入芙蓉新区起步区。

园区各项基础设施配套建设包括场地平整、区域内道

甘棠产业园区进园企业数量不断增多

——摄于2014年1月25日

路、给水管网、雨水管网、污水管网、污水提升泵站、10千伏配电线路等正按计划推进。园区一期大部分基础设施工程已竣工，为企业入园动工建设奠定了坚实的基础。

据甘棠园区相关负责人介绍，2013年年底，签约企业开始批次入园，第一期36家入园企业中，首批12家企业于去年11月27日正式入园开工建设，第二批8家企业于上月紧跟着入园，其余企业也将在春节前后入园动工，园区建设取得全面突破。

发展园区经济 推动扩能增效

产业园区是推进武江区工业化进程的重要引擎。2014年，武江区将围绕“工业强区”发展战略，坚持“内提外引”优化工业结构，以现有的五大主导产业为基础，以武江科技工业园和在建的甘棠产业园为平台，努力构建武江现代工业体系，加快推进新型工业化进程。

作为武江区着力打造的工业经济发展新平台，甘棠工业园将紧紧抓住资源型城市转移、老工业基地振兴和“双转移”政策的机遇，重点发展现代环保涂料园区，培育、发展和打造华南重要的现代环保涂料生产与研发基地和现代物流中心，建成广东重要的涂料生产和研发基地。

加快产业园区扩能增效。按照“布局集中、产业集聚、土地集约、生产环保”和“城市化带动产业化、产业化促进城市化”的产城一体化原则，制定促进产业园区扩能增效工作方案，推动产业集聚，形成未来长远发展的战略局面，以进一步辐射带动周边地区的长远发展。

同时，依托已有建设基础和临近芙蓉新城及沐溪工业园的有利条件，加快园区基础设施和公共服务设施建设，形成新的工业发展平台，吸引企业入驻，发展园区经济。

优化产业结构 提升发展质量

在刚刚结束的韶关市武江区八届人大四次会议上，武江区区长黄建华代表区政府向大会作工作报告时指出，2013年是该区经济爬坡越坎、夯基蓄势、负重前行的一年。11%的增长或许并不值得骄傲，但却是全区人民共同奋斗的成绩。

农业是民生之本，国民经济之基础。武江区积极应对“5·16”“8·15”洪灾影响，迅速修复灾毁农田水利设施，加大灾后复产指导力度，较好地保证了大灾过后不减产。同时，着力推进农业现代化进程，充分挖掘农业增产、农民增收潜力，农业实现稳步增长。2013年，全区农业生产增加值达5.6亿元，增长4.5%。

在第二产业方面，武江区大力支持中省企业平稳增长，加大民营工业经济培育力度，努力破解工业经济结构失衡问题，并出台一系列激励措施，争取各类扶持资金，引导优势工业企业创新升级扩大再生产。全年新增规上工业企业7家，全区实现工业增加值83.9亿元，增长9.2%，其中，民营工业增长20%。

在推进第一、第二产业稳步发展的同时，武江区充分发挥区位优势，优化经济增长方式，坚持繁荣第三产业。在房地产、酒店商务、商贸金融、大型商场、专业市场及现代物流等重点领域，加快第三产业的培育和布局。全年新增限上企业18家，第三产业比重提升0.6个百分点。2013年，全区第三产业实现增加值89.1亿元，增长13.1%，增幅排名全市前列。

强势助推新区起步区开发建设

自2012年5月“加快芙蓉新区建设”被写入广东省第十一次党代会报告后，芙蓉新区迎来前所未有的机遇，2013年更是芙蓉新区建设全面提速的一年。1月24日，记者一行走访了芙蓉新区，了解新城的建设进展。

完成年度征拆安置任务

“这片是保利地产项目工地，那片山头是芙蓉新村安置地……”在车上，随行的武江区芙蓉新城征地办工作人员小李如数家珍般指着道路两旁的地块介绍。记者看到，这些建设项目有的正在打基地，有些已平地拔起栋栋高楼。

新区建设是省委、省政府支持粤东西北加快发展的重大战略部署，是市委、市政府建设粤北区域中心城市的重要平台，也是武江区推进新型城镇化的着力点和突破口。目前，芙蓉新区有10个项目已完成并投入使用，19个项目正在建设，11个项目即将开工建设。这些项目的顺利推进，离不开的是前期强有力的征地拆迁工作。

2013年，武江区政府克服因涉及拆迁面积大、历史遗留问题复杂、现实利益诉求多样等困难，严格执行目标责任制和工作倒逼机制，加快推进征拆安置工作，依法依规拔除“钉子户”和拆除违建抢建房屋，拔除抢种附着物，顺利完成年度征地任务。其中，芙蓉新区全年完成交地任务3500多亩。

在武广高铁韶关站西南侧记者看到，作为芙蓉新区五个村委整村拆迁安置的先行点——赤水安置新村建设工程已完成全部房屋封顶，正在进行排污、水管、道路等附属工程建设，赤水村200多户居民乔迁新居指日可待。

据了解，西联村、芙蓉新村已动工建设，车头村、下胡村安置地选址和建设工作目前也正在有序推进中。

2014年将是新区市政道路项目、公建项目、商业项目集中建设期。为了啃下征拆安置这块“硬骨头”，全力确保项目用地需求，武江区将进一步充实征拆安置工作力量，加大工作推进力度；主动与市相关部门沟通对接，妥善解决村集体经济发展用地、土地权属争议、坟墓迁移等影响交地工作的突出问题。同时，加强失地农民职业技能培训，引导扶持

拆迁安置小区环境优美

——摄于2014年1月25日

发展村集体经济，提高失地农民收入水平，并建立健全失地农民基本医疗和养老保险体系，着力解决村民社会保障问题。

推进项目建设 加快产业集聚

省委、省政府关于进一步促进粤东西北地区振兴发展的决定，在粤东西北欠发达地区掀起新一轮发展热潮。武江区全区上下统一思想，在抢抓机遇中加快发展，在开拓创新中寻求突破，把推进新区起步区建设作为当前和今后一个时期的首要任务，举全区之力打好这场攻坚战。

2014年，武江区将继续推进新区项目建设，完善新城城市功能。加快重点项目建设速度，全力跟踪和服务好新区在建和筹建的27个重点项目，掀起新一轮建设高潮。推进新区主次干道、水电气、信息等市政设施建设。加快建设新区教育、卫生、文化、娱乐等公共服务设施，完善新区城市功能。

同时，加快产业集聚，推进产城融合。坚持把产业发展、产业支撑放在城镇化的重要位置来考虑，坚持产业和城市同步发展。紧紧对接新区战略定位和产业布局，高标准编制产业发展规划，努力把产业园区打造为招商引资窗口和项目聚集平台，通过增强新区产业集聚和项目承载能力，大量吸纳劳动力就业，促进农村人口向城镇转移。

改革创新激发 经济发展后劲

“2014年全区经济发展的主要预期目标是国内生产总值增长11%，总量突破200亿元，区级公共财政预算收入增长13%以上。”

在武江区委八届三次全会上，区委书记王德雄对下一阶段工作进行部署，要求全区在2014年要把全面深化改革贯穿于经济社会发展各个领域，紧紧把握以改革促发展的主题，继续坚持城镇化和工业化“双轮驱动”战略，推进思想、体制改革；紧紧抓住芙蓉新区起步区建设，推进经济和社会发展改革；紧紧抓住群众路线教育实践活动，全力推进党的建设上新水平。

当前武江区发展面临如经济结构不优、市场体系不完善、城乡发展不平衡等矛盾和挑战。要破解以上发展难题，唯有改革。武江区将进一步提高对改革紧迫性和必要性的认识和理解，按照省委、市委的要求，结合全区实际，明确2014年和今后一个时期的改革重点，并要强化责任，抓好落实，增强全面深化改革的针对性和有效性，真正实现以改革促发展。

新的一年，武江区将紧抓省委、省政府《关于进一步促进粤东西北地区振兴发展的决定》和《广东韶关芙蓉新区发展总体规划》发布和实施的机遇，主动对接，全力配合推进园区合作开发工作，为武江经济社会发展增强后劲。

改善民生 加大民生投入 发展社会事业

1月18日，武江区重阳镇万侯村徐屋村小组重建项目博爱新村落成，43户受灾群众欢天喜地搬进新居。

据悉，2013年，武江区进一步加大民生投入，涉及民生的支出4.3亿元，占公共财政预算支出的63.4%，增长31.7%；进一步完善社会保障和救助体系，全年发放城乡低保金和各类抚恤补助金1572.9万元。区政府承诺为民办的10件实事，基本如期完成。

2014年，武江区将进一步加强和创新社会管理，扎实开展“平安武江”创建活动。完善社会保障和救助体系，确保城乡居民养老、城乡居民医疗保险的参保率和覆盖面。落实各项就业扶持政策，促进城乡劳动者就业创业。抓好社会福利、慈善、双拥、优抚安置等工作等。同时，积极谋划和落实好2014年的惠民实事项目。

2014年武江十件民生实事

●2件教育惠民实事：修建市第五中学学生宿舍楼；修建镇泰小学运动场塑胶跑道。

●1件健康惠民实事：升级改造龙归卫生院综合大楼。

●2件交通惠民实事：重建重阳大沙洲桥、陀村桥，重建江湾围坪寺前桥。

●2件生态惠民实事：开展龙归万亩高标准基本农田建设；整治沐溪水库水源地环境。

●3件宜居惠民实事：建设龙归镇全民健身广场；建设花城社区公共服务站示范点；开展芙蓉市场片区内涝整治。

加强党建“三个延伸”促党建

在过去的一年，武江区继续深入贯彻落实中央“八项规定”，在全区开展“作风、能力、实效”建设活动，通过延伸阵地、延伸对象、延伸方式三个方面打造延伸型党代表工作室，凝聚发展合力。

延伸阵地。在党代表工作室和“武江区惠民街道办事处”网络基础上，武江区延伸拓展党代表工作室网络平台，开通网上约访，让党员群众24小时可以表达诉求，让党代表与党员群众直接联系，实现无缝对接。

延伸对象。在党代表接待党员群众的基础上，以党代表牵头，会同人大代表、政协委员（简称“两代表一委员”）进驻工作室接待党员群众，进一步扩大党代表工作室的服务范围和影响力。

延伸方式。在驻室接待党员群众的基础上，结合党员挂钩联系制度，增加了入户下访的服务方式，并对党代表走访辖区党员和群众做了量化规定，要求每人每月入户下访不少于2户，为群众排忧解难。

（根据《韶关日报》文章整理）

武江区查控违建工作纪实

自去年11月该区打击“两违”建筑办公室（简称查违办）正式成立以来，该区持续强力推进拆违行动，两次获得市政府通报表扬。

武江区在查违拆违方面去年成绩如何？他们有何高招和经验？为何能在短时间内两次获得市政府通报表扬？这是记者关注的问题。据介绍，2013年，武江区坚持以苗圃基地、高铁沿线、芙蓉新城等事关城市发展和民生的区域为重点，持续保持打击“两违”的高压态势，不断加大控制和查处违法建设工作力度，着力完善查违工作机制，强化巡查密度，违法建筑查控工作取得阶段性成果。全年，该区共拆除各类违法建筑面积达136915平方米，创历年来最好成绩。

成果看台

2013年全力拆违逾13万平方米据介绍，2013年，武江区全年拆除违法建筑249宗，拆除面积136915平方米。特别是去年11月查违办成立以来，区查违办共组织、协助拆除各类违法建筑案件65宗，面积达46756平方米，超额完成市政府要求的2014年前30宗违建的拆除目标。

另外，2014年年前实施30宗“五停”“两违”建筑物工作，已按计划和程序上报，并协调相关职能部门实施。

2013年全年，武江区发出各类法律文书，包括行政处理通知书、教育改正通知书等700余份，处理投诉案件323份，立案调查87宗，发出限期拆除通知书93份。区查违办运行以来，发现并制止新建违法建筑107宗，经市相关部门进行认定，对61户违建户发出限期拆除通知书。

在大案、要案的查处上，该区全年共处理影响恶劣案件11宗，其中查处涉嫌党员干部违法违纪行为的案件3宗，查处影响铁路运营安全的违法案件5宗，查处暴力抗法案件1宗，查处惠民北路、工业东路群众投诉强烈的案件2宗。

个案展示

拆违个案一

2013年11月18日，武江区联合市城管局，组织区城管、公安、国土及西河镇等相关单位执法人员、工作人员共500多人，出动工程机械5台（套），重拳出击整治西河镇大村“两违”建筑。在确认目标建筑人员已经撤离、大件物品已经搬离的情况下，技术人员进行相关水电切断后，作业机械随之进场。行动中，该区共依法拆除“两违”建筑15处6832.35平方米，打响集中拆违工作“第一炮”。

拆违个案二

武广高铁沿线违法建筑影响铁路的运营安全，广州铁路公务段曾来函请市政府重点打击高铁沿线的违法建筑。武江区政府领导知晓后，第一时间组织区工商局、国土局、城管局、西联镇政府、高铁派出所等相关单位对违法建筑全面调查，依法核实，并派出两个工作组上门做思想工作，将拆除通知书送达到当事人手上，耐心做好相关法律法规解释工作，并于去年12月组织拆除，消除了高铁运营安全隐患。

拆违个案三

在西联镇阳山村巫某等5户违建的拆除过程中，当事人经区镇工作人员的宣传教育，主动请有资质的单位进行自拆。在两三天时间内，自拆面积达1500多平方米。此种拆违局面一定程度上缓和了政府与群众的矛盾，有利于下一步查违拆违工作的开展。

拆违个案四

工业东路违建个体自拆违建。该违建当事人于2012年建成四层框架，后一直处于停工状态。经武江区城管局前期调查，通过市职能部门认定，确认该处属于无法采取改正措施消除对规划实施影响的情形，是必须予以拆除的。为此，区查违办多次向当事人讲解城乡规划法律，宣传城乡规划建设相关知识。当事人于2013年12月已将违建全部拆除，自拆面积达1300平方米。

2013年12月19日，武江区组织开展武广高铁沿线拆违行动

加大力度　保持打击“两违”高压态势

高度重视、完善机制。与其他工作一样，领导重视同样是武江区查违拆违工作能够取得阶段性成果的政治保证。2013年，武江区委、区政府先后5次专题研究部署查违工作。自11月市政府召开查控违法建设动员大会后，区委第一时间召开会议研究部署查违。12月23日，该区再次召开常委会听取查违工作专题汇报，明确了各职能部门职责，强调“组织、任务、队伍、经费”四落实，要求公安、纪检、法院、检察院等介入督查，有效推进了查控违法建设的开展。

该区强化组织领导。成立了由区委书记任组长的查控违法建设工作领导小组，下设办公室，由区委常委任办公室主任，区城管局局长、市国土资源局武江分局局长担任副主任，抽调城管、公安、住建、国土等部门6名常驻人员合署办公。办公室设综合组、督查组、宣传组和监控组等小组，各乡镇、街道也分别成立相应机构。

层层部署、强化督导。区、镇（街）逐级召开动员会，对“打违”工作进行全面部署，区与各镇、街道及区直单位签订了责任书，明确目标责任。查违拆违领导小组会议经常开会，研究查处工作及部署强拆工作。每次集中行动，该区党政领导按分工带队指挥，并邀请人大代表、政协委员现场监督。此外，该区建立违法建筑档案管理制度。对查实确属违法建设的建立详细卷宗和影像、数据档案。

明确重点、快速反应。区查违办通过建立联合执法快速反应机制，建立投诉热线，安排城管、国土等专职人员接听和处理群众来电来访，对举报的违法建设行为，及时安排执法人员及查违专业队赶赴现场查处。该区组建了50人的拆除违法建筑专业队伍，执法专业设备配套齐全，小型的拆违工作由查违队伍自行组织；对大型的拆违，查违队伍协助专业队伍在现场清理、维持秩序。同时，该区突出夜间、节假日等薄弱时段的巡查，对重点地段及有违法建设苗头的区域予以重点看守，确保不出现新的违法建设。在执法过程中，做到一调查、二取证、三劝导、四制止。特别是对群众反映强烈、影响城市建设和发展的违法建设进行重点拆除。

惩防并举、注重宣传。该区充分利用新闻媒体进行广泛宣传，并及时张贴相关通告。在13台城管执法车上安装了查违打违广告，安装了宣传广播，将查违拆违的目的、意义和政策告知广大市民。2013年11月以来，在各社区和主要道路悬挂条幅300多条，张贴通知7000余幅，发放宣传品8000余份，制发了打击违法建设宣传海报、栏150份，营造浓厚的舆论氛围。

据介绍，专项查违工作开展以来，通过广泛宣传发动，该区在全区党政机关、企事业单位干部职工中先行开展了违法建设自查工作，从上到下组织自查，要求党员干部、执行单位和个人作出"无违法建设"公开承诺，对有违法建设的个人和单位，积极做工作鼓励自拆。2013年11月至今，违建户自拆、助拆10多处，其中自拆7处，面积达3000多平方米。

记者看到，市政府2014年1月9日相关通报指出，自韶关市集中开展打击"两违"工作以来，武江区不折不扣地认真落实市委、市政府的工作部署，在开展违法建筑查控工作中决心大、措施硬、作风实、效果好，违法建筑查控工作取得了阶段性成果。

"武江区违法建筑查控工作的经验和做法值得各县（市、区）和市直有关部门认真学习，希望各县（市、区），市直各有关部门认真借鉴学习武江区的经验做法，进一步做好违法建筑查控工作。"该通报称。

新年展望

坚决遏制违法建筑蔓延势头

据了解，2014年，武江区将认真贯彻落实市委、市政府关于依法严厉打击违法建设工作的精神，严格按照"四先四后"的步骤有序推进违法建筑拆除工作，做到"三个进一步"：

进一步加强镇政府、街道办和村居履职能力。查违工作的开展，少不了乡镇一级的调查摸底，组织拆除，少不了基层组织的通力协助。在查违过程中，区查违办将进一步理顺、加强乡镇单位职责，充分利用基层组织对辖区内违法建筑情况熟悉的优势，配合区城管、国土等职能部门开展工作，形成拆违分片治理，实现联合拆违最大效率化。

进一步加大重点区域违法建筑的打击力度。该区将对国有储备用地、生态保护区、水源保护区、重大市政工程规划用地和"三旧"改造等重点区域，进一步提高监控和查处实效。对违法抢建行为，依法从严处理，绝不姑息。对给土地管理和城乡规划造成严重影响的，依法追究法律责任。

进一步探索落实查违工作有效措施，推广工作经验。继续充分利用多种媒体扩大宣传面，提高居民依法依规建设的意识。同时，发动群众积极支持、参与查处违法建筑工作。深入做好思想工作，促使当事人自觉拆除违法建筑；继续发挥查违办的协调职能，指导区直各单位、镇街、社区、居委履行职责，充分发挥联合执法的力量，绝不让违法建筑势头返潮。

执法者说
查违打违亟须
形成整治合力

当前，一方面城市化步伐不断加快，另一方面，相关政策、规划相对滞后，加之执法力量薄弱、管理缺失、违建经济利益大等原因，违建与拆违的矛盾日益突出，查处违建难度大、成本高，亟须形成整治合力。

武江区城管局执法分局局长宋清在接受记者采访时表示，武江区落实市的决策查处违建，是造福武江、造福韶关的大事，必须长抓不懈。

宋清说，作为执法者，感觉最难的是一些老百姓对查违拆违工作不理解。希望大家能够明白，查违拆违是政府依法行政的行为，不是某个人的事。当然，作为执法部门也会尽力争取群众的理解支持，坚持疏堵结合，希望相关部门能尽快制定出台与时代发展相适应的政策措施，建立健全相关体制机制，尤其是及时出台乡村规划，借鉴兄弟市县的查违经验，以降低查违拆违的难度和成本，提高拆除违法建设的成效。

普通群众说 对“拆违”赞一个

日前，记者走访武江区采访多位普通群众，发现大家都旗帜鲜明地竖起了大拇指：“拆违”，赞一个。

今年57岁的张大叔是西河镇大村村民。去年11月18日，武江区组织力量拆除该村多栋“两违”建筑，说起上次的拆违行动，张大叔赞不绝口：“要拆，那些违章建筑占用了我村的基本农田，也破坏了我村的村容村貌，我认为，不仅这次拆得好，以后还要坚持拆下去，维护普通村民的合法利益。”

刘小姐是韶关本地人，现在一公司任财务总监。她说：“我发现韶关的违章建筑还是比较多，尤其是城郊接合部。乱搭乱建、杂乱无章，既不安全又影响城市景观，严重阻碍了城市建设和发展，因此，对拆违工作我是举双手赞成的。”

基层干部说 全力以赴履行职责

在武江区，西河镇、西联镇因地处城乡接合部，“两违”建筑较多。记者多次参与两镇拆违工作，发现两镇全力开展拆违工作，镇干部身先士卒、冲在一线，对于违建他们同样深恶痛绝。

一名基层干部向记者介绍说：“部分村民为了个人私利，不顾政府三令五申，利用周末或晚上时间抢建违章建筑。这些‘两违’建筑，破坏了村容村貌，同时侵占村集体土地，阻碍村集体经济发展，给重点项目建设人为设置障碍，对村集体而言是‘百害而无一利’的事情，因此镇、村都积极支持拆违。”

（根据《韶关日报》文章整理）

2013年12月21日，武江区西联镇阳山村村民自主拆除违建

武江区农林水交出高分答卷

近年来，武江区在城市建设、工商服务业、房地产业等方面的成就有目共睹。但是，该区在农、林、水方面的投入和所取得的成绩同样令人振奋。数据显示，尽管2013年，该区遭受“5·16”“8·15”洪灾影响，但仍然实现第一产业稳步增长的既定目标，当年全区共投入“三农”建设资金3134万元，新增专业合作社27家，市级龙头企业2家，技术示范基地3个，名村、示范村建设任务按时完成，贫困户危房改造工程全部完工，新一轮扶贫开发工作全面启动，完成生态景观林带建设等重点林业工程任务。全区实现农业生产增加值5.6亿元，增长4.5%。

作为韶关主城区之一和新区建设主阵地，武江区是如何坚持以科学发展观为指导，紧紧围绕市委、市政府的统一部署，在狠抓二、三产业的同时，确保农林水稳步发展的呢？

武江区掀起冬修水利高潮 （资料图片摄于2013年12月）

强基础：水利设施更趋完善

在农田水利设施建设方面，他们采取有力措施，克服各种困难，确保了重阳镇农田水利示范镇工程顺利推进，总计完成工程投资1041万元。

武江区对农村水利基础的大手笔投入还表现在小型水库安全加固、河流治理以及水利工程维护等方面。记者了解到，仅去年，该区先后完成了杨梅坑水库、村头水库除险加固工程现场施工，工程总投资334万元；推进龙归河治理工程建设，工程建设招标等前期工作提前完成，工程初步设计已经市水务局批复，批复投资概算为2856.87万元；完成龙归镇洞子水库排洪渠山体滑坡治理、沐溪水库山体滑坡治理、续源陂维修加固等工程。

此外，面对洪涝灾害，武江区扎扎实实做好救灾复产工作，仅积极争取上级救灾资金就达350万元，加上区财政自身追加投入，使整个救灾复产过程稳扎稳打、有效开展，从而确保了大灾之年“三农”经济不降反升。

与此同时，在“三防”、水政、农电等方面，武江区一方面搞好备汛度汛，做到未雨绸缪，做好水利工程设施安全检查，加大小水电站安全隐患排查力度，对发现问题及时提出整改意见，确保全区小水电正常、安全生产；另一方面出实招加强《中华人民共和国水法》宣传，合理开发和利用水资源，加大水资源费征收力度，做到水规费应收尽收。数据显示，2013年全区共征收水规费近200万元。

2014年该区仍将加大农村水利基础设施建设力度，并将重点解决重阳镇多年来逢雨即出现农作物受浸受损的问题。同时，还将进一步加快甘棠水库、甲冲坑水库除险加固工程建设进度；继续抓好龙归河治理工程及江湾、重阳等地水利设施薄弱环节治理工作等等。可以预见，随着基础工程的不断完善，武江区涉农经济还将有更进一步的发展和提升。

谋长远：促进林业转型升级

地处城区的武江区，林地面积5.28万公顷，占全区国土面积的76%，森林覆盖率70.99%，活立木蓄积量368.8万立方米。显然，这是该区多年来科学谋划林业发展蓝图，大力实施封山育林、植树造林，积极探索以加快发展林下经济为抓手，促进林业转型升级的结晶。

近年来，武江区通过封山育林和对残次林改造，已构筑两道生态屏障。一道是位于远郊的龙归、江湾两镇龙湾保护区，总面积约15万亩的天然水源涵养林，设立全封区。另一道是位于城区近郊西北面的沐溪水库集水区域和城区东南面的芙蓉山风景区为主体的城区防护林，总面积约6万亩。

为提升生态屏障的林分质量，2013年以来，该区大力实施碳汇造林、生态景观林带、森林进城围城和乡村美化绿化四大重点林业生态工程，已完成碳汇造林7725亩。2014年春季该区加大了植树造林工作力度，把碳汇造林和生态景观林建设列入政府为民兴办实事之一，加大投入，加强管理，目前已完成重点生态工程规划：碳汇造林8000亩；生态景观林带40公里，其中：高速公路、铁路10公里，沿江30公里；中幼林抚育4万亩；义务植树43万株。

按照2014年林业发展的总体思路要求，武江区2014年还将重点抓好以下几项工作：一是大力培育森林资源。努力完成省、市下达的碳汇造林、生态景观林带、森林进城围城（城区出口造林）、乡村美化绿化四大生态重点工程以及森林抚育工程。力争完成1.8万亩的人工造林任务，其中碳汇造林0.8万亩，迹地更新造林1万亩，以此促进林业资源可持续发展。

二是狠抓森林资源的管护，确保全区实现无重特大火灾，保护好全区79.2万亩森林资源安全；对生态区位重要的森林要纳入生态公益林管理；实施生态公益林中幼林抚育，提高林分质量，加强封山育林；加强林政管理工作，进一步加强木材采运监管以及采伐计划管理；抓好林业有害生物防控，不断完善监测预警、检疫御灾、防治减灾三大体系，全面提升林业有害生物综合防控能力。

三是着力抓好产业强林，促进农民增收致富。按照“生态建设产业化、产业建设生态化”的思路，大力发展林业产业基地，着力建成特色优势突出、结构布局合理、生态经济效益突显的林业产业体系。除重点发挥竹柳基地、沉香基地的示范带动作用外，还将充分利用当地丰富的林下资源及林下空间发展种养业等林下经济，比如在江湾镇大力发展林下种植灵芝、香菇、木耳等菌类；在龙归、重阳镇林下养殖家禽；在后坪、妙联等地发展林下养鸡，实现“以树养禽、以禽促林、生态环保、农民增收”的良性循环。同时，还将充分发挥城市区位优势，合理利用森林景观、自然环境和林下产品资源发展森林生态旅游、农家乐等旅游观光、休闲度假产业。

抓扶贫：方式创新 致富在望

武江区管辖5镇2街51个村委会，其中在新一轮扶贫开发“双到”工作中被省核定相对贫困村4个，涉及226户贫困户815人。除龙归镇坳头村由市人大机关和中石油韶关分公司共同帮扶外，其余3个贫困村均由本区区直机关承担帮扶责任。

新一轮扶贫开发“双到”工作启动后，武江区按照“一村一法”“一户一策”的要求，制定了贫困村和贫困户的帮扶规划和年度实施计划，目前进展良好。截至2013年12月底，全区帮扶干部进村入户均在4次以上。

纵观武江区的新一轮扶贫开发“双到”工作，给记者留下最深印象的莫过于扶贫方式的创新。

该区坚持“政府主导、社会参与、自力更生、开发扶贫”的方针，以各级政府财政投入为主，动员企业、团体、社会热心人士等社会力量出钱出力，资助帮扶对象脱贫。截至目前，区政府拨出扶贫开发专项资金39.52万元，动员社会力量捐赠扶贫款172.08万元，各级干部自发捐献的直接到贫困户手上慰问金约5万元。

与此同时，全区上下还达成共识，将上级政府出台的多项强农惠农政策向贫困村倾斜，逐步解决贫困村“一保五难”问题，合力打造贫困村的发展基础，优化贫困村的发展环境。

尤其值得一提的是，该区千方百计培育脱贫项目，着力打造帮扶对象的发展平台。在增加贫困户家庭收入方面，按照村有主导产业、户有增收项目的要求，在贫困村大力培育农民专业合作组织，截至2013年12月，4个贫困村都相继成立了至少1个农民专业合作社，有劳动能力的贫困户都加入其中。

在增加村集体收入方面，各帮扶单位也根据各被帮扶村的特点，明确了工作目标：重阳村建成新办公楼后拟将原在镇墟内的旧办公楼出租增加收入；胡屋村计划筹集45万元入股水电站增加收入；坳头村计划筹集50万元在龙归镇墟购买2个门店出租增加收入；奇石村将筹集25万元新建一家农林废弃物收购站，并计划另筹集资金15万元新建一家粮食加工厂。

按照《武江区实施新一轮扶贫开发“规划到户、责任到人”工作方案》，到2015年重点帮扶村全村农民人均纯收入将达到或超过10000元，行政村集体经济收入达到或超过5万元；被帮扶的有劳动能力的贫困户人均纯收入达到或超过7000元；村干部补贴从2012年人均每月1000元提高到2000元，村级组织办公经费补贴从2012年每年2万元提高到5万元。

武江区这种创新之举，最大限度培育了帮扶对象的发展能力，是真正意义上的建立脱贫长效机制。记者在采访中还掌握到一组可靠数据：近一年来，武江区共筹集各类资金1170.0164万元用于扶贫项目建设，至2013年底为止，约有696万元部门专项资金投入贫困村建设。

数据看变化 武江扶贫成果逐个睇

■80户农村低收入住房困难群众在2014年春节前全部搬入新房过节。

■市人大和中石油韶关分公司在坳头村投入资金20多万元修建好180米排污渠道、800米泉水圳主要排洪渠、600米的引水灌溉渠工程。筹集200万元的2800亩高标准农田建设已启动，资助2万多元将低保户、五保户、“三无”人员、丧失劳动力的残疾人、低收入家庭60周岁以上老人和未成年人等全部纳入医疗保险范围。

■区人社局在重阳村投入资金5万元完成了一宗山塘整治工程；筹集资金10.2万元完成了麻地埂自然村路灯安装工程；筹集资金200万元的高标准农田建设工程已基本完成；筹集32万元进行的村容村貌整治工程正在进行中；筹集30万元进行

的社区服务中心建设工程现已进入前期选址规划设计阶段；筹集26.3万元进行的产业扶贫基地建设也已启动。

■区城管局筹集5万元开通了烈士碑至墩头大村路段约3.9公里的碎石机耕路，此外还完成了投资80万元的农田水利工程建设。

■区财政局筹集资金10万元修复胡屋村羊角寨水毁桥梁一座并完成了羊角寨饮水管道的修复工作；筹集资金57.5万元在胡屋村修建水灾冲毁的水渠挡水坝、碑头及年久失修的桥梁。

■截至2013年年底，全区4个贫困村的村集体收入共计15.14万元，平均每个村3.79万元，其中最高达6.78万元，最低的也有2.36万元，比2012年总数4.24万元增长了2.57倍；贫困户年人均纯收入达5640.96元，比2012年增长了94%。

城区“三农”大有可为

城区涉农经济如何发展壮大？武江区的实践是个很好的探索。

“三农”，是当前党和政府最为关注的问题之一。中央连续11年“一号文”都是关于“三农”工作的，足见农村、农业、农民问题的重要性。

事实上，纵观历史，任何朝代都是农业发展则国家兴旺发达，反之亦然。

横看当今世界，发达的国家都有先进发达的农业。头号经济大国美国是这样，美洲另一大国加拿大是这样，欧洲经济发达的国家也是这样，亚洲的日本是这样，连在地中海边沙漠上建国历史不长的以色列也是这样。

作为人口大国和农业大国，中国要全面建成小康社会，重点在农村，难点也在农村。韶关也一样，这是现实。

从某种程度上而言，武江区在农、林、水等涉农工作上的有益探索，是践行“工业反哺农业，城市支援农村”的一次成功尝试。它再次证明，解决“三农”问题，必须强基础、抓扶贫，推广现代农业，同时把发展林业作为重要途径。城区周边农村要繁荣，农业要发展，农民要增收，需要生态支撑，而林业巨大的生态功能，正是促进人与自然和谐、实现经济社会可持续发展的关键和纽带。因此，加快发展农业和区域经济，最大的潜力在山，最大的希望在林。就此而论，当前尤其要盘活森林资源的潜力，带动农村经济的发展；要把山当田耕，把林当菜种，这样林地才能产出大效益，山林的价值才会大幅提升。

武江区提出依托资源优势，大力培育和发展种植业、养殖业、采集业、林木产品加工业、森林旅游服务业和乡村生态旅游业，是抓住了要害，找准了路子。相信这些农村家门口的产业项目，将进一步拓展武江区农村经济的发展空间，进而促进涉农产业的良性互动，最终实现“三农”经济的整体繁荣。

（根据《韶关日报》文章整理）

武江区贫困户种植木耳喜获丰收　（资料图片摄于2013年5月）

让文化成果普惠大众

近年来，武江区大力发展文化、教育、体育事业，不断促进各项工作惠民利民，文化、教育、体育工作亮点纷呈，为全市经济发展和社会和谐稳定做出应有贡献。

文化篇 高标准建设文化设施

近年来，武江区为创建良好文化服务平台，不断加大财政投入力度，高标准、高规格建设群众基础文化设施，积极组织开展各类群众性文化、文艺活动。武江区群众文化活动主要贯穿于两条主线，一是党委、政府推动，二是成立社会组织、各类文化艺术协会，进一步调动社会团体积极性，活跃群众文化生活。

亮点一

多方筹集资金，为群众打造良好的文化服务平台

2012年，争取省投入资金及文化设备累计85.3万元用于文化基础设施建设，其中，江湾镇文化站建设投入20万元，重阳镇文化站建设投入12.8万元；新华、惠民街道两个社区文化站分别投入10万元；全区13个居委会分别投入2.5万元。争取市文广新局投入3万元用于社区文化基础设施建设，其中，沙湖社区文化室1.5万元，惠民街道文化站1.5万元。全区基本达到省乡镇综合文化站建设标准；2013年，争取中央、省、市、区及社会投入资金约200万元用于基层文化设施建设。其中，江湾、西河、龙归镇文化站建设各20万元；新华、惠民街道两个社区文化站各8万元用于电子阅览室建设；全区7个居委会分别投入2万元用于文化室建设。

亮点二

大力开展群众性节庆文化活动，力促节庆文化本土化

该区以社区为重点，以本区群众文艺团队、本土演员为骨干，结合本区实际自编剧目，开展“迎新年、倒计时”，“三八”妇女节等系列群众性广场文化活动。仅2013年，就开展各类文艺演出等文化活动50多场次，受益群众10余万人次。2014年“三八”妇女节，该区组织了广场舞、健身操比赛，收到良好的社会效果。

亮点三

开展惠民文化“三下乡”，为山区群众送戏、送电影、送书

2013年，武江区开展送戏下镇（街道）活动8场；送电影下乡进村612场；组织流动书香车到乡镇、学校，共开展送书下乡进村活动15场。如今，该区51个行政村全部建了农家书屋。

亮点四

引导成立各类文化艺术协会文化成果喜人

武江区成立了韶州书画院、武江区文化艺术团协会。韶州书画院积极网罗各方书画人才，收集高质量作品举办廉政书画展、迎春书画展；武江区文化艺术团面向社会举办歌舞培训，组织文艺团队参加各类演出，由艺术团选送的节目还获得了市小品小戏节目评比“二等奖”。

关于下一步工作打算，该负责人说，一是继续完善基础设施建设，重点完善区文化馆、区图书馆建设。二是积极引导、发挥各类协会的作用，由政府“办文化”向“管文化”转变，不断活跃、丰富群

众性文化活动。三是不断提高文化活动质量、活动水平

体育篇
全民健身
体育事业蓬勃发展

近年来，武江区高度重视并认真贯彻实施《全民健身条例》。在开展群众体育活动、建设乡镇农民体育健身工程、加强学校体育工作、发展体育社团组织、修建体育场馆（地）等方面，取得了显著成效，谱写了一首全民健身之歌。

亮点一：群众体育活动蓬勃开展

武江区积极开展体育先进社区创建活动，惠民街、新华街先后被评为国家、省级体育先进社区；惠民街道办事处沙湖社区居委会被评为全国城市群众体育先进单位；2012年9月，该区被评为“广东省体育先进区”，区体育事业发展进入了新的阶段。

2013年，该区成功组织参加了市元旦环城跑、市第六届社区体育运动会等活动；成功承办了全国自行车联赛、韶关市首届职业搏击交流对抗赛、韶关市跆拳道锦标赛、韶关市“红牛杯”羽毛球赛、韶关市青少年乒乓球赛等大型高水平赛事活动；同时，还组织举办了象棋、围棋、乒乓球、羽毛球等一系列群众体育赛事。全区城乡掀起了全民健身活动热潮，体育竞赛内容丰富多彩。

该区民间体育优势项目得以挖掘并传承的有舞狮、腰鼓、龙舟赛等。2012—2013年，该区组织参加市举办的龙舟赛，分别获得第二名和第一名的好成绩。

龙归镇全民健身广场一角王善业摄于4月10日

亮点二：农民体育健身工程有序推进

按照区委、区政府“十二五”规划部署，2013年，武江区投资230万元兴建了龙归镇农民体育健身工程。其中包括修建1个篮球场，划好4个羽毛球场地，安装了6张乒乓球台，安装了6个照明灯光灯柱，场地使用面积达3000平方米。同时，还修建了重阳镇万侯村农民体育健身广场。目前，该区已先后完成了西联镇、重阳镇、龙归镇乡镇农民体育工程建设。2014年，该区将再投资约80万元，兴建江湾镇农民体育健身工程。

亮点三：展体育魅力建和谐动感校园

该区高度重视学校体育工作，出台了一系列加强学校体育工作的措施与办法，阳光体育运动在全区中小学深入推进。同时，不断提升学校大课间活动的质量及品位，形成一整套具有各校特色、规范新颖、效果良好的大课间活动组织形式。区教育局与体育局密切配合，加大学校体育资金投入，认真执行《广东省中小学校体育卫生工作条件基本标准（试行）》，有计划地改善中小学体育场馆。

该区还将体育活动与德育特色创新与发展工作紧密结合，开展“人文德育个性发展”校园体育文化节，提供学生展示自我的舞台。各校的体

育竞赛形式多样，做到人人有体育项目、班班有体育活动、校校有体育特色、月月有竞赛安排。目前，全区共有中小学28所，在校学生近3万人，其中有1所省体育传统学校，4所市体育传统学校，4所省体育特色学校，2所省级青少年体育俱乐部、1个市击剑训练基地。

亮点四：体育社团组织不断壮大

按照横向到边、纵向到底的原则，采用建立分支协会、特色团队等多种形式，认真贯彻执行加快体育转变“小政府、大社会”发展方式，积极引导体育社团组织进企业、进机关、进乡镇、进社区。目前，该区成立了乒乓球、羽毛球、棋类、自行车、武术、武道、老年人等7个协会。这些体育社团组织举办适合各类人群参加的运动会和比赛，还结合社会各项公益活动，广泛开展“快乐锻炼、健康生活”等为主题的健身运动，在全民健身运动中起到很好的宣传、引导和带动作用。

目前，全区有晨（晚）练健身点38个，有社会体育指导员874名，每万人中拥有28名，他们在各晨晚运点进行义务指导健身服务。同时，该区充分发挥乡镇街道综合文化站的功能，致力将体育工作融入乡镇街道综合文化站，确保基层全民健身工作有人抓、有人管。

武江区金福园小学开展以“幸福教育”为主题的体育大课间活动（资料图片摄于1月9日）

亮点五：体育场馆（地）建设常抓不懈

武江区多渠道筹集资金，先后建成了鸿洲体育馆、李池体育馆、区羽毛球培训中心、教育路全民健身广场、西郊全民健身广场、上庙背健身广场、武江区体育馆等一大批体育场馆（地）。其中，投资1500多万元修建了武江区体育馆，该体育馆集健身、训练、竞赛、娱乐于一体，占地面积3890多平方米。目前，该区有体育馆3座，游泳池10个，标准田径场1个，非标准田径场42个，标准篮球场160多个，乒乓球、羽毛球、排球等场馆100多个，全民健身路径已达100多条，体育设施面积达455600平方米，人均活动面积已达1.76平方米。

教育篇
教育惠民是口号更是行动

近年来，武江区坚持以努力提升教育质量为中心，全面推进“质量提升、队伍建设、德育创新、均衡发展、安全稳定”五项工程，促进了全区教育事业健康、和谐、稳定发展。

狠抓教学教研　教育质量稳步提升

据介绍，目前，武江区中小学共28所，其中小学19所（农村教学点9个）、九年一贯制学校2所、初中6所、高中1所。小学在校生21262人，442个教学班；初中在校生6009人，138个教学班；高中在校生2566人，50个教学班；全区在校生共29837人，630个教学班。

该区广泛开展课堂教学教研、教学评估活动，加强教研组建设，加强质量监控，使该区学校教学质量稳步提高。仅2013

年，高考本科上线率以79.5%的增幅居全市普通高中第一，各批次上线人数和上线率全面提升，重点本科、本科、总上线人数“三线飘红”，并全部超额完成上级的指标任务，高考总体成绩位居全市同类学校前列。该区2013年中考重点高中入线增长率实现连续三年增长，各学科成绩均在全市领先。在9个文化学科中，分别有6个和3个学科的平均分名列全市10个县（市、区）第一和第二，有4个学科的中考平均分、优秀率、合格率三项均列全市第一名。

加强师资队伍建设　教师整体素质不断提高

该区广泛开展践行韶关教育精神活动，深入推进师德师风建设。该区创新德育工作机制，德育工作成效显著。组织了各类专业培训，着力打造一支学习型教师队伍。

该区全面加强教育管理，各类教育协调发展，促进了学前教育规范化发展，义务教育均衡化发展，高中教育优质化发展，民办教育健康发展。

重视安全工作　校园安全得到保障

近年来，该区认真布置各年度中小学安全管理工作，开展全区中小学校、幼儿园、民办培训机构安全隐患专项排查，并深入开展安全隐患治理。2014年1月，接受省综治办、教育厅、公安厅、财政厅关于2010年义务教育阶段学校校园安全保卫中央补助资金使用情况及省安全文明校园检查验收组的检查，并顺利通过考核。顺利通过区2013年度安全生产暨消防安全责任制考核。接受市“创平”工作检查组到该区进行的“平安学校创建”工作检查。2014年2月，顺利通过区2013年度创建平安武江暨综治信访工作考核。

扎实开展教育实践活动　党建工作上新台阶

区教育工委按照区委开展党的群众路线教育实践活动的统一部署，在扎实做好“规定动作”基础上，创新“自选动作”。区教育局领导班子成员和机关干部开展了以“进学校、促和谐、促发展”为主要内容的“为民服务零距离”活动，开展以“优化服务环境、优化服务流程、提高办事效率、提高服务质量”为主要内容的“两优化两提高”活动；实行“亮身份、亮职责、亮承诺、亮流程”的“四亮”工作机制，努力争创学习型、服务型、团结型、效能型、廉洁型“五型”机关。针对学校和幼儿园，开展“比服务、比技能、比奉献；创新、创效、创优”的“三比三创”活动。

为抓好教育实践活动的学习，该区创设“五类课堂”。即围绕“学理论、学党章、学传统”开设理论式课堂；围绕“提升教育管理能力，打造领导型人才”开设专题式课堂；围绕“提高骨干教师专业素养”开设跟岗式课堂；围绕“深入了解基层，切实解决问题”开展调研式课堂；围绕“倾听基层呼声，解决群众困难”开设体验式课堂。

切实办好“民生实事”　全力提升教育惠民水平

2014年以来，该区把办理市五中学生宿舍楼、镇泰小学运动场改造工程等纳入2014年区十件民生实事工程的设计、修规、环境评估、立项、预算等招投标前期工作。现已完成市九中篮球场改造工程、东岗小学高年部和低年部乒乓球室改造工程招标工作，并计划暑假开工。

现正在进行朝阳小学运动场改造工程，白芒小学运动场改造工程，红星小学大门及教学楼天棚修造工程，田家炳小学一棉校区大门、运动区、围墙、教学楼改造工程，金福园小学会议室改造工程，市十四中教学区与宿舍区分隔工程等设计预算工作，并准备送市财政评审中心审核。

（根据《韶关日报》文章整理）

武江区工青妇组织服务社会纪实

近年来，武江区工会、妇联和团委等组织围绕中心、服务大局、突出重点、坚持创新，做好弱势群体的帮扶关爱工作，积极打造创业干事、服务社会平台，汇集广大职工、青年、妇女追梦圆梦正能量，为建设“和谐武江”、率先基本实现现代化凝心聚力。

做困难职工的“第一关心人”

——武江区总工会帮扶服务工作综述

武江区总工会不断完善各项帮扶服务机制，致力开展助民行动，努力成为困难职工家庭的“第一知情人、第一报告人、第一关心人、第一帮助人”。

助学：让83名寒门子弟圆大学梦

“谢谢你们！”该区困难职工杨锦成的儿子杨家辉在区总工会“金秋助学活动”资助中，拿到12500元助学金时激动不已。同时，更让他感动的是，区总工会还发动区工商联主席、爱心企业家沈美加资助杨家辉1万元的助学金，圆了他的大学梦。

据了解，杨锦成是该区环卫所职工，在1998年8月4日因发生严重交通意外后终生残疾，常年卧床，生活不能自理。十几年的就诊治疗花光了家里所有的积蓄。其妻十几年来，为了照顾残疾的丈夫，无法外出打工，仅靠杨锦成每月998元的病退工资来维持一家三口生活开支以及医药费。去年，其儿子杨家辉在高考中以544分成绩考上惠州大学。但由于家庭贫困，难以到大学就读，最终在区总工会的帮助下圆了大学梦。

近年来，在区总工会的帮扶下，每户特困职工家庭子女助学高中、中专800元/人，大专2000元/人，本科2500元/人，为78人次困难职工子女发放助学金15.74万元，自2010年以来，让83名寒门子弟圆了大学梦。

助困：想方设法帮助特困职工

近年来，区总工会以区特困职工为主要帮扶对象，以建档困难职工为第二层面帮扶对象，实施阶梯式分类救助、网络化动态管理。

方永春系该区西河学校一名普通的教师，2004年被查出患有慢性肾病（尿毒症）。但他仍然坚持回校上课，截至目前，他在工作期间住院6次，耗尽了家里大量积蓄，出院后因尿毒症长期需要血液透析治疗，每月自付医疗费用高达两三千元，现依靠亲友接济维持生活和供孩子读书。

区总工会领导了解到方永春患有尿毒症，而且每个星期都要到医院透析3次的情况后，及时送去慰问金，鼓励他用乐观的心态面对困难、战胜困难。

据了解，区总工会每年按区低保标准1.2倍为基数，将符合大病、濒临失学、突发灾难等职工家庭纳入区特困职工行列。每户特困职工家庭可获得区总工会发给的生活补助1000元/户、医疗救助大病2000元/人。

自2010年以来，该区总工会采取政府投入，上级帮扶资金及社会爱心人士捐赠的方式先后为186人次的困难职工发放生活救助19.19万元、医疗救助13.66万元。

助弱：成立帮扶中心为职工代言

维护职工合法权益是工会的基本职责。至2012年底，随着工会的维权和服务职能的

5月13日，武江区总工会开展“关爱职工——健康直通车进企业”活动

增大，现有的人员编制已经不能适应当前工会发展和维权、帮扶职能的需要，为解决好工会人员编制少的问题，区委、区政府高度重视，区编委同意正式成立武江区职工服务中心（帮扶中心）增加了人员编制，为区总工会落实维权、帮扶工作和强化职能创造了条件。

区职工服务中心成立后，为全区的困难企业、困难职工建立了档案，完善工作制度，实行动态管理。此外，区总工会还实现了帮扶配套资金拨付的制度化，主动参与涉及职工利益政策的制订，区总工会协同区民政局等部门联合颁发了涉及职工医疗救助、医疗保险、申报低保等方面的政策性文件，为全区特困职工落实了生活、就业、就医、子女入学、住房等方面的制度化救助和优惠、减免政策，为维护社会和谐稳定作出了积极贡献。

营造妇女儿童的“温暖之家”

——武江区妇联关爱妇女儿童行动扫描

近两年来，武江区各级妇联组织针对辖区内贫困母亲、困难妇女、留守孤残病患儿童最关心、最直接、最现实的问题开展惠民帮扶工作，扎实开展妇联系统“八大惠民行动”，搭建“八大惠民平台”，为辖区广大妇女儿童倾力打造“坚强阵地”“温暖之家”。

1. 依托巾帼志愿行动搭建帮扶救助平台

该区妇联通过组织发动号召以女干部、女党员、女企业家等为代表的个人、家庭和以各级妇联组织、爱心企业、社会组织为代表的爱心团体等组成巾帼志愿者，采取一帮一、一帮多、多帮一、多帮多等方式，灵活与留守儿童、贫困妇女、空巢老龄妇女结对，帮助她们解决实际困难。

2. 开展“大讲堂”活动搭建学习成长平台

通过组织教育专家、巾帼志愿者深入基层，广泛开展“普法大讲堂”“健康大讲堂”“家家学法、共促和谐”活动以及心理辅导、家教讲座、早期教育等进社区、进农村、进企业活动，帮助社区居民树立正确的卫生保健观念，提高广大妇女依法维权意识和运用法律武器保障自身权益的能力。

3. 加大培训推介力度搭建就业创业平台

联合科技、人社、教育等部门，面向就业困难女大学生、下岗女工、进城务工妇女和农村失地妇女等重点群体，组织开展科技种养、园艺、家政、4050人员再就业等项目的免费培训；联系相关社会部门、企业开展“春风送暖”就业招聘会，两年来已帮助520多名妇女解决了就业问题。

4. 开展爱心帮扶活动搭建共渡难关平台

通过向社会各界发出“关爱妇孺十元捐”“春蕾助学”“牵手留守儿童”“母亲爱心邮

包”等倡议，组织巾帼志愿者走上街头，接收来自社会各界的爱心捐赠，所得款项3万多元帮助40多名困难妇孺及贫困学生家庭解决生活、学习难题。

5. 做好信访维稳工作搭建矛盾调解平台

依托巾帼维权志愿者服务队等各级维权网络，不断完善社会矛盾调解机制，充分发挥妇女儿童维权协调组、维权站（岗）、村（社区）妇女之家、“12338”妇女维权热线的作用，开展妇女儿童维权一站式服务，提供法律帮助，心理、情绪疏导、婚姻家庭关系调和、邻里纠纷调解等咨询解答和协调服务。

武江区妇联组织丰富多彩的活动庆祝“三八”妇女节　（资料图片摄于2013年3月8日）

两年来，共接待来访妇女群众68人次，提供法律援助5人次。

6. 开展法制宣传活动搭建法律维权平台

积极开展“维权服务周”和“送法律进社区、进乡村、进家庭”宣传教育活动，组织司法、法律工作者，深入城乡社区农村基层，围绕妇女权益保护、青少年犯罪预防、家庭暴力犯罪、抵制黄赌毒等课题，开展妇女权益保障法、婚姻法、预防未成年人犯罪法、禁毒法司法解释等法律宣传进村、进家庭活动，举办妇女维权法制专题讲座，提高广大妇女群众的法律素质和维权能力。

7. 开展节日主题活动搭建关爱妇幼平台

在全区范围内深入开展各类贴近基层、贴近群众实际的主题庆祝活动。以每年“三八”国际妇女节为契机，开展庆“三八”艺术插花与美食烹饪比赛、家庭才艺比赛、健身操广场舞比赛，引领广大女性参与精神文明创建活动，展示良好的精神风貌；利用春节、端午、中秋等传统节日，开展“我与留守儿童在一起”、亲子操、亲子绘画等活动；在“六一”儿童节期间，开展“城乡儿童手拉手”“关注留守儿童爱心大联盟”以及走访慰问残疾少年儿童、外来工子女、农村留守儿童等活动，在全区营造共同关爱妇女儿童的良好社会氛围。

8. 开展“四援助”活动打造实事好事平台

关注失业失地妇女、低收入妇女、单亲贫困母亲、老龄妇女、留守妇女儿童、病残妇女儿童等弱势群体的实际困难，两年来，联系争取2万元资金为60名孤儿解决生活学习难题。联系争取上级资金26000元为两名单亲母亲建设“安居房”，争取社会热心人士、单位资金10多万元资助近100名留守儿童、孤残儿童、困难学生，切实为贫困妇女、儿童解决实际困难和问题。

用火热的青春
追逐中国梦

——共青团武江区委员会为青年服务侧记

近年来，武江区共青团紧紧围绕党政工作大局，牢牢把握实现“中国梦”的中国青年运动时代主题，把“为民”“惠民”贯穿于工作始末，着力加强青少年思想引导、服务青少年成长。

建设“枢纽”：打造青年人的阵地

近年来，武江团委积极发挥青年的桥头堡作用，建“枢纽”、接地气，开展了“奉献大爱，共筑梦想”道德讲堂活动、“青春建功——中国梦·武江梦·我的梦”主题演讲比赛、“爱·公益100”等活动，帮助团干部树立正确的世界观、人生观和价值观。

团区委积极拓展团组织的覆盖面。近年来，以团中央乡镇实体化“大团委”建设为平台，在乡镇机关、企业、学校等建立团组织101家，并结合乡镇实体化“大团委”建设和组织格局创新“回头看”工作，在进一步完成基层团组织班子人员配备、完善制度管理的基础上，建立“两新”团组织80余家，为团的工作注入新的活力。团区委从2013年起就以“枢纽”型团委为目标，以“武江区青年社会组织培育中心”为平台，广泛加强社会组织联系。目前，联系的社会组织有11家，公益类8家，兴趣爱好类的3家。

热心公益：志愿服务有声有色

志愿服务的发展代表着一个城市的文明程度，团区委高度重视志愿活动的开展，“两个切入点”活跃区的志愿服务，在大街小巷都有这些青年志愿者的身影。

两年来，在该区“创平”“创文巩卫”“三打两建”等文明城市建设中，团区委积极带领队伍投身其中，发动各基层团组织开展法制宣传、清洁卫生死角、“三下乡”等活动累计80多起，参与志愿者5万余人，发放宣传资料6万余份，受益人数近20万人。

团区委争做武江社会志愿服务的风尚标，充分利用“青春情暖”、“红红火火过大年”等春节关爱主题，分别在镇泰小学、西河学校、利民制药厂、丹霞农机等开展关爱留守儿童、外来务工青年的慰问活动。团区委利用“学习雷锋活动月”开展系列主题活动，将惠民活动引入学校、企业和村（居）。

关注成长：搭建青年创业平台

近年来，团区委针对社会上出现的“公务员考试热”，向大学生提供了近100个暑期见习、实习岗位，70名学生通过活动被安排在区直机关和韶关市烟草机械制造有限公司一线，参与办公室的档案处理、创文资料整理以及其他一线生产工作，打造了“青年文明号”，为实习青年提供了锻炼的平台。

为有效推动农村青年创业，团区委积极与农村合作信用社联系对接，为7名创业青年解决了共计55万元的融资贷款难题。

为帮助更多的青年创业，2014年，团区委还致力于创建创业学堂，推荐下属“武江区青年创业协会”优秀青年创业典型、成功企业人士作为创业导师，在韶关大学、武江区进行讲课，他们通过对自身创业历程的回顾和总结，培养在校学生和社会青年如何正确面对困难。

在开展群众路线教育实践活动中，团区委充分利用自身优势，进一步密切共青团同人民群众的血肉联系，为巩固全区科学发展、和谐稳定、经济发展、民生改善的大好形势做出积极贡献。

（根据《韶关日报》文章整理）

武江区勇当城市扩容提质先锋

以上率下全力配合市政设施建设

根据市政府重点推进项目的工作部署，涉及武江区老城区范围内重点推进的市政项目共有6个：工业西片区内涝整治项目早于2013年7月便完成原市机械工业供销公司宿舍楼征收，所有27户业主按时完成搬迁，为内涝整治项目落实关键的用地。芙蓉北路扩建项目至今已组织拆除22次，征拆房屋315间，面积13502.28平方米，完成征拆任务的106.1%，现已交付给市公路局施工。芙蓉北一路项目通过4次的组织拆除，共拆除房屋面积2678平方米，完成任务的131.92%。上饶路、移山路道路建设项目涉及的5个村委会已全部签订征地协议，进入房屋拆迁阶段，其中移山路已先行完成25间839.46平方米临建门店的拆除。

目前，该区正按照市委、市政府的部署，着手准备推进芙蓉北环山公路、独芳路、芙蓉北二路、三路建设等项目的土地房屋征拆工作。

武江区委、区政府高度重视老城区市政项目建设，凡重大项目，书记、区长必定亲自调研，抓好组织领导和统筹协调。该区于2013年相应成立专责的市政项目前期工作领导小组之时就曾提出了三点要求：一是落实责任，全力推进；二是明确重点，分步实施；三是严肃纪律，公开透明。明确两大主要任务：一为尽快落实土地、房屋的征收，二为全力协助工程开展。前者涉及群众诉求和利益，处理起来困难重重；后者主要是承担宣传动员及协调配合。

具体到市政工程项目，首当其冲的就是工业西路的内涝整治。这条逢大雨、暴雨必然浸街的交通主干道，每年少则几次多则十余次给周边数万市民带来内涝之灾，成为众市民翘首以盼的整治重点。为了在较短时间内解决这个多年的老大难问题，市政府顺应民意斥巨资加以整治。武江区作为属地管理方，负责相关征收工作，该区仅用了不到三个月的时间便完成了蓄水池用地征收任务，及时交付地块，使工业西内涝整治得以顺利展开。目前整治工程进展顺利，按照计划将于明年年中完成。

老城区相关道路改造建

日夜抓紧施工的工业西内涝整治工程　（摄于4月15日）

设方面，为了确保市区的西出口——长为三公里的芙蓉北路（原乳韶路）扩建项目尽早开工，武江区成立拆迁指挥部，由区委副书记牵头，两位区委常委共同负责，短短半年多时间便完成了沿线1.4万多平方米房屋的征收、拆除任务，不仅确保道路扩建项目的开工建设，而且还有力地推动了沿线福泉春、万紫千红等一批三旧改造项目的加快实施。

密切配合，做好群众工作，这是武江区在城市建设中解决征地拆迁难题的有效办法。一是周密组织。该区抽调精干力量成立指挥部及各专项小组，强化目标管理，建立机制，统一调度、协调。二是上下配合。区项目组与市相关部门紧密配合，无缝对接，形成合力。三是工作到位。各小组进家入户，宣传政策、化解疑虑、推动工作，使拆迁工作得到相关单位和广大群众的大力支持。

市政建设不仅解决城市内涝问题，也解决市民出行问题，更解决城市发展的大问题。正是基于这样的全局观点，武江区上上下下认识到位、架构到位、态度到位，做到了认识好、组织好、成效好，切实当好城市建设的开路先锋。

举全区之力
加快新城路网建设

新城区路网建设顺利实施的前提条件是按时交地。武江区严格按照市委、市政府的总要求和新城建设的总体部署，积极谋划、主动作为，迅速成立了芙蓉新城路网拆迁工作指挥部，由区党政主要领导分别担任总指挥和常务副总指挥，具体组织拆迁工作。

同时，该区举全区之力，配合市政府从市、区、镇、村共抽调150余人参与路网拆迁工作，大打新城区道路项目房屋拆迁大会战，迅速形成了“拆迁保障施工、施工倒逼拆迁”的互促互进局面，先后完成了2014年重点推进的新城6条主干道、12条次干道共计45公里的市政道路征拆工作。

经初步统计，18条道路涉及拆迁面积约10万平方米，需安置人口约652户共2000多人。其中16号路、南华路、芙蓉大道南、芙蓉大道北、滨江路、百旺路（扩建）六条主干道必须在2014年内基本达到通车条件。

记者注意到，路网房屋拆迁工作并非一帆风顺，从2014年3月6日的总动员开始，尽管市、区、镇、村四级抽调精干人员组成攻坚队伍奋战两个多月，但进展依然不尽如人意。此后，区委、区政府重新调整组织架构，将原来以道路项目为单位分六大组攻坚调整为以路网拆迁涉及村委会为单位，成立西联、芙蓉、车头、下胡四个攻坚组，各组组长由区四套班子成员担任，精心挑选了能力强、有担当的人员作为攻坚组成员；各攻坚组分三个层次明确职责分工：一线人员包括镇村干

新区路网建设突飞猛进　（摄于6月3日）

部、区直部门抽调人员及清点丈量人员，主要负责入户动迁、清点丈量、洽谈协议、资金申报等工作；二线人员由区处级以上领导干部组成，主要负责监督指导、答疑解难、及时决策；三线人员由市直部门抽调的领导干部组成，主要负责提供政策层面的支持，协调项目单位和各职能部门支持参与路网征拆工作。各攻坚组还分别制定了具体的动迁工作方案，对责任范围内的拆迁户采取分组包干的形式，将拆迁户动迁工作落实到人。

这一招果然奏效。在动迁洽谈活动中，一线人员大胆、自主开展工作；担任各组负责人的区领导进村入户与拆迁户深入沟通，现场研究解决实际问题；各组工作人员充分发挥“5+2”“白+黑”的攻坚精神，利用工作和休息时间深入一线，详细排查拆迁户情况，协调解决道路用地的附着物补偿、房屋拆迁及征地遗留问题，动员拆迁户配合清点丈量工作。路网房屋拆迁工作得到强有力地推进。

目前，赤水村旧村整村拆迁工作顺利推进，并已于2014年4月25日举行了赤水新村第一批安置新房抽签分配仪式。抽签分房当日，该村228户村民中有181户分配到安置新房。预计2014年国庆前，赤水整村可搬迁入住安置新房。

赤水村的带头示范作用，直接促进了其他各村的路网拆迁工作。目前，芙蓉、西联、车头和下胡等村的路网拆迁工作已基本完成。6条主干道总长16.3公里，拟拆户数共363户，现已完成清表交地11.7公里。其中，芙蓉大道南16号路、芙蓉大道北西联段近2公里已单边通行。

此外，韶关实验学校周边40号路、22号路、20号路共100多亩道路用地已全面完成清表交地；32号路的征拆和坟墓迁移工作全面完成；35号路已完成交地工作。5月14日，滨江路一标段顺利举行了开工仪式，标志着新城区路网建设迈入了一个新的阶段。

让利于民　有序安置

芙蓉新城范围内含赤水、西联、芙蓉、车头、下胡5个行政村共2600余户7000余农民，为解决好村民拆迁安置问题，市领导及有关部门在多次深入调研，广泛征询村民意见后，确定了由政府在新城周边范围统一代建联排安置公寓，户型基底面积有60平方米、90平方米、120平方米三种，力求最大限度让利于民。

统观芙蓉新城整体安置工作之所以能够顺利推进，主要得益于以下几项举措：

尊重农民居住习惯，建设高品质岭南民居。新城区的安置房项目采取政府建设统一风格的联排别墅式住宅，最大限度保证每排房屋都可以享有充足的日照、良好的通风和景观需求，住宅小区按照国家二类居住小区的标准设计，区内建筑突出了岭南风格，农民不仅有相对独立的居住生活空间，还可享受公共服务配套齐全、功能齐备完善的现代人居环境。

政府主导建设，村民全程参与监督。安置新村建设模式为政府划拨安置用地并承担安置区内的“三通一平”等工程费用，并由政府按市场价回购各村集体经济发展用地用于统一代建安置新村。在安置新房建设过程中，各级政府充分发挥村委干部和广大村民的主动性和积极性，让村民全程参与新村建设、全程监督，确保新村建设“得民心，顺民意”。这种“政府主导、村民参与”的模式将安置新村建设纳入了新城区整体规划，对于提升城市品位、加快工程建设、保证工程质量大有裨益。

组建建房领导小组，程序公开透明。安置工作在推进过程中，不断总结工作经验，多方听取意见，逐渐形成一套较为成熟，可操作性强的工作程序：一是为加强对各安置新村建设的有效监督，由各村推举有代表性的村民成立建房领导小组，负责协助安置新村建设各项前期准备工作的开展及建房监督管理等工作；二是在安置工作推进过程中，严格执行“五个确认”，即安置新村选址、小区平面规划、建筑风格设计、安置对象确定、户型选择分配均需各村三分之二以上的户代表签名确认后才可开工建设；三是新村安置对象、新村建设费用、安置房选房分配等情况均需在本村张榜公布，接受村民的监督；四是严格按照法律法规办事，确保依法依规开展安置工作。

目前，赤水安置新村228栋联排住宅已全面完工，并于2014年4月举行了赤水新村第一批安置新房抽签分配仪式，预计2014年国庆前，赤水可完成整村搬迁入住安置新房。

芙蓉村“五个确认”全部完成，新村建设如期推进。

西联村已完成安置对象三榜公示，安置区土方工程即将完工。

车头村已完成安置对象第二榜公示，计划于近期完成户型确认。

（根据《韶关日报》文章整理）

靓丽的新城区一角　（摄于6月3日）

武江区众志成城打好扶贫攻坚战

在帮扶单位的帮助下，龙归镇坳头村建立了莲藕基地，村民喜获丰收 张伟摄于7月16日

四大亮点

脱贫致富的步伐明显加快。一年多来，武江区切实加大帮扶工作力度，通过引导贫困户发展特色优势产业和劳动力转移就业等途径，有效地促进贫困村、贫困户早日脱贫致富。2013年年底，全区有劳动能力贫困户209户，790人全部脱贫；贫困户年人均纯收入达5640.96元，4个贫困村的村集体收入共计15.14万元，比2012年总收入4.24万元增长了2.57倍。

产业扶贫效果显著。武江区充分利用区位优势，以“合作社+基地+农户”的模式，在贫困村大力发展蔬菜、冬菇、木耳、莲藕、茨菰等农业特色产业，成为该区产业扶贫的特色亮点。目前，4个贫困村都培育有自己特色的产业，成立了农民合作社，培育了示范基地，辐射带动226户贫困户，756人参与了产业化生产。

村容村貌发生较大变化。在扶贫攻坚中，武江区着力实施农房改造工程、村道硬底化工程和农田水利建设工程，切实加快贫困村基础设施建设，改善贫困村生产生活条件。2013年80户的农村低收入住房困难户在春节前全部搬入新房过节，2014年182户的农村低收入住房困难户大部分已动工兴建新房，其中已有57户竣工。教育、文化等设施进一步完善，农田水利设施得到较好改善，贫困村实现了通电、通邮和电视转播，群众生产生活条件明显改善。

基层组织得到进一步巩固。坚持扶贫与党建两手抓、两促进，以扶贫工作的成果检验党建工作，切实加强贫困村领导班子建设。该区积极帮助贫困村以创先争优为载体，引导村“两委”干部当好带头致富、带领群众脱贫的领头人。

六大经验

武江区扶贫攻坚战果显著，其致胜法宝是以下六大措施：

强化责任落实。该区高度重视扶贫开发“双到”工作，部署早，启动快。一年多来，区委书记王德雄、区长黄建华时常带领相关人员深入贫困村、贫困户开展调研，发现问题及时纠正，总结经验及时推广，形成全区上下一条心、全区一盘棋，打胜扶贫攻坚战的良好氛围。

扎实深入推进。各帮扶单位结合贫困村及贫困户的具体情况，年初就与各村“两委”干部共同商讨制定每年度帮扶村的工作计划及贫困户帮扶规划和措施。驻村干部和结对帮扶干部真抓实干，扎实做好每一年的帮扶工作。一年多来，全区扶贫开发“双到”工作开局良好，进展顺利，并取得明显实效。截至2014年6月，全区共落实帮扶资金1373万元，平均每个村约343万元。新增村帮扶项目64个，增加贫困村贫困户劳务输出199人，新建文化卫生设施5宗。

突出长效机制。一是千方百计整合帮扶资金，最大限度培育全区帮扶对象的发展能力。一年多来，区政府拨出扶贫开发专项资金约125万元，动员社会力量捐赠扶贫款172.08万元。同时，该区将上级政府出台的多项强农惠农政策向贫困村倾斜，逐步解决贫困村“一保五难”问题。二是千方百计培育脱贫项目，着力打造帮扶对象的发展平台。该区在贫困村大力培育农民专业合作组织，在2013年年底前4个贫困村都相继成立了至少1个农民专业合作社，有劳动能力的贫困户都加入其中。在增加村集体收入方面，目前4个村各筹集了40万—50万元的资金，或入股水电站，或入股实体企业，各村集体收入大幅增长。

协助党建工作。始终坚持统筹发展的思想，一手抓扶贫开发，一手抓基层党建，以扶贫带动党建，以党建促进扶贫，切实在扶贫开发“双到”工作中做好统筹基层党建工作。

监管用实资金。一方面抓紧做好资金的筹措落实。用好省、市、区的财政资金，确保资金100%用于贫困户脱贫和改变贫困村落后面貌的发展项目上。到目前为止，有696万元专项资金投入贫困村，主要用于高标准农田建设及村道建设项目等。另一方面，抓紧落实各项扶贫资金的使用。把“6·30”扶贫济困日捐款全部安排给4个贫困村用于产业扶贫项目及公共设施建设项目。

加大督查力度。采取多种形式加大对帮扶工作的督促检查力度。完善督查工作制度和驻村干部工作制度，进一步明确各责任人的相关职责和要求。坚持“季度小考、半年中考、年末大考”的方式，督查考评全区扶贫“双到”工作责任单位的责任人，确保扶贫“双到”各项工作的全面落实。

驻村干部到农户家中走访　（张伟摄于7月16日）

贫困村发展巡礼

重阳村：脱贫致富步伐加快

重阳村牵头帮扶单位为武江区人社局，该局与重阳镇、重阳村协商制定了多项帮扶措施，帮扶成效明显。

帮扶单位采取多种方式，实行不同的智力扶贫，使重阳村贫困户子女接受义务教育不辍学，确保考上高中、技校的贫困家庭子女能顺利完成学业。贫困户的家庭经济收入显著提高，家庭生产生活水平明显改善。贫困户危房改造工程顺利进行，目前完工的贫困户已乔迁新居。同时，帮扶单位注重改善村容村貌，对村内多条巷道进行改造和整治，进一步美化了村庄环境。

奇石村：贫困户收入翻番

2013年6月，武江区城管局驻村工作组进驻奇石村，一年来，奇石村扶贫开发工作取得了较好的成绩，包括贫困户在内的全体村民切实从扶贫工作中得到了实惠。

在扶贫资金的支持下，目前已有11户贫困户开展了危房改造，居住条件得到改善。村民经济收入得到较大提高，51户贫困户的人均收入从2012年的2993元增长到2013年的5654.19元；全村人均收入从2012年的5483元增长到2013年的7596元。与此同时，村集体经济实力不断壮大。目前大多数帮扶项目正在建设中，预计各项目建成后将带来每年超过10万元的集体收入。

胡屋村：修复水毁基础设施

胡屋村现核定的贫困户有55户，全村无主导产业，村委会无集体经济收入。针对此情，该区财政局制订了切合实际的扶贫计划，累计筹集各项帮扶资金248.5万元，使该村在产业发展及灾后复产等方面取得可喜的成效，在2013年的扶贫开发考核中被评为优秀。

帮扶责任人对发展种养的农户启动资助生产资金，完成贫困户危房改建6户，并给予每户1.5万元资金补助。投资11万元用于产业开发，成立胡屋村食用菌经济合作社，通过合作社，将农户统一组织起来，实行香菇木耳统一种植、统一制种、统一技术指导、统一包装标识、统一收购销售，为农户拓展稳定的收入来源。同时，帮扶单位加快对去年洪灾中水毁设施的建设，投资1.6万元重建水毁围墙、清理环境卫生等。筹集8.59万元用于修复胡屋村羊角寨水毁桥梁一座，目前桥梁重建项目已竣工验收。投入15万元对水毁农田水利设施及道路进行修复，投入20万元进行农田复垦工作，现在工程已基本完工，村民可进行生产劳动。

坳头村：扶贫产业初具规模

新一轮扶贫“双到”工作开展以来，市人大机关充分发挥资源优势，进一步加大帮扶工作力度，认真落实帮扶措施，真正做到了认识到位、领导到位、措施到位、资金到位、指导到位，实现了年度帮扶的目标。

通过一年的努力，坳头村村容村貌、农田水利和乡村道路等基础设施得到较大的改善；医疗、养老、教育、就业、住房等民生工程得到全面保障；以莲藕、茨菰、粉葛等经济作物为主导的产业已初具规模，村集体及贫困户的收入明显增加；村组织建设得到加强。通过产业结构的调整，进一步加快了当地经济从“输血”型向“造血”型的转变，有效地提高了村民自我发展的能力，较好地实现了农村发展、农业增效、农民增收的目标。

目前，该村集体经济收入由帮扶前的1.98万元增加到6.78万元，同比增长242%；全村人均收入由帮扶前5585元增加到8830元，同比增长59%；贫困户人均收入由帮扶前的2878元增加到5875元，同比增长104%。

（根据《韶关日报》文章整理）

武江区认真开展党的群众路线教育实践活动纪实

前 言

开展党的群众路线教育实践活动以来，武江区迅速行动，按区、镇（街）、村（社区）三个层级依次启动，有序推进。各单位按照“统一部署、梯次展开、压茬进行”的要求，相继召开了专题民主生活会、专题组织生活会，开展了民主评议党员活动，广泛听取各阶层、各行业代表意见建议，收集群众亟待解决的重点难点问题，全面、客观、真实掌握第一手资料，“零距离”倾听民声、体察民情、分担民忧、解决问题，有力有效推动了全区活动的深入开展。

选准抓实载体 搭建新平台

教育实践活动中，武江区积极巩固和创新服务群众平台，一方面完善和深化服务群众老品牌，继续发挥“爱心超市”济困暖心作用，加大宣传和筹款筹物工作力度，延伸服务范围，确保各类困难家庭每月按时领到免费基本生活物资。目前，已有4300多户12000多人次得到帮助。继续抓实“乡村夜话”固本强基作用，利用晚上和农闲时间进村入户察民情、听民意，加强基层组织建设，促进乡镇经济发展、和谐稳定。继续深化“红心结”排忧解困作用。坚持“上门服务、心手相连”理念，完善服务机制，提升服务水平，确保群众所需服务及时提供，实际困难及时解决。继续强化“两代表一委员”桥梁纽带作用。充分发挥“两代表一委员”工作站“了解社情民意、回应社会期盼”的重要载体作用，为“两代表一委员”履职尽责提供支持。

另一方面，积极探索和创新联系服务群众新平台，在江湾镇试点推行“三点三队”服务法，构筑镇、村、组便民办事服务链；在西联镇设立莞韶城一期征地工作联络室，聘请村民担任征地监督员，推行“阳光征地”工作机制；在新华街试行组建先锋志愿服务队，开展“三送三帮”行动；在西河镇开展“干部驻进去、

8月22日，武江区委书记、区人大常委会主任王德雄深入企业调研，帮助企业解决实际困难

智慧用进去、感情投进去”，“出思路、出实惠、出新风、出典型”的“三进四出”活动。

立行立改 确保活动取得实效

武江区把教育实践活动与为民办实事、解难题相结合，事关群众利益的问题一经了解，立即组织相关部门马上解决。针对群众反映全区多个路段存在渣土违规运输、撒漏污染环境等问题，区政府立即组织城管等相关部门开展专项整治行动，有效遏制了这一乱象。破产下马企业老党员反映厂区大树存在安全隐患，区城管、惠民街道立即组织人员解决。群众反映红尾坑社区公路年久失修，路面损毁严重，造成出行困难，新华街投入70多万元修建水泥路，社区公路于6月15日正式竣工通车，成为新华街在“立行立改”中群众反映好、呼声高的典型项目。重阳镇投资200多万元重建陀村桥和大夫前桥，解决周边数个村庄出行不便难题。

武江区对工作中发现的问题，凡能解决的和有关部门商量现场做出答复；不能解决的，责成相关部门跟踪落实，给群众一个满意的答复。活动开展以来，全区大力整治文山会海、检查评比泛滥的问题，压缩会议194次，同比减少16.5%；压缩制发文件19件，同比减少16.8%；压缩评比表彰活动82件，同比减少90%；大力整治超标配备公车、多占办公用房问题，排查出应清退公务用车1辆，实际清退1辆，占100%；应调整清理办公用房面积4519.29平方米，已调整清理面积为3829.73平方米，占83%；整治“三公”经费开支过大问题，2014年上半年，“三公”支出与上年同期相比下降42.79%，其中会议费下降86.55%，公车购置费下降55.39%，公车运行维护费下降16.92%，公务接待费下降38.44%；取消和下放一批行政审批事项，目前保留区直共22个部门的106项（大项）行政审批项目，较2012年底行政审批项目压减率达41%。

武江区还设置“立行立改公开栏”将梳理出的问题列表公开，明确责任单位、责任人、完成时限和进展情况，便于干部群众监督。区委、区政府先后4次召开问题交办会，对查找到的56项问题进行交办，明确承办部门、责任人和解决时限，并将整改进度和结果及时公示。目前完成整改的有41项。

以整风精神 抓好“两会一评议”

武江区各级党组织根据要求，高标准、高质量抓好专题民主生活会、专题组织生活会和民主评议党员各项工作，以整风精神开展批评和自我批评。在区委班子专题民主生活会上，主要负责人以树立标杆、向我看齐的态度，带头揭短亮丑，全体班子成员按照要求深挖思想根源，深入查摆剖析个人“四风”方面的突出问题，诚恳接受大家的批评意见，并以严肃、诚恳、负责任的态度对其他班子成员提出批评，得到了省委第六督导组、市领导和市委第四督导组的肯定。

8月上旬，各镇街、区直各单位的专题民主生活会全面铺开，挂点区领导和区委督导组分赴各专题民主生活会现场督查、指导，确保会议开出实效。8月中旬，区直各单位、村（社区）、“两新”组织等基层党组织纷纷召开专题组织生活会，并开展民主评议党员工作，针对存在的问题提出改进措施和办法，让面广量大的基层党员经受了一次严格的党内生活锻炼。

抓好整改落实 建立长效机制

武江区在对照检查材料的基础上，针对征求到的意见建议和专题民主生活会查摆出来的问题，研究制定了专题民主生活会整改方案，并召开常委会议专题讨论研究。在整改方案中，区委常委班子按照“照镜子、正衣冠、洗洗澡、治治病”的总要求，紧扣为民务实清廉主题，重点围绕领导班子“四风”方面存在的20个突出问题，提出了加强思想政治建设、推进经济社会改革发展、提高做好群众工作的能力、加强干部队伍建设、加强作风建设、加强制度建设和加强制度执行力度等7块内容26条整改措施，并明确了整改的具体内容、牵头领导、责任单位和整改时限。

武江区还结合实际，着眼为民、利民、便民，通过坚决遏制“衙门”作风，切实解决群众反映强烈的“门难进、脸难看、事难办”问题，提高为人民服务水平；着眼激发基层创造活力，通过坚决遏制“文山会海”、考核检查评比达标表彰活动过多过滥现象，切实解决工作作风虚浮问题；着眼干部清正、政府清廉、政治清明，通过坚决遏制公款送礼、公款吃喝、奢靡浪费之风，切实解决超标配备公车、多占办公用房和住房、滥建楼堂馆所和违规使用“三公”经费等问题，加快营造风清气正的良好环境；着眼树立正确的政绩观、权力观，通过坚决遏制“形象工程”“政绩工程”，切实解决政绩观错位的问题，在多做打基础、利长远工作方面有更大动作；通过坚决遏制侵害群众利益行为，在解决滥用职权、吃拿卡要、与民争利问题上有更明显成效。

根据群众反映的意见，龙归镇另辟新路，解决镇区粉尘污染和交通安全隐患 （摄于8月19日）

成绩斐然 亮点纷呈

重阳镇办好11项惠民实事

1.抓紧水毁桥梁施工：多方筹措资金200多万元，重新修建九联陀村桥和大夫前桥，2014年5月底顺利通车，方便村民出行。

2.抢抓水毁河堤修复：充分利用河道清理、广乐高速弃土施工等有利条件，及时抢修了陀村、枧头、黄土坛、大夫前等河段河堤共1500米，消除村民担忧。

3.认真治理村庄内涝问题：垫资30多万元在村庄河边修建一条近500米的河堤防止河水淹进村庄；筹措资金约100万元修建一条围绕村庄的排洪渠以将村中积水及时排泄。

4.及时复垦受损农田：2014年春耕之前，一边组织机械进场施工，一边组织全镇干部职工和村委、村小组干部帮助疏通受损水渠，在春耕前完成了农田复垦。

5.积极进行街道整治：多方筹措资金进行整治，完成路边围墙修建、下水道铺设和路面平整等工作，进行沥青路面铺设，使之成为重阳镇有史以来第一条沥青路面街道。

6.试点解决农村垃圾清理问题：初步形成了“百姓参与、村组负责、村委统筹、政府鼓励”的操作模式，全镇已完成6个村小组的试点工作，并将在全镇范围内铺开。

7.“草根组织”创新维稳工作：创新成立了“和事佬”协会，把威信高、信誉好的老党员、老干部、老教师邀请参加到协会中来，专门负责调处村民之间的纠纷，使矛盾及时化解率大大提高。

8.完善文化惠民制度：一是对考上大学、重点高中、初中的学生给予奖励；二是成立重阳镇大夫前村老年文艺队，修建南岸村民文化活动中心，强化农村宣传阵地建设，丰富村民群众文化生活；三是修建重阳村委和黄岸村委办公大楼，为村民提供更好的办事环境。

9.强力推进万亩高标准农田整治工程：投资约1200万元，大大改善了当地村民的耕种条件。

10.切实配合省水利建设示范镇工程建设：投资约为800万元，全面改善该镇主灌溉渠、拦水坡头的给排水条件。

11.扎实推进重点项目建设：被列为省重点项目的重阳青暖温泉项目计划投资20亿元，分五期共五年建成。

新华街道办“三送三帮”暖民心

新华街结合街道社区基层工作实际，探索试行组建先锋志愿服务队，志愿队下设信息服务、健康服务、平安服务、爱心服务、科普服务共5个志愿服务队，志愿队以“三送三帮献三心”为主题，开展“送政策帮群众释疑解惑，做群众的热心人；送温暖帮群众排忧解难，做群众的贴心人；送服务帮群众身心健康，做群众的知心人”行动，打造民心工程。

江湾镇搭建便民利民三大平台

开展“乡村夜话”活动：江湾镇党员干部利用休息时间，走村入户，与村民拉家常，摆龙门阵，了解民情民意，解决群众最关心的民生问题，得到了足够的民意支持，既解决了干群“时间错位”的问题，又杜绝了边远乡镇干部“走读”现象的发生，拉近了干部与村民的距离。

建立“三点三队”服务法：建立镇、村（居）委、自然村的“三点”便民服务网，建立便民服务党员义务队、便民服务工作队和便民服务突击队“三队”的为民服务队伍，完善为民服务保障机制，创建上下贯通、协调运转的为民服务“绿色通道”，解决联系服务群众“最后一公里”问题。

创办“乡村爱心屋”：利用社会各界爱心人士捐赠的物资或资金购置困难群众生活必需品。储备的物资包括棉被、大衣、毛毯及大米、油、面等，及时解决困难群众的生活所需，架起党（政府）与群众的爱心桥。“乡村爱心屋”重点帮助留守老人、妇女、儿童解决实际问题，消除外出务工群众的后顾之忧，保障全镇人民群众的日常生产生活。

西联镇实行“阳光征地”

西联镇在莞韶城一期征地工作中，创新工作方式方法，将工作做到群众家门口，在阳山村委黄沙坪村中成立征地工作联络室，构建起党群干群面对面、心连心的沟通新平台，“零距离”联系服务群众。征地联络室有效聚集民意、化解矛盾纠纷、凝聚发展合力，让“阳光征地”深入民心，征地工作悄然创造“阳山速度”。

该做法得到各级领导的一致肯定，市委督导组实地调研指出：西联镇创新的在村中成立征地联络室，实现“阳光征地”的举措是开展党的群众路线教育实践活动的一个实打实成果。

（根据《韶关日报》文章整理）

武江区扎实推进民政工作建设和谐社会纪实

“以民为本、为民解困、为民服务”是民政工作的宗旨，而民政工作又是建设和谐社会、维护社会稳定的重要因素。近年来，武江区始终坚持以人为本理念，充分彰显民政工作宗旨，在“保民生、保发展、保稳定”的大局中发挥积极作用，为全区经济社会发展做出了贡献。

城乡低保 应保尽保加强救助

刘女士住在武江区五祖路社区某宿舍，她于2001年离婚，2岁的女儿协议由其抚养，其前夫每月负担150元的抚养费。2004年，刘女士将户口由外地迁到武江区五祖路其姐姐家中，在姐姐的协助下，租下五祖路的一间小士多店，每天工作十几个小时，大约有1000—1300元的收入，除去两母女的日常开支，稍有结余。后来因为身体不适，不能长时间坚持守铺，收入少了很多，每月约500—800元收入，仅够母女日常生活开支。2012年8月，经粤北医院检查诊断为乳腺癌中晚期，她不得已做了左乳切除手术，手术后又经过了多次化疗、放疗，身体状况直线下降，不但用完了所有积蓄，还不得不向亲戚朋友借债治疗。没了工作能力，她只好把士多店顶出去让别人经营。2012年12月，她向新华街道五祖路社区提交了低保申请，区民政局于2013年1月批准其享受月最低生活保障金450元，2013年6月调整为584元至今，2014年7月再次调整为724元。2013年起，区民政局给予其大病救助金5000元，2014年一季度又给予其大病救助金2000元。

据介绍，武江区城乡最低生活保障标准于2014年6月重新调整，目前的标准是：城镇低保每人每月370元，人均补差达333元以上，农村低保每人每月230元，人均补差达147元以上，均达到省、市要求。截至2014年8月，全区共有城镇低保876户1437人，农村低保854户1824人，城乡低保群众的基本生活得到了有效保障。他们根据省、市有关规定定期组织开展城乡低保入户调查，有效杜绝了低保错保漏保现象。此外，武江区农村五保供养工作开展顺利，2014年全区五保供养标准已提高到每人每月572元。目前，全区“五保”集中供养人员分布在五个镇的敬老院，确保了五保对象的正常生活。在传统节日时，有关单位都组织相关人员前往各镇敬老院开展慰问活动，以丰富敬老院老人的老年生活。

救灾工作 妥善安置重建家园

2013年，武江区共发生两次洪涝灾害，分别为“5·16”洪灾和“8·16”洪灾，全区五个镇、两个街道均受到不同程度的灾害。

灾情发生后，该区紧急研究启动自然灾害应急预案，迅速行动，区班子成员和相关部门负责人分赴灾区核实灾情，指导救灾工作，成立应急小组并安排各项救灾工作，积极响应，科学应对，全力以赴，做到了“五个第一”：第一时间转移安置受灾群众；第一时间赶赴受灾现场核实灾情；第一时间向各有关单位上报灾情；第一时间调运分发救灾物资；第一时间审核下发救灾资金。两次洪灾下拨紧急救灾资金共

洪灾期间，武江区政府将救灾物资分发到各镇安置点　（资料图片摄于2013年8月）

94.79万元，并为受灾群众发放各类生活物资一批，切实保障了受灾群众的灾后基本生活。同时，在洪灾过后，区民政局和区住建局入户核查受灾房屋，为政府开展灾后救助和灾后重建工作提供决策依据。

“5·16”洪灾过后，全区妥善安置房屋受损群众，并迅速开展全倒户调查、认定和公示工作，由区、镇两级干部共同组成工作组挂钩帮助全倒户进行房屋重建。该区按时完成了重建工作，及时下拨省、市、区重建家园补助资金。同时出台了奖励措施，促进全倒户房屋重建工作，对于在时限内完工并迁入新居的，根据完工迁入时段额外给予一定资金奖励。受灾群众过渡期间生活救助按一定标准发放，一般情况下共发放救助金3个月，切实缓解了受灾群众的燃眉之急，受到群众的一致好评。

慈善活动
扶贫济困奉献爱心

武江区自2010年6月30日启动“广东扶贫济困日”活动以来，分4批安排第一轮“广东扶贫济困日”定向捐赠资金资助项目共56个，项目资金总额654万元，惠及重阳镇水口村、妙联村、大夫前村、青暖村，龙归镇后坪村，江湾镇瑶族村共6个贫困村，直接受益人口1244人。至2013年年末，已完成定向扶贫项目30个，“广东扶贫济困日”定向捐赠资金投入426.5万元，目前尚有26个扶贫项目正在实施当中，需投入“广东扶贫济困日”定向捐赠资金227.5万元。

由于第一轮扶贫开发“双到”工作已告一段落，新一轮扶贫开发“双到”工作已于2013年6月开始实施。新一批“广东扶贫济困日”定向捐赠资金安排的扶贫项目共18个，项目资金投入总额240.5万元，惠及的贫困村包括重阳镇的重阳村、龙归镇的坳头村和奇石村、江湾镇的胡屋村，直接受益农户290户1028人。至2013年年末，已完成定向扶贫项目2个，项目资金支出27.2万元，16个扶贫项目正在实施当中。

“双拥”优抚
为社会注入正能量

2012年8月，小马在韶关市北江中学应届高中毕业后被招为飞行员，2014年3月12日，他在体能训练中突发意外死亡，确定为因公牺牲。武江区民政局接到通知后，立即向有关方面和领导请示、汇报，并立即着手安排抚恤事宜。根据《军人抚恤优待条例》第十三条：现役军人死亡，根据其死亡性质和死亡时的月工资标准，由县级人民政府民政部门发给其遗属一次性抚恤金；又根据《广东省军人抚恤优待办法》第七条“被确认为因公牺牲或病故的，县级（含区）人民政府民政部门应当自收到部队发出的死亡通知书之日起20日内，分别向因公牺牲军人遗属发放《中华人民共和国军人因公牺牲证明书》和一次性抚恤金”、第九条“一次性抚恤金的标准，按照国家的规定执行”等规定，最后为小马的父母亲发放一次性抚恤金共计571500元，给了悲痛欲绝的小马父母亲莫大的安慰。

近年来，武江区积极开展双拥和优抚工作，提升服务质量，更好地为武江经济、社会的发展注入活力，为建设“平安武江”和“幸福武江”夯实基础。一是做好退役士兵安置工作。面对新形势，该区积极推进退役士兵安置改革，采取安置就业、推荐就业、自谋职业、有偿安置等多种措施安置退役士兵。从2013年冬季退役士兵开始，该区积极贯彻《退役士兵安置条例》，省政府已批准执行退役士兵安置“城乡一体化”规定，凡两年制义务兵不分城乡统一执行当地城镇居民上年度人均可支配收入核准作为经济补偿金标准进行安置。同时，积极开展退役士兵参加全省免费职业技能培训工作，较好地保障了退役士兵的合法权益。

二是做好优抚对象抚恤补助。近年来该区严格按照省、市要求拨付优抚对象抚恤补助，每年投入大量优抚资金，不断按政策要求提高重点优抚对象的抚恤补助标准，2013年全年优待抚恤金支出达680.7万元，同比上年增长23.11%。城乡义务兵家庭优待机制不断完善，全区城市和农村义务兵家庭优待金平均水平逐年提高。

三是做好驻区部队的慰问走访工作，大力支持部队建设。每年“八一”建军节前夕和春节期间，区党政领导班子均组团带队走访慰问驻韶、驻区部队，认真听取部队宝贵意见，积极为驻区部队官兵解决一些实际问题，受到官兵的热烈欢迎及高度赞扬。

社区建设和服务最大程度贴近群众

武江区扎实开展社区示范点创建活动，惠民西社区被评为全国“六好平安和谐社区”，新华南社区被评为省文明社区。近年来，新华、惠民街道分别增设了2个社区居委，现全区社区居委会共32个。

一是推行“特色服务”，探索建立政府购买社会服务新模式。2012年9月，武江区率先在全市成立了韶关市海邻社会工作服务中心，承接了韶关市首批政府购买社会工作服务试点项目——新华街道花城社区社工服务站，从个案服务、青少年服务、社区服务、社区公益服务四个方向作为切入点，立足公益事业，上为政府分忧，下为群众解难，致力于整合社会资源，传播社工文化、全民公益文化，探索提供优质的社会工作服务。

二是完善“功能服务”，进一步拓展社区服务载体。目前，全区所有社区都建立了党员活动室、老年书画室、图书阅览室、婚育学校、妇女儿童服务

向驻区武警市中队赠送体育健身用品　（温碧摄于9月1日）

武江区在全市创新成立“爱心超市”，救济帮助困难家庭。图为9月2日，“爱心超市”向特困群众免费发放生活物资 （黄伟坚摄）

站等场所，还在惠民西社区建立劳动保障服务站，2010年被评为广东省充分就业星级社区；在社区积极开展“红心结”服务活动，为困难家庭解决实际困难，让他们充分感受到社区大家庭的温暖；建立“爱心超市”2家，共筹集和发放各类物资折合人民币近百万元，切实帮助困难家庭渡过生活难关。

三是强化“保障服务”，不断提升社区自我服务能力，近几年共投入经费近200万元不断改善社区硬件和软件条件，确保了全区社区办公用房均达到85平方米以上。探索建立社区行政事务准入制度，严格控制相关职能部门随意抽调社区工作人员，随意摊派工作任务，使社区能够集中精力做好服务工作，实现真正意义上的“自我管理、自我教育、自我服务”。

社区组织管理 增强创新和服务意识

2014年5月的一天，一家名叫“爱某幼儿园”的民办非企业单位前去武江区民政局要求办理登记，区民政局派出由分管社会组织的副局长带领的现场查勘小组到该幼儿园察看，发现该幼儿园存在消防通道设置不合理的安全隐患，于是勘察组在指出该安全隐患的同时，根据幼儿园的房屋结构提出整改方案供其参考。由于该幼儿园房屋结构和所处地理位置的局限性，区民政局工作组3次到该幼儿园提出调整和修改消防通道设置方案，最终协助其确定了最佳设置方案进行整改，区民政局也按有关法规为该幼儿园发放了民办非企业单位登记证书。

据介绍，武江区现有社会组织92家，其中社会团体11家，民办非企业81家。社会组织管理工作坚持“培育发展和监督管理并重”的方针，武江区民政局在社会组织管理工作中积极转变思路，增强创新意识，主动为社会组织提供指导、协助服务。武江区民政局为提高服务社会组织的水平，加强与社会组织的信息沟通和交流，增加了社会组织信息化建设措施，建立了“武江区社会组织”QQ群，为各类社会组织之间提供相互交流平台，畅通了信息交流渠道，方便群众办事，提高了工作效率。

此外，武江区还积极推进农村养老机构建设，先后开展了农村养老机构“颐养居”的试点，在上级政府和民政部门的大力支持下，投资建设了龙归冲下村颐养居工程，并开始推进西河黄塱村颐养居工程建设。同时，按照省市要求，逐步规划建设农村幸福院，目前全区已规划建设5个村的农村幸福院。加强殡葬改革，完成了南华纪念园树葬区建设，对推进全区的生态节地葬法创造有利条件，该区还认真落实“四类”困难群众殡葬优惠政策，使改革的成果更好地惠及百姓。

（根据《韶关日报》文章整理）

武江区开展纪律教育学习月活动

2014年以来，武江区根据十八届中央纪委三次全会、十一届省纪委三次全会、市纪委十一届四次全会关于反腐倡廉教育工作的部署及区委八届三次全会的精神，结合深入开展党的群众路线教育实践活动的要求，围绕以严明组织纪律、锻造优良作风为主题，认真研究部署，扎实开展一系列纪律教育学习活动，圆满完成了纪律教育学习月活动的各项教育学习内容，达到了预期的效果。

精组织 掀起纪律教育学习高潮

从教育学习月开始，武江区就制定好实施意见，为开展好2014年纪律教育学习月活动奠定基础。

在7月初，区委、区纪委就提前着手准备开展纪律教育学习月活动的各项工作。该区印发了《武江区2014年开展纪律教育学习月活动的意见》的通知，并把意见印发到全区各镇街、区直各单位。各单位结合自身实际，制订纪律教育学习月活动的实施计划，层层抓好落实，推进教育学习活动的开展。

2014年8月，该区召开纪律教育学习月活动动员大会暨领导干部党纪政纪法纪教育培训班，对2014年纪律教育活动进行全面动员、部署。该区区委书记、区人大常委会主任王德雄作动员讲话，要求把严明组织纪律作为重要的政治任务抓紧抓实抓好，要严格落实党委抓党风廉政建设的主体责任，扎实开展好2014年纪律教育学习月活动。该区区委副书记、区长黄建华作了以“严守纪律红线，坚持为官有为”为题的辅导报告，区委常委、区纪委书记对2014年纪律教育学习月活动作了具体部署。区四套班子成员，各镇（街）、区直及驻区单位正副职领导近200人参加了会议。

在领导的率先示范下，武江区各镇（街）、区直各单位迅速行动，纷纷召开党委会、支委会和党员干部大会进行教育学习动员，部署本单位教育学习月活动工作，迅速掀起了纪律教育学习热潮。

武江区还分层次举办反腐倡廉专题讲座，夯实党员干部反腐倡廉理论基础。该区邀请广东省预防腐败局副局长、广

党员干部接受警示教育　（摄于4月17日）

东省纪委宣传部部长黄力作题为“认清形势，聚焦改革，深入推进党风廉政建设和反腐败工作”专题辅导报告，区四套班子成员，区法检两长，各镇（街）书记、镇长（主任）、纪（工）委书记，区直单位副科（含副科）实职以上，驻区各单位主要负责人共200多人参加了报告会。通过学习，进一步夯实了该区党员干部反腐倡廉理论基础，对推进该区党风廉政建设工作起到积极的作用。

抓教育
用身边事警示身边人

武江区十分注重党员领导干部廉政教育工作，2014年以来，结合党的群众路线教育实践活动，围绕为民务实清廉这一主题，利用身边事教育身边人，先后有针对性、分层次展开了3次党员领导干部廉政警示教育活动，直接接受警示教育共500多人。

2014年8月，区纪委组织区直机关单位300多名机关党员干部到韶关市检察院“党风廉政建设、干部任前法纪教育暨预防职务犯罪教育基地”接受警示教育。干部们在讲解员的讲述下，认真观看一张张图片、聆听一个个触目惊心的案例，讲解员向人们讲述着一些国家公职人员在金钱和权力面前，私欲膨胀，腐化堕落，偏离人生坐标，迷失前进方向，最终沦为人民罪人的事实。同时让大家明白一个道理，权力是一把双刃剑，用好了可以造福社会、造福人民；用不好，毁了自己、毁了家庭，导致身败名裂。

该区还印发了《关于利用潘三峰、刘建发腐败案开展警示教育活动的通知》，同时组织全区各单位党员干部认真学习剖析材料，深刻反思潘三峰、刘建发腐化堕落的过程和原因，认清腐败的巨大危害。通过学习，使广大党员干部从中吸取深刻教训，并对照检查自身存在的突出问题，及时清除隐患，增强拒腐能力。此外，该区还组织区四套班子全体成员，各镇（街）党政、区直各单位党政“一把手”、区委党的群众路线教育实践活动督导组正副组长共100多人观看《高举利器・狠刹歪风——2014年广东省作风暗访警示教育片》。片中对发生在群众身边的办事拖拉、上班赌博、失职渎职、滥用职权、大吃大喝等严重损害群众利益、影响党和政府形象的问题进行了曝光查处。与会人员真听实信，认为今后要引以为戒，举一反三，自觉抵制“庸懒散奢”等不良作风，以实际行动落实为民务实清廉的要求，为建设和谐武江提供作风保障。

勤宣传
推进廉政文化“六进”

为了营造良好的党风廉政教育氛围，武江区积极开展廉政文化“六进”宣传活动，营造浓厚的崇廉、尚德、文明社会氛围。

为活跃纪律教育学习月实践活动，弘扬正气，引导广大

武江区开展廉洁文化进校园活动　（摄于9月23日）

党员干部群众追求健康文化时尚，营造清正廉洁良好的社会风气。7月31日，该区纪委举办了廉政诗歌作品征集评比活动。此次活动共收到廉政诗歌作品150份，共评选出一至三等奖8名及优秀奖7名。活动结束后，该区纪委印发了关于武江区2014年廉政诗歌征集活动结果的通报，对获奖单位和作者给予通报表彰。活动的开展，进一步营造了该区崇廉、尚德、文明的社会氛围。

8月13日上午，武江区惠民街组织100余人在印有“不送礼从你做起，不收礼从我做起”廉政广告语的横幅上签名留语，表达抵制腐败文化、期盼廉政文化的共同心声。8月22日下午，武江区检察院组织机关20名副科以上的领导干部签订了《武江区人民检察院党员干部廉政承诺书》。2014年8月21日下午，武江区龙归镇组织莞韶城三期征地的市、区、镇、村、村小组工作组成员近百人签订了廉洁征地承诺书。活动的开展，进一步增强了干部们的廉洁从政意识。

2014年9月，该区纪委将原有的“领导干部廉洁自律口袋书”进行了修订，着重补充了中央的“八项规定”“六项禁令”以及党委的主体责任详解等内容，修改后编辑印成“武江区领导干部廉洁自律口袋书”（第二辑）发放到全区党员干部手中，使党员干部们在增长廉政知识的同时，常敲警钟，从而增强廉洁自律、勤政为民意识，筑牢拒腐防变的思想道德防线。

此外，2014年7月以来，该区以各镇（街）为主相继在公共图书馆、文化站开设廉洁图书专柜（区）共7个，为党员干部和广大读者提供廉洁书籍的现场阅览和借阅服务，同时组织人员到公共图书馆阅读廉洁图书，并充分利用公共图书馆的阵地优势，举办了各类廉政专题讲座、反腐倡廉图片展、播放廉洁主题电影等形式多样的活动，丰富廉洁读书月活动内容，增强了活动的吸引力和感染力。

三举措加强纪检干部队伍建设

为深入贯彻落实中央“八项规定”要求，落实习近平总书记“三严三实”的作风建设要求，2014年以来，武江区纪委监察局以“正人先正己”“打铁还需自身硬”的态度，通过三项举措，加强该区纪检监察干部队伍建设，带头正风肃纪，切实改进作风。

针对“四风”问题，区纪委监察局领导干部广泛深入开展谈心谈话活动。纪委书记与其他班子成员之间交心谈心，班子成员相互之间以及班子成员与分管干部之间交心谈心，通过这一活动，找准查实该区纪检监察干部“四风”方面存在的突出问题，达到谈问题、找差距、寻共识、增团结、促发展的目的。

为了规范纪检监察干部行为，区纪委监察局统一制作、摆放“行为规范牌”。在全区每位纪检监察干部的办公桌上都摆放了统一制作红色醒目的“行为规范牌”，该牌印有广东省纪检监察干部的六条行为规范，以此提醒每一位纪检监察干部要时刻牢记宗旨意识，增强责任感和使命感，廉洁从政、刚正不阿、秉公执纪。此外，武江区在全区纪检监察系统开展了《纪检监察干部廉洁自律承诺书》签订活动，纪检监察干部签订了廉洁自律十项承诺，对自身工作作风和生活作风的转变提出了更高的标准、更严的要求。该区要求纪检监察干部要做廉洁自律的表率，管好自己，慎言慎行、慎独慎微，带头遵守廉洁自律的各项规定，持之以恒落实中央八项规定，坚决不逾越纪律规定的“红线”。

加强党廉巡查治“病”于“未病”

为加大预防腐败工作力度，加强对领导干部落实党风廉政建设责任制情况的监督，武江区在全区各镇街及区直机关开展党风廉政情况巡查。

巡查内容主要有：贯彻落实中央“八项规定”“六项禁令”以及省、市、区关于实行党风廉政建设责任制规定的情况；遵守《中国共产党党员领导干部廉洁从政若干准则》情况、《党政机关厉行节约反对浪费条例》和《加强领导干部大操大办婚丧喜庆事宜监督的暂行规定》等有关廉洁自律规定的情况等。

巡查采取每年必查、重点抽查、常规检查等方式进行，具体分为查廉、询廉、述廉、测廉、谈廉、评廉的形式进行。巡查结束后，被巡查对象的有关材料归入其个人廉政档案，巡查结果作为领导干部评先评优和选拔任用干部依据之一，并将巡查和处理的有关情况，适时在适当范围内进行通报，对在巡查中发现的党风廉政重大问题，按程序依法依纪处理。巡查工作的开展，有效地促进了武江区党风廉政建设、被巡查单位领导干部廉洁自律及纠正单位“四风”问题的自觉性。

开展量化考核
强化纪检监察工作

为规范和提高对镇、街纪（工）委书记履职行为，2014年，武江区纪委对镇街纪（工）委书记进行绩效考核。

考核从工作绩效、工作作风和民主测评三个方面进行，具体包括8个大项、41个小项。考核方式实行日常考评、半年考评和年终考核相结合，实行百分制。其中：工作绩效占70分，工作作风占20分，民主测评占10分。考评结果分为“优秀”“称职”“基本称职”“不称职”四个等次。考核结果作为镇、街纪（工）委书记年度考评等次评定和奖惩的主要依据。对考评结果为“优秀”等次的，给予通报表扬和奖励，并优先推荐作为评优、评先、交流、提拔使用的人选；考评结果为“基本称职”的，给予诫勉谈话，并向区纪委全委会作表态发言；考评结果为“不称职”的，给予通报批评，并向区纪委全委会作表态发言，同时建议区委给予调整工作岗位。

考核办法出台后，对于进一步推进镇街纪（工）委转职能、转方式、转工作作风发挥了积极的作用。

（根据《韶关日报》文章整理）

武江区打造"创文"工作新常态

武江区委书记、区人大常委会主任王德雄（左二），区委副书记、区长黄建华（左一）率队检查创文工作　（摄于12月8日）

2014年中央文明办修订了"创文"测评体系，更加注重常态化创建的导向。武江区积极适应新形势、新变化，在市委、市政府的领导下，"创文"工作侧重于从夯实日常工作基础入手，以强化工作部署和落实为抓手，以着力沟通协调、促进部门联动、形成合力为模式，以落实责任、检查督导、绩效考核为手段，切实抓好各项创文工作。

武江区在创建全国文明城市工作中，"举全区之力，集全民之智"抓创建，营造出全区动员、全民动手、全员参与的强大声势和浓厚氛围，取得了良好的成效。

全区动员广泛宣传

2014年以来，武江区围绕"创文"重点工作要求，着力抓好"讲文明、树新风"公益广告宣传，以宣传"中国梦"、传播社会主义核心价值观，弘扬中华优秀传统文化、弘扬雷锋精神、加强诚信教育、培育勤劳节俭观念、传承孝道和敬老风尚、倡导文明旅游、宣传保护生态环境、树立社会主义法制观念等为主题，因地制宜利用宣传栏、LED屏、横额等载体，不断扩大宣传的覆盖面，提高群众对"创文"工作的知晓率和支持度，增强市民道德素质。

据了解，为扎实做好"创文"宣传发动工作，武江区充分发挥职能作用，将宣传贯穿于"创文"工作的全过程，使"创文"公益广告成为广大市民了解、熟悉和支持创文的重要途径。

在整个"创文"宣传中，武江区充分利用宣传阵地，集中更新了区属108块宣传栏和130块健康教育宣传栏内容；集中设计、制作了一批宣传海报和标语5000多张，在全区大街小巷、公园广场、物业小区等广泛张贴；出动宣传车，让城管执法队员利用执法时机进行"创文"宣传；充分利用媒体平台，宣传工作成效，发布群众关心的热点和难点，在各新闻媒体发稿200余篇；各镇街、区直各单位分别结合实际设置各类标语横额、宣传栏、

LED屏、“遵德守礼”提示牌等10000余处。

在武江区，记者看到，无论是城区主干道，还是背街小巷，遍布“创文”宣传标语。这些内容丰富、形式多样的文明创建公益宣传，犹如一张张城市名片，深入市民生活，成为传播文明的重要载体，同时也成为一道靓丽的风景线。

积极行动大搞卫生

市容环境卫生是“创文”的基础性工作，武江区下大力气开展抓好环境卫生。在增强环卫力量，增加环卫工人，增添环卫设施，提升清扫保洁质量的同时，还动员全区干部职工及广大群众共同参与清洁家园活动，通过活动，带动更多的市民群众，一起参与创文。

结合春节、“五一”、“十一”等节假日契机，组织全区干部职工开展“清洁家园，美丽韶关”主题群众性爱国卫生运动，大搞环境卫生，清除卫生死角。据统计，2014年武江区共开展大型清洁家园活动六次，调动水车、龙马车353台（次），发动机关干部职工2000余人次，清理卫生死角280余处，清理垃圾、杂物等1248吨。

开展“周五公共卫生日活动”，号召全区机关单位每周五利用半天时间，自带清扫工具，对所承担责任区域进行卫生保洁。同时，该区要求区直各单位、相关镇街采取超常措施，继续抓好环卫保洁区域的责任落实，每天分三班安排人员上路督导，积极引导、劝阻行人乱扔垃圾、乱穿马路等不文明行为，提升市民文明素养。

记者了解到，在多次全民清洁环境卫生活动当中，武江区领导、机关干部、社区居民和一线的环卫工人，等等，都参与其中，他们表示，希望通过实际的行动支持创文活动。

文明创建全面铺开

2014年以来，武江区结合市部署的“社会主义核心价值观培育践行工程”、道德水平提升工程、志愿服务深化工程、文明行为引导工程、未成年人关爱工程等创文十项重点工程，大力开展“创文”主题活动。重点开展了道德讲堂、我们的节日、道德模范基层宣讲、公民道德宣传日、节俭养德全民节约行动等一系列主题活动，让群众主动参与到创文工作中来，激发创文热情。

建设武江区道德讲堂总堂——“崇德堂”位于新华街道办8楼，于2013年8月2日正式挂牌成立，面积约248平方米，能容纳近200名干部群众前来听讲或开展活动。崇德堂以“身边人讲身边事、身边人讲自己事、身边事教身边人”的形式，组织区直、驻区单位和各级文明单位轮流承办，每月开展两次活动，颂扬身边人善举，引发道德自觉，倡导修身律己。近期，区工商局、区食

武江区坚持开展道德讲堂活动，培育良好道德风尚　（摄于8月29日）

药监局等各承办单位围绕不同主题开展了活动，崇德堂逐步发展成为武江人的道德讲堂。截至目前已开展活动33场，参与活动人数5000余人次。通过两年的持续建设，道德讲堂已成为武江区精神文明建设的重要阵地，为深化公民道德建设、推进文明城市创建营造了良好的道德氛围。

创新整合文化文艺平台资源，将文化文艺活动与创文宣传有机结合，在丰富市民文化生活的同时，促进创文知识深入人心。一方面，利用举办倒计时迎新晚会、千人广场舞、城乡文化交流演出、社区红歌演唱、斗春牛等武江区文化品牌活动的契机，开展创文宣传。另一方面，借助武江区文体协会的力量，直接面向社区、农村等基层群众开展创文宣传。武江区文体协会于2014年8月8日正式成立，协会覆盖40多个团队，聚拢社会各类文化人才80多名，协会成员1500余人，同时建成庞大的节目库，统筹协调出演各类型各地的文化活动。

同时，武江区还通过开展“学雷锋”志愿服务行动，清理“牛皮癣”并进行创文宣传，组织志愿者到西河镇敬老院开展“关爱老人活动”；通过开展道德模范基层巡讲巡演，大力弘扬道德模范和“身边好人”先进事迹和崇高精神；通过开展基层文明创建活动，表彰先进，进一步激励社会各界参与创建活动的积极性。

落实责任从严整治

根据市创文指挥部的工作部署，2014年以来，武江区多次召开全区性会议，包括工作动员会、重点单位协调会、工作部署会、存在问题点评会等。区主要领导王德雄、黄建华等高度重视，亲自参加会议，亲自部署工作，亲自督导检查，要求各单位严格按照区的创文工作方案，明确职责、落实到人；强化对标，逐项疏理；查漏补缺，迅速整改。

武江区相关负责人向记者介绍，结合2014年创文工作部署要求，武江区各职能部门在加强日常监管的同时，实行了多次集中整治行动，加大市容环境卫生管理力度，重拳整治市区“六乱”现象，全面铺开城中村及城乡接合部环境卫生的综合整治，抓紧推动集贸市场的升级改造。从12月至2015年1月，各职能部门还将结合各自职能重点抓好薄弱环节，落实整改。

武江区城管队员耐心劝说小贩遵守创文要求，严禁占道经营（摄于12月16日）

“比如说，环卫部门积极组织环卫工人强化日常保洁，进行拉网式环境卫生大整治，对主次干道、背街小巷、居民小区、城乡接合部、城中村等环卫薄弱区域进行重点保洁，推进落实环境卫生‘一把扫把’扫到底的管理要求；城管部门以整治‘六乱’为突破口，对市场周边临时摆卖点、夜间大排档实施重点整治，对武江路、嘉晖市场、沙洲尾等‘六乱’行为突出路段进行了专项整治，对城区小街小巷道路、下水道、四防装置进行维修维护，对全区‘牛皮癣’问题突出的街巷进行强化整治。”该负责人向记者介绍道，工商部门加强对农贸市场内卫生秩序监管，努力推进集贸市场升级改造。食药部门在加大日常监管和监督执法力度、全力保障食品药品质量安全的同时，积极动员、指导相关单位开展文明城市创建氛围营造工作，督促餐饮单位落实“文明餐桌行动”。住建部门重点抓好建筑工地环境卫生、泥头车整治和工地围挡的公益广告宣传工作。“各镇街也积极落实属地职责，重点抓好城中村及城乡接合部环境卫生的综合整治和社区创文工作；各窗口单位深入对标，以文明、有序、热情、有礼的形象迎接测评。”该负责人说。

群众参与志愿服务

结合创文工作要求，武江区志愿服务一手抓完善机制壮队伍，一手抓延伸领域促服务，坚持服务大局、服务社会，着眼发展、着力创新，在队伍管理、载体建设和机制保障等方面做了一些探索和实践，进一步提升了全区志愿服务工作的专业化、规范化、品牌化水平。目前，全区网络登记注册志愿者已达1万人，队伍38支。

2014年，武江区依托广东省志愿者信息管理服务平台，广泛发动企业、学校、乡镇、街道、社区等基层单位，开展志愿者网络登记注册工作，并建立了注册志愿者的个人志愿服务档案，实现对志愿者身份资料、服务时数、培训教育、星级认定等核心业务流程电子化管理。

目前，按照活动类型区分共有8支队伍，包括科技宣传、卫生医疗、保护山川河流、“红袖章”治安巡逻、助学帮扶、法律宣传、安全宣传、心理辅导等志愿服务队伍。按单位分为38支服务队，各队伍下属再分为若干小组。两年来，武江区志愿工作以“巩卫”“创文”“学雷锋活动”“三关爱工程”等为主题，开展了共计约180场活动。

记者采访了两支较为活跃的志愿者服务队伍。承接韶关市首个政府购买服务社工试点项目“花城海邻社工站”，位于韶关市沙洲尾碧水花城，服务于武江区新华街道沙洲尾地区范围的花城、金洲、沙洲三个居委会。该社工组织组建于2013年3月，其主要任务是组建和培训义工队伍，为爱心人士和企业，提供一个“既服务于他人又提升自我”的平台，为有需要的人群提供义工服务。目前，登记义工人数为105人，开展义工业务培训5次，义工服务270多人次。义工队伍主要包括青年学生、社区居民、专家学者等。

惠民街沙湖社区志愿者服务队是一支以医生、工人、学生、教师等为主体的充满活力与爱心的志愿者队伍，现有志愿者140余人。2014年，共开展专项志愿服务6次计192人次参与，服务范围覆盖整个社区，得到了良好的评价和反响。

（根据《韶关日报》文章整理）

2014民生工程亮点

荣膺国家知识产权强县（区）工程示范试点区

2014年8月，武江区被确定为国家知识产权强县（区）工程示范试点区，这是该区继2006年被广东省知识产权局列为韶关市第一个知识产权试点区，2008年顺利通过省的评价考核后获得的又一殊荣。武江区先后出台多项政策措施，充分发挥知识产权在自主创新中的引领、激励和保护作用，推进具有自主知识产业的形成与发展，促进产业转型升级，提升产业发展的竞争力和经济发展后劲。及时地做好辖区企业和个人专利申请补助工作及相关奖励工作。专利申请量从2007年的59件上升到2013年的371件，增长528%。2013年，全区专利申请量371件，其中：发明专利86件、实用新型260件；发放专利补助20.01万元，专利奖励24万元。

推进“平安小区”建设

武江区将小区划分为单位小区、全封闭物业小区、开放式小区和城中村小区等四大类，针对不同类别采取不同的管理模式。对于单位小区，由所属单位明确专人管理；对于全封闭物业小区，则实行专业物业管理；而开放式小区和城中村小区，则以村（居）民自治的方式，实行自治化管理。该区公安系统已安装视频探头500多个，并在9个派出所建立了监控平台；辖区单位、各小区和大型场所等也自建视频监控系统100多个，视频探头1500多个。这些分布广泛的电子眼“天网”，在社会治安中发挥作用，社区“两抢一盗”案件与去年同期相比下降明显。武江区已建立“六好”平安和谐社区服务平台，各街道、社区已具备社区综合服务窗口，及时快速为小区居民提供计划生育、民政事务、残疾人事业、老龄咨询服务、下岗再就业登记、法律援助以及各种技能培训等综合服务。武江区先后在惠民街道、新华街道成立“爱心超市”，至今已有4300多户、12000多人次得到帮助。成立社工服务站，至今社工服务站已服务困境家庭7个，组建各类小组6个，正式介入青少年服务个案5个，开展社区活动16次，服务1500多人次。建立“街道—社区—物管企业”“三级网络”物业纠纷调处机制。开展社区网格化管理，推动社区管理精细化和自治化。新华、惠民两个街道先后有25个社区获得“省六好平安和谐社区”称号，其中新华街惠民西社区被民政部授予“全国平安和谐社区建设示范社区”称号。

加快推进交通主干道森林景观带改造

武江区组织人员加快推进交通主干道森林景观带改造项目备耕工作，2015年1月底前可全面完成备耕工作，为提升交通主干道两侧的森林和景观质量打下基础。该区加快规划沿京港澳高速公路、广乐高速公路一公里可视范围种植乡土阔叶树。此项改造工程项目分布于龙归镇、重阳镇、西联镇，面积共计5543亩，其中补植套种4004亩，抚育提升698亩，人工造林841亩。截至2014年年底，已完成林地清理约2000亩，打穴500亩。

武江区东岗太阳城小学奠基开工

2014年1月3日，碧桂园·太阳城东岗太阳城小学在芙蓉新城举行动工仪式，这将为武江区教育创强添上浓墨重彩的一笔。2014年9月6日，举行武江区东岗太阳城小学命名揭牌仪式。新校园建设的步伐有序进行着，武江区东岗太阳城小学预计将规划24个教学班，教学设备先进，包括综合馆、学生宿舍、操场、篮球场、排球场、羽毛球场、自然科学园地等。校园建设面积近2万平方米。东岗太阳城小学的入驻为社区广大业主提供优质的教育资源，同时也提高新城的教育资源覆盖率，提升全区的教育水平。武江区东岗太阳城小学是碧桂园与东岗小学携手联办的小学，直属武江区教育局管理，同时享有东岗小学强大师资资源的支持。

为六所中小学改建塑胶跑道

2014年武江区为该区六所中小学改建塑胶跑道，改建之前，这六所学校的运动场均是黄泥沙建造，为全面提升中小学体育设施标准，实现义务教育均衡化，改建成标准的塑胶跑道，并在2014年9月投入使用。改建塑胶跑道的学校有：龙归中学、韶关市第九中学、黄田坝小学、龙归镇中心小学、朝阳小学和镇泰小学六所学校。在财政资金紧张的情况下挤出资金加强区属学校的基础设施建设，这是武江区创建教育强区后的又一重大举措。

国道323线朝阳段第一批拆迁回迁户安置房分配到户

2014年5月19日，国道323线朝阳段项目拆迁回迁安置房第一批抽签选房仪式在武江区西河镇朝阳村举行，42套近6000平方米的安置房成功分配到户。国道323线朝阳段项目拆迁回迁户将安置于武江北路的城市花园——金城小区。该小区于2011年11月奠基动工，2012年年底封顶，目前已全面竣工，水、电设施齐全，共有3栋28层主体建筑，有378套住宅房屋，面积120平方米至185平方米不等。该小区设置有大型地下停车场、生活百货商业门店、社区管理用房、体育室、文化室等，绿化率达30%以上，85%的住宅为临江景户，是韶关市首个采用高层电梯洋房作为城市建设及农村征地拆迁安置的小区。

龙归社主安置小区477户棚改户入住新房

2014年10月29日，根据原曲仁矿棚户区改造工作安排，龙归社主安置小区抽签选房工作在红尾坑居委会开展，又将有477户棚改户选到新房。龙归社主安置小区是原曲仁矿棚户区改造首期工程安置点之一，该项目规划占地面积约2.77万平方米，共建安置楼18栋，全部为框架六层结构，共484套，总建筑面积4万多平方米。户型分别为两房两厅和三房两厅，房屋面积在65到95平方米之间。其中，符合条件报名选房的有477套。选房采用“四轮三批次二抽签”的操作办法，并请韶关市公证处现场公正，抽签选房过程全程录像。

龙归镇健身广场投入使用

龙归镇健身广场修建完成，并已投入使用，这是武江区2014年承诺为民办十件实事之一。该广场建有篮球场1个、羽毛球场4个、乒乓球台6张、照明灯光柱6个、健身路径1条共16件套，场地总面积约达3000平方米。同时，因场地靠近河边，在河堤上加装长达160米、高为1.2米的护栏，保障村民安全。龙归健身广场的修建，给村民提供锻炼身体的公共场所，为满足和丰富群众体育生活提供基础设施保障。

江湾镇举行寺前桥建设开工仪式

2014年8月18日，江湾镇围坪村举行寺前桥新建工程开工仪式。寺前桥在2013年“8·15”特大洪灾中被摧毁，严重影响了寺前村民生产生活。为解决人民群众切身利益，在落实党的群众路线教育实践活动中，武江区委、区政府将江湾镇寺前桥新建工程列为区政府2014年为民办实事之一。在区、镇的共同努力下，本着经济适用、方便通行的原则，决定在寺前村与X318线之间江湾河上建一座寺前桥，桥梁全长54.247米，桥面宽4.5米，采用3×16.0装配式钢筋混凝土空心板桥设计，设计荷载为公路—Ⅱ级，总投资114万元。寺前桥建成后，将极大改善寺前村的农业生产条件，促进生态农业的发展，具有良好的社会效益、经济效益和生态效益。

新华街道社区活动中心竣工启用

新华街道社区活动中心建设是武江区政府2014年十大民生工程之一。该工程已全面竣工，于2014年7月4日正式启动，投入使用。活动中心位于武江区新华街道芙蓉东路178号碧水花城8栋附一层，面积达近1000平方米。该项目建设投入装饰经费60多万元，配备各类设施、设备价值80多万元，共计投入经费140多万元。活动中心设有书画厅、综合活动厅、图书储藏区、阅览区、科普展示区、绿色网吧，藏书量达6000册，书籍一年多次轮换，图书借阅与市图书馆实现通借通还，充分满足居民的阅读需求，绿色网吧可链接韶关学院图书馆、中山大学图书馆的海量数据库，支撑力量可靠、稳定。活动中心具备了书画教学、创作、图书借阅、网络畅游、数据检索、科普展示、知识讲座、社区影院、会议、培训等社区各类活动功能。新华街道社区活动中心的落成，为该街广大居民和驻社区成员单位提供便利、实惠的公共、公益性文化服务，为满足和丰富群众文化生活提供了场所和基础设施的保障。

（武江区史志办综合整理）

武江区开展在职党员到社区报到为群众服务活动试点

武江区作为全市试点，扎实开展机关在职党员到社区报到为群众服务活动，全区44个区直及驻区单位、800多名机关在职党员，分别到辖区内两个街道的29个社区报到为群众服务，切实打通联系服务群众的“最后一公里”。目前，全区在职党员进社区开展宣传咨询、扶贫济困、卫生保洁、医疗保健、关爱陪护等各类志愿服务300多项，进一步密切党群干群关系。

多种方式报到认领岗位

全区800多名机关在职党员持单位党组织出具的赴社区报到证及报到登记表，分别采取到联系点社区、工作所在地社区、居住地社区报到等多种形式，深入开展服务活动。如区委办、政府办到联系点社区惠民西社区报到，区国税局到工作所在地社区乳韶社区报到，部分机关党员到居住地社区报到，全区机关在职党员到社区报到率达100%。街道党工委和社区党组织广泛收集辖区内群众服务需求，设置政策宣传、法律咨询、扶贫济困、关爱陪护、卫生保洁、医疗保健、文化娱乐等服务岗位。根据社区提供的服务项目，机关在职党员报到后结合自己的专业、特长和兴趣爱好，纷纷认领服务项目，做到每个季度到社区领办1个以上的服务项目，每年参加4次以上社区服务活动。

多种形式发挥党员作用

机关在职党员充分发挥先锋模范作用，以组团服务、主题服务、个人服务、信息服务等形式走进社区服务群众，做到服务群众“有点有面，点面结合”，实现服务全覆盖。一是组团服务。根据社区群众的实际需求，相关单位在职党员组团进驻社区服务群众。区食品药品监督管理局、总工会、消防大队等单位，通过设置宣传展板、发放宣传小手册等形式，走进社区开展综合宣传咨询活动，普及群众关心的常见食品药品安全知识、安全用电用火常识、职工劳动保障法；区发改局在职党员走进小区，现场为居民进行价格咨询服务；多个单位机关在职党员组成志愿者队伍到敬老院开展关爱老人服务，陪伴老人下棋聊天，帮助他们清洁房间卫生和敬老院周边环境。二是主题服务。相关部门充分发挥单位的职能，巡回开展医疗保健、文化服务、美化社区等主题服务，把服务送进社区和居民家里。区委宣传部、文新局针对群众日益增长的文化需求，组织文艺团队开展“送戏进社区”活动，丰富群众的精神文化生活；区卫计局和总工会在职党员开展“关爱进社区”及“健康直通车”活动，为辖区居民免费体检、赠送药品，讲授防治登革热知识。三是个人服务。在开展组团服务、主题服务等满足大部分群众需求服务的同时，还兼顾群众的个性化需求，开展“一户一服务”，满足群众的各类需求。区纪委、组织部、编办、法院、国税局等单位在职党员“一对一”结对帮扶187名困难群众，送上油米和药品等生活用品，满足群众的“微心愿”。四是信息服务。区委组织部开办“便民服务微信公众平台”，把辖区29个居委会的办公电话、地址和相关办事指南，以及最新的政策法规、党员服务信息和民生热点问题放上平台，方便群众办事。

多项措施落实职责任务

区委健全责任落实制度，将活动纳入基层党建工作责任制专项考核内容，明确机关单位党组织、社区党组织及街道党工委的职责任务。一是五项措施落实机关单位党组织职责。要求机关单位做好在职党员个人特长、服务意向及居住地等情况的摸底登记；组织党员报到，做好思想动员，调动在职党员的积极性；督促党员服务，引导党员在完成本职工作基础上，热心参与社区服务；加强跟踪管理，定期了解和掌握在职党员在社区表现和服务情况，及时宣传优秀典型；提供必要支持，帮助党员解决在社区服务中的实际问题。二是五项工作发挥社区作用。要求社区建立党员信息台账，全面、准确地掌握在职党员特长和服务意向等情况；根据社区需要和居民需求，分类设置服务项目及服务岗位；协商服务岗位、服务项目，把党员编入相应的网格服务团队或志愿服务团队；制定服务计划，丰富活动载体，经常开展有关活动；履行监管职责，如实记录在职党员在社区服务情况，并在社区和小区公开栏定期公示。三是三种方法履行街道沟通衔接职责。要求街道加强服务保障，为社区党组织开展服务提供必要的人财物支持；全面推行社区党组织领导下的社区居委会、业委会和物业服务企业“三方联动”机制，实现有物业服务、符合条件的小区“三方联动”全覆盖；督促社区将社区需要和居民需求定期提供给在职党员，及时将党员在社区服务群众的表现反馈给单位党组织。

多项制度完善保障措施

武江区在活动开展过程中，着眼活动常态化加强制度建设，建立健全服务纪实、沟通反馈、考核激励等制度，保障活动的持续开展。一是推进服务纪实制度。制作机关在职党员服务纪实卡，要求党员每次开展服务活动后做好记录，经社区党组织查验后，报所在单位备案。同时，编制机关在职党员到社区报到服务群众满意度评价表，把服务对象评价作为服务纪实的必备内容。二是健全沟通反馈制度。社区党组织适时与在职党员所在单位党组织沟通联系，每个季度末通过机关在职党员到社区报到为群众服务表现反馈表，向在职党员所在单位反馈在社区服务群众情况，使机关单位定期解本单位党员在社区的现实表现。三是健全考核激励制度。社区每年年底对在职党员活动的表现情况进行考核评价，单位党组织对在职党员到社区服务群众情况进行汇总，考核结果作为党员民主评议、推选“两代表一委员”和评先评优的重要依据。

（武江区委组织部供稿）

大事记

2014年武江区大事记

1月

1日，根据《工商总局关于暂停个体工商户验照工作的通知》（工商个字〔2013〕191号），武江区工商局全面暂停个体工商户验照工作。

是日，新华街道办与市福利彩票发行中心联合在西河全民健身广场举行第三届“福彩之春”游园活动，市民政局局长龙勇文，区委副书记、代区长黄建华，区政协主席陈坤明，区委副书记张雯，市福彩中心主任屈纪红等领导参加活动开幕式。

5日，经区编委研究，设立区地方公路管理站，承接市公路局下放的地方公路管理职能，设内设机构4个，编制10名，设站长1名，副站长2名，股长（主任）4名。

是日，经区编委研究，同意成立区委督查室，为区委办内设机构，设主任1名，可由副科级干部担任。同时，撤销区委办调研督查股，职能划入新成立的区委督查室。

是日下午，国务院第三次全国经济普查领导小组副组长、国家统计局局长马建堂一行到区督查经济普查现场登记情况。市委书记、市人大常委会主任郑振涛和武江区委书记、区人大常委会主任王德雄的陪同。

7日上午，省公安厅副厅长张小云率省厅慰问团，在市公安局局长李安平、政治处主任张韶梅的陪同下，深入武江西河派出所慰问基层民警。

8日，武江区第八届人大常委会第十五次会议于2014年1月8日决定免去：薛青的韶关市武江人民政府副区长职务。（韶武人常〔2014〕1号）。

9日，市委常委、副市长张志才，在区委副书记张雯，区委常委、政法委书记曾文辉等领导的陪同下到新华街道调研创建平安街道工作。

10日，为确保2014年春节和全省、全国“两会”期间市社会治安形势稳定，结合省厅《关于迅速开展全省安全大检查工作的通知》要求，由南雄市公安局治安管理大队和市局治安管理支队组成的交叉检查组，对全区烟花爆竹、民爆物品、剧毒化学品、重点单位、重要部位、特殊行业场所安全监管工作情况进行检查督导。

14日，从1月14日至17日，区政府对各镇、街道及区住建局等区直单位17个单位进行2013年度安全生产责任制考核。

是日，区检察院9名年轻检察官参加在区教育局举行的2015年“武江区法制副校长”聘任仪式，分管教育的副区长王敏雯为检察官颁发聘书。

17日，区委副书记、区长黄建华到新华街道社区困难群众家中慰问。

19日，上午9时，在区政府七楼会议室，召开区委八届三次全体（扩大）会议。会议主题：深入学习贯彻落实中共十八届三中全会、中央经济工作会议和省委十一届三次全会、市委十一届五次全会精神，总结回顾武江区2013年的工作，研究部署2014年的工作。王德雄代表区委常委会向大会作《紧抓机遇、改革创新、全力推动武江新发展》的报告。参加人员：八届区委委员47名、实到区委委员45人，因事因病请假2名；候补区委委员9人，实到8名，因事因病请假1人。列席人员：不是区委委员、候补委员的区人大、区政府、区政协领导成员；副处以上领导干部；区纪委常委；区直各部门正副职领导干部；驻区有关单位主要负责人；各镇街党政一把手、党（工）委副书记。

20日下午，政协八届四次会议报到。21日上午在区七楼会议厅开幕，22日上午闭幕。大会听取和审议八届四次常务委员会报告和提案工作报告，进行新增常委选举。

21日，区八届人大四次会议在区政府七楼会议厅举行，会期至23日。会议听取和审议区人民政府代区长黄建华所作的《政府工作报告》等六个报告，会议形成决议并决定批准上述报告。黄建华当选区人民政府区长。

是日，市委常委、常务副市长陈波一行，到惠民街困难家庭进行春节走访慰问。

是日，市委常委、常务副市长陈波到新华街道社区困难群众家中进行春节送温暖慰问。

22日，全面完成2014年村、社区“两委”换届选举工作。51个村共选出“两委”成员248人，32个社区共选出“两委”成员182人，村、社区“两委”班子整体结构比上届更趋合理。

23日，武江区地方公路管理站正式挂牌。

28日，韶关市武江区食品药品监督管理局揭牌成立。

是日，区举行先进模范、优秀党员代表新春座谈会，10位来自基层一线的先进模范代表聚集一堂，交流工作经验，共商武江发展大计。区领导王德雄、黄建华、陈坤明、张雯、王敏、周小明、孙理鸣等出席活动。

是日，区卫生和计划生育局在原武江区人口计生局大楼举行揭牌仪式。市政府兰茵副市长、邓彩虹副秘书长、市卫计局刘文程局长、市食药局胡德宁常务副局长，武江区区委副书记、区长黄建华同志共同出席仪式。

2月

17日，区召开党的群众路线教育实践活动动员部署会，学习贯彻中央和省委、市委关于党的群众路线教育实践活动的有关会议精神，动员部署全区教育实践活动。

19日上午，莞韶城一期征地工作动员大会在西联镇政府五楼会议室召开。参加会议的有武江区区委副书记、区长黄建华，市莞韶园管委会副主任赖香全等市、区、镇、村领导及工作组成员。

21日上午，在区政府610会议室召开全国“两会”期间全区信访维稳工作会议。

22日上午，广东省委常委、常务副省长徐少华和省直有关部门负责人到芙蓉新区重点项目现场考察调研，东莞市委书记徐建华，韶关市委书记、市人大常委会主任郑振涛，市委副书记、市长艾学峰，副市长王青西，武江区委书记、区人大常委会主任王德雄，区委副书记、区长黄建华等市、区多位领导陪同调研。

24日，区举行党的群众路线教育实践活动学习手册发放仪式，区委书记、区人大常委会主任、区委党的群众路线教育实践活动领导小组组长王德雄给部分区直单位发放学习手册。

25日，区举行党的群众路线教育实践活动专题学习会，邀请市委党校副教授刘意作《公款姓公 公权为民》主题讲座。区四套班子领导王德雄、张雯、王敏等及各镇、街党政主要领导，区直各单位和驻区有关单位主要负责人近200人参加学习会。

是日，区委书记、区人大常委会主任王德雄先后到丽珠集团利民制药厂、新华街道花城社区，采取到企业体验生活、到窗口部门体验办事等方式开展走访调研活动，及时收集干部群众对教育实践活动开展的不同反映。调研活动至本月28日。

26日，区委书记、区人大常委会主任王德雄在街道党工委书记钟真的陪同下，到街道花城社区进行党的群众路线教育实践体验活动。

是日，下午3时，市委副书记陈向新到武江区龙归镇奇石村（扶贫点）走访调研，区委书记区、人大常委会主任王德雄，区委副书记张雯陪同调研。

3月

1日， 根据《工商总局关于停止企业年度检验工作的通知》（工商企字［2014］28号）精神，武江区工商局全面停止对武江区企业进行年检。

是日，根据《广东省工商行政管理局关于印发〈广东省工商行政管理局关于工商登记制度改革的实施办法（暂行）〉的通知》（粤工商企字〔2014〕111号）精神和要求，武江区工商局按照省、市工商局的工作部署，全面推开工商登记制度改革，推进工商注册制度便利化，规范区属市场主体登记和管理，本日核发武江区首份企业新版营业执照。

4日，区委书记、区人大常委会主任王德雄，区委副书记、区长黄建华，区委常委、组织部部长周小明，到龙归镇奇石村召开“两委”干部、驻村干部征求意见座谈会，镇村部分党员干部参加座谈。

5日下午，市委常委、常务副市长陈波到党的群众路线教育实践活动联系点重阳镇调研指导工作，听取基层党员干部和群众的诉求。区领导王德雄、张雯、周小明等参加活动。

6日，区政府召开2014年安全生产工作会议。会议通报2013年度全区安全生产责任制考核情况；全区安全生产各成员单位签订《韶关市武江区安全生产责任书》。黄建华区长、曾清兰常务副区长、游加慧副区长讲话；

是日，区召开部分“两代表一委员”及群众代表座谈会，区委书记、区人大常委会主任王德雄，区委副书记、区长黄建华，部分“两代表一委员”及群众代表参加座谈会。

10日，区委副书记、区长黄建华到区城管局、国土局和重阳镇开展党的群众路线教育实践活动走访调研工作，与相关单位党员干部座谈交流，广泛征求党员干部对区政府领导班子及其个人的意见。

11日下午，市人大常委会副主任、市委第四督导组组长张平率市督导组到区检查党的群众路线教育实践活动。区领导王德雄、黄建华等及区实践办、督导组相关人员参加会议。

12日，市中级人民法院副院长黄秋雄率队考核区法院院2013年度工作，并对班子进行届中考察。

是日，上午10时45分，在区检察院后山，开展义务植树活动。参加人员：区四套班子成员，区直各单位主要负责人。

13日，省工商局党组书记、局长卢炳辉率领省工商局办公室主任贺勇、基层工作处处长黄本成、法规处处长郭展强、企管处处长瞿章荣一行5人，来到韶关市武江区工商局就基层推进工商登记制度改革和第二批开展党的群众路线教育实践活动开展调研指导。

是日，区委书记、区人大常委会主任王德雄，区委副书记张雯率区实践办、财政局、民政局等相关单位负责人深入重阳镇重阳村、黄岸村，针对前期走访情况和群众反映的问题进行调研。

17日，在区政府7楼会议室举办党的群众路线教育实践活动学习交流会，市委第四督导组组长张平及督导组成员到会指导，区四套班子领导及镇（街）书记参加会议。

18日，市委第四督导组组长张平、常务副组长王克勇及督导组成员一行，到联系点新华街道调研指导党的群众路线教育实践活动，征求党代表、人大代表、政协委员、基层干部、群众代表的意见建议。

19日下午，市政主席协李飞带领3名市政协委员到区视察政协工作联系点。区委书记、区书记、人大常委会主任王德雄和区政协主席陈坤明陪同调研。

21日，团市委城乡部部长梁军一行在团区委书记杨岚的陪同下，到新华街道举行“市青年文明号”授牌仪式。

22日，市打假办对武江区被定为食盐销售市场打假重点市场“摘帽”验收，检查组对武江区开展食盐打假工作取得的成效给予高度肯定，武江区顺利得以“摘帽”。

24日，市委第四督导组到区召开专题学习讨论会，区领导王德雄及部分区直单位负责人等参加会议。会上，督导组长张平传达市委督导组长工作会议和市委专题学习会议精神，并对下一步武江区深入开展教育实践活动提出建议。

是日，市委第四督导组先后深入区教育局、龙归镇，通过查看阵地、调阅资料、现场询问、听取汇报等方式，随机检查督导武江区基层单位开展党的群众路线教育实践活动情况。

25日，区委副书记、区长黄建华主持召开区政府常务会议，针对教育实践活动中征求到的意见建议逐项进行研究部署。

26日，印发韶关市第四污水处理厂项目征地补偿资金使用拨付管理办法。（韶武府〔2014〕4号）。

27日，召开全区宣传思想文化工作会议，制定印发《武江区2014年宣传思想文化工作要点》和《武江区委中心组2014年理论学习意见》。

28日，在区政府七楼会议厅召开2014年纪检监察工作会议，区委书记、区人大常委会主任王德雄作重要讲话，区委副书记、区长黄建华主持会议。区委常委、纪委书记曹镅总结2013年全区纪检监察工作，部署武江区2014年纪检监察工作。区四套班子领导，法检两长，区直单位及驻区相关单位主要负责人，各镇（街）党（工）委书记、纪委书记等参加会议。

31日，市委第四督导组组长张平率督导组到西联镇检查指导党的群众路线教育实践活动，对该镇在活动中创新征地联络室的做法给予充分肯定。

4月

1日，省委教育实践活动第六督导组副组长夏青一行在市人大常委会副主任张平和市委实践办相关负责人的陪同下，对区开展党的群众路线教育实践活动进行实地调研和督导。

2日，区举办专题学习会，集中观看电影《焦裕禄》。区四套班子领导及各镇、街党政主要领导，区直各单位和驻区有关单位正副职等近200人参加学习会。

是日，区组织区四套班子党员领导干部、法检“两长”、纪委副书记、各镇（街）党政主要领导进行集中“考学”活动。

是日，区委书记、区人大常委会主任王德雄率区委实践办、区委第一督导组相关负责人到西河镇调研党的群众路线教育实践活动，提出工作要求。

是日，经区编委研究，同意成立武江区公共资源交易中心，为区行政服务中心下属正股级公益一类事业单位，核定编制6名，设主任1名。

是日，经区编委研究，同意取消“卫计机构改革实施方案”中在区计生服务站加挂惠民街道社区卫生服务中心牌子的决定。

是日，经区编委研究，同意将区住建局承担的区内乡村公路建设职能划给区地方公路管理站，撤销区住建局内设机构乡村公路管理股。

9日，区委书记、区人大常委会主任王德雄到江湾、龙归镇两镇开展党的群众路线教育实践活动调研，张雯、曾文辉、孙理鸣、陈雪等区领导一同调研。

10日，在七楼会议厅集中组织区直机关干部观看警示教育片《四风之害》《批评和自我批评是一剂良药——习近平参加河北省委民主生活会纪实，焦点访谈》和《生命线》等警示教育片。

14日，区委组织部、区民政局牵头、各有关部门协助，在区政府办公楼7楼会议室举办村（社区）“两委”干部培训活动。全区新当选的村、社区“两委”成员参加培训。培训班至16日。

是日下午，市委常委、常务副市长陈波调研武江区党的群众路线教育实践活动开展情况时，实地到西联镇阳山村黄沙坪村小组查看“征地联络室”运作情况。

是日上午，结合党的群众路线教育实践活动，区委书记、区人大常委会主任王德雄给基层党员干部上党课。

是日下午，市委常委、常务副市长陈波在王德雄、黄建华等区领导的陪同下调研指导区教育实践活动，先后到西联镇阳山村委黄沙坪村小组征地工作联络室、赤水安置新村、新华街爱心超市等地调研。

15日上午，区召开党的群众路线教育实践活动督导工作会议，市委第四督导组常务副组长王克勇，王德雄、黄建华、陈坤明等区领导及区委各督导组成员参加会议。

是日下午，区召开党的群众路线教育实践活动推进会，八个单位公开承诺整治“三难”问题，提升服务质量。市委第四督导组常务副组长王克勇参加会议。

16日下午，区领导王德雄、王敏、孙理鸣到区公安分局、法院、检察院调研党的群众路线教育实践活动开展情况。

17日下午，区举办杨善洲专题学习会，组织党员干部集中收看电影《杨善洲》。

是日下午，区委副书记、区长黄建华到龙归镇为基层党员干部上党课。

18日，财务核算集中监管改革工作启动。于18日—24日在区政府办公楼7楼会议室举办财务核算集中监管改革业务培训班。

19日，《中国共产党韶关市武江区历史》编纂委员会正式成立，2月20日，区委办和区政府办联合印发《关于成立〈中国共产党韶关市武江区历史〉编纂委员会的通知》，编纂委员会下设办公室，并成立编辑部，确保《中国共产党韶关市武江区历史》一书编写工作的顺利开展。

21日，省“行政执法和刑事司法衔接工作”领导小组（组长：省食药局稽查局副局长刘永谭；成员：省文化厅市场综合执法局副调研员杨志勇、省农业厅政策法规处科员游淑青、省食药局稽查局主任科员高国钧）在韶关市委政法委副书记霍志武、韶关市检察院副检察长李再丰的陪同下到武江区工商局检查“两法衔接”工作。

是日，区邀请市人民检察院检察长、党组书记阙定胜为党员领导干部作《始终保持警醒头脑是预防职务犯罪的关键》专题讲座。

22日，市委第四督导组常务副组长王克勇率督导组成员到区法检两院等执法部门、窗口单位督导调研党的群众路线教育实践活动开展情况。

是日，区委副书记、区长黄建华主持召开政府常务会议，专题研究近期教育实践活动征求到的各类意见，根据意见内容进行分类处理，做到立行立改。

23日，市委第四督导组到江湾镇调研，对该镇以“乡村夜话”“三点三队”等载体，解决服务基层群众“最后一公里的问题”的做法给予充分肯定。

24日，区委书记、区人大常委会主任王德雄到重阳镇检查陀村桥、大夫前桥重建工作。

28日，区八届人大常委会第十八次会议，决定任命刘拥军、王敏雯为韶关市武江区人民政府副区长，免去陈岳峰的韶关市武江区人民政府副区长职务。

是日，区召开信访维稳分析会，部署做好群众在网络问政和民声热线反映诉求、群众到省进京信访案件、涉法涉诉积案清理化解工作。区领导王德雄、张雯、曾文辉、孙理鸣等参加会议。

29日下午，市委书记、市人大常委会主任郑振涛到芙蓉新区调研路网工程建设，并主持在西联镇政府会议室召开的调研座谈会。

30日，区组织召开学习弘扬焦裕禄精神，践行“三严三实”交流会，与会领导分别结合观看影片《焦裕禄》、“三严三实”重要论述等，谈学习心得体会。区四套班子领导、法检“两长”、纪委副书记及区直各部门负责人参加会议。

5月

1日，重阳镇陀村桥建设完工通车。

6日，区组织党员干部集中观看电影《苏联亡党亡国20年祭》，区四套班子领导、区直各单位正副职及驻区单位负责人等观看电影，受到一次生动的警示教育。

是日，武江公安分局刑侦大队通过缜密侦查打掉一涉嫌抢劫、盗窃、销赃犯罪团伙，抓获4名惯犯，侦破系列盗窃案件18起，涉案金额达数十万元。

7日，市第三检查组深入西河镇红星村、向阳村、西联镇赤水村、龙归镇方田村、山水酒店党支部、韶瑞重工党支部等基层组织，对武江区村、社区和“两新”组织活动情况进行检查。

是日，区委书记、区人大常委会主任王德雄率队到西联镇车头村，就关系群众切身利益的安置新村、滨江路等项目建设进行调研，现场办公进一步明确工作方案，制定措施，以活动的实际成效取信于民。

12日，经区委、区政府同意，印发《韶关市武江区事业单位分类改革实施方案》。（韶武府〔2014〕5号）。

13日下午，区领导王德雄、张雯、曾文辉、游加慧到广乐高速公路龙归段督导检查，要求切实落实各项惠民举措，全力确保广乐高速公路顺利施工。

14日，区召开党的群众路线教育实践活动牛玉儒专题学习会，区四套班子领导，区直各单位和驻区有关单位正副职等140余人集中观看影片《生死牛玉儒》。

15日，经区编委会批准，印发武江区分类改革后130个事业单位的机构编制方案，全面完成武江区事业单位分类改革工作。

是日区编办发文撤销区科技局下属事业单位韶关市蔬菜科技示范场。

是日，经区编委批准，区水政监察大队为正股级公益一类事业单位，隶属区水务局管理，核定事业编制4名，设大队长1名，副大队长1名。人员经费按财政补助一类拨付。

是日，区人社局下属事业单位区人力资源办公室职能划入区人才工作管理办公室，区人力资源办公室予以撤销，收回事业编制2名。

是日下午，省信访局副局长周河山一行在市信访局副局长邬贤有等的陪同下到武江区进行信访维稳督导。

16日，武江区召开教育实践活动第一环节总结交流暨第二环节工作部署会议，对活动第一环节进行小结，对第二环节进行部署。市领导、市委第四督导组组长张平要求抓紧抓实查摆问题、开展批评环节。

19日，省检察院检务督查组到区检察院检察指导。

21日上午，武江区召开党的群众路线教育实践活动沈浩专题学习会，区四套班子领导，区直各单位和驻区有关单位正副职等130余人集中观看影片《第一书记》。

是日下午，区召开领导班子作风情况通报会。会上，市委第四督导组组长张平逐个通报区委、区人大、区政府、区政协四套班子作风情况。

22日，东莞市委书记徐建华来甘棠园区考察。

26日上午，市委常委、纪委书记黎增丰到武江区开展纪检监察工作调研。区委书记、区人大常委会主任王德雄及区纪委监察局班子成员参与调研活动。

是日，印发武江区房屋租赁业税收专项清理整治工作实施方案的通知（韶武府办〔2014〕53号）。

27日，由省人口文化促进会、省卫生和计生委计划生育家庭发展处、省计划生育宣教中心、韶关市卫生和计划生育局、武江区人民政府联合举办的“广东省‘妈妈慧心、宝宝慧智’科学育儿讲座”在市委党校一号报告厅隆重举行，省卫计委党组成员、巡视员云斌，省人口文化促进会副会长兼秘书长杨道本，韶关市副市长兰茵等省卫计委、市政府、区政府领导出席活动并向家长代表赠送《宝宝成长档案》等育儿书籍。讲座邀请国家级的早教专家霍彦军教授进行专题辅导，超过400名婴幼儿家长聆听讲座。

28日，武江区第八届人大常委会第十八次会议于2014年5月28日任命：刘拥军、王敏雯同志为韶关市武江区人民政府副区长。免去：陈岳峰同志的韶关市武江区人民政府副区长职务。（韶武人常〔2014〕8号）。

29日，市委书记、市人大常委会主任郑振涛在市有关部门领导蓝振云、陈早霞、谢祥腾，武江区委书记、区人大常委会主任王德雄，副区长、重阳镇党委书记刘拥军等陪同下，围绕践行群众路线，深入武江区重阳镇开展调研，实地走访了解基层人大代表及村民的生产生活情况，听取他们的意见和建议。

30日上午，区举办教育实践活动吴仁宝专题学习会，组织党员干部收看影片《吴仁宝》。

6月

4日，区领导王德雄、张雯、孙理鸣等到龙归镇盘村、凤田村、龙安村、龙安淮山合作社和省级问题突出村方田村调研，详细了解村情及群众路线活动开展情况。区委书记、区人大常委会主任王德雄要求，要以群众路线教育实践活动为契机，进一步加强村“两委”班子建设，提升带领村民奔康致富能力。

5日，为贯彻落实《中央机构编制委员会关于深入开展地方机构和人员编制核查全面推行机构编制实名制管理的通知》（中编发〔2014〕2号）和《广东省机构编制委员会关于印发广东省机构和人员编制核查工作实施方案的通知》（粤机编委〔2014〕5号）文件精神，加强对全区机构和人员编制核查工作的领导，经区编委领导同意，成立韶关市武江区机构和人员编制核查工作领导小组。

是日，市委常委、常务副市长陈波到区调研指导，亲自审阅班子及成员的对照检查材料，详细了解“回头看”、“会诊”、谈心谈话等情况，对开好专题民主生活会提出具体要求。

6日，区召开常委扩大会议，组织学习河南省兰考县委、佛山市南海区常委班子专题民主生活会的经验做法，区四套班子主要领导还分别就做好民主生活会准备工作及开好民主生活会进行发言。

9日，省法院行政处处长陈友强等一行3人，在市中级人民法院副院长刘斌等的陪同下到龙归法庭，就基层法庭的机构设置与队伍建设、装备与经费保障、审判权运行机制及民事审判中的具体问题开展调研。

是日，区委书记、区人大常委会主任王德雄率队到芙蓉新区核心区重要组成部分——甘棠工业园现场办公，帮助企业解难题、办实事，切实加快新厂区、新设备的投入使用。

是日，区委书记、区人大常委会主任王德雄，副区长邹有胜及区监察、经信、发改、统计、财政及安监等相关部门负责人深入企业调研，着力帮助企业解决运输、路灯、证件等各类问题，助推企业加快发展。

10日，市委常委、常务副市长陈波率市国土、民宗、旅游等部门负责人调研省级问题突出村方田村的整顿转化工作情况，现场听取解答当地群众最关心、反映强烈的水利设施建设、垃圾清运处理等突出问题，并与村、镇、区三级及市有关单位进行深入讨论交流，共商脱贫致富大计。

11日，上午在区政府7楼会议室召开《广东省信访条例》宣讲动员大会。

12日，经区编委研究，同意区财政局增加行政编制1名。

是日，经区编委研究，同意整合区农业局（区委农办）有关职责，将原区农业局的扶贫办调整为区委农办的内设机构，区委农办仍在区农业局挂牌。核定区委农办行政编制4名，其中主任1名（正科级），副主任1名（副科级）。

是日，经区编委研究，同意将小汽车定编职责由区纪委（监察局）调整到区财政局。

是日，经区编委研究，同意区档案局增加事业编制1名。

是日，经区编委研究，同意设立网络舆情监控股，为区委宣传部内设机构，增加行政编制1名，设网络舆情监控股股长1名。

是日，经区编委研究，同意区工程预决算审核中心增加事业编制1名，中心主任不再由区财政局副局长兼任。

是日，经区编委研究，同意在区法律援助处加挂区公职律师事务所牌子。

是日，成立韶关市武江区公共资源交易中心。

是日，市政府、武江区政府在西河全民健身广场设置主会场举办《广东省信访条例》宣传日活动。副市长、市公安局局长李安平指出学习贯彻好条例要规范信访工作行为，使群众问题能反映、矛盾能化解、权益能保障。

18日下午，中央政治局委员、广东省委书记胡春华到芙蓉新区重点项目现场考察调研。

23日，区举行“扶贫济困，奉献爱心”捐款活动，区四套班子领导及全体机关干部慷慨解囊、踊跃捐款，帮助贫困户解决实际困难，以实际行动密切党群干群关系。

30日　区政府向社会公布《韶关市武江区人民政府2014年决定保留的行政审批项目目录》（共106项）。

是日，重阳镇大沙洲桥建设完工通车。

是日，武江区公益性生态墓地示范点——武江区南华纪念园树葬区在武江区南华纪念园墓园内建成竣工。

7月

1日，市人大常委会常务副主任李石保，秘书长高振忠带领市人大机关工委（室）负责人，前往龙归镇坳头村，看望慰问老党员和贫困户，为他们送上农机等扶贫物资，鼓励他们继续发挥党员的先锋模范作用，在扶贫双到和地方经济建设中多做贡献。

3日，印发武江区农村集体经济管理暂行办法的通知（韶武府〔2014〕10号）。

7日，西河镇全面完成国道323线拆迁户221套39000多平方米商品房的抽签选房分配安置任务。

8日，区召开党的群众路线教育实践活动专题会议，市委第四督导组组长、市人大常委会副主任张平就该区如何开好四套领导班子专题民主生活会的准备工作进行具体指导。

9日，帮扶坳头村的市人大机关、中石油韶关分公司筹资50万元入股镇高寨续源电站。帮扶奇石村的区城管局也投入50万元入股该电站。帮扶村集体脱贫。

是日，区召开四套班子党的群众路线教育实践活动专题学习会，集中学习6月30日习近平在中共中央政治局第十六次集体学习讲话精神和7月5日刘云山在中央党的群众路线教育实践活动领导小组会议讲话精神，为召开高质量的民主生活会做好准备。市委第四督导组组长、市人大常委会副主任张平等市委督导组成员到会指导。

12日，韶关市“韶关行·好心情”2014年韶关第三届青岛啤酒节在武江区西河全民健身广场开展活动举行，活动至20日。

13日，江湾镇、龙归镇、

西联镇、重阳镇4个镇7条河8个河段共78公里，入选广东省山区五市中小河流治理建设项目规划，工程总投资约1.67亿元，计划在2015年—2020年完成建设任务。

14日，区委常委班子召开党的群众路线教育实践活动专题民主生活会，民主生活会至15日结束。区委主要领导汇报专题民主生活会会前准备情况、区委常委班子对照检查情况。全体班子成员按照要求深挖思想根源，深入查摆剖析个人“四风”方面的突出问题，诚恳接受大家的批评意见，并以严肃、诚恳、负责任的态度对其他班子成员提出批评。省委第六督导组副组长夏青，市委常委、常务副市长陈波，市委第四督导组组长张平到会指导并作讲话。

15日，省法院司法巡查和审务督查组对区法院院工作进行专项检查。

16日，广东省委副书记、省长朱小丹带领东莞等多市市长到甘棠园区视察。

是日，区人大、区政府、区政协领导班子分别召开群众路线教育实践活动专题民主生活会，三套领导班子成员紧紧围绕教育实践活动要求，聚焦“四风”问题，查摆问题，剖析根源，真查真改。市委第四督导组组长张平、常务副组长王克勇等分别到会指导并作讲话。

24日下午，区召开区委班子群众路线教育实践活动专题民主生活会情况通报会，区委书记、区人大常委会主任王德雄主持会议并通报7月14—15日区委召开区委常委班子党的群众路线教育实践活动专题民主生活会的情况。市委第四督导组组长、市人大常委会副主任张平参加会议并对做好武江区下一步教育实践活动提出明确的要求。

是日下午，区人大、区政府、区政协领导班子分别召开专题民主生活会通报会，三套领导班子主要负责人向与会人员通报会议的准备工作、召开情况、特点、存在问题和今后努力的方向。市委第四督导组组长张平、常务副组长王克勇、副组长李泽宣等分别到会指导并作讲话。

28日，区召开党的群众路线教育实践活动工作推进会，对区属各单位及驻区有关单位专题民主生活会以及村（居）、“两新”组织等基层党组织的专题组织生活会和民主评议党员工作进行部署。市委第四督导组有关人员、武江区有关领导、区属各单位及驻区单位分管领导等参加会议。

30日上午，省信访督导专员何秀古一行在市信访局局长王荣光等的陪同下到武江区进行信访维稳督导“八一”期间武江区信访维稳工作以及《广东省信访条例》宣传贯彻落实情况。

31日，韶关市立德会到武江环卫所进行“烈日下关爱最可爱的人”的慰问活动。

是日，区召开上半年经济形势分析暨重点项目推进会，通报工作进展及全区经济运行情况，全面研判经济工作形势。区委书记、区人大常委会主任王德雄要求全区党员干部要结合教育实践活动，坚决整改慵、懒、散、拖、推等各种不良作风，提升担当意识和务实工作能力，以活动助推经济发展。

8月

1日，区召开区委常委扩大会议，专题研判乡镇（街道）班子及党政正职的对照检查材料。在家的区委常委及区人大常委会、区政协主要负责人和区委各督导组组长参加会议。

是日，区政府召开常务会议，专题研究审议政府工作部门班子和主要负责人的对照检查材料。区委书记、区长黄建华听取各副区长审阅分管部门对照检查材料的情况。

5日，市委书记、市人大常委会主任郑振涛在区委书记、区人大常委会主任王德雄等领导的陪同下，到街道花城社区调研社区建设工作。

6日上午，区在区政府七楼

会议室召开纪律教育学习月活动动员大会暨领导干部党纪政纪法纪教育培训班，区四套班子领导，各镇（街）、区直及驻区单位领导干部参加会议。区委书记、区人大常委会主任王德雄作动员讲话，要求结合群众路线教育实践活动，进一步抓好党员干部的作风建设。

是日，区召开深化全国文明城市创建工作部署动员会，传达市深化全国文明城市创建工作部署动员会精神，并就下阶段创文测评工作和园林城市复审工作进行部署动员。

7日，区国税局举行“广东省文明单位”揭牌仪式，市委宣传部副部长、市文明办主任何新文，市局党组成员、总经济师张锦标，区委副书记张雯，区委常委、宣传部部长郑伟平参加揭牌仪式。

12日，市政协主席李飞率领市政协部分委员到武江区，就“社区办公用房不足”问题开展专题视察活动。市政协秘书长陶学权，区领导王德雄、陈坤明等及市区民政、住建等有关部门负责同志参加视察活动。

是日上午，区领导王德雄、张雯、郑伟平等率队开展创文巩园督导行动，全面检查辖区各个主街巷等重点区域的环境卫生、市容市貌、绿化完善情况等

13日，市委书记、市人大常委会主任郑振涛到区调研文化场馆建设工作。市领导李飞、许红、孔云龙等，区领导王德雄、陈坤明、郑伟平等及市区相关部门负责人参加调研。

14日，政协江西省赣州市章贡区委员会到甘棠园区考察。

是日，市委常委、常务副市长陈波参加西河镇红星村党总支部专题组织生活会。市政府办、市委组织部、市委第四督导组，区委书记、区人大常委会主任王德雄，区委第一督导组等参加会议。

18日，江湾镇寺前桥正式开工建设，12月30日，寺前桥建设完工通车。

是日，武江区被国家知识产权局批准认定为2014年全国知识产权强县工程示范县（区），是韶关市第一个获批准的县区。

19日，区档案局与韶关市档案局、韶关市社会保险基金管理中心组成评审组，对韶关市社会保险局武江分局的档案管理工作进行全面的考核评审，确定韶关市社会保险局武江分局为省特级机关档案综合管理单位。

20日，市总工会为缓解武江环卫所在职职工因病住院或意外事故等造成的经济负担，免费为武江环卫所545人赠送一份在职职工住院二次医保。

22日，根据《中共广东省委办公厅、广东省人民政府办公厅〈关于市县政府职能转变和机构改革的意见〉通知》（粤办发〔2014〕4号）文件精神，区委、区政府印发《韶关市武江区人民政府职能转变和机构改革方案》。对涉及改革的区政府办、区发展和改革局、区经济和信息化局、区农业局、区卫生和计划生育局、区食品药品监督管理局等部门重新核定三定方案。8月底，区机构改革全面完成。改革后，区政府设置工作部门18个。

26日，省民政厅厅长刘洪在市民政局长龙勇文等人陪同下，先后到区海邻社工服务站、花城社区居委会进行专题调研，要求社区要紧紧围绕以人为本的服务理念，加强创新、争创一流，扎实做好基层群众服务工作。

27日　经区编委研究，同意区编办设立行政审批制度改革办公室，为区编办内设机构，设主任1名（正股级）。

是日　经区编委研究，同意核定区红十字会会长1名，副会长1名，事业编制2名，归口区政府办管理。

是日　经区编委研究，同意成立区教育局财务结算中心，正股级事业单位，设主任1名，副主任1名，核定事业编制5名，人员原则上从本区教育系统事业单位在编人员中调配。

是日　经区编委研究，同意增加区教育局教学仪器设备站编制1名，教研室编制2名。

是日 经区编委研究，同意在区水政监察大队加挂广东省渔政总队武江大队牌子，增设编制2名。

是日 经区编委研究，同意“韶关市武江区工程预决算审核中心”更名为“韶关市武江区财政局投资评审中心”。

是日 经区编委研究，同意区畜牧兽医水产局局长不再由区农业局副局长兼任。

28日，X318线（龙归至江湾）路面大修工程主体完工试运营。

29日，根据《关于印发〈韶关市武江区人民政府职能转变和机构改革方案〉的通知》（韶武发〔2014〕3号），设立韶关市武江区经济和信息化局（区科学技术局、区知识产权局），将区科学技术局（区知识产权局）的职责整合划入区经济和信息化局。

是日，根据区政府办《印发韶关市武江区农业局主要职责内设机构和人员编制规定的通知》（韶武府办〔2014〕89号）精神，设立韶关市武江区农业局（区委农村工作办公室、区水务局），将原区水务局的职责划入区农业局

是日，区召开教育实践活动整改落实和建章立制工作会议，总结交流前一阶段活动的开展情况，部署整改落实和建章立制环节工作。市委第四督导组组长、市人大常委会副主任张平，常务副组长王克勇等督导组成员，区四套班子成员，法检“两长”，纪委副书记，区委督导组成员，各镇街、区直单位及驻区有关单位主要负责人参加会议。

是日，印发韶关市武江区人民政府办公室主要职责内设机构和人员编制规定的通知。（韶武府办〔2014〕86号）。

9月

2日上午，团市委书记梁丽芳，武江区委常委、宣传部部长郑伟平，团区委书记杨岚和韶关市青年商会、武江区青年创业者协会会长李灿东等一行青年企业家代表到惠民街“爱心超市”，将凝聚着区青年企业家们片片真情的爱心物资送到惠民街辖区困难居民手中。

是日下午，市委政法委副书记赖佩养一行到区检查督导“社会矛盾化解年”工作的开展情况。区领导张雯、曾文辉、游加慧等及区政法委、信访局等有关部门主要负责人参加督查。

3日，区工商联组织工商联会员企业家到辖区新华、惠民爱心超市开展献爱心活动，将1200公斤大米、100盒月饼赠送给困难家庭。区政协主席陈坤明参加献爱心活动。

是日，市政协主席李飞带队到区调研“政协委员联系群众工作站”建设情况，要求各级政协组织要结合深入开展党的群众路线教育实践活动，不断创新联系人民群众的工作机制，努力拓展联系群众的渠道，积极协助党委政府解决群众实际问题。

4日，区委书记、区人大常委会主任王德雄率区青年创业协会有关企业家前往重阳镇开展中秋慰问活动，给贫困户送上米、月饼等物品及慰问金，用实际行动关爱农村贫困人口。

5日，区召开机关在职党员到社区报到为群众服务活动动员会议。从本月起组织44个区直及驻区单位800多名党员分别到29个社区报到并开展志愿服务。

是日，区结合教育实践活动，邀请省预防腐败局副局长、省纪委宣传部部长黄力同志作专题辅导讲座。区委书记、区人大常委会主任王德雄，区委副书记、区长黄建华等四套班子成员，法检两长，各镇（街）负责人及区直单位副科等参加讲座。

9日，区委书记、区人大常委会主任王德雄，副区长王敏雯及区教育局负责人慰问教师代表，并向全区所有辛勤耕耘的教师致以节日的问候。

10日，开展整治2010—2014年度全区事业单位公开招聘突出问题专项行动。

11日，区领导王德雄、黄建华、张雯、孙理鸣等到甘

棠工业园及芙蓉新城调研。区委书记、区人大常委会主任王德雄要求，要集中精力攻坚克难，加快推动芙蓉新区起步区建设。

12日，印发韶关市武江区人民政府工作规则的通知。（韶武府〔2014〕15号）。

是日，印发武江区重大行政决策程序规定的通知。（韶武府〔2014〕16号）。

19日，区召开《习近平总书记系列重要讲话读本》宣讲报告会。区委理论学习中心组成员，各镇街、区直及驻区单位等相关负责人参加会议。

23日，市委副书记、市长艾学锋到新华街道花城社区检查落实人大代表关于提高社区居委会人员工资待遇建议的办理落实情况，区委副书记、区长黄建华等领导的陪同。

是日，区举办《中国共产党发展党员工作细则》专题培训班，进一步提高全区各级党务工作者对细则基本精神的认识和理解，增强贯彻和落实细则的能力和水平。

24日，经区编委批准，设立区水政监察大队（广东省渔政总队武江大队）为正股级公益一类事业单位，隶属区农业局管理，核定事业编制6名，设大队长1名，副大队长2名。人员经费按财政补助一类拨付。

29日下午，区委主持召开“国庆”期间全区信访维稳研判工作会议。

10月

1日，国务院《企业信息公示暂行条例》正式实施，武江区工商局按照《广东省工商行政管理局转发工商总局关于贯彻落实〈企业信息公示暂行条例〉有关问题的通知》（粤工商企管字〔2014〕509号）的要求，全面启动企业和个体工商户年度报告工作。

是日，理顺龙归林业工作站、重阳林业工作站、江湾林业工作站、龙归木材检查站、围坪木材检查站被列入事业单位公益一类管理，在职人员及退休人员都列入财政核拨。

11日，武江区龙归河治理工程正式开工建设。工程投资总概算为2856.87万元，施工期为12个月。

14日，区召开关于进一步理顺市与区权责关系调研座谈会。区委副书记、区长黄建华主持会议，区政府办、区发展和改革局、区经济和信息化局、区农业局等17个相关部门领导和人员参加座谈。

16日下午，区召开党的群众路线教育实践活动总结大会，学习贯彻中央、省委和市委教育实践活动总结大会精神，全面总结全区教育实践活动，推动武江区作风建设在新的起点上深入开展。省委第六督导组成员戴焕宝、市委第四督导组常务副组长王克勇，区四套班子领导参加会议，区委副书记、区长黄建华主持会议。

是日，江湾卫生院新业务综合大楼正式投入使用。该业务综合大楼为二层，建筑面积791.2平方米，使用面积约500平方米，项目总投资145万元。

是日，武江区农田水利重点县建设方案获省水利厅、省财政厅批复，工程总投资7652.79万元，分三年（2014年至2016年）完成建设任务。

21日，区举办大学生村干部培训班，全区40余名大学生村干部参加专题培训。区委常委、组织部部长周小明出席培训班并作动员讲话。

24日　经区编委研究，同意将武江区各镇敬老院的主管部门由区民政局改为由各镇直管，业务上接受区民政局指导。

是日　经区编委研究，在区文化馆加挂图书馆牌子。

是日　经区编委研究，同意武江区第九中学和第十四中学各增设1名副校长。增设后，武江区第九中学设4名副校长、第十四中学设3名副校长。

29日上午，区委书记、区人大常委会主任王德雄等领导到西联镇检查人大联络室建设情况。

11月

5日，省工商局党组成员、副局长汤武带领省局法规处、经检局等处室人员在市工商局欧新全等领导的陪同下，到韶关市武江区工商局，就体制调整后工商部门如何确保工商行政执法的统一性、权威性和有效性开展调研和指导。

5日，市委常委、宣传部部长柳琛子在区委书记、区人大常委会主任王德雄陪同下，到街道花城社区调研指导“社会主义核心价值观”示范点建设工作。

12日，广东省江门市人大常委会代表团，在市、区有关领导的陪同下，到新华街道花城社区调研参观社区建设工作。

19日，在中国人寿保险股份有限公司韶关分公司二楼会议室，召开全区实施“银龄安康行动”启动会，正式启动在全区开展老年人意外伤害综合保险，简称“银龄安康行动”。

25日开始，省、市调研组到武江区开展纯农村、纯社区基层治理专题调研活动，深入了解武江区纯农村、纯社区基层的主要矛盾及群众反映的突出问题。区委常委、政法委书记曾文辉及区委组织部、区民政局等相关部门负责人参加调研。

26日，区侨联被广东省人力资源好社会保障厅、广东省归国华侨联合会授予广东省侨界贡献奖。

28日，区举办2014年度非公有制经济组织和社会组织（以下简称“两新”组织）党组织书记专题培训。各镇（街）组织委员、区直有关单位分管党建工作领导、辖区“两新”组织党组织负责人及部分社区党组织书记共90多人参加培训。区委组织部、区“两新”组织党工委有关领导作动员讲话。

30日，区政府投入13万元，完成区卫计局、惠民街道、新华街道等部门的公共照明LED改造任务。

12月

1日，区文明委命名表彰2012—2013年度武江区精神文明建设先进集体，54个单位分别被授予区级“文明单位”“文明村”“文明社区”“未成年人思想道德建设工作活动基地”及“精神文明创建活动创新奖”荣誉称号。

是日，省社工委专职副主任王光圣率队到武江区新华街道社区活动中心、海邻社工服务站、花城居委会专题调研社会治理工作。市社工委专职副主任吴文丽、区委副书记、区社工委主任张雯、区社工委专职副主任张祈俊及新华街道办相关领导同志陪同调研。

是日，省宜居社区检查组刘瑞萍、延长等一行，在区领导陪同下，到街道花城社区对环境、社区空间、社区服务、社区安全、文化生活、社区管理等进行检查指导。

2日，出台《武江区实施村（社区）党组织书记高等学历教育工作方案》，采取区财政奖励90%、电大优惠10%的方式，对全区村（社区）党组织书记开展免费成人高等学历教育，争取利用3至5年时间，使全区村（社区）党组织书记队伍大专以上学历的比例提高到50%。

3日，市党风廉政建设责任制考核组对区落实党风廉政建设责任制情况进行考核。上午，在区政府大楼7楼会议厅召开武江区落实党风廉政责任制情况汇报会。

9日，省妇联主席阎静萍，在市妇联主席邢丽等领导的陪同下，到新华街道花城社区检查指导社区妇女儿童工作。

18日，省民政厅张元醒副厅长等一行，在市、区领导陪同下，到新华街道花城社区检查指导社区建设工作。

20日开始，中央创文考察组到韶关市进行集中测评。区创文办组织动员全区各单位全力以赴做好创文测评迎检工作，实现“保持创建全国文明城市提名资格”的工作目标。

22日，区委办印发《中共韶关市武江区纪律检查委员会机关、武江区监察局主要职责、内设机构和人员编制方案》（韶武委办〔2014〕11号）。改革在内设机构总数（8个室）和行政编制总数（16名）保持不变的原则下，将党风廉政建设室、监察综合室、机关效能监察室整合成党风政风监督室，将原来的纪检监察室更名为第一纪检监察室，新增第二纪检监察室、案件监督管理室。

23日，区领导王德雄、周小明、孙理鸣率队检查镇街领导干部驻点普遍直接联系群众工作，王德雄要求要严格按照上级要求扎实开展，确保工作取得实效。

25日　经区编委研究，同意区委统战部设立办公室，为区委统战部内设机构，设主任1名。

是日　经区编委研究，同意区教育局部分下设事业单位更名。韶关市武江区教学研究室更名为韶关市武江区教育局教学研究室；韶关市武江区电化教学仪器设备站更名韶关市武江区教育局电教仪器站；韶关市武江区教育财务结算中心更名为韶关市武江区教育局财务结算中心。

是日　经区编委研究，同意在各镇农村综合服务站加挂农产品质量安全监管服务站牌子，在各镇畜牧水产站加挂水产品质量安全监管服务站牌子。

是日　经区编委研究，同意核减区委组织部、区委政法委、区残联3个部门的内设机构数，核减后，区委组织部设3个内设机构、区委政法委设1个内设机构、区残联不设内设机构。

是日　经区编委研究，同意对区农业局编制进行调整，收回行政编制3名，增加行政执法专项编制3名。调整后区农业局总编制13名，其中，行政编制10名，行政执法专项编制3名。

是日　经区编委研究，同意对区纪检监察派驻机构人员编制实行集中单列管理，核定编制3名。其中乡镇行政编制1名，机关行政编制2名，所需编制从乡镇及机关预留的行政编制中调配解决。

是日，开展全区机关事业单位“吃空饷”问题集中治理检查工作。

29日，区委宣传部与新华通讯社广东分社签订新华通讯社党政客户端服务协议，有效期至2017年12月28日。

31日，由韶关市委宣传部、区委、区政府、区委宣传部、欧浦·御龙湾、韶关民声网共同举办的“武江区迎新年倒计时晚会”，在西河全民健身广场举行。

是日，2014年年末全区户籍总人口266696人，其中：非农业人口184697人；女性132632人。全区常住人口30.61万人，其中：城镇人口24.96万人。全区出生人口3153人，出生率11.61‰，死亡人口1633人，死亡率6.01‰，人口自然增长率5.60‰。

概 况

建置沿革

【简述】 武江境内于汉武帝元鼎六年（公元前111年）设曲江县，隶属桂阳郡。西汉末年改称南平郡，东汉初复称桂阳郡。三国吴甘露元年（265年），设始兴郡，属荆州。西晋太康元年（280年）三月，武帝平吴，始兴郡移属广州。曲江县治从莲花山迁往安聂邑（今西河），西河成为曲江县政治、经济、文化中心。东晋末（419年），县治迁往官滩。南北朝梁元帝承圣年间（552—555年），于始兴郡置东衡州，州治在曲江，州、县治所迁西河。隋开皇九年（589年），改东衡州为韶州，州、县治所迁莲花山。开皇十一年，曲江县并属广州。唐武德初年（618年），曲江县治再迁西河。武德四年析广州之曲江置番州，不久更名东衡州。唐贞观前期（627—633年），改东衡州为韶州。五代时期，后梁乾化元年（911年），州、县治迁往中洲（今市区小岛）。此后至民国期间，先后隶属岭南东道韶州、广南东路韶州、海北广东道韶州路、江西行省广东道韶州路、广东布政司韶州府、北江行政区、第二行政区和第三行政区。

1949年10月7日，武江全境解放，武江为曲江县的一部分。初期先后属曲江县、韶关镇。1951年6月，恢复韶关市建置隶属韶关市管辖。1952年成立西河办事处，1956年并入和平街道办事处。1968年成立西河革命领导小组，1971年成立西河街道革命委员会，1975年成立武江区（属韶关市政府派出机构）。1976年，韶关市设置市郊区。市郊区在境内设环市、芙蓉、北郊等公社（区），管理农村农业工作；1984年9月28日，撤销韶关市郊区和武江区，组建市辖县级武江区。辖西河、芙蓉、新华3个街道办事处和13个乡。武江区因珠江水系北江上游武江流经境内而得名，俗称“西河”。

自然地理

【位置 范围 面积】 武江区位于广东省北部，韶关市武江、北江河以西。坐标北纬24°42′00″—24°48′00″，东经113°06′00″—113°34′00″。东与浈江区隔河相望，南与曲江县白土镇接壤，西与乳源瑶族自治县大布镇、东坪、乳城镇、一六镇毗邻，北与乳源瑶族自治县桂头镇相连。辖区总面积682平方千米。

【地质 地貌】 武江区域内的地质地层属于沉积岩地层为主。受粤北“山”字形地质构造的影响，区内褶皱和断裂极其发育，褶皱主要由古生代地层形成紧密式之背斜核部，以北北东向构造为主，次级构造亦较为发育。褶皱构造有北部的大岗头向斜，中部的天子岭背斜和南部的芙蓉山向斜。均为断褶带内曲江复向斜的次褶皱带。地貌以丘陵地带和冲积小平原及高山奇峰为主。区境地势北高南低，西高东低，海拔多在55米至200米，坡度30度左右。江湾镇境内的大东山主峰海拔1390米，是武江区最高山峰；依次有江湾镇枫岭头海拔1100米，龙归凤田黄茂堂海拔941米，西河镇境内的圆子背肩山海拔1125.5米、大岗山海拔406米、天子岭海拔357米、芙蓉山顶海拔282米。最低武江河河床处海拔55米。

【地形面积】　武江区地处南岭山脉南麓的盆地之中。武江地形犹如一只卧狮，东西长、南北窄成不规则多边形。区境东起市区武江河中心，西至江湾镇武洞、白石村，长56.75千米，南起与曲江交界的圆子背肩山，北至重阳镇大夫前村委会，宽17.8千米。

【河流】　武江区主要河流有武江、北江、南水河、重阳河、锅溪河、韶西水、沐溪水、芙蓉水、沙山水。其中，武江，历史上曾称虎溪、武溪。发源于湖南省临武县三峰岭，途经坪石、乐昌、桂头，由浈江区犁市上朗流入本区重阳镇水口村，至北江桥下与浈江河汇合成北江河。武江河全长260千米，河床坡降0.906‰，在本区河段约16千米，河面宽150米至200米，为Ⅶ级航道，境内河段通航能力为300吨级船舶。市区最高洪水位57.21米，最大洪流量为9460立方米/秒，发生于1994年6月18日。最低水位0.7米至1米，枯水流量12.3立方米/秒，发生于1966年9月24日。北江河古称“溱水”“肄水”“始兴大江”。发源于江西省信丰县石碣大茅山和湖南省临武县三峰岭，上游分别称“浈江”“武江”，在市区北江桥下汇合后始称北江，流至三水市思贤滘与西江汇合，全长468千米，河床坡降0.398‰，多年平均流量1080立方米/秒。流经本区西河、西联约12千米。河面宽150米至350米，可通航为Ⅶ级航道，境内河段通航能力为300吨级船舶。西联镇下胡村、赤水村有煤运码头常年水运，可直抵珠江三角洲及连接西江水道。

【气候】　武江区地处北回归线以北，属亚热带气候为主的湿润性季风气候，日照充足，雨量充沛，冬季多干冷的偏北风，夏季多偏南的暖湿气候。年平均气温20.3℃，年平均湿度为52%，年平均日照时数1858小时，年太阳总辐射111.5千卡/平方厘米，年平均雨量为1537.4毫米，年平均最高气温是25.4℃，年平均最低气温为16.8℃，光、热、水资源较为丰富，四季宜耕。入汛期为每年4月中旬至7月下旬。春季冷暖季风交替频繁，多为低温阴雨天气，日照最少；夏季火热酷暑，雨量多且集中；秋季秋高气爽，昼夜温差较大，降水量少；冬季雨量减少，天气寒冷，年无霜冻期305天。2005年秋旱严重；2006年7月15日，遭百年一遇的洪灾。2008年1月，遭遇80年一遇的雨雪冰灾。2013年5月16日、8月15日，武江大部地区遭遇重大洪涝灾害。

【矿产资源】　武江辖区内已知矿产有煤矿、铁矿、铅锌矿、锡矿、钨矿、金矿、银矿、石灰石、高岭土、萤石矿等20多种，矿床点58处。其中，金属矿产8种，矿床点20处：铁矿点2处，锑矿点3处，铅锌矿2处，锡矿、钨矿点2处，金矿点8处，银矿点3处。非金属矿产14种，主要有煤矿7处，石灰石10处，高岭土2处，萤石矿2处，河沙3处等38处。

【动植物资源】　武江区内野生动物种类繁多，主要分布于山区和丘陵地带，体型较大的野兽多栖息在西北山区，一般兽类出没于平川、丘陵。主要野生动物有：哺乳类、鸟类、鱼类、甲壳类、两栖、爬行类、昆虫类等。主要野生植物有：维管束植物2349种，分隶207科877属。水果类38种、野生药用植物135种。内陆水域中常见的浮游生物共14门120多属。

【旅游资源】　武江区是粤北古邑，韶关博物馆珍藏有境内出土的汉代、三国、西晋、东晋文物。人文景观主要有唐朝宰相张九龄家族墓、宋朝尚书余靖墓和蓉山古刹。有南昌起义军朱德部队旧址、八路军驻韶关办事处旧址、抗战时期中共广东省委遗址、青水塘和李子园炮楼等24处革命遗址。自然景观有广东韶关芙蓉山国家矿山公园、芙蓉公园、芙蓉仙洞、沐溪水库、石背窝水库和江湾温泉等。辖区内有不可移动文物167处。有市属韶州宾馆和流花宾馆、湖心宾馆、倚山宾馆等一批民营涉外旅游宾馆。沐溪水库湖水碧绿，蔚为壮观，泛舟遨游，闲来垂钓，别有一番诗情画意，是市民郊游的好去处。此处集会所、饮食、住宿、观光、游乐于一体的多项旅游设施，成为郊游的新亮点。

人口　民族　语言

【总人口】 2014年末全区户籍总人口266696人，其中：非农业人口184697人；女性132632人。全区常住人口30.61万人，其中：城镇人口24.96万人。全区出生人口3153人，出生率11.61‰，死亡人口1633人，死亡率6.01‰，人口自然增长率5.60‰。

【民族】 武江区居民以汉族为主，2014年年末有汉族人口290846人，占总人口的98.69%；少数民族 22个，人口3862人，占全区总人口的1.31%。超过100人的少数民族有 4个，其中，瑶族人口最多，1051人。江湾镇瑶族村有瑶族人口114户、580人。依次为壮族313人，土家族169人，苗族131人。

【语言】 本区方言复杂，有粤语、客家话、虱婆声、连滩话、船民话、瑶族勉语等方言。还有潮汕、清远、河源、湖南、四川、河南等地方言。粤语区域面积、人口均占全区的绝大部分，城乡流行。客家方言主要分布在龙归等5个镇的大部分地区。虱婆声主要分布在重阳、西联镇大部分农村、龙归镇后坪村和西河镇向阳、村头、大村等。连滩话主要分布在西河镇什石园下坝村、黄塱中坝村。江湾镇瑶族村村民讲瑶族勉语。

环境质量

【大气环境】 2014年，韶关市区环境空气综合质量指数为4.99，空气质量达标天数为271天，达标率为78.55%；超标天数为74天，占21.45%（其中：轻度污染64天，占18.55%；中度污染4天，占1.16%；重度污染6天，占1.74%）。主要污染物为细颗粒物（PM2.5）。

二氧化硫（SO^2）年平均浓度值为0.033毫克/立方米，达到国家空气质量二级标准（0.06毫克/立方米）；二氧化氮（NO^2）年平均浓度值为0.031毫克/立方米；达到国家空气质量一级标准（0.04毫克/立方米）；可吸入颗粒物（PM10）年平均浓度值为0.066毫克/立方米，达到国家空气质量二级标准（0.70毫克/立方米）；降尘年月平均值为2.84吨/平方公里·月，低于广东省参考评价值（8吨/平方公里·月）。全年空气质量处于优良。

【水环境】 2014年，武江、南水、北江河水质状况保持良好，达标率为100%。经全年各月监测，武江河十里亭段（省控）饮用水源地按国家环保部要求进行水质分析，109项分析监测项目全部达标；符合饮用水源地水质要求。

【声环境】 韶关市区区域环境噪声等效声级平均值为55.7分贝，达到国家声环境质量2类限值（60分贝），其声环境质量仍处于较好等级，主要噪声源是生活噪声和交通噪声。

韶关市区道路交通噪声等效声级年平均值为67.2分贝，达到国家声环境质量4类限值（70分贝），其声环境质量处于好等级。

行政区域

2014年，武江区辖新华、惠民2个街道办事处和西河、西联、龙归、重阳、江湾5个镇。

新华街道办事处辖16个社区居委会。

惠民街道办事处辖13个社区居委会。

西河镇辖14个村委会。

西联镇辖8个村委会、1个社区居委会

龙归镇辖1个社区居委会、15个村委会。

重阳镇辖1个社区居委会、8个村委会。

江湾镇辖1个社区居委会、6个村委会。

2014年度武江区行政区划简表

表1

街、镇名称	村（居）委会
新华街道办事处	乳韶、工业西、工业中、芙蓉北、沙洲、金洲、芙蓉东、惠民东、惠民西、五祖路、工业东、武江南、新华南、红尾坑、花城、利民
惠民街道办事处	沙湖、冷水坑、群康、新华北、群立、武江北、黄田坝、侨新、惠民北、东岗岭、新村、沐阳东、幸福
西河镇	红星、向阳、前进、朝阳、塘湾、大村、什石园、糖寮、马屋、下坑、黄塱、田心、村头、山蕉
西联镇	西联、芙蓉、下胡、甘棠、赤水、车头、阳山、沐溪、碧桂园·太阳城
龙归镇	凤田、续源、社主、龙归、奇石、冲下、山前、方田、坳头、马渡、寺前、盘村、留村、龙安、后坪、龙归街
重阳镇	大夫前、九联、青暖、重阳、水口、黄岸、万侯、妙联、重阳街
江湾镇	梁屋、瑶族、锅溪、湖洋、胡屋、围坪、江湾街

经济社会发展

【经济发展稳中有进】 全年实现地区生产总值204.76亿元，突破200亿元大关，增长10.2%；完成区级公共财政预算收入4亿元，增长18.8%；城镇居民人均可支配收入增长9.1%，农民人均纯收入增长9.9%。重点项目稳步推进。全年实施重点项目55项，完成投资53.1亿元，占全区固定资产投资的60.6%。全年完成固定资产总投资87.6亿元，增长44.5%，增速位居全市首位。工业经济平稳增长。全年实现规模以上工业增加值88.84亿元，增长8.6%。五大支柱产业完成工业增加值76.8亿元，增长8.6%。加大民营企业服务力度，全年民营企业完成工业增加值11.9亿元，增长9.2%。积极打造园区工业经济，武江科技园完成工业增加值7.6亿元，增长26.1%。全区规模以上工业企业已达50家，其中亿元以上企业3家。全年建安企业完成增加值12亿元，增长10.2%。第三产业稳中向好。全年实现增加值96.54亿元，增长11.1%。房地产业稳步发展，商品房销售额累计完成41.8亿元。全区新增限上商贸企业10家，社会消费品零售总额完成89.5亿元，增长11.1%。重点抓专业市场和星级酒店的培育。光华五金机电城顺利开业，前进建材城等保持良好发展势头，新建成汇展酒店、碧桂园太阳城酒店。“西河商圈”呈现专业市场、酒店商务、商贸金融、大型商场集聚发展态势。现代农业稳步发展。全年农业实现产值5.8亿元，增长3.9%。现代农业发展取得新成效，养牛、石斛、食用菌等特色种养初具规模。全区专业合作社达55家，新建科技示范生产基地1个，新增农业生产基地3个，新培育国家级农业龙头企业1家、市级龙头企业2家，新培育家庭农场5家。

【新区建设亮点纷呈】 全面加大新城开发建设的工作力度。芙蓉新城完成路网交地800余亩，保利商业综合体、品牌汽车4S店等重点项目交地约1000亩，确保新城11个新建项目用地。苗圃基地片区完成交地近600亩。沐溪—阳山片区完成莞韶城一期等项目交地近6000亩。至此，起步区2万多亩土地已基本完成征收，市委、市政府重点建设的6条主干道基本贯通，莞韶城一期等重点项目建设用地得到有效保障。新城城市功能显现雏形。为使新城主体功能尽快形成，区积极配合市加快推进城市配套项目建设。截至2014年，12个市直行政单位已进驻新城，新城路网、管网建设全面铺开，三馆、滨江公园等文体设施加速推进，太阳城酒店开始营业，新城排洪水系、综合客运枢纽站等基础设施建设已经启动，新城教育、医疗、文化、金融、通信等公共服务配套陆续完善。

【园区建设势头趋好】 围绕产城融合目标，着力推进甘棠工业园和莞韶城现代产业服务区建设。截至2014年，甘棠工业园已签约企业41家，24家企业挂牌成交，飞翔、莱雅等19家企业已动工建设。莞韶城一期开发建设突飞猛进，首期50栋电子商务楼建设已经完成，园区路网等基础设施不断完善。园区目前已签约企业43家，其中涂料及配套企业25个，其他产业类型汽车变速箱、生物农药、新能源、智能机器人、仿真产品、机械制造、家具制造、食品加工等项目18个。总投资约25亿元，预计年产值约52亿元，预计年税收5亿元。

【安置工作有序铺开】 安置新村建设加快推进。赤水新村228套房屋已交付使用；芙蓉新村、西联新村已分别开工建设楼房117栋、115栋，2015年可建成房屋1228套并启动搬迁；车头新村基本完成土地平整，即将实施主体建设，计划建设房屋530套；下胡新村已完成选址，有望2015年上半年正式动工。

【城乡一体统筹推进】 扎实开展打击“两违”工作，一年来共拆除大小违法建筑140宗，合计面积约3.7万平方米。大力开展“巩卫创文”，整治城市“六乱”，城区环境持续改善。积极推进恒熙华城、楼上楼等城市“三旧改造”项目，老城区品质逐步提升。全面配合市政项目建设，市区排涝工程、群康路等如期开工，通往新城的芙蓉隧道加快建设，奥园一期施工顺利，芙蓉北路、上饶路等项目完成交地。棚户区改造取得突破，顺利完成龙归社主安置小区建设和房屋分配工作。全年投入“三农”建设资金1925万元，农业农村发展基础进一步夯实。成功申报农田水利重点县建设项目，新修大型农田水利设施5宗，建设高标准农田1.5万亩，全面完成300人以上自然村公路硬底化任务。积极开展名镇名村建设，新建成2个名村5个示范村。扶贫“双到”工作取得实效，全区共落实帮扶资金1632万元，新增帮扶项目51个，4个贫困村的集体收入达到8万元以上，贫困户年人均纯收入达到6500元以上。大力实施植树造林工作，全年完成植树造林面积1.8万亩，新增生态公益林8万多亩，建设森林公园1个，建设乡村美化绿化示范村10个。节能减排工作有序推进，全区GDP能耗平稳下降。

【社会事业协调发展】 坚持民生优先，社会事业投入持续加大，2014年各类民生支出达5亿多元，占公共财政预算支出的64.3%。区政府承诺为民办的10件实事基本完成。社会保障水平不断提高，全年共发放低保资金1065万元，支出五保供养金73.4万元。狠抓社保扩面征缴，顺利完成城乡居民社会养老保险和医疗保险参保任务。全区就业形势稳定，城镇登记失业率为2.8%。科技工作继续走在全市前列，新成立2家市级工程技术研发中心，成功申报国家知识产权强县（区）工程示范试点区。“普九”成果得到巩固，小学适龄儿童入学率和小升初入读率均达到100%。文化惠民工程有序推进，“三下乡”和文物普查活动深入开展。大力推进农村基本公共服务均等化进程，龙归全民健身广场建成使用，龙归和江湾卫生院业务大楼顺利完工，农村家庭医生服务试点工作全面启动。严格落实各项计生奖扶政策，计划生育率达91.0%。成立食品药品监管机构，有效整合食品药品监管职能。大力推进“平安武江”建设，安全生产、防火防汛以及登革热等重大疫情的防控工作扎实到位，切实维护武江和谐稳定的发展大局。

【财税保障能力不断增强】 全年税收保持平稳增长，财政质量进一步优化。完成国税收入5466万元，增长13.7 %；地税收入2.4亿元，增长29.9%；非税收入占财政收入比重下降4.5 %。加大税收征管工作清理整顿，重点加强房屋租赁税和耕地占用税征管工作，全年实现房屋租赁税收1476万元，增长41.9%，完成新增耕地占用税3420万元。坚持依法理财，规范国有资产经营和监管，提高资产使用和经营效益。在保运转、保工资、保民生的基础上，强化财政预算编制，优化支出结构，加大公共服务保障力度，全年公共财政预算支出完成7.9亿元，增长3.2%。

（撰稿人：区史志办）

精神文明建设

【简述】 2014年，武江区精神文明建设工作在市文明委的指导下，全面贯彻落实中共十八大和十八届三中、四中全会精神，坚持围绕中心、服务大局、改革创新，坚持以社会主义核心价值观引领精神文明建设，全面加强公民思想道德建设和群众性精神文明创建活动，精神文明建设工作得到不断深化和拓展。

【现代公民教育活动】 坚持核心价值观引领，公民道德建设取得新成效。将培育和践行社会主义核心价值观作为全区精神文明建设的“一号工程”来抓，细化分解落实市56项工作任务，制定下发全区培育和践行社会主义核心价值观的实施方案，开展示范点建设，新华街花城社区被列为省级示范点，江湾镇胡屋村被列为市级示范点。注重运用多种载体宣传阐释社会主义核心价值观，围绕24字内容的“三个倡导”在主要路段、公园广场、住宅小区等设置一批主题公益广告，广泛制作张挂“图说我们的价值观”海报、公益广告三千多张，要求各单位结合实际在各类公共场所利用展板、电子荧屏、宣传栏等媒介广泛传播，初步形成多维度、广覆盖的宣传氛围。以社会主义核心价值观为引领，组织开展各类型的公民道德实践教育活动，策划举办第12个全国公民道德宣传日系列活动，每季推荐上报“韶关好人”，其中退伍军人郭光玉被评为助人为乐“韶关好人”季度好人，并举办多场道德模范巡讲巡演进社区、企业、学校等活动，模范典型引领社会道德风尚的效应日益明显。不断探索办好办活“道德讲堂”的思路和模式，区级总堂——崇德堂全年累计举办活动22场，参与活动人数达1500余人次，一大批道德典型事迹得到宣传弘扬。

大力弘扬传统美德，文明新风传播呈现新气象。在培育和践行社会主义核心价值观过程中，注重以文化人，大力弘扬中华传统美德，邀请市、区书法家以传统道德箴言为题材挥毫泼墨，深入基层开展“道德春联进万家”“好家训进家庭”，其中在龙归镇举办全市核心价值观新春楹联进万家（主会场）活动，收到良好社会反响。进一步深化“我们的节日”主题活动，挖掘传统节日的文化内涵，在春节、清明、端午、中秋等传统节日期间开展文化文艺表演、传统民俗活动等。

大力宣传倡导文明新风，市民文明素养得到新提升。注重拓展深化志愿服务，突出制度化建设这一重点，加强志愿者队伍和志愿服务团体的管理，组织发动全区志愿者进行网络登记注册，全区注册志愿者人数达1万多人，志愿服务团体和组织达40多个。策划第29个“国际志愿者日”系列活动，市、区领导作为普通志愿者到敬老院开展志愿服务。2014年以来，组织志愿者开展帮扶困难群体、慈善募捐、文明引导、保护山川河流等活动上百场，参与活动人数达10000人次，在汇聚爱心力量的同时，深入开展创文宣传，提升城市文明程度。深入推进道德领域突出问题专项教育和治理，加强文明行为习惯的教育引导，实施文明交通行动、文明旅游行动、文明餐桌行动、网络文明传播活动，引导全社会形成积极向上的精神追求和健康文明的生活方式。

【群众性精神文明创建活动】不断深化文明创建，城乡文明程度得到新提升。以迎接三年一届的全国文明城市总测评为抓手，继续推进创建全国文明城市工作，进一步强化市容环境和公共秩序整治、基础设施建设，2014年上半年通过国家园林城市复查，下半年围绕创文测评推进各项创建工作，实现市提出“保持创建全国文明城市提名资格”的工作目标。基层文明创建工作持续开展，区国税局被授予省级“文明单位”荣誉称号；市五中、区工商局、东岗小学、龙归镇龙安村、新华街芙蓉东社区、惠民街沙湖社区、区计划生育服务站分别被授予市级“文明单位”“文明村”“文明社区”“文明示范窗口”荣誉称号。完成2012—2013年度武江区精神文明建设先进集体评选命名，54个单位分别被授予区级“文明单位”“文明村”“文明社区”“未成年人思想道德建设工作活动基地”“精神文明创建活动创新奖”荣誉称号。

扎实开展主题教育，未成年人成长环境实现新优化。制定下发2014年全区未成年人思想道德建设工作方案，突出立德树人，突出抓好友善、孝敬、诚信等中华传统美德教育和爱学习、爱劳动、爱祖国“三爱”活动。在重要时间节点开展“我的中国梦”教育及深化“做一个有道德的人”主题活动，先后开展“日行一善”“网上祭英烈”“童心向党”等道德实践活动。加快推进城市（乡村）学校少年宫、区级未成年人心理健康辅导室和社区未成年人活动场所设施建设，协调文化、公安、工商等部门净化校园周边环境，未成年人成长环境实现新的优化。

武江区精神文明建设在取得一定成绩的同时，也存在着一些困难和问题，如社会主义核心价值观的社会宣传在覆盖密度、广度和深度上有待提升，载体和形式也不够丰富；文明创建水平各镇街、各单位不平衡，尤其农村地区的精神文明建设相对薄弱；公民道德教育的手段和形式相对单一，市民文明素质有待提高；社区基础设施受有限财力制约比较滞后，要成功创建全国文明城市需要增加较大投入。

（撰稿人：禤宇萍）

党政机关

中共韶关市武江区委员会

【综述】 中共韶关市武江区委员会机构设置纪律检查委员会机关（区监察局与其合署办公）、区委办公室、组织部（与老干部局、直属机关工作委员会合署办公）、区机构编制委员会、宣传部（挂区精神文明建设委员会办公室，与区文化新闻出版局合署办公）、统战部（挂区委台湾工作办公室牌子，与区民族宗教事务局合署办公）、政法委员会（与区社会工作委员会合署办公）7个工作部门和区总工会、区妇联、团区委、区残联4个群团组织。

区委辖5个党组：区人大、区政府、区政协、区检察院、区法院。

区委下属11个基层党（工）委：惠民街、新华街、西河镇、西联镇、龙归镇、重阳镇、江湾镇、区直属机关、公安分局、教育局、“两新”组织。

【区委常委会议】 2月28日，召开区委常委扩大会议，传达学习市纪委十一届四次全会精神、市委市政法暨信访维稳工作会议精神和《党政领导干部选拔任用工作条例》，听取党的群众路线教育实践活动和芙蓉新城工作进展情况，听取2014年政府工作要点和区重点项目安排通报。

4月23日，召开区委常委会，传达学习中央、省、市保密工作会议精神和研究部署保密工作，传达学习中央、省、市全面深化改革小组会议精神和研究部署全面深化改革工作，听取2013年全区党风廉政建设考核结果、“三述”活动开展结果和研究部署党风廉政建设工作，听取精神文明建设工作、资产处置工作、甘棠园区建设工作等有关情况，听取《武江区人民政府职能转变和机构改革方案》和《武江区事业单位分类改革实施方案》等有关情况。

6月6日，召开区委八届第30次常委（扩大）会议，组织与会人员开展党的群众路线教育实践活动专题学习活动，听取区四套班子民主生活会准备工作情况、社会矛盾纠纷化解年进展情况、信访、创平和综治工作考核情况，讨论并通过《中共韶关市武江区委全面深化改革领导小组工作制度》《中共韶关市武江区委全面深化改革领导小组办公室工作制度》《中共韶关市武江区委全面深化改革领导小组办公室工作制度》《中共韶关市武江区委全面深化改革领导小组专项小组工作制度》，会议原则通过《武江区2014年若干重要改革任务要点》，安排部署迎接粤东西北会议有关准备工作。

7月3日，召开区委八届第31次常委会议，听取2013年镇、街道、区直各单位科学发展观绩效考评结果，听取《区委常委会工作规程》的有关情况，听取甘棠村三石王村小组1200亩工地遗留问题及整村搬迁事宜、武江科技工业园10号地块处理情况报告，听取东莞（韶关）产业转移工业园武江片区管委会和广州大岗（武江）产业转移工业园武江片区管委会领导成员调整事宜，讨论研究民主生活会有关事宜。

8月1日，召开区委八届第32次常委会议，听取区委党的群众路线教育实践活动各督导组组长和区挂点联系领导汇报各镇、街道专题民主生活会准备情况，传达广东省委办公厅《关于纪委书记（纪检组长）在领导班子中排序的通知》精神，听取全区纪律教育学习月活动有关情况汇报，会议议定召开全区纪律教育学习月活动动员会暨“三纪班”时间，传达学习韶关市深化全国文明城市创建工作部署动员会精神。

8月15日，召开区委八届第33次常委会议，听取区纪委监察局清理调整审核备案事项和议事协调机构的有关情况、区委常委班子专题民主生活会整改工作情况、区机关事业单位人员2013年度考核情况、2013—2014年度党政领导班子安全生产“一岗双责”考核工作的安排情况、学习习近平总书记系列重要讲话读本的工作安排、建区30周年宣传报道工作的准备情况、查控违法建筑工作安排，通过《武江区建区30周年宣传方案》《武江区2014年度违法建筑查控工作要点》《武江区镇、街道违法建筑查控工作责任考核实施细则》《武江区查控违法建设重点下移工作方案》。

8月29日，召开区委八届第34次常委会议，听取2014年县（市、区）经济社会科学发展考核指标的有关情况，研究区属乡镇卫生院工作人员招聘事项，听取甘棠园区三石王村小组新村安置点土地扩征事宜和事业单位在职在编人员列入公益一类考试事项，讨论通过武江区《关于开展机关在职党员到社区报到为群众服务工作的实施方案》。

10月30日，召开区委八届第35次常委会议，会议原则通过《2014年镇（街）经济社会科学发展考评实施方案》和《2014年区直机关绩效考评实施方案》，听取社会矛盾化解年工作情况和2014年创平工作情况，研究部署迎接党风廉政建设责任制考核相关事宜，原则通过《武江区纪检监察机关主要职责和内设机构改革调整方案》《韶关市武江区党的建设制度改革工作要点及分工方案》《武江区精神文明建设先进集体推荐名单》，讨论研究全区经济工作。

12月18日，召开区委八届第36次常委会议，听取各镇、街道和区属机关工委、公安分局党委、教育工委等10名党（工）委书记抓基层党建工作的述职报告。

12月18日，召开区委八届第37次常委会议，会议讨论议定区委全委会、“两会”时间安排，听取2014年经济和社会发展情况汇报，听取科学发展观考核工作情况，听取政府常务会议审议通过的《武江区土地房屋征收工作经费管理使用指导暂行办法》相关事宜和政府常务会议审议通过的武江科技工业园6号地按商业用地依法依规公开挂牌出让事宜，原则通过《韶关市武江区贯彻落实中央〈建立健全惩治和预防腐败体系2013—2017年工作规划〉的工作方案》，听取“双拥”工作、建立乡镇（街道）领导干部驻点普遍直接联系群众制度的有关情况，研究通过2014年村、社区“两委”换届工作受表彰单位建议名单。

12月31日，召开区委八届第38次常委会议，讨论并原则通过《武江区2014年主要经济指标预计完成情况和2015年主要经济指标计划安排》《武江区2014年财政预算执行情况和2015年财政预算草案》，传达学习中共广东省委办公厅印发《关于韶关乐昌市四套班子领导干部收送“红包”礼金等违纪违法腐败窝案的情况通报》的通知精神和中共广东省委办公厅、广东省人民政府办公厅关于贯彻落实中办〔2014〕50号文精神、做好2015年元旦春节期间省有关工作的通知精神。

【党政班子会议】 1月9日，召开党政领导班子会议，研究和讨论甘棠园区建设、村（居）“两委”换届、党风廉政考核等工作，议定召开区委八届三次全会，人大、政协“两会”的会议时间。

【区委全体会议】 1月19日，中共韶关市武江区第八届委员会第三次全体（扩大）会议召开。全会由区委常委会主持，全会深入学习贯彻落实党的十八届三中全会、省委十一届三次全会和市委十一届五次全会精神，总结回顾本区2013年工作，明确2014年发展和工作的主要思路，紧抓机遇，改革创新，全力推动武江经济社会新发展。区委书记王德雄代表区委常委会作题为《紧抓机遇 改革创新 全力推动武江新发展》的报告和总结讲话。区委副书记、区长黄建华作关于经济工作的讲话。全会表决通过《中共韶关市武江区第八届委员会第三次全体（扩大）会议关于常委会报告的决议》。

【专题会议】 2月17日，召开党的群众路线教育实践活动动员部署会，学习贯彻中央和省委、市委关于党的群众路线教育实践活动的有关会议精神，动员部署区教育实践活动。区四套班子领导王德雄、黄建华、张雯、王敏等及市督导组组长王克勇出席会议，区委副书记、区长黄建华主持会议。

2月21日上午，全区信访维稳工作会议在区政府610会议室召开。区委副书记张雯，区委常委、政法委书记曾文辉，区委常委、区委办主任孙理鸣，区人大党委会副主任陈雪，区政协副主席何岚，区司法局、信访局局长韩伟强，法院、检察院、国保大队一把手，各镇（街）党（工）委书记、副书记、综治重心专职副主任，政法委、城管局、住建局、林业局、安监局等信访维稳协调领导小组成员单位正职参加会议。

2月25日，举行党的群众路线教育实践活动专题学习会，诚邀市委党校副教授刘意作《公款姓公 公权为民》的主题讲座。区四套班子领导王德雄、张雯、王敏等及区各镇、街党政主要领导，区直各单位和驻区有关单位主要负责人近200人参加学习会。

3月17日，在区政府7楼会议室举办党的群众路线教育实践活动学习交流会，市领导、市委第四督导组组长张平及督导组成员到会指导，区领导王德雄、黄建华等四套班子领导及镇（街）书记参加会议。交流会上，王德雄、黄建华等区党政班子党员领导干部重点交流学习教育、听取意见环节的心得体会，并结合走访调研、听取意见情况，查摆自身存在的问题。

3月26日，区委副书记、区长、区三防指挥部指挥黄建华在区政府310会议室主持召开三防工作会议。会议听取全区7个镇（街）2013年水毁工程修复情况、2014年洪灾险情隐患点排查和治理情况、目前急需的救灾物资、下一步防汛工作措施等有关情况汇报和对做好全区三防工作的建议意见，并详细了解水务、国土、农业、林业、财政、民政、住建等单位开展防灾救灾工作的进展情况。会议同时对武江区2014年三防工作进行安排部署。

3月28日，在区政府7楼会议室召开学习贯彻习近平总书记系列讲话精神暨工作部署会，把学习讲话精神与部署工作相结合，缩短会议时间，提高工作效率，以实际行动贯彻中央“八项规定”。会上，区纪检、组织、宣传、政法和农业农村的分管领导逐个上台，宣讲习总书记相关讲话精神，交流个人学习心得体会，总结2013年工作成绩并部署2014年工作，仅用半天时间就完成全部会议内容。王德雄、黄建华等区四套班子领导，各镇（街）、区直及驻区单位等相关负责人参加会议。

4月2日，武江区举办专题学习会，集中观看电影《焦裕禄》。王德雄、黄建华等区四套班子领导及各镇、街党政主要领导，区直各单位和驻区有关单位正副职等近200人参加学习会。

4月10日，召开党的群众路线教育实践活动专题学习会，集中观看《四风之害》警示教育片。黄建华、陈坤明、张雯等区四套班子领导，及区直各单位和驻区有关单位正副职等近170人参加学习会。

4月15日，召开党的群众路线教育实践活动推进会，区经信、公安、人社、城管、食药监、国税、教育、卫计等八个单位，围绕“热情服务、规范服务、高效服务”的要求，从各自的服务程序、服务质量、服务态度、服务效果等方面，公开承诺整治“三难”问题，提升服务质量。市委第四督导组常务副组长王克勇，区领导王德雄、黄建华等参加会议。

4月17日，召开党的群众路线教育实践活动杨善洲专题学习会，区四套班子领导，区直各单位和驻区有关单位正副职等100余人集中观看影片《杨善洲》。

4月21日，邀请市人民检察院检察长、党组书记阙定胜为党员领导干部作题为《始终保持警醒头脑是预防职务犯罪的关键》预防职务犯罪专题授课。区四套班子成员，区直各部门正、副职领导干部，驻区单位主要负责人，镇街党政主要负责人及区属五所中学校长参加学习会。市委第四督导组成员、市检察院相关负责同志列席会议。

4月24日，召开武江区第一季度经济形势分析会，总结2014年第一季度经济工作，并研究部署下阶段工作措施。区委副书记、区长黄建华在会上作重要讲话，对做好区经济工作提出具体要求。会议听取区发改、财政、统计、经信、住建等部门的工作汇报，分析区经济增速偏低的主要原因并提出下一步工作措施。

4月30日下午，召开学习弘扬焦裕禄精神践行“三严三实”专题交流会，进一步深化推进教育实践活动。市领导张平及市委第四督导组成员，王德雄、黄建华等区四套班子领导，区直各单位和镇街负责人等参加会议。交流会上，区四套班子领导对照焦裕禄精神和习近平总书记“三严三实”要求，联系思想和工作实际，畅谈学习收获和体会，找差距、定措施、谈努力方向。

5月14日，召开党的群众路线教育实践活动牛玉儒专题学习会，王德雄、黄建华等区四套班子领导，区直各单位和驻区有关单位正副职等140余人集中观看影片《生死牛玉儒》。

5月16日，召开党的群众路线教育实践活动第一环节总结交流暨第二环节工作部署会。会议全面总结回顾教育实践活动第一环节的工作，并对第二环节工作进行部署，重阳镇、江湾镇、新华街、法院、经信局及区委第三督导组等6个单位作交流发言。市委第四督导组组长、市人大常委会副主任张平及市委第四督导组成员，区委书记、区人大常委会主任王德雄，区委副书记、区长黄建华等区四套班子领导及各单位领导等参加会议。

5月16日，召开2014年计划生育工作会议，会议贯彻省、市计生工作会议精神，总结和部署全区计生工作，对2013年全区人口计生目标管理责任制考评情况进行通报并表彰先进单位，基层代表作计生工作表态发言。区委副书记、区长黄建华与各镇（街）、兼职成员单位代表签订2014年度人口计生目标管理责任书。王德雄、黄建华等区四套班子领导，区人口计生综合治理兼职成员单位主要领导及区直各单位和各镇（街）主要负责人等近200人参加会议。

5月21日，举办教育实践活动沈浩先进事迹专题学习会，区四套班子领导，区直各部门正、副职和驻区单位主要负责人等130余人集中观看影片《第一书记》。

5月30日，武江区举办教育实践活动吴仁宝先进事迹专题学习会，王德雄等区领导，区直各部门正、副职和驻区单位主要负责人约140人集中观看专题教育片《吴仁宝》。

6月11日，召开宣传贯彻《广东省信访条例》动员大会。韶关市人大常委会教科文卫工作委员会主任杨日葵对武江区开展条例宣讲活动提出要求，韶关学院法学院副院长雷群安教授从条例的出台、信访工作原则、信访渠道、网络信访等方面进行深入解读，使广大干部的信访观念、工作方式方法有切实的转变。区委书记、区人大常委会主任王德雄，区委副书记、区长黄建华等区四套班子领导、各镇（街）主要领导和区直各单位正副职等参加会议。

6月16日，召开经济分析联席会议，会议全面分析经济运行情况，安排部署下一阶段工作重点，确保圆满完成全年各项任务目标。会上，区统计、经信、发改、住建、农业、财政及国税、地税等单位负责人详细介绍2014年以来各项经济指标运行情况，并对当前遇到的困难以及下一步如何加快经济发展提出可行性的措施和建议。区领导王德雄、黄建华、曾清兰、孙理鸣、邹有胜等及各相关单位负责人参加会议。

7月8日，召开党的群众路线教育实践活动专题会议，中共韶关市委第四督导组就武江区开好四套班子专题民主生活会的准备工作进行具体指导。督导组组长张平、常务副组长王克勇等市委督导组全体成员，区领导王德雄、陈坤明、王敏、周小明及区委实践办相关人员等参加会议。

7月9日，召开四套班子党的群众路线教育实践活动专题学习会，进一步深化学习教育，统一思想，为召开高质量的民主生活会做好准备。王德雄、黄建华等区四套班子成员，法检“两长”、纪委副书记、区委督导组组长和常务副组长等参加学习会。市委第四督导组组长、市人大常委会副主任张平等市委督导组成员到会指导。会议集中学习6月30日习近平在中共中央政治局第十六次集体学习讲话精神和7月5日刘云山在中央党的群众路线教育实践活动领导小组会议讲话精神。

7月14日至16日，根据中央和省委、市委的部署安排，区四套班子相继召开党的群众路线教育实践活动专题民主生活会，各班子成员围绕“四风”问题，查现象、找原因、谈整改，会议取得较好效果。省委第六督导组副组长夏青，市委常委、常务副市长陈波，市委第四督导组组长、市人大常委会副主任张平参加区委班子专题民主生活会并进行指导。

7月22日下午，区召开全区征兵工作会议，全面部署2014年征兵工作，区委副书记、区长黄建华，各镇（街）、部分区直单位以及驻区有关单位相关负责人参加会议。会议传达省、市征兵工作会议精神，总结去年全区征兵工作情况，通报及表彰去年区征兵工作全优单位、先进单位和先进个人，并部署2014年区征兵工作任务。

7月24日下午，区四套班子相继召开群众路线教育实践活动专题民主生活会情况通报会，会议通报专题民主生活会的准备工作、召开情况和专题民主生活会的特点、存在问题以及今后努力的方向。市委第四督导组组长、市人大常委会副主任张平参加武江区区委和政府通报会并讲话，王德雄、黄建华等区四套班子领导分别参加相关会议。

7月31日，武江区召开上半年经济形势分析暨重点项目推进会，通报工作进展及全区经济运行情况，全面研判经济工作形势。区委书记、区人大常委会主任王德雄，区委副书记、区长黄建华等四套班子领导，镇街及区直机关负责人等参加活动。会议当天上午，区委书记王德雄、区长黄建华率队前往芙蓉新城车头安置新村、滨江路及甘棠工业园莱雅化工、香港齿轮项目及在建重点项目蝶峦酒店等现场考察，详细了解各项工作推进进度和施工计划等。下午在区政府七楼召开推进会，芙蓉新城、甘棠工业园、经信局、统计局、西河镇及西联镇等相关单位负责人分别介绍各自工作进展。

8月6日上午，召开纪律教育学习月活动动员会暨领导干部党纪政纪法纪培训班。会议贯彻落实市委、市纪委的部署要求，动员和部署全区深入开展纪律教育学习月活动，同时举行领导干部党纪政纪法纪培训班。区委书记王德雄主持会议并作动员讲话，区长黄建华、区委副书记张雯、区纪委书记曹锢分别作专题辅导报告。区四套班子领导，各镇（街道）党政“一把手”、区直及部分驻区单位正职参加会议。

8月6日，武江区召开芙蓉新城路网拆迁冲刺月动员会，并要求要统一思想，树立紧迫感和责任感，直视问题、克服困难，加大宣传力度和角度，集中力量抓落实，确保芙蓉新城六条主干道的路网拆迁任务全面完成。区委副书记、区长黄建华等参加会议。

8月29日，召开教育实践活动整改落实和建章立制工作会议，总结交流前一阶段活动的开展情况，部署整改落实和建章立制工作环节。市委第四督导组组长、市人大常委会副主任张平，常务副组长王克勇等督导组成员，王德雄、黄建华等区四套班子成员，法检“两长”，纪委副书记，区委督导组成员，各镇街、区直单位及驻区有关单位主要负责人参加会议。

9月5日，武江区举办反腐倡廉专题报告会，邀请省预防腐败局副局长、省纪委宣传部部长黄力作专题辅导讲座。会上，黄力以“认清形势，聚焦改革，深入推进党风廉政建设和反腐败工作”为主题，结合自己多年的纪检监察工作经历和深入的理论研究，为与会人员作反腐倡廉专题辅导报告。区委书记、区人大常委会主任王德雄，区委副书记、区长黄建华等四套班子成员，法检两长、各镇（街）负责人及区直单位副科以上干部等参加讲座。

9月5日，召开机关在职党员到社区报到为群众服务活动动员会，44个区直及驻区单位800多名党员将分别到29个社区报到并开展志愿服务活动。王德雄、黄建华等区四套班子领导，法检两长，纪委副书记，各镇（街）党政主要负责人，区直及驻区单位有关负责人等参加会议。区委书记王德雄强调，武江区作为该项工作全市试点单位，必须精心组织、积极推进，把切实可行的工作方法总结出来，为全市广泛开展这项活动积累好的经验。

9月25日，召开“社会矛盾化解年”工作会议，深入贯彻落实省、市“社会矛盾化解年”工作推进会主要精神，总结前一阶段武江区“社会矛盾化解年”工作的推进情况及研究部署下一步工作安排。区领导王德雄、张雯、彭波、曾文辉、周小明、孙理鸣、郑伟平出席会议。

9月28日下午，武江区中小学安全工作紧急会议在区教育局五楼会议室召开。区属中小学校长及区教育局、区安监局相关领导参加此次会议，区政府副区长王敏雯出席会议并作重要讲话。会议分析研究当前校园安全工作形势，通报近期各地发生的几起校园安全事故，对学校安全工作提出具体的要求并对校园安全工作进行布置。

10月16日下午，召开党的群众路线教育实践活动总结大会，学习贯彻中央、省委和市委教育实践活动总结大会精神，全面总结全区教育实践活动，推动全区作风建设在新的起点上深入开展。会议还对武江区领导班子及党员领导干部教育实践活动开展情况进行民主评议。省委第六督导组成员戴焕宝、市委第四督导组常务副组长王克勇，王德雄、黄建华等区四套班子领导参加会议，区委副书记、区长黄建华主持会议。

10月21日，召开迎接中央创文测评工作部署会议，传达落实省、市有关创文工作的要求和部署，会上区创文办对2014年中央文明委重新修订的“两测”测评体系进行专题辅导，使各单位及早了解、掌握测评内容、工作要求和职责分工，全面及时做好2014年“两测”迎检准备工作。区委副书记张雯、区委常委郑伟平，区创文办及其主要成员单位分管领导参加会议。

11月10日，召开2014年前三季度经济形势分析暨经济社会科学发展考核会议，全面研判当前经济形势，部署第四季度及明年经济工作。会上，区统计、发改、住建、经信、财政等单位按照部门职责简要分析前三季度经济形势，重点汇报完成年度目标任务的工作措施及打算。区委副书记、区长黄建华等，各镇（街）、区直及驻区各有关单位负责人参加会议。

11月10日，召开创文迎检工作动员会，会议传达2014年创文工作的具体精神和要求，并对当前创文迎检工作进行详细部署和安排，进一步明确各单位迎检工作的具体要求与责任，进一步明确整改方向和措施，要求举全区之力打好攻坚战。区委副书记、区长黄建华等，各镇（街）、区直及驻区各有关单位负责人参加会议。

11月25日，召开全区乡镇（街道）领导干部驻点普遍直接联系群众制度动员大会，五镇两街参加会议。会议传达省市驻点联系制度工作会议精神，强调驻点联系群众工作的重要性，要求严格按照“三个固定”（固定联系人、固定联系时间、固定联系地点）扎实开展工作，并发放《武江区关于乡镇（街道）领导干部驻点普遍直接联系群众制度的实施方案（征求意见稿）》，明确工作流程和工作责任。此次动员大会的召开，标志着乡镇（街道）领导干部驻点普遍直接联系群众活动在全区全面铺开。

12月3日，召开落实党风廉政建设责任制情况汇报会，市委常委、常务副市长陈波，市纪委副书记王德义等到武江区开展考核工作。会上区委书记王德雄汇报武江区2014年党委领导班子落实党风廉政建设主体责任、主要负责人履行第一责任人职责情况。市考核组通过民主测评、公众评议、个别约谈、实地抽查、审阅资料等方式，全面掌握武江区落实党风廉政建设责任制情况。王德雄、黄建华等区四套班子领导成员，法检两长，镇（街）党政一把手，区直单位正职，特邀监察员等参加会议。

12月3日，市创文指挥部到武江区召开创文迎检工作点评会，通过集中观看暗访片、现场点评等形式，全面深入了解武江区迎检情况，查找分析存在问题，督促做好薄弱环节整改工作。市委副书记、市创文工作指挥部常务副总指挥陈向新，市委常委、宣传部部长柳琛子，区领导王德雄、张雯等领导，各镇（街）、区直各单位等主要负责人及市直机关创文重点责任单位领导参加会议。

12月24日，举行2014年度述责述德述廉报告会，区纪委常委、纪委委员和特邀监察员听取并评议西联镇、惠民街、农业局、城管局等6个区属单位“一把手”的“三述”报告。

【重要活动】 1月21日下午，韶关市常务副市长陈波一行，对武江区惠民街街困难家庭进行春节走访慰问，为困难党员送去慰问金和慰问品，表达各级党委、政府对困难党员的关爱之情。

1月23日上午，韶关市武江区地方公路管理站在武江区政府文化楼举行揭幕挂牌仪式，黄建华区长、彭波常委，韶关市交通运输管理局纪检组长王镒，住建局、国土分局、农业局、水务局等人员出席仪式并表示祝贺，韶关市武江区地方公路管理站的正式成立将使武江辖区农村公路的建设、养护、管理和服务职能得到进一步加强，同时将在整合资源、优化结构、强化监管等方面发挥积极作用。

1月26日，武江区在龙归镇隆重举行龙归大桥落成仪式。区领导王德雄、黄建华、彭波、孙理鸣等及市公路局等相关单位领导出席该大桥的落成仪式。龙归大桥位于武江区龙归镇街口，是连接江湾镇和龙归镇龙安、冲下、留村等村委会的主要通道，该桥的建成通车确保当地近4万群众方便安全出行，有力地促进当地经济发展。

1月28日上午，新组建的区卫生和计划生育局、区食品药品监督管理局在原武江区人口计生局大楼举行揭牌仪式。标志着武江区机构改革迈出坚实的步伐。副市长兰茵，市卫计局、食药监局及区领导黄建华、曾清兰、周小明等参加活动。新组建的武江区卫生和计划生育局整合原卫生、计生部门多项职能，加强深化医疗体制改革，推进基本卫生公共服务均等化，执行计划生育法律法规等方面的职能。新成立的武江区食品药品监督管理局负责食品生产加工、流通环节、餐饮服务和药品、医疗器械经营使用环节的监督管理，组织实施食品、药品、医疗器械、化妆品监督抽检等工作。

1月29日上午，区领导王德雄、黄建华、张雯、曾文辉、孙理鸣率慰问组到区公安分局慰问公安民警。副区长、区公安分局局长游加慧向慰问组汇报2013年一年来分局公安工作所取得的成绩和存在的问题，及2014年公安工作的安排。区委书记、区人大常委会主任王德雄对公安分局2013年工作表示充分肯定并向全体民警致以新春的祝福。

2月7日，区领导王德雄、黄建华、陈坤明、张雯、王敏、孙理鸣等到重阳镇慰问搬入新居过新年的全倒户，给他们送上新春的祝福和关怀。慰问组一行深入重阳镇万侯村徐屋村小组，看望搬进新居过年的全倒户，详细了解全倒户过年及日常生活情况，询问是否存在困难，并查看水毁桥梁修建情况。

2月26日下午，市委副书记陈向新，区领导王德雄、张雯、周小明等到龙归镇奇石村调研扶贫“双到”和群众路线教育实践活动。市领导陈向新认真听取扶贫工作组的工作汇报，对相关情况仔细询问，并就党的群众路线教育实践活动与村“两委”干部进行交流。

3月31日，市领导、市委第四督导组组长张平率市督导组到武江区检查党的群众路线教育实践活动。张平一行深入区西联镇进行督导检查，通过听取汇报、实地察看、现场询问、与群众座谈等方式，详细了解基层单位实践活动的开展情况。

4月3日，区委书记、区人大常委会主任王德雄，区委常委、区委办主任孙理鸣到甘棠园区和莞韶城等重点项目调研，要求要进一步坚定信心、攻坚克难，加快甘棠园区和莞韶对口帮扶重点项目建设。

4月4日，市委常委、市委宣传部部长许红调研武江区镇级农民健身活动广场建设情况，要求该区进一步完善乡镇场地设施建设和管理、提高广场利用率，全面丰富群众生活。市委宣传部常务副部长李晓林、区长黄建华等领导陪同调研活动。

4月9日，区委书记、区人大常委会主任王德雄到江湾、龙归镇两镇开展党的群众路线教育实践活动调研，张雯、曾文辉、孙理鸣、陈雪等区领导一同调研。调研组先后入江湾镇红山村和黄九村、龙归镇盘村洞子水库、主街道和卫生院开展走访调研，同时听取江湾和龙归两个镇关于开展党的群众路线教育实践活动的情况汇报。

4月14日，举办村（社区）“两委”干部和”两新”党组织书记专题培训活动，全面部署村（社区）、“两新”等基层组织的教育实践活动，区领导王德雄、周小明等出席活动，以及各镇街的村（社区）“两委”干部和各有关单位的“两新”党组织书记200余人参加培训活动。活动组织学习中共十八大和十八届三中全会精神、习近平总书记系列重要讲话精神、中央“八项规定”精神、中央关于开展教育实践活动的重要文件，以及省、市、区的部署要求等，组织观看专题片《生命线》。

4月15日，市政协主席李飞率市政协机关和市政协科教卫体专委会，在区领导郑伟平以及区体育局等相关部门负责人的陪同下，调研武江近年来体育工作开展情况，实地察看龙归全民健身广场，并听取该区有关开展体育工作的情况汇报。

4月14日—16日，举办村

（社区）“两委”干部培训活动，结合教育实践活动精神，全面提升基层组织建设水平和村、社区干部队伍的整体素质，增强村干部带头致富和带领群众致富的能力，发挥社区干部为民服务的作用。

4月25日，武江区西联镇赤水新村安置房第一批分配公开抽签仪式在武广高铁韶关站附近隆重举行。该村181户村民经过公开抽签领到属于自家的安置房。该活动既是赤水村全体村民盼望已久的大喜事，也是载入韶关芙蓉新城建设历史的重要时刻，仪式的举行，标志着赤水安置新村正式落成和韶关芙蓉新城区的建设发展进入崭新阶段。市政府及市相关部门负责人、武江区及西联镇有关领导、赤水村户主、相关工作人员及新闻媒体记者参加抽签仪式。

4月28日，市政协在武江区召开秘书长联席会议，就创新委员联系群众工作机制、完善“委员之家”网络互动平台进行认真协商研讨。市政协秘书长陶学权和各县（市、区）政协、市各民主党派、市工商联秘书长及市政协机关负责人参加会议。

4月29日下午，市委书记、市人大常委会主任郑振涛到芙蓉新区调研路网工程建设，实地察看芙蓉新区32号路、滨江大道、5号路、芙蓉大道北、南华路的建设及征地拆迁情况，并亲自主持在西联镇政府会议室召开的调研座谈会。座谈会上，郑振涛书记认真听取芙蓉新区管委会、市公路局、武江区及西联镇主要负责人汇报路网工程建设相关情况，对存在问题进行深入了解，并与参会领导对此进行研讨。参与调研座谈会的有市领导孔云龙、王青西，李熏杰、市发改局、公路局、规划局、国土局、住建局、城管局、韶关供电局主以及芙蓉新区管委会、城投公司、武江区委、区政府及西联镇主要负责同志。

5月15日，省信访局副局长周河山一行在市信访局副局长邬贤有等的陪同下到武江区进行信访维稳督导检查。此次督导采取听汇报及座谈的形式进行，区委书记王德雄，区委副书记张雯，区委常委、政法委书记曾文辉，副区长、市公安局武江分局局长游加慧，各镇（街）党（工）委书记及信访维稳有关成员单位负责人参加此次座谈会。

5月22日，区领导陈坤明、张雯率督导组深入各镇（村）督查新一轮扶贫开发“双到”工作的落实情况，督导组分别深入龙归镇坳头村、奇石村和重阳镇重阳村等地，通过座谈、听汇报、查看帮扶工作台账及相关资料等方式，对贫困村的“双到”工作进展落实情况进行全面督导检查。同时，督导组还广泛听取驻村干部、村干部对扶贫“双到”工作的意见建议，及时纠正现阶段发现的问题，并及时总结成功经验和推广。

5月28日上午，市委书记、市人大常委会主任郑振涛在市有关部门领导蓝振云、陈早霞、谢祥腾，武江区委书记、区人大常委会主任王德雄，副区长、重阳镇党委书记刘拥军，区人大选联任工委主任刘敏的陪同下，深入重阳镇围绕开展党的群众路线教育实践活动主题，看望走访全国劳模、七届市人大代表刘焕棠。实地考察重阳镇水口村水产养殖创业基地建设情况，并与水口村委会干部进行亲切交谈，详细了解村民的生产生活和农民收入情况。

6月5日，市委常委、常务副市长陈波率队到武江区检查指导党的群众路线教育实践活动，认真了解群众路线前期工作情况，并对如何开好民主生活会进行指导。王德雄、黄建华等区党政领导班子及陈坤明、王敏等参加会议。

6月10日，市委常委、常务副市长陈波率市国土、民宗、旅游等部门负责人调研武江区省级问题突出村——方田村的整顿转化工作情况。调研组深入方田村委，通过实地察看、召开座谈等方式，实地检查该村党务、村务、财务栏设置的整改情况，认真听取有关该村整改工作的情况汇报和发展规划，了解方田村的现状，询问村集体经济收入、村民人均收入等情况，并围绕下一步如何发展村集体经济，面对面地与村、镇、区三级及市有关单位进行深入讨论交流。区领导张雯及区委组织部、龙归镇等部门领导参加调研。

6月15日上午，市政府、武江区政府在西河全民健身广场设置主会场举办《广东省信访条例》宣传日活动。参加活动的有市、区领导，市、区、镇（街）约68个有关单位负责人及宣传工作人员近300人。活动由市信访局局长王荣光主持。活动当天为群众解答《广东省信访条例》500人次，派发《广东省信访条例》宣传资料3000多份。

7月17日上午，市委副秘书长周德林，区委常委、政法委书记曾文辉率慰问组一行先后深入到区龙归镇山前村、龙安村、马渡村慰问老复员军人卢仕付、伤残军人黄合祥和军人烈属陈寿娣家中，向他们致以节日的祝贺和亲切的慰问，并向他们送去慰问金。

7月22日，市扶贫办率队到武江区调研指导扶贫开发“双到”工作，通过实地走访、座谈听汇报等形式，分别深入武江区龙归镇坳头村和奇石村等地，对贫困村的“双到”工作进展落实情况进行调研，对区扶贫开发“双到”工作进行督查。市政府副厅级干部许俊杰，市扶贫主要负责人等参加调研活动，区领导王德雄、张雯及区农业局等有关单位负责人陪同调研活动。

7月30日，省信访督导专员何秀古一行在市信访局局长王荣光等的陪同下到武江区进行信访维稳督导。督导组一行听取2014年来武江区信访维稳工作的情况汇报，尤其是“八一”期间信访维稳工作，以及《广东省信访条例》宣传贯彻落实情况。督导组对武江区处理社会矛盾纠纷案件和采取的有效措施作出肯定。区委常委、政法委书记曾文辉，区人大常委会主任陈雪，区政协副主席何岚，区政法委副书记、综治办主任邓桂生，区信访局局长韩伟强，各镇（街）综治信访维稳中心专职副主任及信访维稳有关成员单位负责人参加此次座谈会。

8月8日，市督导组到武江区督导检查扶贫开发“双到”工作，通过听取汇报、查阅相关资料、实地检查的方式，对区、镇、村三级的扶贫开发“双到”工作进行全面检查。区领导陈坤明、张雯、刘拥军等及区农业局等有关部门主要负责人参加督查。

8月8日，是中国第6个全民健身日，当晚，一场“舞蹈+快乐，运动+健康”文体交流晚会暨武江区文化艺术体育协会成立启动仪式在西河全面健身广场举行，1000余名市民齐聚健身广场，以舞动的方式喜迎节日的到来。市政协主席李飞，市委常委、宣传部部长许红，区领导陈坤明、张雯、郑伟平等及市、区有关部门领导参加启动仪式。

8月12日上午，区领导王德雄、张雯、郑伟平等率队开展创文巩园督导行动，全面检查辖区各个主街巷等重点区域的环境卫生、市容市貌、绿化完善情况等。督导组一行先后到新华南路、矿山公园、新华北路、东岗岭保障房、西桥公园、武江南路、仙桥古渡亲水平台、水上世界等地检查。

8月12日，市政协主席李飞率领市政协部分委员到武江区就“社区居委会办公服务用房的落实情况”开展专题视察活动。市政协秘书长陶学权，区领导王德雄、陈坤明等及市区民政、住建等有关部门负责人参加视察活动。视察组一行先后到冷水坑社区居委、花城社区居委等社区，实地察看社区办公场所，并民政、住建等有关部门以及相关街道负责人一起座谈，详细了解开发建设单位配套社区办公服务用房情况。

8月13日，市委书记郑振涛到武江区调研文化场馆建设工作。市领导李飞、许红、孔云龙等，区领导王德雄、陈坤民、郑伟平等及市区相关部门负责人参加调研。调研组一行深入新华街道社区活动中心，参观该中心内设的书画厅、综合活动厅、图书阅览区、科普展示区、绿色网吧等，认真听取有关该中心的建设、使用情况汇报，详细了解武江区文化单位及文化场馆的总体发展情况。

8月14日上午，部分市十三届人大代表在市人大常委会常务副主任李石保的带队下到武江新华街道办视察社区矫正工作。区领导曾文辉、戴兴辉及公、检、法、司等有关部门主要负责人参加座谈会。调研组听取武江区开展社区矫正工作以来所做的工作、取得成效、存在问题及今后改进工作建议。同时，市人大代表与参会人员就实施社区矫正工作过程中遇到的困难问题及意见建议进行深入的交流和探讨。

8月15日，市领导张志才率调研组到武江区就“社会矛盾化解年”工作情况开展专题调研活动。调研组一行先后到区卫计局、西河镇向阳村、新华街社区活动中心、金洲社区等地，通过实地察看、座谈听汇报、查看台账等方式，详细了解武江区有关医疗纠纷调解、退协会化解纠纷、物业纠纷调解等情况。张志才要求，要建立长效机制，落实工作责任，切实从源头上治理矛盾。区领导王德雄、张雯、曾文辉、游加慧等及区政法委、人社局等有关部门主要领导参加调研活动。

9月3日，市政协主席李飞带队深入到武江区调研“政协委员联系群众工作站”建设情况。市政协副主席林嘉，区委书记、区人大常委会主任王德雄，区政协主席陈坤明和市政协社会法制委员会等有关负责人参加调研活动。调研组一行先后深入区惠民街道办事处惠民北社区、西河镇前进村委会，详细了解“政协委员联系群众工作站”的建设情况，并探讨如何做好新形势下人民群众工作。

9月4日，副市长、市公安局长李安平率市综治办、市公安局、市教育局相关负责人在副区长王敏雯及区教育部门相关负责人的陪同下，到武江区视察学校（幼儿园）开学安保工作。副市长李安平一行先后视察田家炳小学、城区中心幼儿园、西联小学等三所学校（幼儿园），听取学校、幼儿园领导有关校园安全工作情况的汇报，现场了解各校（园）安保人员安全设施设备配备及安全台账落实情况。

10月17日，是全国首个“扶贫日”，当天，区委副书记张雯、区人大党委会副主任陈雪率区青创会部分成员及优秀青年企业家代表深入江湾镇开展扶贫调研活动，集思广益为当地经济发展献计献策。调研组一行先后到该镇新建的文体广场、乡村爱心屋等地进行实地走访调研，并与当地镇负责人召开座谈听取该镇总体规划的发展汇报，共同为当地经济发展献计献策。

11月5日，市委常委、宣传部长柳琛子，市委宣传部副部长、市文明办主任何新文到武江区调研宣传思想文化工作，调研组先后深入花城社区、海邻社工服务中心、金福园小学、惠民西社区等地，详细了解区社区文化、社会主义核心价值观、未成年人教育等工作。柳琛子要求要不断丰富活动载体，积极培育和践行社会主义核心价值观。区委书记、区人大常委会主任王德雄，区委常委、宣传部长郑伟平等参与调研。

11月7日下午，市人大常委会常务副主任李石保、市人大常委会秘书长高振忠率市人大、市妇联及市农信社等相关单位，到计生挂钩帮扶点龙归镇调研计生工作。区委书记、区人大常委会主任王德雄，区人大常委会副主任陈雪及区计生局、龙归镇相关负责人参加调研。

11月20日下午，省委组织部远程中心主任庞廉率检查组到武江区检查指导从严治党主题教育活动及近年远程教育工作开展情况，市委组织部副部长、市“两新”工委书记钟曦陪同检查。检查组在武江区召开情况汇报会及座谈会，市、区两级组织部门相关人员和有关党员代表参加会议，市“两新”工委办公室主任陈刚主持会议。会上，来自不同岗位的党员代表分别结合各自学习和工作的实际，畅谈武江区从严治党主题教育活动的开展情况、个人体会和意见建议等，并填写情况调查和民主测评表。

11月25日，省、市调研组到武江区开展纯农村、纯社区基层治理专题调研活动，深入了解区纯农村、纯社区基层的主要矛盾及群众反应的突出问题。调研组一行人先后到惠民街道沙湖、惠民北和新华街花城、惠民西等社区以及前往西河镇红星、下坑和西联镇阳山等村委，通过实地走访、召开座谈等形式对区纯农村、纯社区基层治理进行专题调研活动。区委常委、政法委书记曾文辉及区委组织部、区民政局等相关部门负责人参加调研。

12月1日，省社工委专职副主任王光圣率队到武江区专题调研社会治理工作，调研组一行先后到新华街道社区活动中心、海邻社工服务站、花城居委会等，实地察看社区活动中心建设、社工服务站运作等情况，并与在场工作人员亲切交谈，工作人员就场地设施、人员结构、运营情况等进行详细介绍。市社工委、武江区相关负责人参与调研。

12月3日，由省委组织部农村组织处处长欧阳贵有等人组成的纯社区基层治理工作专题调研组一行，在市委组织部副部长钟曦等领导的陪同下，到武江区新华街惠民西社区居委会，开展纯社区基层治理工作专题调研。调研组一行先后察看社区居民活动室、社区办事大厅等办公场所，详细了解社区居委会各个功能活动室及其日常运作模式，通过实地走访、听取汇报等多种方式较全面地了解该社区的日常运营情况、主要工作难点和街道社区实际困难，同时和区委组织部、街道、居委干部就目前社区治理工作开展情况展开热烈讨论，并对社区居委干部薪酬待遇及其自然增长机制、晋升机制渠道等问题展开讨论。

12月31日晚，在西河全民健身广场举办大型迎新年倒计时晚会，教育局、城管局、惠民街道办、新华街道办、欧浦御龙湾队、区文化馆艺术团等众多文艺团体盛情演出。市政协主席李飞，市委常委、宣传部长柳琛子及王德雄、黄建华等区四套班子领导等亲临现场，与市民一起观看晚会，迎接2015年元旦到来。

区委领导班子成员名单

中共韶关市武江区委员会

区委书记：王德雄

副 书 记：黄建华
　　　　　张　雯（女）

区委常委：曹　镅（女）
　　　　　曾清兰　彭　波
　　　　　曾文辉　周小明
　　　　　孙理鸣　郑伟平
　　　　　顾　健

（撰稿人：林雪丽）

区委办工作

【概况】 中共韶关市武江区委办公室是协助区委领导处理区委日常工作的部门，根据《中共韶关市武江区委、韶关市武江区人民政府关于印发〈武江区人民政府机构改革方案〉的通知》（韶武联〔2010〕5号）、关于人员编制调整的通知（韶武机编〔2013〕30号）和《关于成立区委督查室的批复》（韶武机编〔2014〕2号）文件精神，中共韶关市武江区委办公室现有行政编制9名，设主任1名（由区委常委兼任），副主任3名，挂保密委员会办公室、区信访局牌子，设区委督查室、文秘管理、综合信息3个职能股，管理区国家保密局、区委机要局（挂密码管理局牌子）。5月13日，武江区成立了中共韶关市武江区委全面深化改革领导小组，领导小组设立办公室，作为常设性工作机构，挂牌在区委办公室。

2014年，区委办深入贯彻落实中共十八大、十八届三中和四中全会精神，围绕市委，区委、区政府中心工作，开展综合、督查、信息、网络问政、保密机要等工作，深入开展党的群众路线教育实践活动和机关在职党员到社区报到为群众服务工作，解放思想、与时俱进、开拓创新，扎实工作，扎实地完成各项“三服务”工作任务。

【文稿起草精益求精】 把高质量起草区委、区委领导的各类文稿作为实现以文辅政的重要载体，强化精品意识，倡导优良文风，起草、修改好每一份文稿。优质高效地完成区委八届三次、四次全会、深入开展党的群众路线教育实践活动、经济工作分析会和党风廉政会议等重要会议材料和重要文稿的撰写、审核工作，同时认真起草领导讲话及大型综合材料和工作汇报材料等重要文稿材料。同时，重点围绕保障改善民生、做好群众工作、芙蓉新城建设、园区建设、扶贫“双到”、社会矛盾化解年和党的群众路线教育实践活动等方面，组织文秘人员多次到基层一线面对面与群众和企业交流，了解全区民生和经济发展最新情况，坚持围绕全区重点工作开展调研，找准工作推进中存在的突出问题和薄弱环节，并且提出相对应的解决措施，为区委科学决策提供依据。

【信息报送及时有效】 在信息工作上，坚持“求快、求真、求全、求精”，下发《关于进一步加强信息报送工作的通知》，明确全区区直部门和乡镇、街道的信息报送人员，以完善的信息网络及时收集基层信息、第一手信息，全年共向市委信息科报送信息96篇，及时将武江发展过程中的特点、亮点、热点反馈至市。同时转发市委办公室《关于进一步加强和改进紧急信息报送工作的通知》，明确全区区直部门和乡镇、街道的紧急信息联络人员，进一步强化紧急信息报送工作，全年共向市委指挥中心上报紧急信息54期，确保做到不迟报、不漏报、不瞒报。

【公文办理严谨规范】 在文稿的校核、签发上，按照程序规范核发、登记、印刷、分发环节，开展控制各类文件简报和内部刊物专项行动，充分发挥办公OA系统平台的作用，减少纸质版文件的印发，严把行文关、格式关、语言文字关、收发关，以科学、严谨的态度制发每一份文件。在11月26日召开全区办公室主任会议，组织与会人员认真学习文件印制格式标准，要求全区各级办公室从2015年1月起必须参考文件格式标准印制文件，进一步提高发文质量。2014年区委、区委办公室共发文139件，没有出现歧义和差错，确保区委各项工作及时、准确地安排部署。

【督促检查及时有力】 在督查工作上，围绕市委交办的事项、区委主要领导指示和全区中心工作和群众反映热点、难点问题，保质保量地完成督查任务。针对重点时期信访维稳工作、计划生育工作、社会矛盾化解年、龙归坳头村阻工事件、重阳广乐高速公路T13标阻工事件、龙归部分村干部反映工资问题和增设医疗卫生点、各单位贯彻落实全区经济形势分析暨重点项目推进会精神情况等工作的开展督查，10月份开始在芙蓉新城起步区实行每周一督查制度，实现以督查倒逼落实的效果。在督查方式上，根据工作需要和武江实际，将区委办调研督查股提升为区委督查室，充分发挥人大、政协、纪检、组织等部门的作用，采取听汇报、现场督查、跟踪督查、专项督查等多种灵活方式，有力地促进工作落实，及时将督查结果形成报告反馈领导，确保领导批示件和批转件件件有着落、事事有结果。在网络问政方面不断规范网络问政工作制度，逐步完善以网辅政的工作机制，指定专人负责网络问政工作，确保及时、高效受理网民问政，同时要求回复内容由分管领导签发，确保回复内容正确可行。全年共受理网络问政439宗，办结率达100%，为群众解决一大批实际问题，如针对网民反映体育东路附近酒吧将餐厨垃圾倾倒在对面空地、西河工业西沙湖路芙蓉花园附近有电线杆倒地和御龙湾水压不稳定影响供水等问题，及时受理并交由相关部门进行处理。

【保障工作安全可靠】 全面加强机要、保密工作，认真履行机要和保密工作职责，选送专人参加市委举办的机要培训班，认真组织全部保密员参加市里举办的保密知识培训班，通过培训切实提高机要和涉密人员的安全意识和综合素质。建立健全机要、保密工作的各项规章制度，确保各级来文来电的接收、传递、转达、办理“零差错”，严格履行查阅、登记、签收制度，做到无一差错，为确保核心政令及时畅通发挥积极作用，实现全区机要、保密工作“优质、高效、保密、无事故”的目的。进一步畅通群众信访渠道，要求办公室每个人，在日常工作中都要正确对待信访工作，不推不躲，主动引导，及时就地解决信访问题，协助抓好敏感时段和重点节假日期间信访维稳工作，为群众解决困难和问题。

【开展党的群众路线教育实践活动】 从2月开始，在区委办、政府办全体党员干部中深入开展党的群众路线教育实践活动，结合办公室工作实际，认真做好“学习教育、听取意见”“查摆问题，开展批评”“整改落实，建章立制”三个环节的各项工作，通过组织党员干部职工观看相关专题片、参加专题学习活动、撰写心得体会和学习笔记等方式提升办公室工作人员的政治素质，通过深入挂钩联系点走访调研、自查自纠、召开座谈会和谈心活动等方式，广泛征求提升办公室服务水平和能力的意见建议，并针对收集到的意见建议进行整改。

【在职党员到社区为群众服务活动】 根据武江区机关在职党员到社区为群众服务活动安排，区委办、政府办于9月中旬成立区委办、区政府办在职党员进社区活动领导小组，先后多次组织党员干部深入负责挂点联系的新华街道惠民西社区开展活动，围绕“抓早、抓细、抓实、抓新”的工作思路，一手抓“机制保障”，一手抓“服务成效”，初步形成在职党员进社区活动的制度化和长效化。

区委办领导名录

主　任：孙理鸣

副主任：欧阳征禄（—2014.7）

　　　　叶文辉

　　　　刘宗华

（撰稿人：林雪丽）

组织工作

【概况】 根据《关于印发〈中共韶关市武江区委组织部职能配置、内设机构和人员编制规定〉的通知》（韶武机编〔2005〕9号）文件精神，设立中共韶关市武江区委组织部，为正科级单位，归口管理及挂靠的机构有：区委老干部局、区直属机关工作委员会、区委党校、区非公有制经济组织和社会组织工作委员会。现有行政编制12名（其中设三个正职，部长1名，直属机关工委书记1名，老干部局局长1名），四个副职（副部长2名，直属机关工委副书记1名，老干部局副局长1名）。另外，人社局长兼任组织部副部长，不占组织部行政编制。

2014年年底，全区有基层党（工）委10个，党总支25个，支部330个，党员10756人。其中女党员3536人，占32.9%；35岁以下党员2018人，占18.8%；36—60岁党员4726名，占43.9；60岁以上（不含60）党员4012人，占37.3%。大专以上学历3723人，占34.6%。

农村党员2536人，占全区党员总数的23.6%。全区新发展党员92人，其中女党员34人，35岁以下的66人，大专以上学历的49人。

成立村、社区“两委”换届工作领导小组，明确区委书记为第一责任人、镇（街）党（工）委书记为直接责任人，制定区委常委挂镇，其他四套班子成员和部门一把手挂村（居）的方案。把好选举委员会产生、参选村（居）民登记、投票选举、资格审查等关键程序，同时结合实际积极探索增设防伪标识、实行领票回执等创新方式。加强业务指导，拓展舆论宣传，严肃农村、社区“两委”换届选举工作纪律，区里统一印制《致武江区参选村民的一封信》分发到户到人，并出动宣传车巡回宣传。各镇（街）、村（社区）均悬挂横幅、张贴宣传海报和标语，扩大宣传教育面，部门联动配合，注重分类指导，各挂点单位派出工作人员进驻所挂村（居），协助开展工作；观察员深入选举现场全面了解选举工作情况，实地真实客观记录选举各项程序；公安部门提前排摸可能干扰破坏换届选举的问题，做好应对预案，维护选举现场秩序，加强对选举现场的戒备，对非法苗头性问题，坚持从严从重从快打击。集中精力突破重难点村，带动全区换届选举工作平稳推进。

51个村共选出“两委”成员248人，其中党支委192名、村委会成员195名，“两委”“交叉任职”139人，交叉任职率82.25%；书记、主任“一肩挑”42人，“一肩挑”比率为82.35%。每个村均有一名以上女性当选村委会成员。村、社区“两委”班子整体结构比上届更趋合理。32个社区共选出“两委”成员182人，圆满完成区委、区政府的目标和要求，顺利实现“五个100%”，即100%“两委”交叉任职，100%书记、主任“一肩挑”，100%“两委”中有女成员，100%一次选举成功，100%“两委”成员人选实现组织意图和多数选民意愿。

【党的群众路线教育实践活动】 一是采取多种形式抓好集中学习。编印《武江区党的群众路线教育实践活动学习手册》，“口袋书”、邀请专家作专题讲座和领导讲学、集体研学、个人自学、观看专题片、“考学”等多种形式抓好集中学习，不断把学习教育引向深入。二是广泛听取意见，找准找实问题。坚持问题导向，通过召开座谈会、无记名测评、开通电话专线、设置意见箱等形式，广泛听取意见建议，为查摆问题奠定坚实的基础。三是贯彻整风精神，严肃开展批评和自我批评。深入开展谈心交心活动，认真撰写对照检查材料，严肃认真召开专题民主生活会和专题组织生活会5167名基层党员参加民主评议，被评为“好”的4029名，占总数的77.99%；“一般”的1137名，占22.01%。四是求真务实抓整改落实和建章立制，以解决突出问题实效取信于民、固化活动成果。坚持立学立改、立查立改，针对干部群众反映比较强烈的突出问题，进行专题研究，出台相关政策、方案和措施，认真组织落实。先后4次召开问题交办会，并在区政府大楼设立“立行立改公开栏”。专题民主生活会后，及时制定整改方案，并在网站、公示栏或会议通报等方式公开，向群众作出限时整改承诺。承接中央和省、市专项整治工作部署，对文山会海、检查评比泛滥，门难进、脸难看、事难办等18项群众反映强烈的突出问题开展专项整治行动。组织对涉及反对“四风”方面的制度建设情况进行梳理，制定《武江区党的群众路线教育实践活动制度建设计划》，以制度机制固化作风转变成果。五是选准活动载体，搭建工作平台。完善和深化“爱心超市”“乡村夜话”等服务群众老品牌，完善服务机制，提升服务水平，确保群众所需服务及时提供，实际困难及时解决。积极探索和创新在职党员到社区报到为群众服务、“三点三队”服务法、“阳光征地”工作机制、“三送三帮”等联系服务群众新平台，构筑便民办事服务链。

【基层党建“五大工程”和《五年行动计划》】 一是深入整顿软弱涣散基层党组织。通过“一村一策”、对症下药，确保在6月底前8个村全面完成整顿转化。二是建设“五强”基层党组织书记队伍。出台《武江区实施村（社区）党组织书记高等学历教育工作方案》，与韶关电大合作，采取区财政奖励90%、电大优惠10%的方式，对全区村（社区）党组织书记开展免费成人高等学历教育。在“问题突出、经济落后、书记年纪较大、书记未兼任主任”等四类村（社区）中按照1∶2的比例，确定党组织书记后备干部名单。三是典型推动机关在职党员到社区报到为群众服务。组织全区800多名在职党员到联系点社区认领服务，为党员提供“八小时以外”服务群众、发挥先锋模范作用的平台。截至2014年12月，已为群众办实事好事200多件。四是严格党员组织生活。举办专题培训班，进一步提高全区各级党务工作者对《中国共产党发展党员工作细则》基本精神的认识和理解，增强贯彻和落实细则的能力和水平。2014年发展共产党员92名，2015年将有125名发展对象转为预备党员，党员队伍的整体素质普遍提高，组成结构明显改善。五是做好党内救助帮扶救助工作。在元旦、“七一”期间开展走访慰问生活困难党员、老党员和老干部活动，共计发放慰问金及物资10余万元，及时对符合条件的农村离任村干部进行补贴发放，全年共发放33.978万元。六是加强基层服务型党组织建设。继续深入开展“双联双进”等活动，拓展党代表工作室（站）“一站双联三代”延伸项目，龙归镇建立党代表工作室前沿站，探索开展“墟日接访”活动，把接访的前沿阵地放在群众的身边。积极打造“学习型、服务型、效能型”机关党组织，加强和改进事业单位党建工作。以示范点建设为切入点，推动“两新”党组织在促进企业健康发展、协调劳资纠纷、服务企业员工等方面发挥服务功能。七是扎实做好党员干部现代远程教育工作。围绕中心，服务大局，依托远程教育平台，积极开展党员教育，不断提高党员教育科学化水平。结合党的群众路线教育实践活动开展远教工作，设立专栏宣传教育实践活动动态，上传工作简报73期，信息212篇，其他资料9份，协助拍摄武江区教育实践活动纪实片《服务群众　我们永远在行动》。做好党建工作视频资料的采集及报送工作，被《浈武聚焦》采用专题新闻8条。开展从严治党和“三个一”专题学习教育活动，集中组织观看《焦裕禄》等系列专题片，全区镇、村党组织组织党员自行收看2500余人，组织集中学习观看80余场次。

【学习贯彻《党政领导干部选拔任用工作条例》】 2014年1月，中央对《党政领导干部选拔任用工作条例》（以下简称《条例》）进行修订，区委把学习贯彻新修订的《条例》作为组织人事部门一项重大而紧迫的任务，纳入各级中心组学习内容，纳入组织人事干部培训的常规内容。采取区委主要领导带头学，区四套班子成员、科级领导干部广泛学，组工干部重点学的方式，先后分批次组织三次轮训，通过扎实学习和广泛宣传，使领导干部熟悉和带头遵守《条例》、组织人事干部精通和严格执行《条例》。

按照《条例》的要求，严格规范干部选拔任用。区委严格执行领导干部职数配备的规定，按照“三定方案”，严格控制领导干部职数的配备，在选拔、调整干部时首先考虑是否有空缺职位，做到没有空缺职位，不启动干部选用程序。在拟制干部调配方案时，针对各岗位的特点，对需选拔任用各类干部的职数和人选所需的年龄、学历、任职标准与条件等，依据新修订《条例》和有关干部工作规定做到“三定”，即定规定、定原则、定条件，使每次的干部调配、选任工作始终做到规范操作、阳光操作。每次提任干部工作中都由区委组织部拟制好初步意见，经部务会讨论报区委主要领导和五人小组会议酝酿，形成干部选用工作方案，严格程序、规范操作，严把“动议、推荐、考察、协商、酝酿、讨论、谈话、公示”各个关口。

【各级领导班子配备】 根据各部门缺职和机构改革等情况及人岗相适的原则，提拔调整一批干部，力求建立结构合理、团结坚强的领导集体。经过考核选拔，让一批能干事、肯干事、干成事、口碑好的优秀干部走上领导岗位。2014年共提拔干部19人，其中提拔正科干部5人，副科干部12人，镇（街）镇长（主任）提拔书记2人，经过调整，各单位领导年龄班子年龄、文化结构得到优化，全区中层领导班子配备更加科学合理，呈现出勃勃生机。此外，积极配合市委组织部开展区级领导班子调整，2014年从区管干部中提拔副区长1人，调入副区长1人，调离1人。

【开展超职数配备领导干部整改工作】 暂停执行原武江区制定的干部提前退出领导岗位和干部享受上一级工资待遇的政策，全面开展清理整改工作。成立由区委主要领导为组长的武江区贯彻落实严禁超职数配备干部工作领导小组，成员单位包括区委组织部、区编办、区财政局、区人力资源和社会保障局等相关部门。区委组织部牵头会同区编办、区财政局、区人力资源和社会保障局等部门，研究制定贯彻落实的实施方案。按干部管理权限，对照核定的领导职数和按有关规定核定的非领导职数，会同区编办、区财政局、区人力资源和社会保障局等部门，对武江区按职数配备干部的情况进行一次全面自查，超职数配备干部情况要具体到区编办核定的每一个具体单位，并做好迎接省委组织部、省编办、省公务员局组织的复查工作。根据粤组通〔2014〕43号文件精神，经核查，全区需整改消化的区管干部共49人，其中，正科领导职务3人，副科领导职务2人；正科非领导职务18人，副科非领导职务26人。按照“突出重点、区别对待”的原则，区委制定超职数配备干部整改计划，分三年完成整改。2014年完成超配的科级领导职数及三年内无法退休自然消化的科级非领导职数进行整改，剩余超配的科级非领导职数通过三年内退休自然消化的办法消化。此外，对镇（街）未能退休消化的非领导职务干部，在核定镇（街）非领导职数后可立即消化，对法院、检察院超配的非领导职数，因两院即将收编，暂时不予调整。截至2014年年底，区已整改17人，其中：正科领导职务3人，正科非领导职务5人,副科领导职务2人，副科非领导职务7人。剩余需整改32人，其中：正科级非领导职务13人，副科非领导职务19人。总体消化难度不大，能按时完成整改。

【干部监督工作】 2014年，共收到信访信件2宗，涉及干部作风问题和村“两委”换届工作。收件后均严格按照规定程序开展调查工作后，并及时答复上级组织部门及当事人。

【干部出入境管理工作】 按照《武江区关于进一步加强和改进全区各级机关干部出国（境）管理工作的意见》要求对区管干部出国（境）严格把关。对全区副科及以上党政领导干部出国（境）证照进行统一收缴、存放保管；严格执行出国（境）申请报批制度，对在职干部、离退休干部出国（境）一律采取层层审批程序，副科及以上领导干部经本单位领导、分管区领导、纪检部门及组织部门审批同意后方批复其出国（境）申请，截至2014年年底共批复区管干部出国（境）申请28人次；同时做好市管干部出国（境）申请的报送审批工作。

【人才工作】 确立半年一次的人才工作联席会议制度，做好人才考核的各项工作；加大各行业人才引进力度，不断完善区人才库建设；落实财政拨款人才专项资金，保障人才工作顺利开展；制定加强社工人才队伍建设的实施方案，促进武江区社会工作师队伍持续健康发展；制定《武江区机械装备制造专业人才孵化工程》申报省“扬帆计划”竞争性扶持市县重点人才工程项目。

【组织部自身建设】 以开展“十讲十比”创先争优、“五个贯穿”活动为契机，自身建设明显加强。一是强化能力、提升素质，打造学习型组织部门。结合部内年初开展的“讲党性、比奉献，讲学习、比能力，讲作风、比形象”主题实践内容，组织开展“组工干部大讲堂”、“十八大精神学习月”等学习活动。二是公道正派、规范管理，打造阳光型组织部门。以“对己清正、对人公正、对内严格、对外平等”作为体现组织部门公道正派、抓好内部管理及自身建设的主线。建立部务会成员挂点联系街道制度，重新修订部（办）议事决策、财务管理等规定，推动组织工作的规范化、制度化和科学化。三是振奋精神、激发活力，打造活力型组织部门。树立典型，使组工干部在工作中争当优秀、提升技能。定期组织爬山、打球等体育活动，增进组工干部相互了解和沟通。四是廉洁高效、团结协作，打造服务型组织部门。加强对组工干部廉政教育及工作方式方法的指导，将创新的着力点和落脚点放在区委区政府的中心工作上，发挥组织部门服务中心、服务大局的职能作用。

区委组织部领导名录

部　长：周小明

副部长：邓先顺

林　健（女）

黄维民

李力克（兼）

（撰稿人：覃　婷）

直属机关工委工作

【概况】 根据《关于印发〈中共韶关市武江区委组织部职能配置、内设机构和人员编制规定〉的通知》（韶武机编〔2005〕9号）文件精神，设立中共韶关市武江区直属机关工作委员会，为正科级单位，隶属中共韶关市武江区委组织部归口管理。区直属机关工委设书记1名，副书记1名，另设兼职委员5名。

至2014年年底，区直属机关工委管理直属党组织58个，其中总支9个、支部49个，党员757名。其中在职党员499人，离退休党员258人，妇女党员268人，占35.7%，大专以上学历党员507人，占67.5%，35岁以下党员94人，占12.5%。

2014年，区直机关工委在区委、区政府的领导下和市直属工委的指导下，以深入开展第二批党的群众路线教育实践活动为工作重点和重要载体，认真贯彻落实中共十八大和习近平总书记系列讲话精神，紧扣区委中心工作，充分发挥基层党组织的战斗堡垒作用和党员先锋模范作用，围绕“六深入六着力”的具体工作措施和工作目标，全面推进全区机关党的建设，为加快发展提供坚强保障。

【发展党员】 注重加强教育管理，进一步提高机关党员队伍整体素质。严格按照“控制总量、优化结构、提高质量、发挥作用”的总要求发展党员，联合举办《中国共产党发展党员工作细则》培训班2期，全年讨论党员发展2次，吸收预备党员6人，预备党员转正13人。

【机关党组织建设】 注重联系服务群众，进一步加强机关服务型党组织建设。开展“三强化三提高”、机关党员下社区为群众服务等活动，继续擦亮党代表工作室、“红心结”、“双联双进”等党建活动品牌，为人民群众做好事、做实事。注重抓好固本强基，进一步提升机关党建整体工作水平。坚持制度化、规范化、科学化党支部建设，出台、完善各项学习制度，全年成立新党支部2个、支部合并更名1个，5个支部进行补改选委员；各单位紧紧位围绕为民务实清廉的要求开好民主生活会。

区直属工委领导名录

书　记：邓先顺（兼）

副书记：陈志坚

（撰稿人：覃　婷）

“两新”组织党建工作

【概况】 根据《关于成立区委非公有制经济组织和社会组织党工委的批复》（韶武委〔2012〕8号）精神，设立中共韶关市武江区非公有制经济组织和社会组织工作委员会（以下简称“两新”组织党工委），隶属区委管理的正科级行政单位，挂靠在区委组织部，设书记1名（由区委组织部分管副部长兼任）、专职副书记1名。

【“两新”组织建设工作】 2014年，“两新”组织党工委在抓好百日攻坚行动和“回头看”“三看两提高”活动的基础上，扎实推进“两新”组织党的群众路线教育实践活动，制定贴合“两新”组织实际的实施意见，按照简便、务实、灵活、管用的原则，有针对性地设计活动载体，实现活动生产两不误、两促进。继续推进“扩面提质”工作，集中排查整顿8个软弱涣散党组织，接收一批市级关停并转企业党组织，截至12月底，全区共有“两新”党组织172个（其中党委4个、总支2个、党支部166个），党员1189名，党组织覆盖和党的工作覆盖均实现100%。举办“两新”组织党组织书记专题培训，及时下拨省级“两新”党建工作财政专项经费121.14万元。积极做好示范点建设升级工作，烟机厂党支部、雪印公司党支部、中英文幼儿园党支部被中共韶关市委组织部授予“市级党建示范点”荣誉称号，入选《韶关市“两新”组织党建工作示范点汇编》。

区“两新”党工委领导名录

副书记：朱小燕（女）

（撰稿人：覃　婷）

老干部工作

【概况】 根据《关于印发〈中共韶关市武江区委组织部职能配置、内设机构和人员编制规定〉的通知》（韶武机编〔2005〕9号）文件精神，设立中共韶关市武江区委员会老干部局，为正科级单位，隶属中共韶关市武江区委组织部归口管理，设局长1名，副局长1名，办公室主任1名。根据《关于设立韶关市武江区老干部活动中心的通知》（韶武机编〔2012〕14号）文件精神，设立韶关市武江区老干部活动中心，为区老干部局下属正股级公益一类事业单位，编制2名，设主任1名。

【主要工作】 2014年，老干局在区委的正确领导和市委老干部局的直接指导下，深入学习贯彻中共十八届三中全会精神，按照“全面做好离退休干部工作”的总体要求，全面落实老干部的“两个待遇”，积极开展离退休干部政治学习、组织生活、阅读文件、情况通报、参观考察、走访慰问、参加重要会议等活动。1月，区委、区政府向副处级以上离退休老干部通报武江区各项工作开展情况；2月，区老干部大学正式成立；3月，离退休党支部全体党员参加党的群众路线教育实践活动，组织离退休老党员观看专题片《四风之害》，参观市反腐倡廉警示教育基地；6月起，为离休干部每人每月增发护理费350元；9月，组织53名离退休干部进行健康体检，并邀请粤北医院保健专家进行健康讲座；10月，围绕“为党的事业增添正能量”的主题，组织离退休老干部召开座谈会、征文比赛等系列活动；12月，组织离退休干部学习贯彻党的十八届三中全会精神。各项工作的开展都从武江区实际情况出发，围绕大局，狠抓落实，切实推动老干部工作迈上新台阶，为加快建设幸福美好武江做出应有贡献。

区委老干部局领导名录

局　长：林　健（女，兼）

副局长：巫韶艳（女）

（撰稿人：覃　婷）

党校工作

【概况】 根据《韶关市武江区事业单位分类改革实施方案》（韶武府〔2014〕5号）文件精神，设立中共韶关市武江区委党校，为区委直属正科级公益一类事业单位。区委党校设1个内设机构：综合股。核定事业编制1名，设校长 1 名（由区委副书记兼任），常务副校长1名（由区委组织部副部长兼任），股长1名。

【主要工作】 2014年，区委党校突出思想教育这个从严治党的根本，切实抓好干部教育培训工作。抓好十八大、十八届三中、四中全会精神和习近平总书记系列重要讲话精神的学习培训，充分运用现代远程教育网络开展培训，推动学习教育向基层一线和各个领域延伸。认真贯彻《2014-2018年广东省干部教育培训规划》和市实施意见，认真落实干部教育培训逐级报批和审核把关制度，按照干部管理权限做好干部培训审批工作，强化理想信念、党性党风党纪、道德品行、社会主义核心价值观、中国特色社会主义法治教育。以各级党校、干部学院为主阵地，有计划选派各级领导干部参加中央和省、市委举办的各期培训班18期，培训干部57人次。依托网络学院在线学习，扎实推进干部网络培训，扩大覆盖培训面。注重分类别、分领域、分层次开展干部培训，重点做好村（社区）党组织书记参加成人高等学历教育的宣传发动工作。

区委党校领导名录

校　长：张　雯（女）

副校长：黄维民（兼）

（撰稿人：覃　婷）

宣传工作

【概况】 根据韶关市武江区机构编制委员会关于印发《韶关市武江区区级党政机构改革方案实施意见》（韶武机编〔2002〕1号文），设区委宣传部，加挂区社会主义精神文明建设委员会办公室牌子，为区委主管全区意识形态方面工作的综合职能部门。内设机构：宣传股、理论股、网络舆情监控股、办公室。归口管理单位：区精神文明委员会办公室。下属单位：区讲师团。武江区委宣传部讲师团是参照公务员法管理的事业单位，副科级，隶属武江区委宣传部管理，1个内设机构：理论学习室。人员编制和领导职数：宣传部行政编制9名，其中部长1名，副部长2名，股长3名，室主任1名。讲师团核定事业编制3名，其中团长1名，副团长1名。

2014年，武江区委宣传部在市委宣传部和区委、区政府的正确领导和大力指导下，认真学习贯彻党的十八大和十八届三中、四中全会精神，紧紧围绕区委、区政府的中心工作，按照全年宣传思想文化工作目标，全力推进理论学习、舆论宣传、精神文明创建和文化建设及惠民等各项工作。

【扎实开展理论学习工作】 进一步强化各级党委（党组）中心组学习工作。把中央、省、市理论学习的重点热点难点和武江区的实际情况相结合，不断健全理论学习制度，创新形式、丰富内容，采取专题报告、专家辅导、自主学习等形式，先后举办10多场专题学习会，增强学习的吸引力、针对性和实效性。各镇（街）、区直各单位也按照计划有序推进理论学习工作，不断提高理论水平。同时，区组织部把重要政治读物纳入各级党员干部理论学习计划，向全区党员干部发放《习近平总书记系列重要讲话读本》《习近平谈治国理政》《中国特色社会主义学习读本》和《改革热点面对面》等理论学习书籍一批。

结合实际深入学习《习近平总书记系列重要讲话精神》读本。武江区制定《武江区学习〈习近平总书记系列重要讲话读本〉实施方案》，通过重点主题宣讲、有针对性地专场宣讲等多途径组织开展学习宣讲活动，让党员干部深入学习，全面领会和准确把握习近平总书记系列重要讲话的科学内涵、精神实质和实践要求，切实增强贯彻落实的自觉性和坚定性。

【新闻舆论】 2014年，紧紧围绕区委、区政府的中心工作，牢牢把握正确的舆论导向，打好重大主题宣传、成就宣传和典型宣传战役，在市级三家媒体全年刊发新闻稿件1086篇，其中韶关电视台631篇、韶关电台199篇、《韶关日报》256篇，为全区各项事业发展营造浓厚的社会氛围。

紧紧围绕区委、区政府中心工作，把经济发展与社会民生事业、芙蓉新城开发与甘棠园区建设、“两违”专项整治与市政工程推进、开展党的群众路线教育实践活动等作为宣传报道主线，先后在韶关日报、韶关电视台推出“凝心聚力谋发展”“加快推动芙蓉新区建设”“服务群众，我们永远在行动”“拆违”“扶贫”等一系列专题报道。结合建区30周年，在《韶关日报》、韶关电视台刊发“武江区：新跨越、新未来”等系列报道。在《南方日报》先后推出“爱心超市”、芙蓉新区村民安置、先进个人等新闻。通过一系列高密度的宣传报道，着力提高武江区知名度和美誉度。

针对武江区没有电视台、宣传渠道有限等难题，武江区与韶关日报、韶关电视台合作，在《韶关日报》开设“重点版”（每月一期），在韶关电视台开设“浈武聚焦”（每周两期）。深入挖掘、精心策划，推出一批深度报道和群众关心的民生新闻，开设近十个专栏，为武江经济社会发展营造良好的舆论氛围。

2014年以来，根据网络舆情监控工作的实际需要，进一步加大监控力度，强化政务微博、网络舆情监控与把关，做到有组织、有管理、有协调、有监督，发生较大舆情实行逐级上报，为工作推进保驾护航。

【道德风尚建设】 以强化宣传为抓手，以道德讲堂为载体，以群众性文化活动为平台，协调区直各单位、镇街形成常抓常建格，推进我区精神文明建设工作制度化、常态化、日常化、群众化。

【创文巩园工作】 市召开创文巩园工作动员大会后，武江区及时召开工作部署会议，创文方面一是做好切实做好迎检工作，围绕迎检指标，制定详细方案，细化任务分解，当前正在着力按时按质做好材料收集报送和专项治理工作，力争各项指标达标。二是落实市十项工程建设任务，包括学雷锋志愿服务、讲文明树新风公益广告刊播、道德领域突出问题教育和治理、群众性精神文明创建、“我们的节日”主题活动、“美化韶城，爱我家园”行动等。三是做好创文日常工作，开展“清洁家园·美丽韶关”，未成年人思想道德建设季度测评等工作，并做好日常市民群众咨询、投诉的答复、交办、转办工作。巩园方面一是抓好复查资料的编制。

【践行党的群众路线教育实践活动】 周密部署，推进实践活动的开展。强化学习，力求学习实效。开门纳谏，聚焦“四风”查找问题。讲求实效，注重问题的整改落实。

区委宣传部领导名录

部　长：郑伟平

副部长：刘　枫

方旭铭（—2014.12）

段锋刚

区委宣传部讲师团

团长：谭培珍（女，2014.12—）

（撰稿人：禤宇萍）

精神文明建设工作

【概况】 区精神文明办公室是区委宣传部归口管理单位。2014年，区精神文明办以强化宣传为抓手，以道德讲堂为载体，以群众性文化活动为平台，协调区直各单位、镇街形成常抓常建格，推进武江区精神文明建设工作制度化、常态化、日常化、群众化。

【道德风尚建设】 一是做好核心价值观培育和践行工作。以两办名义下发区级实施方案，细化分解落实56项工作任务，做好新华街花城社区、江湾镇胡屋村示范点建设，并结合主题开展一系列群众性文体活动。二是着力推进志愿服务制度化。以两办名义下发区级实施方案，加强队伍建设和管理，开展形式多样的学雷锋志愿服务活动。三是开展一系列主题教育实践活动。广泛动员各单位和市民群众参与道德讲堂活动、道德模范进基层宣讲、文明餐桌活动、节俭养德全民节约行动等。四是深化各类文明创建活动。做好各级文明单位申报工作，其中组织开展2012—2013年区级精神文明建设先进集体评选，近期将进行命名表彰。同时，做好“韶关好人季度好人”等道德模范推荐评选工作。

【创文巩园工作】 市召开创文巩园工作动员大会后，武江区及时召开工作部署会议，创文方面一是做好切实做好迎检工作，围绕迎检指标，制定详细方案，细化任务分解，当前正在着力按时按质做好材料收集报送和专项治理工作，力争各项指标达标。二是落实市十项工程建设任务，包括学雷锋志愿服务、讲文明树新风公益广告刊播、道德领域突出问题教育和治理、群众性精神文明创建、“我们的节日”主题活动、“美化韶城，爱我家园”行动等。三是做好创文日常工作，开展“清洁家园•美丽韶关”，未成年人思想道德建设季度测评等工作，并做好日常市民群众咨询、投诉的答复、交办、转办工作。巩园方面一是抓好复查资料的编制。根据《国家园林城市标准》及市相关工作要求，详细分解相关细则，逐点分配任务，按时按质上报资料。二是健全机制，加强督导。成立区巩园督导工作小组，做好武江区复查迎检自我监督，并建立联络员制度，高效进行数据上报和信息交流等工作。三是开展专项及长效治理活动。组织开展全区范围的以迎检线路、迎检点为中心，以卫生死角为重点，以消除“六乱”为要求的卫生整治行动，取得显著成效。通过全区共同努力，较好完成市交办的各项工作，顺利通过省级复查。

【繁荣文化事业】 有效铺开广场文化惠民工程。领导重视、部门配合，确保广场文化活动运转高效。基本形成畅通的运行保障机制，形成全区"一盘棋"格局。资源整合、完善场地，搭建广场文化活动缤纷平台。近年来，武江区通过不断向省、市级申请，本级财政自筹，鼓励社会力量赞助等多种途径筹集资金，紧紧把握教育创强、体育强区、文化惠民的契机统筹安排，扎实推进和完善广场文化场地建设。整合团队、立足基层，形成广场文化活动的大格局。武江区通过成立文体协会科学整合文娱、体育等各类民间团队，广泛实现城乡互动交流、资源共享，先后挖掘向阳村舞纸马、大夫前村斗春牛、水口村龙船调、龙归村客家情等民俗文化节目，逐步形成群众文化活动网格化大格局。扩大范围、树立品牌，满足形式多样的文化种类需求。近年来，武江区平均每年开展各类文艺演出等活动50多场次，种类齐全的广场文化活动适应和满足不同层次、不同背景、不同地域人群的文化口味及需求，受益群众10余万人次。繁荣的广场文化，满足群众日益增长的文化需求，提升社会文明程度，促进社会和谐稳定，培养一批文艺骨干和人才。未来，武江区将继续通过整合现有资源、不断挖掘创新、树立特色品牌，努力为韶关打造文化名城、为广东打造文化强省建设做出更大的新贡献。

区精神文明建设委员会办公室
主　任：刘　枫

（撰稿人：禤宇萍）

统战工作

【概况】 区民族宗教事务局与区委统战部合署办公，挂区委台湾工作办公室牌子、工商联挂靠区委统战部，内设办公室。

【民主党派工作】 2014年，辖区内有民革、民盟、民建、民进、农工党、九三学社等6个民主党派的基层组织，其中：民革设6个支部、党员107人；民盟设6个支部、盟员102人；民建设1个总支部、5个支部、会员103人；民进设4个支部、会员91人；农工党设9个支部，党员168人；九三学社设1个基层委员会和6个支社、社员102人。

一是健全工作机制。在对区党政领导挂钩联系民主党派和无党派人士进行调整的基础上，注重思想政治引导，注重引导党外代表人士在所属团体发挥自我教育、自我管理、自我监督的作用，注重支持民主党派发展和培养符合各自特色的代表人士。二是加强沟通联系。走访各民主党派武江支部，了解党派工作的开展情况，支持民主党派和无党派人士充分履行职能，发挥作用，支持民主党派加强组织建设。先后2次召开座谈会，通报情况，征求意见。三是加强政治引导。深入开展中国特色社会主义理论和社会主义核心价值观的学习教育培训。并组织2名民主党派人士参加市举办的党外干部培训班学习，使党外人士明确政治方向，明辨政治是非，坚定政治立场。四是引导支持民主党派和无党派人士开展社会服务活动。五是组织引导各民主党派和无党派人士围绕全区经济、社会发展重大问题开展调研，引导他们立足本职，做贡献，建言献策。六是接受上级对武江区加强党外代表人士建设情况的检查，受到市的肯定。七是做好党外代表人士和后备干部队伍建设工作，并反映党外代表人士的意见建议。

【推荐选派学习工作】 2014年7月，根据中共韶关市委组织部、统战部《关于举办党外中青年干部培训班的通知》精神，区委统战部推荐选派2名优秀党外中青年干部到韶关市社会主义学院进行为期1个月的培训，学习党的十八届三中全会精神、统战理论、民主党派史、领导科学、法律知识等内容。9月，区政协副主席、区委统战部部长李松发参加韶关市2014年第二期处级领导干部进修班培训。10月，区委统战部副部长、区民宗局局长邱洲才到省社会主义学院参加由省委统战部组织的为期4天的2013年全省统战干部培训班，学习港澳台及海外统战工作、新世纪新阶段爱国统一战线等内容。

【对台工作】 注重抓好宣传，注重交流，注重为台企和“三台人员”搞好服务。认真做好区情的宣传推介工作，加强交流，推进合作。

【联系港澳各界人士】 做好港澳联谊工作。开展香港同胞在区情况调查和港澳台乡情调查；组织赴港参加座谈会；部领导应邀参加香港亚洲青年协会成立暨就职典礼；5次走访旅港乡亲，加强联谊联络；认真落实上级部署的其他港澳工作。

区委统战部领导名录

部　长：李松发

副部长：邱洲才

　　　　姜蕴芝（女）

区民族宗教事务局领导名录

局　长：邱洲才（兼）

副局长：麦燕玲（女）

（撰稿人：麦燕玲）

社会工作

【概况】 2014年，区社工委坚持以邓小平理论和“三个代表”重要思想为指导，深入贯彻落实科学发展观和中共十八届三、四中全会精神，紧紧围绕上级和区委、区政府关于加强和创新社会管理工作的部署和要求，以推进社会管理体制创新为重点，全面加大对社会建设和社会管理工作的统筹、协调、督导力度，为下一步的工作奠定坚实的基础。

【建章立制】 为进一步加强对武江区社会建设工作的组织领导，推动武江区社会体制改革工作任务的落实，经研究并报请区委、区政府，明确武江区社会工作委员会组成人员，将区委组织部、区委宣传部等30个部门列为区社工委委员单位。区社工委负责研究和统筹处理社会工作中的重大问题，各委员单位则按照委员会的决策和部门职责分工做好贯彻落实工作。通过建章立制，进一步促进各项工作的经常化、规范化、制度化。

【提高干部素质】 积极组织机关干部及委员参与省市各类学习培训班。如积极组织区社工委全体干部及委员单位共36人参加省社工委系统举办的“深入学习中共十八届三中全会和省委十一届三次全会精神”系列培训班以及全省社工委系统干部学习班，进一步深化社会工作队伍和广大党员干部对社会建设和社会管理工作的理论认识，切实增强社会管理的自觉性、坚定性和创新性。

【社会工作人才储备和培养】 贯彻落实《中共韶关市委韶关市人民政府关于加强社会建设的实施意见》、韶关市委办公室韶关市政府办公室《关于加强社会工作人才队伍建设的实施办法》精神，为加快推进武江区社会工作人才队伍建设，区社工委与区委组织部、区民政局联合开展2014年度全国社会工作者职业水平考试组织动员工作，鼓励支持区属各单位、部门符合条件的干部职工报名参加考试，为武江区开展社会工作培育储备专业人才。

【推进先锋志愿服务协会项目】 为进一步加强和创新社会管理工作，加快推进社会体制改革项目，深入推进社会建设，区社工委会同新华街道在新华街道试点成立韶关市先锋志愿服务协会作为社会组织，搭建社会综合管理平台。该协会将下设信息、健康、平安、爱心和科普等5个服务队，将分别从宣传教育、调解纠纷、帮扶就业、优生优育、健康卫生等涉及群众生产生活利益各方面提供无偿服务，关心和帮助社会上的困难家庭和困难群众。目前，该协会已基本完成向民政部门申报审批工作，正转入筹备阶段。该项目已被市社工委列为《韶关市加强街道社区网格多元制工作方案》试点项目。

【组织2014年“南粤幸福活动周”活动】 按照省、市社工委的要求，成立韶关市武江区“南粤幸福活动周”组委会，制定《2014年韶关市“南粤幸福活动周”工作方案》，在全区范围内开展2014年“南粤幸福活动周”工作。武江区“南粤幸福活动周”活动以提升群众的幸福感为目的，以贴近群众需求的各类活动为舞台，围绕“幸福我来秀”等五大板块组织开展，涵盖文艺体育、惠民政策、公益慈善、休闲会展、读书健身、幸福讨论等领域。无论是启动仪式的体育比赛，还是各单位和各镇街的各种具体活动，都充分体现群众自我展示、自我娱乐、自我服务、自我实现的特点，吸引社会各界群众广泛参与，有效地推动社区文化、村镇文化、家庭文化建设，丰富群众业余文体生活，提高社会文化品位，培养健康文明的生活方式。

【协调组织抓好社会管理工作】 区社工委认真落实社会建设和社会管理组织协调职能，积极协调和配合市、区有关职能部门开展社会管理专项整治宣传工作。如积极参与区创平建设工作，完成花城社区网格化管理试点工作，组织抓好市创平督导迎检工作。配合市、区工商局抓好打私打传宣传工作，筹资用于制作宣传栏、横幅、宣传资料等，营造良好的打私打传宣传氛围。

区社工委领导班子成员名单

主　任：张　雯（女，兼）

专职副主任：张祈俊（正科级）

专职副主任：杨培华（副科级）

（撰稿人：李　琪）

机构编制

【概况】 韶关市武江区机构编制委员会办公室是区机构编制委员会常设办事机构，主要负责全区行政管理体制改革、事业单位管理体制改革和机构编制日常管理工作。根据《关于印发〈武江区人民政府机构改革方案〉的通知》（韶武联〔2010〕5号）文件精神，2010年9月，韶关市武江区机构编制委员会办公室单独设置，正科级，既是区委的工作部门，又是区政府的工作部门，列区委机构序列。2014年，区机构编制委员会办公室设4个内设机构：综合股、行政机构编制股、事业机构编制股、行政审批制度改革办公室。直属行政单位1个：区事业单位登记管理局，副科级。核定机关行政编制6名，行政执法专项编制4名，其中：主任1名、副主任2名，股长（主任）4名；事业单位登记管理局：局长1名、副局长1名。

2014年，区编办在区委、区政府的正确领导下，在市编办的具体指导下，深入贯彻中共十八大精神，按照年初确定的工作目标，紧紧围绕区委、区政府的中心工作，不断完善政府工作规则，规范政府运作；推行网上审批和网上公开，推动行政审批网上办理；推进政府职能转变，深化行政体制改革，较好地完成各项工作任务。

【行政管理体制改革】 根据《中共广东省委办公厅、广东省人民政府办公厅〈关于市县政府职能转变和机构改革的意见〉通知》（粤办发〔2014〕4号）精神，与市政府职能转变和机构改革相衔接，按照职能整合、上下对应，因地制宜、分类指导，统筹平衡、整体推进的原则，以转变政府职能为核心，大力简政放权、优化机构设置、理顺权责关系、创新体制机制、提高行政效能的总体要求，结合武江区实际，制定《武江区人民政府职能转变和机构改革方案》，并报市政府审批同意后实施。8月22日，区委、区政府印发《韶关市武江区人民政府职能转变和机构改革方案》。对涉及改革的区政府办、区发展和改革局、区经济和信息化局、区农业局、区卫生和计划生育局、区食品药品监督管理局等部门重新核定三定方案。8月底，武江区机构改革全面完成。改革后，区政府设置工作部门18个。

【行政审批制度改革】 一是继续清理行政审批事项。2014年1月，区编办根据省、市要求对全区有关部门根据规章、规范性文件设定的行政审批的行政审批事项进行全面清理，共清理出各种规章、规范性文件设定的行政审批46项上报到上级部门，为进一步规范行政审批事项奠定基础。二是梳理出行政审批事项保留目录。根据原有的单位和部门报送的转变政府职能目录中的行政审批事项，以及根据韶关市人民政府2013年行政审批制度改革事项目录（第二批）（韶关市人民政府令（第112号），承接的市食品药品监督管理局和市公路总站等部门下放的有关行政审批事项，整理出武江区行政审批事项保留目录（拟定）。经区政府常务会议审议通过，6月30日，区政府向社会公布《韶关市武江区人民政府2014年决定保留的行政审批项目目录》，“目录”保留区直共22个部门的106项行政审批项目，较2011年年底行政审批项目压减率达41%。为进一步简政放权迈出大步。

【事业单位分类改革】 区编办根据省、市事业单位分类改革的精神，对全区事业单位进行全面调查摸底，并征求各主管单位的意见和建议，结合武江区实际，制定《韶关市武江区事业单位分类改革实施方案》。把事业单位分为行政类、公益一类、公益二类、公益三类和经营服务类，并制定“以人为本，保证在职在编人员现有待遇不降低”的配套政策。经费供给渠道由财政核补或经费自理调整为财政核拨的单位，其现有在职在编人员经费，通过考试确定排名，分批逐步调整为新的供给渠道。改革合理调整事业单位布局和结构，通过对部分符合条件的事业单位进行合并重组，对职能丧失、未开展业务的事业单位予以撤销，收回人员编制。共撤销14个单位，整合14个单位，总计精减事业单位21个，压减率为14%。5月，全区分类改革后130个事业单位的机构编制方案经区编委批准并全部印发，武江区事业单位分类改革工作全面完成。

【规范事业单位管理】 一是督促事业单位按时填报事业单位法人年度报告。区编办要求各事业单位按时登录到广东省事业单位登记管理局网站报送2013年度报告，全区84个应报送单位均在网上填报年度报告。二是做好事业单位法人年度报告公开工作。根据上级事业单位登记管理部门的要求，事业单位法人年度报告必须在网上进行公开。区编办在对各事业单位2013年度报告内容进行审查后，在广东事业单位登记管理局的网站进行公开，公开率达100%。三是严格按照《事业单位登记管理暂行条例》的要求办理事业单位设立、变更、注销等事项。

【机构编制管理和监督】 继续严格执行《韶关市武江区机关事业单位人员列（出）编制登记管理办法》，加强对机关事业单位人员进出的规范管理，使人员进出有章可循，信息及时更新，为领导决策提供准确的参考数据。同时，将机构编制管理列入全区绩效考核，促进工作顺利推行。

根据中央、省、市相关文件要求，开展机构和人员编制核查，实现机构清、编制清、领导职数清、实有人员清，进一步完善机构编制实名制管理，结合武江区实际，制定《韶关市武江区机构和人员编制核查工作实施方案》，并成立区机构和人员编制核查工作领导小组，加紧督促指导各单位真实、准确、完整填报机构、人员信息，会同有关部门统一执行核查的各项标准和要求，严格核查，确保机构和人员编制核查工作按时、保质、有序实施。6月，在各单位完成自查基础上，进入联合审核环节。区编办会同区纪检（监察）、组织、财政、人社、审计部门，按照职责分工对各单位报送的核查材料进行审核和实地核查。对核查中发现的问题及时向相关负责部门反应并已限时整改。11月，武江区的机构和人员编制核查工作完成，并顺利通过省编办的检查和验收。

【中文域名注册】 2014年，区编办积极推进政务和公益中文域名注册及网上名称管理工作。下发《关于做好区直党政机关网站开办审核、资格复核和网站标识管理工作的通知》，同时安排专人积极督促各单位及时注册，对注册过程中遇到困难的单位通过电话或上门指导。截于2014年年底，共有62个单位注册中文域名，占全区机关和事业单位总数的34.6%；51个单位申领网上标识，占全区机关和事业单位总数的28.5%。

【梳理网上办事大厅进驻事项】 结合省、市关于建设镇级网上办事站的要求，区编办认真配合做好网上办事大厅镇、村站点建设工作。梳理相关单位进驻镇、村站点的服务事项目录，为开通站点作好相应准备，拓宽为群众服务的渠道。

武江区机构编制委员会领导名录

主　任：黄建华（2014.2—）

副主任：张　雯（女）

曾清兰　周小明

孙理鸣　黄　真

委　员：朱旭东

林小夏（女，2014.2—）

成振铭

陈雪延（女）

李力克

武江区机构编制委员会办公室领导名录

主　任：林小夏（女，2014.1—）

副主任：林小夏（女，—2014.1）

莫远媚（女）

（撰稿人：刘　琼）

信访工作

【概况】 2014年，武江区信访工作，以构建和谐社会为目标，宣传贯彻《广东信访条例》，建立健全工作机制，进一步畅通信访渠道，依法维护人民群众的合法权益，依法规范群众的信访行为，依法维护正常的信访秩序，切实密切党委政府与人民群众的联系。

【健全工作机制】 一是建立健全矛盾纠纷排查调处制度；二是建立健全信访工作例会制度；三是建立健全信访事项三级终结制度；四是建立健全领导包案调处重大信访问题制度；五是建立健全领导干部信访工作接待日制度；六是建立健全初信初访和首问责任制度；七是建立健全信访维稳督导工作制度；八是落实信访工作责任追究制度。

【群众来信来访】 2014年全区共接待各类来信来访及上级转办来信来访案件183件（批）464人次，已调处175件（批），调处成功率为96%。其中：国信5件，进京访15批18次；省信13件，到省访17批42人次；市信8件，市访31批140人次，区访94批264人次。归纳起来主要涉及征地补偿、拆迁安置问题，山林（土地）权属纠纷问题，企业改制问题，涉军涉核人员待遇问题，煤矿关闭历史遗留问题，涉法涉诉信访问题，村干部作风问题和物业管理纠纷问题等八大类。

【宣传贯彻落实《广东省信访条例》】 《广东省信访条例》于2014年3月27日由省十二届人大常委会第七次会议通过，并于7月1日起施行。6月14日，武江区协同市政府在西河全民健身广场设置主会场，召集全市、区30多个部门、单位开展集中宣传活动。邀请韶关学院法学院副院长雷群安深入武江区各镇（街）开展《广东省信访条例》宣讲活动。各镇（街）亦举办多场宣传活动，向群众派发宣传资料30000多份。《广东省信访条例》对于进一步畅通信访渠道，依法维护人民群众的合法权益，依法规范群众的信访行为，依法维护正常的信访秩序，密切党和政府与人民群众的联系，构建和谐社会，具有重要意义。

【化解矛盾、维护社会稳定】 2014年，根据省、市有关文件精神，开展矛盾纠纷排查化解、领导接访、领导包案、积案化解活动，全区矛盾纠纷得到有效化解。特别是在2014年开展的社会矛盾化解年活动中，化解28宗重复上访、久拖不结的信访积案，有效化解一批社会矛盾，维护全区社会的和谐稳定。

区信访局领导名录

局　长：韩伟强（兼）

副局长：谭克志（兼）

（撰稿人：王　莉）

保密工作

【概况】 2014年，保密局在区委、区政府和市保密局的领导下，认真贯彻落实上级有关保密规定和保密工作精神，围绕区中心工作作好保密工作。全年全区无发生一起泄密事件，有效维护全区稳定、团结和安全，为全区各项重要工作的顺利开展保驾护航。

【保密会议】 4月23日，区委常委、区委办主任孙理鸣在区委常委会传达中央、省、市保密工作会议精神，同时会议还组织相关领导学习领导干部无意中泄密的几种现象及部署全区保密工作。4月25日，召开2014年保密工作会议，会议传达学习省、市保密工作会议精神和有关文件精神，总结全区2013年保密工作，提出2014年保密工作意见，区委保密委主任、区委副书记张雯同志作重要讲话。各镇（街）、区直单位分管保密工作的领导和保密员参加会议。

【保密检查】 对以区委、区政府名义下发的文件开展保密审核工作，同时做好区属教师和卫生人员等考试的试卷保密室和考点试卷临时存放点的保密管理情况的监督检查工作，同时对各单位抓好密级文件的管理和计算机、移动介质的保密管理工作进行监督检查。

【计算机信息网络保密管理】 定期对信息公开发布平台各单位发布信息情况、计算机及其网络管理制度的落实情况、涉密网络的建设和试用情况以及涉密计算机、涉密网络采取管理和防范措施的落实情况进行定期检查，贯彻落实《中共中央保密委员会关于严禁用涉密计算机上国际互联网的通知》，根据“谁上网、谁负责”的原则，对相关单位发放《计算机设备及网络建设使用情况调查统计表》，对涉及保密的计算机逐台检查，确保底子明、情况清。

【保密宣传教育】 将保密法纪宣传教育内容纳入全区纪律教育学习月活动工作方案，区委保密委与区纪委联合部署纪律教育学习月保密法纪宣传活动。区保密局统一征订《保密工作》。加强全区专兼职保密干部的业务能力建设，进一步完善保密工作规则制度，严格做好新任保密员资格审查工作，同时组织全区保密人员参加市里举办的保密培训班，提高各级保密员的工作能力水平。

区保密局领导名录

局　长：欧阳征禄（—2014.7）

叶文辉（2014.10—）

（撰稿人：林雪丽）

韶关市武江区人大常委会

【概况】 根据韶关市武江区机构编制委员会（韶武机编〔2005〕57号），韶关市武江区人大常委会是本级人民代表大会的常设机关，正处级。区人大常委会领导班子成员7人，主任1人，常务副主任1人，副主任5人；区人大常委会机关内设机构为“一室四委”，行政编制8名，领导职数5正2副。其中人大办公室主任1人，副主任2人，科员1人；各工委设主任1人；依法治区办（由人大常委会管理）行政编制2名，领导职数1正。副主任1人，科员1人。

2014年，区人大常委会在区委的正确领导下，以邓小平理论、“三个代表”重要思想和科学发展观为指导，按照区委八届三次全会的部署，围绕建设“有为人大、活力人大、和谐人大”的目标任务，紧紧把握“创新”和“质量”两个抓手，结合开展党的群众路线教育实践活动，以人民群众普遍关注的民生热点为重点，提高监督实效，发挥地方国家权力机关的职能作用，为推动武江经济社会科学发展发挥积极的作用。全年共听取和审议“一府两院”专项工作报告10项，作出重大事项决定决议1项，开展专题调研15项（次），报送区人大规范性文件备案15件，备案区政府规范性文件21件；办理代表建议10件，依法任免国家机关工作人员35人次。

【重要会议及决议】 1月8日，区八届人大常委会第十五次会议，审议通过召开区八届人大第四次会议有关事宜。

是日，区八届人大常委会第十五次会议，决定免去薛青同志的韶关市武江区人民政府副区长职务。

1月21日—23日，区八届人大四次会议在区政府七楼会议厅举行。会议听取和审议区人民政府代区长黄建华所作的《政府工作报告》等六个报告，会议形成决议并决定批准上述报告。会议选出黄建华为区人民政府区长、骆祖强为区八届人大常委会委员。会议期间，按照区人大《关于开展评议工作的暂行办法》，组织人大代表对区政府组成部门和“法检”两院2014年工作进行测评。

2月 26日，区八届人大常委会第十六次会议，审议通过区八届人大常委会2014年工作要点和议事安排。听取区政府“关于2014年武江区政府工作要点”的报告。审议通过区政府“关于调整2013年度财政预算的情况报告”。

3月4日，区人大召开信息宣传工作会议，区人大常委会副主任王韶林出席会议，区人大、区委宣传部、各镇（街道）、区“两院”分管领导和人大信息员参加会议。会议总结回顾过去一年工作，对2013年度人大信息采集报送工作先进个人进行通报表彰，并交流经验，研究部署2014年人大信息宣传工作。

3月14日，武江区人大召开人大代表建议、意见交办会议。在2014年召开的区八届人大四次会议期间，共收到代表10人以上联名提出的建议和意见共9件，区政府办和人大代表建议办理有关的区职能部门负责人参加会议。

4月24日，区八届人大常委会第十七次会议，审议通过关于莞韶工业园甘棠片区向广东东韶实业投资发展有限公司借款的议案。

是日，区八届人大常委会第十七次会议，审议表决通过许可化州市公安局对区八届人大代表徐基贵采取强制措施的申请。

5月28日，区八届人大常委会第十八次会议，决定任命刘拥军、王敏雯为韶关市武江区人民政府副区长，免去陈岳峰的韶关市武江区人民政府副区长职务。

是日，区八届人大常委会第十八次会议，接受骆祖强辞去韶关市武江区第八届人民代表大会代表、第八届人大常委会委员职务的请求。

6月12日，武江区人大组织召开人大代表建议、意见办理通报座谈会。在区八届人大四次会议领衔提出建议和意见的人大代表以及办理建议和意见的区政府相关职能部门负责人参加会议。

6月30日，区八届人大常委会第十九次会议，听取和审议区政府“关于区发改局2012年至2014年上半年的工作情况报告”并对区发改局的工作情况围绕八个方面的内容进行满意度测评。听取和审议区政府“关于区经信局2012年至2014年上半年的工作情况报告”，并对区经信局的工作情况围绕八个方面的内容进行满意度测评。

9月3日，区八届人大常委会第二十次会议，听取和审议“区政府上半年工作情况报告”和听取区政府党的群众路线教育实践活动的情况。听取和审议“武江区2014年上半年预算执行情况和下半年工作计划的报告”。听取和审议“武江区人民法院2014年上半年工作报告”和听取区人民法院党的群众路线教育实践活动的情况。听取和审议“武江区人民检察院2014年上半年工作情况报告”和听取区人民检察院党的群众路线教育实践活动的情况。

10月29日，区八届人大常委会第二十一次会议，听取五镇两街2014年度人大工作情况报告，并对五镇两街基层人大代表联络室工作情况进行评议。

是日，区八届人大常委会第二十一次会议，接受曾格刷辞去武江区八届人民代表大会代表职务的请求。

12月26日，武江区人大召开基层工作培训会议。区人大常委会副主任王韶林出席会议，区人大办公室、选联任工委主任和区各镇（街道）人大副主席或负责人大工作的领导参加会议。会议就区人大代表的补选工作进行部署，提出具体要求，强调要以高度的政治觉悟感、强烈的责任心和负责任的态度去完成人大代表的补选工作。会议还围绕人大代表的补选如何把握政策作相关解释，并进行业务培训，对做好人大工作，特别是做好人大代表的选举作具体的业务指导。

12月30日，区八届人大常委会第二十二次会议，听取区政府“2014年区政府承诺惠民10件实事的落实办理情况报告”。听取区政府“2014年区政府办理代表建议的情况报告”。听取区政府“关于2014年武江区社会经济指标预测完成情况的说明”。听取和通过区人大常委会关于“区第八届人民代表大会代表测评区政府组成部门和‘法检两院’工作办法”的报告。审议通过区八届人大五次会议有关事项。

是日，区八届人大常委会第二十二次会议，接受张堂胜同志辞去武江区八届人民代表大会代表、区八届人大常委会委员职务的请求。

是日，区八届人大常委会第二十二次会议，补选黎增丰同志为韶关市第十三届人民代表大会代表。

【组织慰问帮扶贫困户】 1月27日，区人大机关全体人员在人大常委会常务副主任王敏的带领下到重阳镇重阳村慰问帮扶贫困户。在重阳村，区人大机关领导干部分别向帮扶贫困户送上米面、饼干和节日糖果，并祝福他们新春快乐。在慰问中，区人大机关领导干部还详细了解贫困户的生产生活情况，鼓励他们克服当前困难，不等不靠，早日实现脱贫致富。

【开展党的群众路线教育实践活动】 3月4日，区人大在区委书记、人大常委会主任王德雄的率领下到龙归镇开展党的群众路线教育实践活动，区人大常委会常务副主任王敏及机关部分人大代表参加活动。在下基层，走访基层群众后，紧接着在龙归镇召开座谈会，听取人大代表、基层人大负责同志的意见和建议。会议邀请赖德雄、潘岐广等6名市、区和镇基层人大代表参加。

3月5日，区人大常务副主任王敏及部分区人大代表，到新华街道人大代表履职联络室开展座谈，按照市、区党的群众路线教育实践活动的要求，开门纳谏，征求人大代表们的意见建议。新华街道部分街居干部、海邻社工工作人员参加座谈。

【视察区重点项目建设情况】 4月24日，区人大组织部分驻区市人大代表和区人大常委会组成人员视察区重点项目建设情况。在区人大常委会常务副主任王敏带领下，市、区人大代表视察芙蓉新城和苗圃基地，并听取区征地办、区苗圃办就芙蓉新城建设和苗圃基地征地情况的工作情况汇报。

【通过省在线交流平台远程同步开展学习】 4月28日—29日，组织驻区市人大代表和区人大代表通过省在线交流平台远程同步开展学习。学习生态文明五位一体建设和环境保护、深化农村综合改革、全面贯彻落实中共十八届三中全会精神和省委十一届三次全会精神，推动人大工作与时俱进等课程。

【专题视察韶关市环保工作】 8月20日，区人大组织驻区10多名市人大代表专题视察韶关市环保工作。视察韶关市第二污水处理厂、丽珠集团等企业，在视察中代表们听取企业介绍生产经营及污水净化设备运营情况，并观看污水处理整个运作过程。随后，代表们在韶关市环保局召开座谈会，听取环保局负责人汇报韶关市的污水处理设施建设和运行情况以及建设和运行过程中存在的问题。

【视察区政府惠民10件实事的落实情况】 8月28日，区人大组织部分区人大代表对区政府惠民10件实事的落实情况进行视察。在区人大常委会常务副主任王敏的带领下先后视察教育惠民实事“修建市第五中学学生宿舍楼”；健康惠民实事“升级改造龙归卫生院综合大楼”；生态惠民实事“整治沐溪水库水源地环境”；宜居惠民实事“建设龙归镇全民健身广场，建设花城社区公共服务站示范点，开展芙蓉市场片区内涝整治”等惠民实事项目。

【视察区人民检察院】 10月24日，区人大组织人大常委会组成人员视察区人民检察院。在区人大常委会常务副主任王敏的带领下到龙归镇视察龙归检察室建设情况，了解龙归检察室的各项工作职能，在区人民检察院参观视频接访系统、安保系统等。随后，召开座谈会听取区人民检察院检察长李亚军关于区人民检察院工作开展情况的报告。对区人民检察院今后的工作提出建议：一是要知难而进，努力克服业务人员老化、断层、基础设施落后的现有困难；二是要继续发扬检察系统的优良传统，尽量争取多方面的支持，做得更好。

【审议乡镇人大工作】 10月29日，区人大召开常委会审议一年来乡镇（街道）人大工作，会议由区人大常委会常务副主任王敏主持。区五镇的党委书记、主席团主席和副主席，两个街道的党工委书记和分管人大工作的领导参加会议，会议还邀请数名人大代表列席。会议先后听取五镇两街一年来的人大工作情况，着重围绕人大代表联络室开展活动情况进行报告，与会人员进行认真的审议，并对五镇两街人大代表联络室开展工作的情况进行“好、一般、差”的评议。

【聚焦经济社会科学发展】 区人大加强对预算执行、重点项目资金、专项资金的审查力度，听取和审议关于调整2013年度财政预算的报告。专题调研视察区经济社会发展情况，听取和审议区发展和计划工作以及经济社会发展情况工作报告，提出加大经济结构研究力度，尽快形成产业集群和产业链，规划和投资着眼长远的要求，推动全区经济持续健康发展。按照《关于开展评议工作的暂行办法》，对区发改局和区经信局的年度工作进行评议。

【关注民生热点、社会建设】 区人大围绕区政府承诺的10件民生实事，在年中和年末组织人大代表开展调研视察，听取专题报告。组织人大代表对芙蓉新城新村安置、路网建设和苗圃项目等市重点项目集中视察，建议政府加快农民安置房和路网建设，推动芙蓉新区起步区的开发。

【推动司法公正】 区人大专题听取和审议区人民法院执行工作情况，促进法院队伍作风建设，实现阳光审判，维护司法公平、公正，构建和谐社会。专题听取和审议区人民检察院惩治与预防职务犯罪工作情况报告，视察龙归检察室建设情况。

【强化议案建议督办】 区八届人大四次会议期间和闭会期间共收到人大代表提出的建议和意见10件，涉及城市建设、交通、水利、乡村清洁等方面。常委会及时召开交办会议，落实区政府相关职能部门办理，期间进行多次督办，组织承办单位召开办理情况通报座谈会，当面向代表通报解答办理情况，双方就办理过程和情况进行沟通、交流，对超出区政府或本区职能部门职权范围不能解决的问题，详细作出解答，说明原因，充分征求代表意见，改进办理工作，推动问题的解决。在此督办过程中，常委会选取2件群众密切关注、代表反映突出的建议进行重点跟踪督办，以点带面，推动代表建议的办理，提高建议和意见的办成率。

【做好规范性文件备案审查工作】 区人大按照《中华人民共和国监督法》的要求和规范性文件备案审查工作规定，认真细致按照程序做好规范性文件备案审查工作，2014年区人大共报送文件备案15件，备案区政府规范性文件21件。

【改进作风】 区人大扎实开展党的群众路线教育实践活动，作风转变取得明显成效。将作风建设、队伍建设、能力建设等内容纳入制度轨道，以行得通、指导力强、能长期管用的制度将活动成果和成功经验固化下来。推动制度“废、改、立”工作的经常化长效化，确保宗旨意识得到全面、持续地体现。整个学习过程中，全体领导干部撰写读书笔记（含心得体会）96篇，撰写“四风”对照检查材料13篇，共完成整改任务15项，制度建设计划14项，领导班子成员个人整改清单共70项。同时，还认真抓好《人大常委会及机关制度修编方案》，对14项制度进行梳理、修正、汇总，在制度层面上加强纪律约束、正风严纪。

【参与区的经济社会工作】 区人大围绕全区中心工作，按照区委的总体部署，积极参与区的经济和社会工作，在芙蓉新城征地拆迁、产业转移园企业进园安置、苗圃基地、移山路、上饶路、“奥园”项目征地拆迁、“323线”拆迁安置，以及挂钩联系企业、扶贫“双到”、“三旧”和“棚户区”改造、救灾捐赠等工作中努力作为，为区经济社会发展作出积极贡献。

【内务司法工作】 3月14日，区人大召开人大代表建议交办会议，区人大内务司法工委和区政府办共同主持这次交办会议，与人大代表建议办理有关的区职能部门负责人参加会议。在2014年1月21日召开的区八届人大四次会议期间，共收到代表10人以上联名提出的议案8件（经审查全部转为建议意见处理），大会同时还收到代表提出的建议批评和意见1件，连同议案转为建议办理的共9件建议和意见（闭会期间另收到1件）。代表们提出的议案、建议涉及到武江区城建、交通、水务、卫生、饮水安全、基层组织及其它方面，这些宝贵建议和意见有利于武江区社会发展和经济建设。会上，区人大要求区政府及各承办单位应本着认真负责积极办理的态度，从交办之日算起三个月内，即至5月31日前做好办理和答复工作。承办过程中要对代表提出的问题注意调查研究，加强与代表们的沟通联系，邀请代表参加办理工作和当面交谈，以达到最好的办理效果。

6月12日，区人大组织召开人大代表建议、意见办理通报座谈会，会议邀请在区八届人大四次会议领衔提出建议和意见的人大代表以及办理建议和意见的区政府相关职能部门负责人参加。座谈会由区人大常委会副主任戴兴辉主持，区人大内务司法工委主任等相关人员参加会议。会议围绕人大代表提出的建议和意见，由承办单位逐一对照案由通报解答办理情况的形式召开。会上承办单位向人大代表通报建议和意见的办理情况，双方还就建议和意见的办理过程和办理情况进行意见交流，对代表提出的超出区政府或本区职能部门的职权范围，问题不能解决的，详细作出解答，说清原因，对此，人大代表较为满意。

6月15日，区人大组织人大工作人员参与市、区联合举办《广东省信访条例》宣传日活动，发送资料，解答疑问。

8月22日，区人大组织10多名区、镇人大代表对人大代表的建议落实情况进行视察和通报。区八届人大四次会议期间，江湾镇人大代表谭木初领衔提交的《关于加大对车辆超载超限管理力度的议案》和《关于要求尽快重新修建江湾镇境内被冲毁桥梁的议案》两个建议案，在会后交由政府有关部门办理。在江湾镇的通报会上，区政府办、区公路站分别就《关于加大对车辆超载超限管理力度的议案》和《关于要求尽快重新修建江湾镇境内被冲毁桥梁的议案》的办理情况进行详细的解答。

8月28日，区人大配合省、市两级人大分别对武江区的社区矫正工作进行视察调研，区人大积极做好视察调研的前期筹备工作。

【教育科学文化卫生工作】 9月11日，区人大配合省、市人大开展韶关市食品药品安全监管工作情况视察。10月22日—24日，区人大配合省、市人大开展韶关市基层医疗卫生服务体系能力建设专项调研。

【人大常委会经济工作】 区人大开展政府全口径预算决算审查和监督工作专项调研。5月，区人大组织部分人大代表对区政府职能部门区发展和改革局和区经济和信息化局进行调研，并对其所管企业、重点项目进行视察。

【选举联络人事任免工作】 区人大积极指导乡镇、街道人大构建人大代表联络室，为代表知情知政创造条件，加强代表与选区选民之间互动互通，彼此熟悉增进了解建立平台。2014年以来，各镇（街）代表联络室先后组织400余名区镇两级人大代表参加联络室活动，联系选民300多人次，收集和整理120余条意见和建议，为群众办实事好事66件。

区人大努力扩大代表对常委会工作的参与，坚持代表列席常委会会议制度。密切代表联系，制定《武江区人大常委会组成人员联系人大代表“四个一”活动计划安排》，坚持走访、联系人大代表。加强学习培训，坚持给人大代表赠订《中国人大》《人民之声》等杂志，利用人大代表联络室和省人大在线交流平台，组织市、区、镇人大代表共同学习，加强代表学习培训，提高代表履职能力。保障代表知情知政权利，组织代表参加“以改革促发展座谈会”和党的群众路线教育实践活动等座谈会、法院旁听庭审等活动，让代表为区委中心工作出谋划策。

区人大坚持党管干部和依法办事相统一的原则，按照“德才兼备、注重实绩、群众公认”的选人用人标准，严格程序要求，把好任免关，坚持任前法律考试和任前承诺制度，增强任命人员的法律意识、公仆意识、责任意识和自觉接受人大监督的意识。2014年共召开区人大常委会会议8次，任免区人大机关和区“一府两院”机关工作人员35人次，补选市人大代表1名。

区人大领导班子名录：

主　任：王德雄
副主任：王　敏（女）
　　　　戴兴辉
　　　　杨乐华
　　　　李学源
　　　　陈　雪（女）
　　　　王韶林

区人大常委会办公室

主　任：李新平（2014.9—）
　　　　刘　敏（女，—2014.9）
副主任：张峰莹（女）
　　　　黄　平

依法治区工作

【概况】 武江区依法治区办按照《法治广东建设五年规划（2011—2015年）》要求，制定《武江区2014年依法治区工作要点》，加大法治政府建设力度，完善综合政务服务体系，做好职能转变工作。抓好《法治规划》的组织实施和普法宣传，积极开展“法律六进”活动。组织《广东省信访条例》专题宣讲会，提高干部群众的法治意识。制发文件规范依法征地、阳光征地、惠民征地活动，减少征地拆迁中不和谐因素。推动惠民工程建设，协助修建红尾坑社区水泥公路。探索开展法官、检察官、警官、律师进社区、进村镇、进企业的法治惠民活动，为全面建设法治武江创造良好环境。

【贯彻依法治市工作会议精神】 区依法治区办组织召开依法治区工作专题会议，传达学习省、市会议精神，安排部署2014年武江区的依法治区工作，以全省对《法治广东建设五年规划》检查中发现存在的问题进行整改，做好法治城市、法治区创建工作申报准备工作。

【加大法治政府建设力度】 区依法治区办按照《法治政府建设五年规划》制定的目标任务，结合创建工作的开展，强化执行效果。在抓好行政审批制度改革有新的进展，完善综合政务服务体系，扎实做好职能转移工作，积极培育社会组织，发挥社会组织在社会治理中的作用。对促进依法行政的法治化起到推动作用，进一步完善政府信息公开制度和途径，增强各级职能部门依法行政透明度，充分保障公民对事关民生利益政府决策知情权、参与权、表达权和监督权。

【推进法治便民，法治惠民的措施】 区依法治区办积极推动司法机关、行政执法单位根据各自的工作职能有效开展探索法官、检察官、警官、律师进社区、进村镇、进企业的法治惠民活动。

【开展依法征地、阳光征地、惠民征地活动】 随着芙蓉新区建设的提速，武江区承载着芙蓉、苗圃、323以及甘棠工业园征地拆迁的繁重任务，该项工作政策法规性强，资金运作量大，涉及数以千计群众的切身利益，为维护武江社会稳定，减少不和谐因素，促进征地拆迁工作的顺利开展。根据市依法治区工作会议精神，经区依法治区领导小组研究决定，以依法治区领导小组名义制发韶武法治〔2014〕1号文，规范全区征地拆迁工作，开展依法征地、阳光征地、惠民征地。

【开展信访条例的宣传学习】 6月11日，区依法治区办组织贯彻学习全国首部规范信访工作地方性法规《广东省信访条例》。召开专题宣讲会，区四套班子成员、各镇（街）领导班子成员、区直机关单位主要负责人共130多人参加学习。区人大常务副主任王敏主持宣讲会，区委副书记张雯作重要讲话，宣讲会邀请韶关学院副院长、副教授、法学硕士、讲师雷群安对《广东省信访条例》作专题辅导报告。

【抓法治惠民措施的落实】 区依法治区办积极开展法治惠民实事工程建设，抓好惠民工程建设，协调多方部门投入资金100多万元修建红尾坑社区的水泥公路建设。

区依法治区办公室领导名录

主　任：杨乐华

副主任：王锡良

（撰稿人：黄　平）

韶关市武江区人民政府

【综述】 2014年，在市委、市政府和区委的正确领导下，在区人大及其常委会和区政协的监督支持下，区政府紧紧围绕区委八届三次全会决策部署，着力加快城镇化、工业化进程，全力完成区八届人大四次会议确定的目标任务。

2014年全区生产总值201.12亿元，比上年增长9.9%。其中，第一产业增加值5.76亿元，增长3.9%；第二产业增加值100.85亿元，增长9.1%；工业增加值88.84亿元，增长8.6%；第三产业增加值94.51亿元，增长11.2%。人均地区生产总值65953元，增长9.3%。规模以上工业总产值194.35亿元，增长9.9%。农林牧渔业总产值9.40亿元，增长3.7%。全社会固定资产投资87.57亿元，增长44.5%。社会消费品零售总额89.46亿元，增长11.1%。外贸出口额3763万美元；实际利用外资2731万美元，增长48.5%。地方公共财政预算收入4亿元，增长18.8%。城镇居民人均可支配收入25820元，同比增长9.1%；农村居民人均纯收入12827元，增长同比9.9%。

【政府自身建设得到加强】 自觉接受区人大及其常委会和区政协的法律监督、工作监督和民主监督，全年办理人大建议10件，办理政协提案30件，答复率和满意率均为100%。“六五”普法活动扎实有效，依法行政水平不断提升。全面完成事业单位分类改革。积极推进政府职能转变和机构改革，取消、调整行政审批63项，精简率达41%。网上办事大厅武江分厅全面建成并投入使用，区、镇（街）、村（居）三级服务平台建设稳步推进。成立公共资源交易中心，建立统一规范的公共资源交易监管体系。严格规范权力行使和预算管理，深入开展“三公”经费整治、办公用房清理等专项活动，“三公”经费压缩42.8%。以党的群众路线教育实践活动为契机，严格执行“八项规定”，大力整治“四风”，强化政府效能建设；大力整治机关“三难”问题和“庸懒散奢”等不良风气，机关作风得到好转。认真落实党风廉政建设责任制，强化廉政监察、执法监察、审计监督及重点领域监督，严肃查处违法违纪案件和损害群众利益行为。

【在职党员到社区为群众服务】 2014年9月5日，武江区召开机关在职党员到社区报到服务群众活动动员会，标志着韶关市的试点工作正式拉开序幕，该区44个区直及驻区单位800多名党员将分别到29个社区报到并开展志愿服务。武江区作为韶关市的试点单位先行先试，试点活动时间为9月至12月，该区区直及驻区有关单位的机关在职党员全体参加此项活动。在职党员在联系点社区、工作所在地社区、居住地社区、户籍所在地社区或者是党员自愿报到的其他社区选择一个社区报到，根据自身特长和能力认领服务项目和岗位，每个季度到社区参加活动一般不少于1次，每年不少于4次。推行组团服务，组建创文巩卫宣传、社区治理、法律维权、健康义诊和居民就业扶持等专业化服务团队，有针对性地组织开展红色教育、民俗节庆、道德讲坛、文明创建以及关心青少年、关爱空巢老人等主题活动。同时，组织开展“微心愿·圆梦想”活动，面向生活困难党员群众、空巢老人、留守儿童等群体征集具体、实在、易于解决的“小梦想”“小心愿”“小困难”，力所能及地帮助群众达成所愿。武江区29个社区已初步收集到近200个服务项目及岗位提供给机关在职党员认领，各机关在职党员已基本到社区报到为群众服务。

【十件民生实事全面推进】 2014年，武江区十件民生实事全面推进。修建市第五中学学生宿舍楼；修建镇泰小学运动场塑胶跑道；升级改造龙归卫生院综合大楼；重建重阳大沙洲桥、陀村桥，已于2014年6月通车；投资114万元重建江湾围坪寺前桥；开展龙归万亩高标准基本农田建设；整治沐溪水库水源地环境；建设龙归镇全民健身广场；投入140多万元建设花城社区公共服务站示范点，并于7月4日正式启动；开展芙蓉市场片区内涝整治。

【荣膺国家知识产权强县（区）工程示范试点区】 2014年8月，武江区被确定为国家知识产权强县（区）工程示范试点区，这是该区继2006年被广东省知识产权局列为韶关市第一个知识产权试点区，2008年顺利通过省的评价考核后获得的又一殊荣。武江区先后出台多项政策措施，充分发挥知识产权在自主创新中的引领、激励和保护作用，推进具有自主知识产业的形成与发展，促进产业转型升级，提升产业发展的竞争力和经济发展后劲。及时地做好辖区企业和个人专利申请补助工作及相关奖励工作。专利申请量从2007年的59件上升到2013年的371件，增长528%。2013年，全区专利申请量371件，其中：发明专利86件、实用新型260件；发放专利补助20.01万元，专利奖励24万元。

【推进“平安小区”建设】 武江区将小区划分为单位小区、全封闭物业小区、开放式小区和城中村小区等四大类，针对不同类别采取不同的管理模式。对于单位小区，由所属单位明确专人管理；对于全封闭物业小区，则实行专业物业管理；而开放式小区和城中村小区，则以村（居）民自治的方式，实行自治化管理。该区在公安系统已安装视频探头500多个，并在9个派出所建立监控平台；辖区单位、各小区和大型场所等也自建视频监控系统100多个，视频探头数1500多个。这些分布广泛的电子眼“天网”，在社会治安中发挥作用，社区“两抢一盗”案件与去年同期相比下降明显。武江区已建立“六好”平安和谐社区服务平台，各街道、社区已具备社区综合服务窗口，及时快速为小区居民提供计划生育、民政事务、残疾人事业、老龄咨询服务、下岗再就业登记、法律援助以及各种技能培训等综合服务。武江区先后在惠民街道、新华街道成立“爱心超市”，至2014已有4300多户、12000多人次得到帮助。成立社工服务站，至2014社工服务站已服务困境家庭7个，组建各类小组6个，正式介入青少年服务个案5个，开展社区活动16次，服务1500多人次。建立“街道—社区—物管企业”“三级网络”物业纠纷调处机制。开展社区网格化管理，推动社区管理精细化和自治化。新华、惠民两个街道先后有25个社区获得“省六好平安和谐社区”称号，其中新华街惠民西社区被国家民政部授予“全国平安和谐社区建设示范社区”称号。

【加快推进交通主干道森林景观带改造】 武江区组织人员加快推进交通主干道森林景观带改造项目备耕工作，2015年1月底前可全面完成备耕工作，为提升交通主干道两侧的森林和景观质量打下基础。该区加快规划沿京港澳高速公路、广乐高速公路一公里可视范围种植乡土阔叶树。此项改造工程项目分布于龙归镇、重阳镇、西联镇，面积共计5543亩，其中补植套种4004亩，抚育提升698亩，人工造林841亩。截至2014年年底，已完成林地清理约2000亩，打穴500亩。

【为六所中小学改建塑胶跑道】 2014年，武江区为该区六所中小学改建塑胶跑道，改建之前，这六所学校的运动场均是黄泥沙建造，为全面提升中小学体育设施标准，实现义务教育均衡化，改建成标准的塑胶跑道，并在2014年9月投入使用。改建塑胶跑道的学校有：龙归中学、韶关市第九中学、黄田坝小学、龙归镇中心小学、朝阳小学和镇泰小学六所学校。在财政资金紧张的情况下挤出资金加强区属学校的基础设施建设，这是武江区创建教育强区后的又一重大举措。

【重要决定、决策】 区政府八届16次常务会议研究区公共资源交易中心筹建事宜。会议明确：由常务副区长曾清兰牵头，研究论证区外商投资服务中心、区中小企业服务中心和区公共资源交易中心整合组成区行政服务中心的可行性。区公共资源交易中心隶属于区行政服务中心，办公场所初步定在区政府大院文化综合楼，所需工作人员在区财政局从事政府采购、住建局从事工程交易的现有人员及区行政服务中心在编人员中调配。区公共资源交易中心成立事宜，按程序报批。

区政府八届18次常务会议审议通过武江区政府职能转变和机构改革方案。会议同意：将原由省以下垂直管理的武江区工商局调整为区政府工作部门；区发展和改革局不再加挂区物价局牌子；将原与区委办合署办公的区政府办，改为独立设置；将区水务局职能整合划入区农业局，在区农业局加挂区水务局牌子；将区科学技术局（区知识产权局）职能整合划入区教育局，在区教育局加挂区科学技术局、区知识产权局牌子。

区政府八届19次常务会议研究区知识产权奖励政策调整事宜。会议议定：对《关于加强知识产权管理工作的决定》（韶武府〔2011〕40号）中的国际专利（PCT）奖励政策作以下调整：奖励认定标准由原来的申请奖励调整为授权后奖励，奖励金额由原来的2万元调整为1万元；执行时间为2014年1月。

区政府八届19次常务会议研究莞韶园武江片区三石王村拆迁安置事宜。会议议定：同意启动莞韶园武江片区三石王村拆迁安置，前期工作经费由区财政垫付。

区政府八届20次常务会议审核通过《武江区农村集体经济管理暂行办法（试行）》。根据国家和省市相关文件及有关法律法规，2011年3月31日武江区制定《武江区农村集体经济管理暂行办法（试行）》，并于2011年4月1日起试行（试行期一年）。2014年4月，区监察局牵头对原《暂行办法（试行）》进行修改完善，形成2014年版的《武江区农村集体经济管理暂行办法》（试行）。鉴于新修订的《武江区农村集体经济管理暂行办法（试行）》符合现阶段农村集体经济管理的需要。会议议定：同意印发《武江区农村集体经济管理暂行办法（试行）》，在武江区农村“三资”交易平台未建成之前，由区财政局负责全区农村集体经济管理工作。

区政府八届20次常务会议研究区政府2014年决定保留的行政审批项目目录事项。会议议定：同意区编办提交的武江区人民政府2014年决定保留的行政审批项目目录（共106项，含承接市下放项目14项，市委托项目1项。涉及部门20个）。会议要求区编办认真按照省市有关工作精神，进一步做好行政审批项目保留目录公开工作。

区政府八届21次常务会议研究在碧桂园·太阳城设立社区居委会事宜。会议议定：同意在碧桂园·太阳城小区设立社区居委会，具体设立事宜由区民政局牵头，会同西联镇等相关单位和部门依法依规依程序进行。社区居委会设立后，由西联镇人民政府属地管理。

区政府八届22次常务会议原则同意《武江区人民政府工作规则》和《武江区重大行政决策程序规定》。

区政府八届22次常务会议研究区节能减排及环保职能部门分工事宜。会议明确：（一）关于节能减排职能问题。由区发改局承担节能减排综合协调工作，具体工作负责单位为：工商贸企业节能减排工作由区经信局具体负责，农业减排工作由区农业局具体负责，建筑行业节能工作由区住建局具体负责。（二）关于环保职能问题。由区住建局承担综合协调工作，具体工作由涉事主体归口部门牵头负责。

区政府八届26次常务会议研究甘棠园区返拨经济发展用地相关事宜。2009年起，甘棠园区共征地约6500亩（西联镇甘棠村约6100亩，龙归镇龙归村约400亩）。按照《广东省国土资源厅关于深入开展征地制度改革有关问题的通知》（粤国土资发〔2005〕51号）要求，须按征地总面积的15%拨付经济发展用地予被征地村，即需拨付975亩。会议议定：同意分批次返拨经济发展用地，具体由甘棠园区管委会依法依规按程序组织实施。

区政府八届26次常务会议原则同意《莞韶甘棠工业园甘棠村委经济发展用地管理办法》。会议明确：出台该办法旨在对村集体经济发展用地进行规范，村集体经济发展用地必须符合甘棠园区的总体规划及产业定位。

韶关市武江区政府领导名录

区　长：黄建华

常务副区长：曾清兰

副区长：游加慧

黄　真

邹有胜

刘拥军（2014.5—）

王敏雯（女，2014.5—）

（撰稿人：张　华）

区政府办工作

【概况】 2014年，区政府办在区委、区政府的坚强领导下，围绕全区的中心工作，以提高办公室“三服务”的能力和质量为抓手，科学谋划、积极协调、狠抓落实，较好地完成全年各项任务。

【统筹协调工作】 全年签收上级（含市直部门）来文2584件，以区政府、区政府办名义发文381件，及时、准确完成上情下达、下情上送的工作任务，有力协助芙蓉新城征拆、甘棠园区建设、莞韶城开发、市政项目改造、政府职能转变和机构改革等重点工作的开展。正式启用电子政务办公OA系统，上接市，下联镇（街）、区直部门以及部分驻区单位，大大提高办文效率，有力推进无纸化办公。全年召开区政府全体会议1次、常务会议14次、经济形势分析会3次，印发常务会议纪要14期。

【干部学习工作】 大力开展群众路线教育实践活动，有效改善工作作风，提升服务水平。认真扎实做好各个环节的各项工作。即：学习过程中主要做到“三结合”，集中学习与个人自学相结合；文字学习与事迹讲座相结合；理论学习与专题讨论相结合。整改环节中该办结合办公室实际，深入开展严格控制会议数量、会期和规模，严格控制各类文件简报和内部刊物，减少全区各类领导小组和议事协调机构等3个专项行动。加强制度建设，对已有管理制度进行一次全面梳理，认真做好废止、修订工作。

【信息督办工作】 认真履行参谋助手职责，为政府决策提供服务。完成信息报送37篇，为领导全面了解情况提供重要的信息渠道。同时，通过调研和收集各方面工作情况，为领导起草政府工作报告、各种会议讲话、汇报材料、会议纪要等200多篇文稿。

【督查检查工作】 切实发挥督促检查职能，推动政府决策的贯彻落实。重点做好《2014年武江区政府工作要点》《2014年武江区政府承诺为民办实事项目责任分工方案》《2014年武江区经济增长指标及任务分解》《2014年武江区重点建设项目计划表及2015年重点建设预备项目计划表》以及区政府常务会议等工作部署的督查工作，为完成全年工作任务提供强大的助推力。

【办文办会质量与效率提高】 充分发挥办公室综合协调作用，保证政府日常工作正常运转。全年签收上级（含市直部门）来文2584件，以区政府、区政府办名义发文381件。正式启用电子政务办公OA系统，上接市，下联镇（街）、区直部门以及部分驻区单位。全年召开区政府全体会议1次、常务会议16次、经济形势分析会3次，印发常务会议纪要16期。

区政府办领名录：

主　任：朱旭东

副主任：黄雅琪（女，2014.1—）

刁海燕（女，2014.1—）

邱　江

（撰稿人：张　华）

区应急办工作

【预案体系建设】 重新修订防洪抢险应急预案，截至2014年底，共制定印发区级总体应急预案1个，专项预案19个，形成较为完整的应急预案体系，切实提高应对突发事件的处置能力。

【组织体系建设】 对突发公共事件应急委员会成员进行调整，健全应急管理组织体系，加强应急管理力量，由区应急办统筹协调全区应急管理工作，督促指导各级各部门完善应急管理机构。成功处置西河镇马屋村兴华石场被村民阻工、广乐高速龙归镇坳头村阻工、西河镇大村村民与区查违专业队发生冲突等突发事件。

【保障体系建设】 全区已建成专业应急救援队伍12支，非专业救援队伍6支，避难场所20个。配合区消防大队建立应急专家库和应急物资数据库，为应对突发火险、危险品泄漏等特殊事故提供人才及物资保证。

【应急宣传工作】 利用互联网、宣传栏、简报等形式，开展宣教活动。举办危险化学品、人防、消防等3场区级大型应急演练。

区应急管理办公室领导名录：

主　任：曹吾林（2014.1—）

（撰稿人：朱　唯）

法制工作

【文件规范工作】 2014年，对武江区颁布的规范性文件共12件进行审查，其中作出办法2项，作出方案、预案、制度等通知10项，并按有关规定上报市政府备案。

【行政复议和行政投诉案件】 受理行政复议案件2宗，经过依法审查，对2宗案件依法作出维持原具体行政行为的行政复议决定。

【山林土地权属纠纷案件】 代表区政府对8宗山林土地权属纠纷案件依法作出处理决定，其中调解3宗，作出处理决定的5宗。作出处理决定的5宗案件经过行政复议机关和法院审理后，均作出维持区政府裁决的行政复议决定和行政判决。

【行政执法监督、检查】 根据《广东省〈行政执法证〉管理办法》有关规定，协助区各行政执法部门开通行政执法证办证平台，共为全区各行政职能部门办理行政执法证14份。

【人大代表建议、政协委员提案办理】 办理区人大代表建议、意见10件，办理区政协委员提案30件，办理市人大代表建议3件，办理市政协委员提案3件。

区政府法制局领导名录：

局　长：张锦怀（2014.1—）

副局长：张炳桂（—2014.7）

（撰稿人：朱　唯）

侨务·港澳事务

【概况】 武江区外事侨务局是武江区人民政府负责主管全区外事侨务工作，负责办理华侨和归侨、侨眷事务的职能部门，主要任务是贯彻执行侨务及对外工作方针、政策，维护华侨、港澳同胞以及归侨、侨眷的合法权益；因公出国（境）签证管理；处理对外官方、半官方和重要民间往来交流事宜。武江区外事侨务局挂牌武江区政府办，编制人员2名，设局长一名，科员一名。

韶关市武江区人民政府侨务办公室于1985年5月启用公章（1985年5月区人民政府侨务办公室“关于启用公章的通知”），正科级建制 。

韶关市武江区人民政府外事办公室于1990年9月设立。正科级建制。

1997年2月挂牌区政府办，与区侨联合署办公。

2010年1月，武江区外事办公室、武江区侨务办公室变更为武江区外事侨务办公室，一套人员、一个牌子。

2012年1月，武江区外事侨务办公室变更为武江区外事侨务局。

【签证及管理】 深入贯彻落实《十八届中央政治局关于改进工作作风、密切联系群众的八项规定》《关于进一步加强市管干部出国（境）管理的通知》《关于进一步加强区管干部出国（境）管理的通知》等文件精神精神，按照中央、省有关控制并降低总量的要求，2014年对因公临时出国（境）的安排，坚持因事定人，不安排照顾性和无实质性内容的一般性出访和考察。按规定为区主要领导办理的因公临时赴香港由长期准备转变为因工作需要才办理。

【为侨服务】 坚持“以人为本，为侨服务”的宗旨，积极开展为侨服务工作，并通过深入基层，走访、了解困难归侨侨眷的生活现状、子女学习、就业等情况，协助解决困难归侨侨眷及子女学习、就业等困难，积极帮助孤寡老人解决生活中遇到的困难。根据市局《关于做好扶持贫困归侨专项资金发放工作的通知》和市韶财农〔2014〕66号文精神，为做好2013年扶持贫困归侨专项资金发放工作，区外侨局本着专款专用、好事办实的精神和公开、公平、公正的原则，经严格审核、对符合条件的31名贫困归侨，包括低保户、患重大疾病、80岁以上老人等特困、困难、贫困归侨发放扶持专项资金。2014年，共走访慰问困难归侨侨眷42人次，为他们送去慰问款物约4.65万元。

【信访、宣传工作】 2014年，共接待来电、来访28宗。向广东侨网、市侨网、区政府网等投稿13篇。

区外事侨务局领导名录：

局　长：黄雅琪（女）

（撰稿人：侯芊彤）

信息化建设

【概况】 2014年，区信息中心立足自身实际，充分发挥职能，有力推动各项工作的开展。按省、市统一部署，做好网上办事大厅武江分厅拓展完善工作。进一步优化网络环境，加强武江分厅系统和省、市主厅互联互通和更新升级。

按照区编办审核后的事项通用目录规范区进驻事项。至2014年年底，区进驻事项共176项，其中行政许可102项，非行政许可33项，社会服务事项41项，新进驻地方公路管理站、区档案局、食品药品监督局三个单位20个服务事项。

推动网上办事大厅延伸到镇、街和村、居。至2014年底，全区开通惠民街道办事处、新华街道办事处开通办事站，花城社区居委会、惠民西社区居委会、工业中社区居委会、沙湖社区居委会、惠民北社区居委会开通办事点，共进驻计划生育服务证、一孩生育登记、独生子女父母光荣证、流动人口婚育证明、再生育一胎子女审批五个事项。

【办公OA系统日常维护工作】 加强办公OA系统基础网络维护，定期检查各级链路，确保和市一级部门公文交换互连互通，各用户信息点能正确访问相关内容。升级更新电子印章客户端软件，加强电子印章规范使用。加强沟通协调办公OA系统进驻部门，做好操作人员的培训工作，及时反馈修复OA使用中存在的问题。紧跟市级办公OA系统版本，及时更新区办公OA系统。

【区政府公众信息网升级工作】 按区实际需求，完成栏目设置调整、美化门户页面等工作。在主页上新增加网上办事、浈武聚焦在线视频、公共资源交易信息公开栏目，细分部门、镇街动态。做好新、旧网站间数据迁移工作。完成网站测试调试工作。做好区电子政务外网工程验收工作。为确保该项目项质量，信息中心首先在内部做全面检测，然后通过市公共资源交易中心随机抽取专家再次检测，并梳理出多条整改意见，经整改后，该项目可靠性得到很大的提高。

【流动人口及出租屋信息管理系统建设】 根据区统一部署，信息中心负责流动人口及出租屋信息管理系统建设技术部分，主要完成工作有：服务器设备安装调试。协调系统进驻部门，整理系统数据基础资料。组织安排流动人口及出租屋信息管理系统操作人员和管理人员培训。

【规范政府信息公开工作】 协助市信息中心做好重点领域信息公开系统建设，推进重点领域信息公开工作。根据市信息中心统一安排，信息中心主要完成数据整理，操作人员培训工作。该套系统已于2014年12月底正式上线，整合市信息公开平台正常运行。

（撰稿人：钟志敏）

政协韶关市武江区委员会

【概况】 2014年，区政协设提案、经济、教科文卫体、社会和法制、农业、台港澳侨6个工作委员会。政协机关设立办公室、组织联络科、宣传教育科（挂提案工作科），一室三科。

2014年，区政协全体委员认真贯彻落实中共十八大及十八届三中、四中全会精神，圆满召开并完成八届四次全体会议各项议程，深入学习习近平总书记在庆祝中国人民政治协商会议成立65周年大会上的讲话，全面开展党的群众路线教育实践活动。紧紧围绕中央、省、市、区委的中心工作和发展大局，牢牢把握团结和民主两大主题，以饱满的政治热情和强烈的社会责任感，认真履行政治协商、民主监督和参政议政职能，在完善新华街工业中社区政协委员联系群众工作站的基础上，又在惠民街惠民北社区和西河镇前进村委会，分别建设政协委员联系群众工作站，切实发挥政协委员视察、调研和协商议政、协调关系、汇聚力量、建言献策、服务大局作用，为武江区经济和社会各项事业的发展做出了贡献，较好地完成区委、区政府交办的各项工作任务。

【八届四次会议】 1月20日—22日，区政协在七楼会议室召开八届四次全体会议。本次会议应到委员166人，实到委员143人，因事请假23人。会议听取和审议八届四次常务委员会报告和提案工作报告。21日下午进行新增常委选举，结果：应到委员166名，实到140名；选举结果报告如下：朱冬生获赞成票137张，曹华龙获赞成票136张，钱建农获赞成票137张，邹晓英获赞成票137张。

【人事任免情况】 1月23日，韶武协委〔2014〕1号任免通知，朱冬生、曹华龙、钱建农、邹晓英为政协八届常务委员；邱从望、邱学敏为政协八届委员。3月26日，韶武协委〔2014〕5号关于撤销聂旭平、免去李韶轩政协委员资格的决定。3月27日，关于借调干部的通知，经区委、区政府主要领导批准，借调西河镇罗雨霓到区政协办公室工作。10月30日，韶武组干〔2014〕43号《关于何远韶等同志职务任免的通知》：李强任政协韶关市武江区委员会机关主任科员。

【常委会议】 1月10日，在区510会议室召开八届八次常委会议，讨论有关政协八届四次会议的各项议程和新四名政协常委等事项。1月21日，召开八届九次常委会议，通过选举办法及拟进常委候选人选，讨论通过2014年政协工作要点。3月26日，召开八届十次常委会议讨论八届四次会议委员提交提案立案事宜及有关人事和学习教育工作。7月24日，召开八届十一次常委扩大会议，市委党的群众路线教育学习活动督导组通报民主生活会情况。9月29日，召开八届十二次常委会议，区政府常务副区长曾清兰通报全区经济工作情况。

【主席会议】 1月3日，政协主席、党组书记陈坤明主持召开主席会议和党组会议。会议同意拟进常委和政协委员考察对象，由组织联络科和统战部负责，按程序办理。并研究政协机关开展党的群众路线教育实践活动方案及部署机关反腐倡廉等工作。

1月7日，政协主席陈坤明率部分政协委员参加区委、区政府组织的“武江区政协委员、人大代表参政议政座谈会”。政协组织25位委员参加“参政议政”书面建言，其中8名同志在会上作了发言。政协出版《参政议政材料汇编》。秘书长刘存友作《序》，政协主席陈坤明撰写《政协委员要敢于讲真话、建净言》。区委书记王德雄、代区长黄建华等党政班子有关领导和部门领导参加会议。

3月26日，召开主席、党组会议，讨论通过提案审查立案情况、2014年政协工作要点、部署全年党风廉政建设工作、学习习近平总书记讲话精神并征求政协机关党的群众路线教育实践活动方案等。

6月13日，召开党组会议，专题研究并模拟开展党的群众路线教育实践活动专题民主生活会情况。首先，班子成员依次发言开展批评与自我批评，然后班子中开展相互批评。最后，秘书长刘存友组织学习《关于领导干部报告个人有关事项的规定》及反腐倡廉有关文件。

7月8日，召开党组会议和主席会议，专题研究开好民主生活会有关工作。

7月16日政协党组召开班子党的群众路线教育实践活动专题民主生活会，市委督导组领导李泽宣参加会议并给予高度评价。

7月24日，召开主席会、党组会议，市委党的群众路线教育实践活动督导组长李泽宣点评民主生活会情况：一是准备充分，主要领导高度重视；二是开展批评处于公心；三是班子成员开展批评与自我批评认真，剖析到位。同时，他还针对不足提出要求和希望。

9月29日，召开主席会、党组会、常委会，专题听取区政府2014年全区经济工作情况。区政府常务副区长曾清兰介绍当前武江区的经济情况，存在的主要问题，奋斗目标及努力方向。主席陈坤明主持会议。

【参政议政】 1—12月，由主席、副主席带各专委会到各企业单位视察。

3月19日下午，市政协主席李飞带领部分市政协委员到武江区视察政协工作联系点。参加调研活动的还有区委书记王德雄，区政协主席陈坤明、秘书长刘存友，新华街党工委书记钟真、副书记龚存进等。

5月26日，社会法制专委会由政协副主席何岚带队，前往武江区城市管理局视察执法情况。

6月27日，文教卫体专委会由政协副主席刘素云带队，前往江湾卫生院大楼落成，了解建设情况视察。

7月4日，农业专委会由副主席吴广项带队前往视察新城新村建设和安置工作情况。

7月10日，提案专委会由政协副主席谭浩托带队，前往国道323线、龙归卫生院视察。

7月29日，经济专委会捐助重教育共34400元。

8月1日，文教科卫体专委会由刘素云副主席带队，前往乐昌长来镇政府视察并参观当地抗日人士纪念馆。

8月25日，港澳台专委会由政协副主席李松发带队，前往市利宝集团、恒大集团、碧桂园等房地产开发有限公司视察。

9月19日下午，教科文教体专委会，陈坤明主席、刘素云副主席带领部分委员前往江湾镇卫生院捐电脑一批，价值2万元。

10月16日，社会和法制专委会由何岚副主席带队，对区《中华人民共和国安全生产法》的贯彻执行情况进行视察。

11月11日，区农业专委会由吴广英副主席带队，对现代农业发展项目情况进行专题视察活动。

11月13日—17日，由陈坤明主席带队共13人前往顺德、龙川、五化、江西赣州等地外出学习。

11月27日，政协经济委员会由陈坤明主席带队，到芙蓉新城实地视察西联镇征地拆迁工作。

11月30日，区政协提案专委会由谭浩托副主席带队前往宏大齿轮厂视察生产情况。

【提案工作】 2013年，武江区政协委员围绕区委、区政府的中心工作和人民群众关心的热点、难点问题，深入调研，积极建言献策，收到委员提案30件，立案12件。到年底，转交职能部门办理的提案全部办理答复，答复率为100%，委员满意率达100%。

区政协领导名录

主　席：陈坤明

副主席：李松发

何　岚

刘素云（女）

罗元月

谭浩托

吴广英（女）

党组成员：潘来养

刘存友

秘书长：刘存友

（撰稿人：罗雨霓）

纪检·监察

【综述】 区纪委机关、区监察局设办公室、宣传教育室、纪检监察室、案件审理室、信访室、党风廉政建设室、监察综合室、机关效能监察室等8个内设机构；第一中心纪检监察组、第二中心纪检监察组、第三中心纪检监察组等3个派出机构。区纪委机关、区监察局行政编制16名。其中：区纪委常委7名，区监察局局长1名（由纪委副书记兼任），副局长2名（1名由纪委常委兼任、1名为党外副局长），主任8名。根据中央和省、市关于推进县级纪检监察机关内设机构改革调整的要求，2014年12月22日区委办印发《中共韶关市武江区委办公室关于印发〈中共韶关市武江区纪律检查委员会机关、武江区监察局主要职责、内设机构和人员编制方案〉的通知》，按照内设机构、人员编制、领导职数不变的原则，对内设机构进行调整优化。调整后区纪委机关、区监察局设办公室、宣传教育室、党风政风监督室、信访室、案件监督管理室、第一纪检监察室、第二纪检监察室、案件审理室等8个内设机构。

【监督检查】 加强对贯彻落实十八届三中全会精神和市纪委十一届四次全会、区委八届三次全会重大决策部署的监督检查。围绕区委、区政府中心工作，开展对村“两委”换届选举、教师招考工作、重点项目建设、工业园区征地拆迁等情况的监督检查和对各项经济指标完成情况的分解督查。推进民主评议政风行风工作，对24个区直和驻区相关单位重点评议。组织做好“民声热线”在韶关电台的上线工作和办理好日常来电投诉工作。加强特邀监察员队伍管理，根据工作需要及个人表现，及时调整选聘特邀监察员，并为特邀监察员制作工作证，制定特邀监察员活动计划，邀请他们参与到各项监督检查工作中，充分发挥好他们的作用。

【作风建设】 认真贯彻落实中央“八项规定”精神，聚焦“四风”，结合党的群众路线教育实践活动，开展“会所腐败”、“三难”（门难进，脸难看，事难办）、公务用车管理等专项整治；开展对贯彻执行严禁公款购赠年货和贺年卡，严禁公款吃喝、公款旅游和铺张浪费规定情况的检查监督。开展明察暗访13次，对24个单位的28名干部职工违反工作纪律情况进行通报批评；对违反八项规定精神问题立案调查3个，处分3人，坚持暗访、查处、追责、曝光“四管齐下”，推动作风建设常态化。深入开展民主评议政风行风活动，组织区发改局等24个重点评议单位进行民主测评；及时调整选聘特邀监察员，制定特邀监察员活动计划，邀请他们参与到各项监督检查工作中，充分发挥好他们的作用。

【执纪办案】 全面加大办案工作力度，以“零容忍”态度惩治腐败，坚决遏制腐败蔓延势头。2014年，全区共受理信访举报108件（重复件46件），同比上升18.7%。其中，应办信访件50件，已核查48件，初核率96%；实名举报32件，已核查32件，核查率100%。立案查处违纪、违法案件63件63人，结案45件，案件涉及党员60人，监察对象3人，副科以上干部8人。其中，区纪检监察机关自办案件19件，指导镇街纪委办案44件。2014年，成功突破一宗中央巡视组交办的案件，案件涉及国家公职人员5人，涉案金额达200多万元，当地村民持续上访数年均未能得到解决，通过3个月的深入调查，查清违纪事实，案件已移交检察机关进行立案处理。

【教育监督】 深入开展以“严明组织纪律，锻造优良作风”为主题的纪律教育学习月活动。举办以“为民、务实、清廉”为主题的廉政诗歌征集活动、邀请省纪委预防腐败局副局长黄力同志为全区副科以上干部作专题辅导报告。充分发挥廉政教育基地的载体作用，组织85名正科以上干部到省反腐倡廉教育基地开展警示教育；组织全区副科以下干部和新任村（社区）“两委”干部到市反腐倡廉教育基地开展警示教育。坚持科级领导干部任前廉政法规考试制度，组织西联镇、区经信局等六个单位“一把手”向区纪委委员进行述责述廉述德的“三述”活动。加大宣传报道力度，在韶关日报开设专版报道武江区党风廉政建设情况。

加强廉政风险防控工作，制定《韶关市武江区科级领导干部党风廉政情况巡查制度》，对科级领导干部贯彻落实“八项规定”、党风廉政责任制、遵守廉政准则等廉洁自律规定的情况进行巡查。充分发挥市党风廉政信息公开平台和村务监督委员会作用，促进“党务、政务、事务、厂务、镇村站所”五类信息公开。

【体制机制改革】 推动落实党风廉政建设责任制主体责任，全区各单位“一把手”把党风廉政建设责任制工作与本单位职能工作同部署、同检查、同落实，履行好“一岗双责”。年底，由区委常委带队，对各镇（街）和区直及驻区单位落实党风廉政建设责任制情况进行考核，考核的总体情况良好。全区纪检监察机关回归主业，突出主责，深入转职能、转方式、转作风。区纪委监察局参与的议事协调机构由164个精简为25个。区纪委调整机关内设机构，整合成立党风政风监督室，增设一个纪检监察室和案件监督管理室，监督执纪问责力量进一步加强。积极开展查办腐败案件体制机制改革试点，认真落实“线索处置和案件查办在向同级党委报告的同时必须向上级纪委报告”制度，进一步优化办案环境。扎实推进镇街纪委规范化建设，严格按照“六有”标准，从人、财、物配齐配强镇（街）纪委办公办案的硬件和软件。

【队伍建设】 深入开展党的群众路线教育实践活动，区纪委监察局领导班子对照反对“四风”和践行“三严三实”的标准，认真查找自身存在的党性党风方面的问题，制订整改措施，群众反映的19个问题得到有效解决。组织全区纪检监察干部签订廉洁自律承诺书，自觉遵守广东省纪检监察干部行为规范和韶关市纪检监察干部廉洁自律十项规定。制定《武江区镇、街纪（工）委书记绩效考核办法（试行）》，进一步加强基层纪检组织建设。选派15名干部参加中纪委和省、市纪委举办的业务培训，其中包括11名镇（街）纪委书记、副书记。

（撰稿人：林基乐）

区纪委监察局领导名录

书　记：曹　錭（女）

副书记：林卫国

　　　　朱冬生

常　委：黄碧贞（女）

　　　　陈国承

　　　　张耀雄

　　　　黄韶娟（女）

监察局领导名录

局　长：朱冬生

副局长：张耀雄

　　　　胡玉梅（女，—2014.2）

民主党派·工商联

民革武江区基层组织

【概况】2014年，民革韶关市武江区共有6个支部，分别设一、二、三、四、五支部和粤北人民医院支部，共有党员107人。

【思想建设】 2014年，民革武江区各支部认真贯彻民革市委关于开展坚持和发展中国特色社会主义学习实践活动的部署，自2014年始至2017年开展学习实践活动。各支委会班子高度重视，多次召开支委会议，研究、部署学习实践活动的开展。一是以市委会《民革韶关市委坚持和发展中国特色社会主义学习实践活动实施方案》为指导，在理论研究、自身建设、社会服务、参政议政、组织发展、宣传报道等方面做出相应的工作安排。突出深入学习中共十八届四中全会精神和民革十二届三中全会精神，努力吃透精神实质、掌握核心要义。二是结合履行好参政议政职能，做好本职工作。要求支部党员从我做起、从现在做起、从岗位做起，立足本职，服务中心，建功立业，为韶关经济社会发展增光添彩。三是各支部领导班子成员以身作则、带头示范与支部其他党员积极参与，坚持群策群力，努力提高各项工作水平。四是努力营造学习实践活动的浓厚氛围，多渠道、多形式开展学习实践活动，提高学习实践活动的实效，引导各支部民革党员坚定对中国特色社会主义的道路自信、理论自信、制度自信，为坚持和完善中国共产党领导的多党合作和政治协商制度做出积极贡献。 五是积极参与“五一”口号发布65周年，庆国庆暨纪念人民政协成立65周年等主题活动。

【组织建设】 2014年，各支部在组织建设工作上下真功夫、求真突破、见真实效。一是积极稳妥地发展党员，发展有民革特色、有一定社会影响力和专业特长的党员，2014年共发展6名同志加入民革，全部为本科学历，为组织发展注入新鲜血液。二是创新基层组织活动形式和提升效果，基层组织通过座谈学习、传达上级文件和会议精神，与其他市基层组织交流学习、参观，建立微博、微信互动，与社区互动、深入社区或基层助学济困和到贫困边远地区开展送医送药和义诊活动等形式，使组织活动有创新、有实效，内容实在又传递正能量，增强了组织凝聚力。三是武五支部主委晋升为民革韶关市十届委员会委员。四是各支部领导班子普遍能做到实行民主集中制，充分发扬党内民主，坚持集体领导，不断增强组织的战斗力，确保各项工作顺利开展。五是推荐了1名法治工作者担任省委会法律维权服务中心成员。六是积极推荐1名骨干党员参加在市委党校举办的党外中青年干部培训班的学习。七是积极参加新党员暨骨干学习班，所属各支部的民革市委委员、支部主委、机关干部以及2013年以来入党的党员共28人进行集中培训。

【参政议政】 2014年，武江区各支部围绕市、区党委、政府中心工作，服务大局，引导民革党员中的人大代表、政协委员聚焦改革重点和绿色转型、振兴发展的目标积极建言献策。武江区各支部共有省政协委员1名，市人大代表1名，区人大代表1名，市政协委员7

名，区政协委员8名，民革市委主委1名、副主委1名，其他市委委员2名。在2014年省、市、县（区）“两会”期间，武江区2名民革党员在市政协大会上作了关于《关于加快我市城市道路建设，拉大城市框架的建议》和《关于如何妥善解决医患纠纷的建议》的即席发言，受到与会委员的重视，引起社会各界关注。提案方面，民革武江区第五支部中的省政协委员提交提案1件，市政协委员提交提案13件，区政协委员提交提案2件。民革党员中的各级人大代表，也提出或参与提出了不少建议。这些提案建议，大多数由有关部门承办，促进了经济社会发展。

【社会服务】 2014年，各支部根据市委会统一部署，继续坚持深入开展“博爱•牵手”活动，社会服务树立新品牌。一是送医送药义诊活动。民革粤北人民医院等支部的医务工作者到仁化县扶溪镇进行送医送药义诊活动，共服务群众近350人，捐赠药品价值人民币6000余元；武江区第五支部联合韶关市红十字会对贫困家庭赠送药品价值3.6万元，与韶关爱尔眼科医院医务人员到武江区龙归镇厚坪村送医送药和开展阶段性的“博爱•光明行”活动，帮助贫困白内障患者重见光明。二是开展捐资助学活动。据统计，各基层组织发动党员资助贫困家庭学生共计37人，累计金额达3万元。三是继续开展党员互助活动，动员各基层组织广大党员帮扶生活、生产上有困难的民革党员。2014年，共筹集互助金5000元。四是组织党员参加献爱心活动。民营企业家、韶关市鸿鑫电气实业公司总经理赵高凌，发动浙江商会捐助32个贫困生，同时个人捐赠韶关青年联合会人民币1万元、慰问75230部队人民币1万元、捐赠武江区江湾镇卫生院3台电脑，价值15000元。五是积极参与“6・30”广东扶贫济困日捐款活动。民革武江区各基层支部的广大党员干部纷纷慷慨解囊，为扶贫济困贡献自己的一分力量，广大民营企业家也自觉履行社会责任，热心回报社会。据统计，各支部捐款总额突破10万元。

武江区广大民革党员在各自领域立足岗位，以强烈的使命感和饱满的工作热情创造了许多优异成绩，为韶关发展添砖加瓦，为民革组织增光添彩。例如：武江区第四支部副主委余硕律师响应司法局法律进基层活动的号召，深入乐昌市梅花镇的7个村进行法律援助及普法宣传法律咨询活动，获益群众近80人；韶关市民革党员中的科技工作者、教育工作者和卫生工作者，普遍在工作上取得骄人成绩。武江区民革党员悉心经营的企业，普遍取得良好的经济效益和社会效益。

民革武江区各支部主委名录

一支部主委：肖仁飞

二支部主委：顾永康

三支部主委：林建锐

四支部主委：张国标

五支部主委：邓献良

粤北人民医院支部主委：

蒋段林

（撰稿人：王龙树）

民盟武江区基层组织

【概况】 中国民主同盟（简称“民盟”）是主要由从事文化教育以及科学技术的高、中级知识分子组成的，具有政治联盟特点的，接受中国共产党领导、同中国共产党通力合作，进步性与广泛性相统一、致力于中国特色社会主义事业的参政党。2014年，民盟在韶关市武江区有6个基层组织，盟员102人，其中北江中学支部27人，田家炳中学支部15人，韶关市职业中学支部12人，武江科技教育支部24人，医卫支部15人，粤北医院支部9人。盟员主要来自驻区教育、医卫、科技、文化等界别。2014年，民盟武江区共发展新盟员2人。其中：女盟员1人，占新发展盟员总数的50%；大学本科学历2人，占新发展盟员总数的100%；中、高级以上职称2人，占新发展盟员总数的100%。在行业界别方面，医卫界盟员1人，政府机关1人。

【思想建设】 2014年，民盟武江区各基层组织以开展坚持和发展中国特色社会主义学习实践活动为主线，紧跟形势，抓好国家大政方针、政策的学习。各基层组织坚持支委一月一学习，盟员一季度一学习的制度，组织学习中共十八大，十八届三中、四中全会精神和习近平总书记系列重要讲话精神，增强盟员接受中国共产党领导，坚持中国共产党领导，坚持多党合作和政治协商制度的自觉性。8月22日，民盟韶关市委邀请中共韶关市委党校刘意副教授举行《坚持和发展中国特色社会主义道路》专题讲座，民盟武江区各基层组织主委和骨干盟员15人参加学习。

【组织建设】 2014年，民盟武江区各基层组织以开展基层组织建设年活动为主题，结合自身实际，扎实开展各项工作，组织建设水平上新台阶，北江中学支部被民盟广东省委评为“组织工作先进集体”；医卫支部被评为民盟韶关市委基层组织建设年“先进基层组织”。把好入口关，做好新盟员发展工作。2014年，北江中学支部发展赖华基、武江科教支部发展邓晓芳两位同志入盟。两位新盟员均为大学本科学历、中级职称，是单位的骨干人才。重视后备干部队伍建设。4月22日，北江中学支部盟员、盟机关干部曾敏青当选为民盟韶关市委八届秘书长，是年9月，又被推荐参加2014年民盟广东省委中央社会主义学院盟务骨干培训班学习；9月，北江中学支部主委左之滨圆满完成一年的乐昌市长来镇副镇长挂职锻炼工作并提拔为北江中学学生工作处副科长，11月被推荐参加民盟广东省委2014年盟务骨干学习班学习；武江科技教育支部推荐丘其芳、田家炳中学支部推荐谭国兵参加2014年韶关市民主党派基层组织骨干学习班学习。

【参政议政】 民盟武江区各基层组织和广大盟员将参政议政工作作为重点盟务工作，认真履行职责。市、区两级政协委员重视两会平台，建议献策。市政协委员、北江中学支部盟员欧阳翰提交《对“两违”拆后场地的安全美化建议》，并在市政协大会做“整合资源加强市区市容市貌的巡视”的即席发言；市政协委员、北江中学支部盟员曾敏青提交《关于进一步改善我市公共交通环境解决百姓出行难问题的建议》。民盟武江区骨干盟员积极参加民盟韶关市委组织的专题调研、对口联系座谈会、意见征求会等形式多样的议政活动。广大盟员在做好本职工作的同时，积极为单位的建设和发展建言献策。如：田家炳中学支部沈坚主委针对学校饭堂学生时有浪费饭、菜现象，给学校提交《开展餐桌文明，厉行节约粮食》的建议；为帮助田家炳中学的贫困学生，盟员刘兴如给高三学生提出《高三学生献爱心毕业时把高考备考资料留给学弟学妹》的倡议。

【社会服务】 民盟武江区各级组织和盟员发挥民盟的优良传统，积极开展各项社会服务活动。医卫支部主委、韶关学院医学院附属医院副主任医师、内科主任周樱同志到乐昌市长来镇长来中心小学举行教师急救知识讲座和培训。发挥联系优势，捐资助学。北中支部盟员、民盟韶关市委秘书长曾敏青联系香港铁路系统工会于12月19日到翁源县翁城中心小学捐赠价值20万元的电脑、学习文具一批。盟员左之滨筹办成立乐昌市长来镇春晖助学联合会。该会2014年筹款3.1万元，挂职盟员副镇长左之滨代表民盟北江中学支部捐赠人民币2000元。

2014年5月20日，民盟医卫支部组织专家到乐昌市长来镇开展送教下乡活动。图为民盟医卫支部主委、韶关学院医学院附属医院副主任医师、内科主任周樱在中心小学开教师急救知识讲座和培训（赵桂林 摄）

民盟武江区基层组织主委名录

北江中学支部主委：左之滨

田家炳中学支部主委：沈 坚

市职中支部主委：冯千山

武江科技教育支部主委：曹佳良

医卫支部主委：周 樱（女）

粤北医院支部主委：胡红波（女）

（撰稿人：赵桂林）

民建武江区基层组织

【概况】 2014年，民建在武江区设有1个总支，武江总支下设5个基层支部，共有会员103人，其中武江一支部15人，武江二支部21人，武江三支部21人，武江四支部22人，武江五支部24人。会员主要由驻区和区政府机关经济界人士组成。

【思想建设】 2014年，民建武江区各基层组织以深入开展坚持和发展中国特色社会主义学习实践活动为载体，组织会员学习中共十八届三中、四中全会精神，习近平总书记关于治国理政的一系列重要讲话精神，陈昌智主席在民建全国宣传思想工作座谈会上及在民建全国市级组织建设研讨会上的讲话精神，不断增强会员的政治思想素质。同时，积极组织会员参与理论课题征文，严志全撰写的《新时期民建基层组织建设规律探析》获得民建省委理论研究成果二等奖。

【组织建设】 2014年，民建武江各基层组织干部队伍建设不断加强，民建市委副主委王敏雯被任命为武江区人民政府副区长，武江二支部主委何勇增补为民建韶关市委委员，武江四支部主委钟爱明被推荐为市政协委员。除坚持开好每月的组织生活会外，各基层组织开展形式多样的联谊活动，如组织会员到企业参观考察和开展文体户外活动等，进一步增强组织的活力和凝聚力。同时，各基层组织及会员在工作中，取得新成绩和荣誉。武江四支部被民建韶关市委授予“韶关民建2014年度先进基层组织”；陈曦、胡湘泉被民建广东省委评为参政议政工作先进个人，陈培英等9人被民建韶关市委评为“优秀会员”，严志全等2人被民建韶关市委评为“参政议政工作优秀个人”；胡海英参与创作的主题为“为民、务实、清廉”工商形象宣传影视作品在全省工商系统“红盾清廉”廉政文化原创作品征集活动中被评为二等奖，林友财参与完成的项目《G.D和YB条盒透明纸端面折叠成型装置》荣获韶关市科学技术进步奖三等奖。

【参政议政】 2014年，民建武江区会员认真履行职责，围绕党委政府中心工作及群众关心的热点问题，深入开展调研，积极建言献策，全年向各级人大和政协提交提案、意见和建议案13件，市政协即席发言1件，“市长与政协委员座谈会”发言2件，民建省委社情民意信息1件，市政协社情民意信息3件，市统战信息7件。其中，民建韶关市委副主委陈曦在中共韶关市委推进文化名城战略座谈会上所作的《关于打造韶关文化品牌的几点思考》，得到有关部门的重视；民建韶关市委秘书长胡湘泉提交的《关于建立健全废旧节能灯回收处理机制的建议》被民建省委采用为社情民意信息；武江三支部主委曹剑在市政协的即席发言《做大做强韶关工业的建议》，受到好评；陈明提交的《着力发展和培养中小企业，壮大民营经济》被选为武江区政协重点督办提案。

【社会服务】 2014年，民建武江区基层组织引导会员及企业积极参与各项公益活动。联合韶关爱尔眼科医院、广东狮子会乐善服务队、狮子会亚太地区联合服务队共同开展“韶关光明行”慈善活动，筹集16万多元的资金，免费为韶关市154名贫困白内障患者实施复明手术，使他们重见光明；李军前、吴国营、林友财等会员企业家为“广东扶贫济困日”活动捐款60多万元；李军前、吴国营连续第六年与乐昌贫困学生开展“爱心结对”助学活动，黄海棠连续第二年资助始兴县太平镇城郊中学三名贫困学生，直至读完大学。

民建武江总支部、支部主委名录

武江总支部主委：谷卫民

武江一支部主委：曾庆堪

武江二支部主委：何 勇

武江三支部主委：曹 剑

武江四支部主委：钟爱明

武江五支部主委：罗洪彬

（撰稿人：于方娟）

民进武江区基层组织

【概况】 2014年，韶关民进武江区基层组织共有支部4个，总计会员92人，其中武江区联合支部27人，武江区小教支部25人，五中支部25人，武江大专支部15人。会员主要来自教育、文化、卫生、民企等界别。

【思想建设】 韶关民进武江区基层组织践行社会主义核心价值观，坚定走中国特色社会主义道路，通过开展主题学习，进一步增强全会的政党意识、全局意识、责任意识。一是紧密结合学习贯彻中共十八届四中全会精神开展主题教育。二是学习传达全国、省、市“两会”精神。三是继续深入学习习近平总书记系列重要讲话精神。通过一系列学习，进一步提高广大会员的政治理论水平，增强对坚持和发展中国特色社会主义的道路自信、理论自信和制度自信。另外，还积极参与庆国庆暨纪念人民政协成立65周年等主题活动，为建设中国特色社会主义参政党凝心聚力。

【组织建设】 为进一步加强人才强会战略，2014年，韶关民进武江区各支部推荐骨干会员参加在市委党校开办的2014年民主党派基层骨干学习班，和推荐骨干会员和近两年来入会的新会员参加韶关民进举办的骨干会员、新会员学习班。此外，还积极组织会员参加参加市政协举办的全市性乒乓球比赛，由武江小教支部刘国凤等4位会员组成的韶关民进乒乓球队力挫群雄，勇夺“韶关市丹霞农机杯”乒乓球比赛市直组混合团体冠军。

【参政议政】 会员朱细牛、温荣华、杨秋兰、雷名珠担任武江区政协委员，其中朱细牛任常委。民进武江区各支部和担任区政协委员的会员，紧紧围绕区委、区政府中心工作，积极参政议政。2014年“两会”期间，全区各支部总计提交提案4件，均得到区有关部门的重视。由五中支部副主委麦振中选题的《关于设立市区水上公交巴士的建议》

被市政协列为2014年全市五大重点提案之一，由市政协主席李飞领衔督办；在参政议政信息工作中，麦振中副主委提出的《关于在我市市区增设“粤北特色小吃一条街”的建议》得到市政府领导的重视。此外，武江大专支部副主委曾庆飞多次为参政议政信息工作提供素材。

【社会服务】 民进武江区各支部凝聚广大会员的爱心和力量，发挥自身优势，创新工作思路，围绕雅安抗震救灾、“6・30”广东扶贫济困公益活动、扶贫开发“双到”等做力所能及的贡献，此外，广大会员还积极主动以各种形式服务社会，武江五中支部主委温荣华发动学生家长资助在校困难学生1.8万元；武江五中支部张玉虹联合碧桂园开展义卖活动，所得款项全部用于白血病儿童的治疗。

民进武江区各支部主任名录

武江区联合支部主任：雷名珠
武江区小教支部主任：杨秋兰（女）
韶关市五中支部主任：温荣华（女）
武江区大专支部主任：庄东明

（撰稿人：朱玉娟）

农工党武江区基层组织

【概况】 2014年，农工党韶关市武江区共有1个总支，9个支部，党员168人。其中粤北人民医院总支70人（一支部23人，二支部22人，三支部24人），医卫支部19人，粤北第二人民医院支部11人，中医院支部18人，职防院支部15人，韶关学院医学院支部20人，科技支部9人，有7人调走关系未转。成员主要分布在驻区医药卫生、教育和科技系统。

【开展坚持和发展中国特色社会主义学习实践活动】 2014年，农工党武江区各支部按照农工党韶关市委的安排部署，以深化政治交接、增进政治共识为引领，深入开展坚持和发展中国特色社会主义学习实践活动，自觉加强自身建设，积极履行参政党职能，为全面深化改革、全面推进依法治区发挥更大作用。紧紧围绕“坚定政治信念、解放思想、推动改革”这一活动主题，把开展坚持和发展中国特色社会主义学习实践活动全面融入思想建设、组织建设、制度建设和作风建设之中，贯穿于参政议政、社会服务的全过程。以庆祝新中国成立65周年暨人民政协成立65周年等活动为契机，以农工党优良传统、社会主义核心价值观、“中国梦”的内涵和意义为主要内容加强思想教育，引导党员树立崇高的价值追求、培养良好的行为规范，努力建设具有凝聚力战斗力的中国特色社会主义参政党基层组织。

【组织建设】 2014年，农工党武江区各支部进一步加强组织发展，切实推进基层组织建设，全年发展新党员7人，其中博士1人，硕士2人，尤其在环保界取得突破，发展2名环保界的高级工程师入党。根据科技支部近年来在组织发展上存在不足，党员人数少，不便开展各项活动的实际，采用调整组合其他支部人员结构的方式，重新调整科技支部，将环境保护领域的党员转入科技支部，并重新民主选举支部新班子，使科技支部焕发出新的生机和活力。重阳之际，各支部组织对80岁以上老党员进行慰问，为他们送去关爱和祝福。10名党员参加农工党广东省委省直及地方组织骨干党员培训班。1名党员参加市委组织部、市委统战部在市社会主义学院联合举办的“2014年民主党派基层组织骨干学习班”。

【参政议政】 农工党武江区各支部紧紧围绕区委、区政府的中心工作，切实履行政治协商、民主监督、参政议政职能。担任各级人大代表、政协委员的党员和各支部正副主委、信息员参加农工党韶关市委举办的信息工作及培训会议。2014年，农工党武江区党员向省、市、区人大和政协提交提案和建议9件。在市政协十一届三次会议上，熊奇斌委员代表农工党韶关市委作《加强人身自救与医学急救教育，保障韶关市中小学生校内网安全》的大会发言。熊奇斌委员《加强韶关市社区卫生服务机构建设，让群众首诊在基层》的建议被列为市政协重点提案，由市委副书记陈向新、市政协副主席刘大济跟踪督办。武江区政协常委蔡艺苹《加强武江区乡镇卫生院建设提高农村医疗服务水平的建议》被列为区政协督办提案。在2014年的市长与市政协委员座谈会上，邱韶东委员代表农工党韶关市委作的《借力影视产业，助推韶关旅游业大发展》发言，围绕“加快我市服务业发展”的中心议题，提出积极的意见和建议。在深入考察调研的基础上，熊奇斌、邱韶东向市委、市政协报送《加强韶关市基层卫生机构中医传承与创新建设的调查与建议》《加快发展我市“医养结合型养老”健康服务产业的建议》两个调研报告。粤北第二人民医院支部主委江成林《关于建立韶关市艾滋病治疗康复中心的建议》被市政协信息专报采用。

【社会服务】 农工党武江区各支部充分发挥自身优势和特点，积极参加农工党韶关市委组织的定点帮扶乐昌市廊田卫生院、乡镇卫生院远程医疗培训、“中医同行计划”，协助农工党广东省委开展助力韶关改革发展活动。积极组织广大党员为“广东扶贫日”捐款。粤北人民医院总支结合“中国环境与健康宣传周”“国际科学与和平周”等主题，先后组织3批医疗队，分别前往乐昌市五山镇、南雄市乌迳镇、仁化县黄坑镇、等地送医送药，发放生态环境与健康宣传资料100多份，接受群众义诊咨询600多人次，免费发放药品价值2万多元。粤北第二人民医院支部、中医院支部、韶关学院医学院支部的党员也积极参加所在单位组织的送医送药活动。

农工党武江区各基层组织主委名录

粤北人民医院总支主委：
熊奇斌
粤北人民医院一支部主委：
黄　文
粤北人民医院二支部主委：
熊奇斌
粤北人民医院三支部主委：
阳纯兵
医卫支部主委：邱韶东
粤北第二人民医院支部主委：
江成林
中医院支部主委：付晓民
职防院支部主委：蔡艺苹
韶关学院医学院支部主委：
王　萌
科技支部主委：黄雯孝
（—2014.8）
黄得慧
（2014.8—）
（撰稿人：陈勇胜）

九三学社武江区基层组织

【概况】 2014年，九三学社武江区各基层组织团结带领广大社员，坚持走中国特色社会主义政治道路，继承和发扬九三学社的优良传统，切实加强自身建设，围绕区委、区政府的工作重点积极履行参政党职能，为促进武江区经济社会发展做出积极贡献。

广大社员立足本职，取得优异的成绩。粤北医院支社社员黄伟、 杨丽萍的课题荣获2013年度韶关市科学技术进步奖二等奖；武江二支社社员罗元月、韶关医学院社员洪席超的课题荣获2013年度韶关市科学技术进步奖三等奖。

【思想建设】 社市委坚持把政治思想建设作为自身建设的首要任务来抓。2014年，各基层组织以深入开展“坚持和发展中国特色社会主义学习实践活动”主题教育活动为思想建设主线，通过举行支社学习活动的形式传达学习中共十八届四中全会精神、全国两会精神、社省委七代会精神及中共韶关市委和市委统战部有关主题内容。

在2014年市各民主党派负

责人暑期座谈会上，主委兰茵作题为《坚持正确导向，凝聚改革共识，提高履职能力》的发言。9月，社市委召开纪念建社69周年暨韶关市委成立26周年大会，深刻认识作为中国特色社会主义事业亲历者和实践者的丰富内涵。11月，在全市统一战线学习中共十八届四中全会精神座谈会上，成绍强代表社市委作学习心得汇报。

一年来，武江区各基层组织的社员参与各类学习活动51人次。7月，李少鸿、陈汉飞、王勇为、饶日梅参加由市委组织部、市委统战部联合举办的2014年党外中青年干部培训班。

2014年，武江基层委员会社员向《广东九三》《韶关日报》《韶关政协》等刊物投稿11篇。向社省委、市政协和市委统战部等提交信息10件，被市政协采用1条，被市委统战部采用3条。组织社员撰写统战工作调研理论文章2篇进行理论交流。

【组织建设】 实施“人才强社”战略，2014年武江区共发展5 名新社员。至2014年年底，九三学社在武江区有基层委员会1个、基层支社6个，有社员102 人。其中，武江一支社22人、武江二支社21人、武江三支社20 人、擎能支社8人、粤北医院支社20人、韶关医学院支社11人。

社市委高度重视各基层组织建设，不断加大对各基层组织工作的指导力度。市委会领导班子坚持深入基层、联系社员，走遍各基层组织。对基层班子实行动态管理，增强基层组织的活力。

春节前夕，各基层组织开展迎春团拜活动，慰问部分退休社员；妇女节组织女社员开展以“加大我市古村落保护力度，促进历史文化名村保护和经济协调发展”专题，到小坑镇曹角湾村进行调研；重阳节组织退休社员就“韶关高速路段对我市经济建设的影响”专题，到广乐高速进行调研。一年来，走访慰问历届社内老领导、患病社员、生活艰苦的社员共11人次。

【参政议政】 各基层组织领导和“一表三员”高度重视政治协商， 每一次参与协商，都做到事先有准备，建言有针对。11月，市政协常委罗元月、成绍强参加市政协十一届八次常委会议，讨论《政府工作报告》（征求意见稿）；7月，主委兰茵参加中共市委常委班子群众路线教育实践活动专题民主生活会情况通报会；在中共韶关市委召开的推进实施文化名城发展战略专题协商会上，成绍强代表社市委作《大力挖掘韶文化资源，凸显韶关旅游的韶文化特色》的专题发言。

一年来，罗元月、成绍强、方志明、罗伟、徐晓南、雷东山、梁利球、梁喜阳、邓丽山等先后参加各类参政议政会议和视察活动达23人次。社市委先后召开参政议政专委专题会议5次，组织开展各类调研活动6次，武江基层委员会参与社员40多人次。

2014年，在武江区的社员中有市政协委员6人（常委2人）、区人大代表1人、区政协委员 7人（副主席1人）。在2014年向省、市、区两会上提交议案、提案、意见和建议 11件。罗元月的《关于加快芙蓉新区起步区甘棠工业园区基础设施建设的建议》提案被评为市政协重点提案。

【社会服务】 3月，社市委组织武江医卫界社员在西河全民健身广场开展“消费维权暨‘同心’义诊社会服务活动”；6月，社市委联合市委统战部组织粤北医院支社社员医生到仁化县扶溪镇扶中村开展“送医送药”下乡活动。社市委、武江一支社抓住春耕生产和稻田管理的有利时机，到仁化县闻韶镇开展送农业科技下乡活动。武江基层委员会积极参与扶贫开发工作，为乳源县桂头镇大坝村捐款捐物。6月，武江基层委员会社员在所在单位积极参与“扶贫济困一日捐”活动，共捐款一万余元。12月，社市委联合市残联在南雄帽子峰林场举办国际残疾人日联谊活动，组织多名社员组成志愿者团队，协助400多位残疾人开展服务工作。

九三学社武江区基层组织主委名录

武江区基层委员会主委：

罗元月

武江区一支社主委：雷东山

武江区二支社主委：梁喜阳

武江区三支社主委：方志明

擎能支社主委：邓丽山

粤北医院支社主委：徐晓南

韶关医学院支社主委：梁利球

（撰稿人：成志军）

武江区工商联合会

【引导会员企业献爱心】 春节前夕，组织会员企业捐资购物，为区新华街道办、惠民街道办两家"爱心超市"送去米1000斤、面条1000箱，价值共27600元。中秋前夕，开展"和谐中秋幸福大礼包"爱心捐赠活动。韶关市世邦新型建材有限公司等6家会员企业在区工商联组织下，先后到武江区新华街、惠民街2个"爱心超市"开展"和谐中秋幸福大礼包"爱心捐赠活动。该活动共为辖区2个街道的"爱心超市"捐赠大米1200公斤、月饼100盒。组织召开区工商联会员企业"6·30"广东扶贫济困日慈善捐款动员会，发出倡议书60份。

【组织参加区群众路线教育实践活动】 是年2月下旬，组织参加区党的群众路线教育实践活动动员大会。会后，走访各企业，就党的群众路线教育实践活动征求意见。注重抓好非公有制经济人士思想教育引导，扎实开展理想信念教育和践行社会主义核心价值观教育。

【协助召开中小企业融资工作座谈会】 进一步贯彻落实广东省人民政府《关于进一步扶持中小微企业发展和民营企业做大做强的意见》文件精神，解决武江区中小企业融资难问题，拓宽中小企业融资渠道，协助区政府及有关单位召开武江区中小企业融资工作座谈会。

【协助会员企业参加"广交会""广博会"】 协助韶关市粤北中小企业服务中心组织有需要的会员企业参加广东省于2014年4月14日至5月4日与春季"广交会"同期在广州琶洲国际展览举办春季"广东国际中小企业采购博览会"。

【加强自身建设】 制定创建"五好"工商联的工作目标及实施方案。4月中旬，完成省工商联到武江区开展的关于创"五好"工商联工作落实情况调研工作。省工商联对武江区工商联建立七个服务小组服务会员企业的创新做法和亮点给予高度认同和肯定，并提倡推广学习。完成省工商联关于开展第十一次私营企业抽样调查和两个健康指数调查问卷填报工作。参加省工商联在广东工业大学网络中心举办的《全省工商联系统数据库软件应用培训班》。重视会员队伍发展工作。专题召开主席会议进行研究部署，发出发展会员通知，明确目标、任务、条件、程序、时限，并认真深入基层做好会员发展工作，年发展新会员40人。

（撰稿人：麦燕玲）

2014年4 月16日，省工商联党组成员、省工商联副主席庄建儿（正面左三）到武江区开展关于创建"五好"工商联的工作调研

（麦燕玲　摄）

群众团体·社会组织

武江区总工会

【概况】 区总工会辖区机关、企事业工会751家，会员87236人，其中：国有企业1个，会员321人，机关单位工会50个，会员1130人，其他事业单位工会28个，会员3245人，财政拨款有事业单位工会59个，会员16545人，个体经济组织工会130个，会员13527人，集体企业工会8个，会员236人，股份合作企业工会4个，会员208人，联营企业工会3个，会员26人，其他有限责任公司工会53个，会员2122人，其他股份有限公司工会5个，会员122人，私营企业工会382个，会员20345人，台港澳商投资企业工会9个，会员3530人，外商投资企业工会3个，会员635人。区总工会下属设职工服务中心。

【工会固本强基工作】 为加大党工共建的力度，充分发挥镇（街）、区直职能相关部门的作用，全年共完成工会组建任务16家，积极做好2014年非公企业法人建会和数据库录入工作和组建率已达到80%以上名列前茅。积极配合市总工会搞好工会经费税务代收工作，做好工会经费的合理使用和管理等，抓好厂务公开民主管理工作，积极创建“职工之家”活动。

【解困送温暖】 1月13日区人大常委会副主任王敏与区人大常委会副主任戴兴辉到江湾镇慰问困难职工并送上慰问金及慰问品。1月22日市总工会纪检书记高照到武江区总工会慰问省、市困难劳模并送上慰问金及慰问品。区总工会会同区直有关部门领导开展春节慰问特困职工送温暖活动，分别到江湾镇等5个单位上门慰问特困职工20多人，共发放慰问金5000元。同时还严格把关将市总工会下拨中央财政帮扶资金120000元，分别救助有关人员，其中：一是为24名考上高中、大学的贫困学生资助金49000元；二是实施职工大病救助25人，救助金50000元；三是实施困难职工生活21人，救助金21000元。

【职工文体活动】 为活跃区广大会员的文体活动，重阳节前夕，区总工会在长城世家内广场举办“2014年庆重阳迎国庆系列活动”得到职工群众的好评。

【表彰情况】 深圳市长城宽带网络服务有限公司韶关分公司吴玉梅、韶关飞翔自动变速箱有限公司唐海燕、武江区惠民街沐阳东社区居委会梁洁华、韶关市武江区新华街道办事处陈朝辉、广东天恒液压机械有限公司谭清梅等5人被韶关市总工会评为粤北建功立业女能手，韶关市中央艺术幼儿园小小班、爱尔眼科医院有限公司配镜部、广东雪印商贸实业有限公司行政中心、韶关爱民女子医院护理部等4个单位被韶关市总工会评为粤北女职工文明岗，韶关市铁友建设机械有限公司被广东省总工会评为广东省模范职工之家，广东爱心大药房连锁有限公司工会女职工委员会、中国教育工会韶关市武江区委员会女职工委员会被市总工会评为女职工工作新进集体，镇泰（广东）工业有限公司黄彩虹、韶关市武江环境卫生管理所韩梅芳被市总工会评为女职工先进工作者。

区总工会领导名录

主　席：戴兴辉

常务副主席：梁嘉金

副主席：谭培珍（女，—2014.12）

（撰稿人：李文杰）

共青团武江区委员会

【概况】 团区委未设内设机构，区属基层团委14个，团工委3个，团总支24个，团支部383个，团员8530人，其中专职团干部1人，兼职团干部540人。

【思想道德教育】 2014年，共青团紧紧围绕“中国梦”，以社会主义核心价值观为主旋律，扎实开展队伍政治思想、道德建设。深入开展党的群众教育路线教育实践活动，通过座谈、调研、实践等形式开展学习活动共计150余场；组织开展“千名团干讲团课”“不做青年官，做群众友”演讲比赛和“党的群众路线教育实践活动”知识竞赛等活动，深化团员青年对群众路线深刻内涵和长远意义的理解；深入开展“五四”系列活动和“奋斗的青春最美丽”等主题活动，表彰一批先进团员团干和团组织，对70名基层团干开展拓展训练，努力提高团干部团结协作、探索创新的拼搏意识；开展社会主义核心价值观宣讲活动，组织团员青年认真学习社会主义核价值观的基本内涵，灌输“奋斗青春最美丽”的价值观。2014年，全区共青团组织、团干和团员，获得团区委表彰先进集体7个，先进个人45人；获得团市委表彰的先进集体3个，先进个人6人；获得团省委表彰的先进个人2人。

【团队建设工作】 根据团省委部署，在全区各村（居）开展团组织换届工作，各村（居）团组织班子都进行换届。另新建非公企业团组织10家，乡镇大团委新建团组织35家，增加联系社会组织2家，建立相应团组织1家，积极打造团委的青年组织枢纽作用。启动“阳光行动——武江区青少年健康守护工程”，通过在全区各镇街信访维稳综治中心建立“阳光之家”，联动法院、公安、检察、司法、教育、民政等与青少年工作密切相关的部门，为特殊青少年群体的健康成长创造良好的环境。加强学校团队建设工作，全面抓好少先队建设和活动开展，对区少工委进行调整，开展少工委工作和人员情况调研，对学校开展少先队伍活动情况进行抽查，深入了解区少先队工作开展情况；先后开展关于中国梦的系列活动、弟子规、经典诗文诵读及学习社会主义核心价值观等思想引领活动和安全、急救知识入校园活动。开展少先队大队辅导员培训2次，提高工作能力，确保工作紧跟形式。

【青年志愿者活动】 在全区广泛发动做好“我志愿，我快乐”志愿者网站注册的组织工作，累计注册志愿者1.6万余人，建立一支200人的网络宣传队伍。集中开展以“爱•公益100”为主题的学习雷锋活动月，发动5万余人青（少）年开展“清洁校园”“爱我武江”等环保类公益活动27件，开展关爱类活动58件，惠及老人、儿童、外来务工人员等，在全区弘扬“奉献、友爱、互助、进步”的志愿服务精神。借助中秋、全国扶贫日、志愿者服务日、宪法日等特殊日子，组织志愿者、创业青年深入基层一线，积极献爱心，累计捐赠物资、款项近20万元。新增西河学校“希望家园”阵地。先后在镇泰小学、西河学校、阳山小学等开展多场关系青少年思想建设、安全、卫生教育、扶贫助学等活动，累计投入物资约5万元，受益学生1500余人。以青年文明岗服务建设为平台，积极抓案例、树典型，新华街道办事处获“市青年文明号”称号，区国税获“省级青年文明号”称号。

【青年创新创业创优工作】 深入实施“展翅计划”，在企事业单位、政府机关募集法律、管理、财会等岗位300个，帮助大学生参与社会实践和择业了解；开展农村青年创业帮扶工作摸查工作，挖掘一批优秀的农村创业青年在团省、市委青年农业促进会任职，促进农村青年创业交流；组织辖区省、市青农会员参加团市委培训，重点学习小额贷款政策等。通过“乡村好青年”活动，挖掘3名具有带头示范作用的优秀青年，联系帮助农村青年解决贷款50万余元。举办武江区第二届青年创业协会的换届大会，吸纳城乡会员等共计50余名，累计开展活动10余场，其中，支援新华街道爱心超市建设和江湾镇道路照明建设累计捐助物资款项20余万元。积极服务青年创业工作，支助5名大学生就学，累计资金3万余元。充分发挥武江区青年创业协会服务的积极作用和创业青年的引领作用，开展创业培训3场，组织团员青年到淮山、杨梅园、梅花猪等种养殖基地开展交流学习活动，参观农村合作社的发展，促进城乡青年的交流与合作。

【参加中心工作】 一是服务全区经济发展。根据新城的整体规划和区经济工作的部署，积极投身服务甘棠园区项目入驻和经济发展，累计参与推动入园企业10余家，促进园区的建设与完善；参与市、区城市路网建设和商住城市的打造，开展上饶路、移山路、奥园项目的征地工作，累计完成征地交地1040余亩。二是服务全区创文工作。根据区创文工作总体部署，立足岗位，全面加强志愿服务工作，通过分类型、专题化等方式，联系社会公益组织在“学雷锋”服务基层、“关爱青少年”等方面开展一系列志愿活动，营造良好的创文工作氛围。广泛在团员青年中开展“道德讲坛”4次，围绕韶关好人、奋斗事迹、社会主义核心价值观等方面构筑文明武江建设。三是服务全区创平工作。青少年工作成为创平考核的一项重要内容，团区委作为主要协调机构，以“阳光行动——武江区青少年健康成长守护工程”为抓手，通过公检、法、司及民政、教育等职能部门对全区重点青少年群体进行2次摸底，排查出闲散青少年55人，有不良行为或严重不良行为青少年17人，服刑人员未成年子女35人，农村留守儿童934人。

共青团区委领导名录

书　记：杨　岚（女）

（撰稿人：李旭阳）

武江区妇女联合会

【概况】 武江区妇女联合会是负责妇女儿童工作的社会群众团体，是党和政府联系妇女群众的桥梁和纽带。武江区妇女联合会组织结构：现设主席1名，副主席1名；妇联内设办公室（同时挂武江区妇女儿童工作委员会办公室牌子），基层妇联有镇、办事处妇联7个、区直各系统、部门单位妇委13个。行政村妇代会51个，城区社区妇代会31个。

【重要会议】 2月16日，区妇联召开三届十八次执委（扩大）会议。全体妇执委和各镇、街妇联主席、区直机关妇委会主任、驻区团体会员妇委会主任参加会议。会议审议并通过妇联主席龚耿岚所作的工作报告，研究布置“三八”纪念活动，区委副书记张雯出席会议并讲话。

4月24日区，妇联召开全区妇联系统表彰会，会上对荣获省、市“巾帼文明岗”的区国税局纳税股、区卫计局计生服务站、博思特幼儿园，荣获省“三八”红旗称号的钟真、市巾帼建功先进个人陈雪延、刘芷伊等个人，30户荣获“五好文明家庭”代表进行表彰，并结合群众路线教育活动征求基层组织的工作意见。

5月9日，区妇儿工委办组织召开全区妇儿工作职能单位负责人专题会议，对全区妇女、儿童实施发展纲要工作进行部署，要求各职能部门做好2014年相关规划执行情况的数据进行收集监测，并拟出评估报告。

【妇女儿童工作】 3月7日，在区体育馆举办武江区庆祝“三八”国际妇女节“碧桂园杯”健身操广场舞比赛，来自全区机关、企事业、街道、社区、镇、村的20支代表队400多名妇女代表参加比赛。市妇联主席邢丽，市体育局何著东副局长以及区长黄建华、区政协主席陈坤明、区委副书记张雯等领导亲临现场观看比赛，并向前来参加比赛的妇女代表表示节日的慰问。

5月10日，区妇联联合市科协、区科协、区团委、区关工委等单位，在龙归镇中心小学开展2014年市文化科技卫生“三下乡”活动，该校近500名师生参加活动。活动中，为该校的科普志愿者佩戴肩带并授旗，随后开展包括科普图片展、益智玩具体验、科普秀、“关爱留守儿童——放飞心愿，励志成才”等一系列丰富多彩的科普活动，

5月27日下午，区妇联联合区卫计局在市委党校举行省“科学育儿”专家讲座活动，组织400多名婴幼儿家长共同聆听讲座。省卫计委党组成员、巡视员云斌，省人口文化促进会副会长兼秘书长杨道本及副市长兰茵等出席活动并向家长代表赠送《宝宝成长档案》等育儿书籍。活动诚邀国家首批亲子咨询师霍彦军做《解放孩子父母知路》的专题讲座，家长们通过讲座，学习掌握科学育儿知识，重视抓好早教，促进婴幼儿健康发育和家庭幸福，为更多的家庭带来幸福和欢乐。

5月30日上午，区妇联联合区教育局、团委到西联镇阳山小学开展慰问活动。在区委副书记张雯的带领下，区妇联、教育局、团委等部门领导为学校12个班级学生代表赠送书籍、文具，并为该校新成立的“广东省新农村舞蹈教室”举行授牌仪式。区委副书记张雯还代表区委、区政府发表热情洋溢的讲话，向同学们致以节日的问候和美好的祝愿。

5月31日上午，区妇儿工委办联合中华做人联盟，牵头组织全市各县（市）区的18家民办幼儿园，在中山公园举办以“SOS请救救我”为主题的拯救日公益宣传活动，丰富“六一”儿童节生活。

8月22日，乳源县妇联和浈江区妇联组织乡镇妇联主席、县（区）“妇女之家”示范点负责人40人到武江区学习交流。分别参观区新华街惠民西、花城社区“妇女之家”“儿童友好社区”建设情况，并到芙蓉新城进行参观交流。

12月9日，新任省妇联主席阎静萍、副主席刘兰妮等一行到武江区新华街花城社区“妇女之家”“儿童友好社区”开展调研，市妇联主席邢丽、区委书记黄德雄、副书记张雯、区妇联主席龚耿岚等领导陪同参加调研活动。省妇联对武江区妇女儿童基层组织建设工作表示满意，勉励大家要结合实际，再创佳绩。

【妇女维权】 3月8日和9月5日，区妇联联合区人社局、总工会、司法局、普法办、计生局等单位到龙归、西联等镇现场开展咨询解答、派发宣传资料，加强对妇女儿童权益保障法、新婚姻法、劳动权益保障、农村社会保障医疗保险规定、新修订妇女产假规定等法律法规的宣传教育，使广大妇女儿童掌握基本的法律法规、规章制度，增强自我保护意识。

3月6日，各级妇联利用“12338”热线电话为广大妇女服务，为她（他）们详细解答有关家庭、婚姻、抚养儿女、赡养老人、财产分割、家庭纠纷及失地妇女、农村外嫁女权益保障等问题，主动为有需要的妇女、儿童、家庭提供法律咨询、矛盾调处、解答指引等服务。

【扶贫帮困】 1月10日，区妇联分别到西联镇芙蓉村委，龙归镇坳头村、方田村等6户单亲困难母亲家庭进行慰问座谈。为她们带来慰问金和棉被、大米、食用油等慰问品，并与她们促膝交谈，询问她们的家庭、生活、生产、孩子学习等情况，了解她们目前存在的问题和期望，鼓励她们树立信心、战胜困难，走出困境。

4月1日，区妇联积极组织农村“助学”活动。争取珠三角热心人士对20名孤儿发放春季、秋季两期共5200元的助学金，帮助他们走出困境，继续学业。

【科技培训】 6月5日，区妇联组织全区各镇、街妇联主席，“妇女之家”“儿童友好社区”负责人到新华街惠民西、花城社区现场参观学习，并对大家进行创建专题培训。

6月20日，区妇联组织选送新华、惠民街共30名社区工作者到市维权服务站参加培训，听取罗曼红教授作《如何对待今天的社区工作》专题讲座。

9月12日，区妇联根据《武江区“幸福南粤活动周”工作方案》，在区政府7楼举办公务人员健康知识公益讲座。邀请中央文明办、卫生部“相约健康社区行”和巡讲活动资深讲师、中国青春健康教育国际合作项目心理咨询专家、广东科学技术协会会员范智方教授前来授课，全区干部职工160人参加讲座。

【节日慰问】 1月13日，市妇联主席邢丽在区委副书记张雯、妇联等有关领导的陪同下，对5户单亲特困母亲家庭进行慰问，给每户送去500元的慰问金及粮油、棉被等生活用品一批。

5月28日，区妇联、区教育局等领导到龙归小学开展“六一”国际儿童节慰问活动，为小朋友们带去节日礼物，送上节日问候。给50多位留守儿童和优秀困难学生代表发放精美的文具。

区妇联领导名录

主　席：龚耿岚（女）

副主席：麦　娟（女）

（撰稿人：麦　娟）

武江区归国华侨联合会

【概况】 武江区归国华侨联合会于1985年12月成立，是武江区归侨、侨眷组成的人民团体，是党和政府联系广大归侨、侨眷和海外侨胞的桥梁和纽带。侨联的最高权力机关是归侨、侨眷代表大会。2012年2月，侨联第四次侨代会选举产生新一届领导班子：主席吴广英，副主席钟爱明、梁远光，秘书长谢文彦；区侨联无定编无编制人员，设专职工作人员一名，与区外事侨务局合署办公。

【理论学习】 认真学习贯彻中央《关于加强和改进新形势下侨联工作的意见》，第九次全国侨代会和市侨联第十届十次常委会议精神，组织归侨侨眷认真学习党的群众路线教育实践活动，学习《中华人民共和国归侨侨眷权益保护法》和上级侨联有关会议精神及文件。

【为侨服务】 区侨联通过深入基层，走访、了解困难归侨侨眷的生活现状及子女学习、就业等情况，努力为归侨侨眷排忧解难。2014年5月，帮助协调解决武江区新华街红尾坑社区一老归侨原有老房子被单位旧同事借住、后被侵占而无法分到棚户区改造房一事。2014年9月，通过与韶关市芙蓉新区管委会的经办人联系和沟通，帮助解决武江区西联农场困难归侨张亚伍所住房屋拆迁安置情况。全年共走访、慰问困难、患病归侨侨眷139人次，为他们送去慰问款物约3.51万元。

【联谊、信访、宣传工作】 区侨联通过多种渠道和方法，开展联谊、联欢活动，密切联系侨胞，凝聚侨心。2014年3月7日，区妇联在区体育馆举办庆祝“三八”国际妇女节“碧桂园杯”健身操广场舞比赛，来自辖区400多名妇女代表参加比赛，区侨联文艺队获得三等奖。10月30日，区侨联常委戴丽姬带领区侨联文艺队员一行30多人到韶关市福利院开展慰问演出，并送上一批衣物和慰问品，受到老人和孩子们的欢迎。11月4日，区侨联举办老年人健康知识公益讲座活动，诚邀资深健康专家范智方作专题讲座，进一步普及提高老年人员的健康知识水平，增强自我保健意识和能力。11月4日，区侨联组织侨联常委、委员一行30多人参观广乐高速武江区路段活动。2014年，共接待来电、来访28宗。向省、市侨联网、区政府网等投稿15篇。

区侨联领导名录

主　席：吴广英（女）

副主席：钟爱明

　　　　梁远光

秘书长：谢文彦

（撰稿人：侯芊彤）

武江区残疾人联合会

【概况】 根据韶关市武江区机构编制委员会关于印发《韶关市武江区党政群机构改革方案实施意见》（韶武机编字〔2005〕6号），设置武江区残疾人联合会（简称残联）由区政府领导，业务上接受市残联指导。根据残联工作的任务和要求内设办公室、康复股和教就股。核定编制2人，其中正、副理事长各一名。区残联下设残疾人综合服务中心，工作人员5人。辖区5个专门协会，分别是：武江区肢体残疾人协会：主席班建华；武江区盲人协会：主席吴羽庭；武江区聋人协会：主席郭秋莲；武江区智力残疾人及亲友协会：主席温雪梅；武江区精神残疾人及亲友协会：主席李红辉。

2014年，区残联以中共十八大和十八届三中、四中全会精神为指导，围绕区委、区政府的中心工作，开展了群众路线学习教育活动，服务质量和群众满意度明显提升；同时在市残联的业务指导下，围绕年初确定的工作思路和目标任务，以服务残疾人为主线，尽力为残疾人多做好事、办实事、解难事，促进了残疾人事业与经济社会的和谐发展。

2014年武江区残疾人统计表

表2

在册残疾人数	视力残疾人数	听力残疾人数	言语残疾人数	肢体残疾人数	智力残疾人数	精神残疾人数	综合残疾人数
3488	320	94	26	1835	391	518	304

【残疾人康复】 1月至12月底，对20户家庭困难且身体重度功能障碍的残疾人提供居家康复服务，共投入康复资金10万元。定点在武江区人民医院为130名贫困精神病患者免费门诊、发放药品，共计4万元。投入4.7万元购置轮椅、座便椅、四脚拐等器具1批，为残疾人发放轮椅11张、轮椅桌4张、移乘板6块、坐便椅5张、浴凳4张、拐杖4付、床垫1张、护理床2张、助行架1个、站立架2个等辅助器具共39件。实施 0—7岁残疾儿童筛查工作，对筛查出的21名残疾儿童由医学专家会诊，争取做到早发现早治疗。

【社会保障工作】 按照省规定的标准：对全区残疾二级（残疾军人四级）以上的重度残疾人共1148人按每人每年1200元的标准发放护理补贴，共计发放137.76万元，同时对全区纳入最低生活保障的残疾人共704人按每人每年600元的标准发放护理补贴，共计发放42.24万元。为69名使用机动轮椅车的残疾人发放燃油补贴，共计1.8万元。对68名智力、精神和肢体重度残疾人（一级、二级）按每人每年591元的标准提供居家托养补贴，共发放4.08万元。免费为武江区2297名城镇重度残疾人和农村全部残疾人按每人每年60元标准（一档）办理城乡基本医疗保险，共投入13.8万元。免费为116名城镇重度残疾人按每人每年120元标准（一档）办理城镇居民养老保险，共计1.4万元，2014年已享受退休待遇的有4人。为21户贫困且有需求的残疾人家庭进行家居无障碍改造，平均每户投入4000元，共投入资金约8万元。对庇护工场的35名智障残疾人提供伙食补贴等共7.5万元。

【残疾人就业年审培训工作】 2014年，征收残疾人就业保障金共计48.6万元；推荐残疾人就业23人。投入4.5万元举办3期职业技能培训，对农村的80名残疾人或其亲属开展种养技能培训，并送上肥料。1月至12月底，对全区2271名残疾人就业情况全面调查及录入，提供上级决策参考。对82名（村）社区残疾人专职委员进行业务培训。

【扶残助学帮困工作】 为4名家庭贫困的残疾学生提供助学金3000元以及为6名残疾人子女提供助学金5200元。春节前，对142名残疾人进行慰问，发放慰问金和价值2万多元的慰问品。

【残疾人信访工作】 2014年，共接来访46人次、处理来信2件。及时与相关部门或人员进行协调，妥善解决残疾人反应的热点、难点问题，将矛盾化解在萌芽状态，为武江和谐、稳定发展作出积极的努力。

【宣传文体工作】 利用“全国助残日”“国际助残日”组织残疾人开展各种活动，有效扩展残疾人的社会空间、增添其生活色彩和人生阅历。组织残疾人参加各种体育活动，观摩残疾人的各类成果展示，树立他们自立自强的信心，有效提升他们创业的积极性和主动性。

2014年12月15日，在新华街道办事处八楼会议室召开武江区残疾人基本服务状况需求专项调查入户调查动员会和培训班。（陈艳胜摄）

【残疾人证发放工作】 本区户籍申请人申办残疾人证，须经指定县级（含县级）以上医院或专门医疗机构进行残疾类别和残疾等级评定，填写残疾人证申请表，经初审后报送市残联复审。全年共发放残疾人证323本。

区残联领导名录：

主　　席：曾文辉
副 主 席：蔡小英（女）
　　　　　班建华
理 事 长：蔡小英（女）
副理事长：陈献平

（撰稿人：韦凤孝）

地方武装

区人武部

【概况】　武江区人民武装部（以下简称区人武部）成立于1986年6月，属正团级军队单位，隶属广东省韶关军分区和武江区委、区政府双重领导，武江区人大常委会主任、区委书记王德雄任区人武部党委第一书记，武江区委副书记、区长黄建华任区人民武装委员会主任。按照中共中央军委主席习主席“三个牢记”的要求，区人武部本着“着力抓根本、扎实抓战备，合力抓稳定、创新求发展”的基本思路，党委班子团结进取，干部职工听党指挥，战备训练聚焦强军目标，坚持稳中求进，积极创先争优，区人武部全面建设稳步提高。

区人武部下设军事科、政工科、后勤科。

【军地关怀】　韶关军分区司令员、政委等常委多次到区人武部视察工作。7月中旬，军分区郭政委带工作组全程参与指导部党委“转变作风，提振士气”专题民主生活会，为人武部抓全面建设进一步梳理思路。武江区委书记王德雄、区长黄建华多次到人武部调研，现场办公，解决人武部存在的实际困难和问题。

【思想政治建设】　始终抓住政治工作这条生命线，把加强干部职工、民兵预备役人员职能教育作为一项长期的经常性工作抓紧抓实，服务各项工作全面发展。根据上级的统一部署，2014年重点围绕学习贯彻中共十八大和三中、四中全会精神和全军政治工作会议精神，深入学习习主席一系列重要讲话精神，大力开展“牢记强军目标，献身强军实践”主题教育，强力推进群众路线教育实践活动。开展“中国梦、强军梦、我的梦”系列主题党团活动、“三学”活动及“四观”教育（进步观、责任观、苦乐观、得失观），进行战斗力标准、实现强军目标、群众路线转“四风”等热点问题大讨论，强化干部职工“立足本职建功立业，瞄准一流干好工作”的理想信念。积极为干部职工、群众办实事、解难事，共走访慰问困难干部职工、群众11人次，累积慰问金3.2万元，每年组织干部职工体检一次，制定鼓励干部职工提升学历，部里帮助解决部分学费等激励机制，确保群众得实惠。

【军事斗争准备】　2014年2月21日，武江区召开年度武装工作会议，传达学习韶关军分区党委全会精神，总结武江区2013年度武装工作，部署2014年度武装工作，与会领导为先进单位和个人颁奖。区委副书记、区长黄建华，区委常委、区人武部政委顾健出席会议并讲话。2月底，军分区司令部组织对武江区军事要地、重点部位、要害目标进行实地勘察，按照做好军事斗争准备要求，完善各类应急预案，确保未来大规模作战中，辖区重要目标能得到有效防护。3月初，区人武部组织对区国防坑道工维护情况进行普查，完善武江区国防战备工程管理制度，逐一核实辖区内国防战备工事现状。

【现役干部集训】　11月，区人武部现役干部参加韶关军分区组织的现役干部集训，在军事体能、基本技能和指挥决策等训练科目中，全体参训人员克服务种困难，通过努力拼搏获得较好成绩。

【民兵军事训练】 5月中旬，人武部选送民兵、职工参加军分区组织的市民兵应急分队和职工队伍军事科目评比性考核，总评成绩优秀，4人获得个人单科名次；10月，人武部组织高炮分队参加市民兵高炮分队训练考核，命中率100%，成绩名列前茅，受到军分区首长机关的一致好评。

【民兵整组】 3月1日至4月30日，区人武部组织开展为期2个月的民兵整组工作，按照“压缩规模、优化结构、建强队伍”的标准，坚持结构科学、布局合理、便于组训、可靠管用的原则，加强应急专业力量建设，补充配齐装备器材，健全联合行动机制，全区各镇、街道及驻区企事业单位民兵组织健全，成效明显，突出“一专多能、一队多用”的功能。5月，迎接韶关军分区工作组对武江区民兵应急连进行点验，抽查镇（街）的民兵营“四个基本”建设情况，得到军分区工作组的好评。

【兵役登记】 6月，区人武部在辖区内组织开展适龄青年兵役登记工作，将区人武部作为展示人民军队形象的窗口，广泛开展兵役宣传工作。夯实兵役动员工作基础。12月，区人武部组织全区2013年度退役士兵进行服预备役登记工作，全面掌握辖区退役军人数质量情况，为预备役力量骨干队伍提供新生力量。

【征兵工作】 7月初，武江区组织召开全区夏秋季征兵工作会议，区征兵工作领导小组组长、区政府区长黄健华与各镇、街党委、政府负责人和相关责任单位签订征兵工作责任状。8月，区征兵办组织全区各镇、街道的适龄青年进行初检、复检，对体检合格青年进行政治考核，组织征兵责任单位负责人对体检、政审“双合格”青年进行定兵，圆满完成2014年度征兵工作任务，为部队输送优秀合格青年。

【基础设施建设】 4月，在区林业局等单位的大力支持下，对营区环境进行绿化美化。在区委区政府的关心指导下，进一步完善营院基础设施配套建设，启动军官公寓楼附属工程建设项目。区人武部投入经费，对部作战值班室和民兵武器仓库值班室进行整治，进一步改善干部职工值班条件。

【双拥共建】 区人武部始终牢记人民军队性质宗旨，全心全意为人民服务，积极加强双拥共建活动。一年来，分别与75234部队区国税局、新华和惠民街道、华南技师学院等多家单位开展双拥共建活动。通过组织过军事日、慰问走访、参观见学、体育比赛等活动，增进相互了解，加强感情友谊，有力地促进军民团结，呈现出“军爱民、民拥军，军民团结一家亲”的良好局面。扎实开展新一轮扶贫“双到”工作、巩卫创文、植树造林、国防教育、创建平安和“三学”等活动。

武江区人武部领导名录

部　长：吴术东
政　委：顾　健
副部长：吕玉华

武江区人武部党委名录

第一书记：王德雄
书　　记：顾　健
副 书 记：吴术东
委　　员：吕玉华
　　　　　朱　彬
　　　　　涂团军

（撰稿人：吕玉华）

武江区公安消防大队

【概况】 韶关市武江区公安消防大队下辖武江、特勤2个中队。大队共有举高喷射消防车、登高平台云梯车、防化洗消车、抢险救援车、泡沫水罐车、干粉消防车、后援消防车等战斗消防车13辆；拥有视频生命探测仪、音频生命探测仪、多功能大型破拆工具、QD起重气垫、各类洗消堵漏工具等一大批先进的特勤救援装备，承担着武江区的防火、灭火和各种急、难、险、重的抢险救援任务。

【执勤战备】 2014年，武江区大队共处理警情292起，出动车辆706辆，警力 4324人次，抢救被困人员 60人，疏散被困人员147人，抢救财产价值5143.3万元。同比2013年，接警起数上升 25%，出动次数上升25%，出动车辆数上升28%，出动消防官兵数上升20%，辖区全年未发生死亡事故。

【消防宣传】 2014年，组织培训全区社会单位各类人员2056人，其中持证上岗521人，张贴消防宣传挂图6000套，悬挂宣传横幅1200条，免费向群众派发各类宣传资料35万份，发送手机短信6.8万条，开放消防站67次，接待群众3.5万人，发展消防志愿者2200余人，增强人民群众的消防安全意识，使各类火灾事故明显减少，营造良好的消防安全氛围。

【防火工作】 坚持“预防为主，防消结合”的工作方针，全力开展“六个专项整治行动”，狠抓消防安全责任制落实，不断改善消防基础设施，切实加大消防监督和执法力度。2014年，全区共检查单位317家（次），发现火灾隐患和违法行为43处，临时查封2家，责令“三停”2家，罚款20.55万元，政府挂牌督办重大火灾隐患单位4家。消防站接纳培训社会群众2000余人，消防志愿者服务队开展宣传活动20余次、发放消防宣传资料2万余份。大队消防监督人员严格执法，对存在严重火灾隐患的场所坚决予以关停，全力确保社会火灾形势的高度稳定，为武江区的经济建设平安发展提供坚实的基础。

武江公安消防大队领导名录

大 队 长：温岸文（2014.4—）

教 导 员：李顺昌（2014.4—）

（撰稿人：张志明）

人民防空

【简况】 武江区人民防空办公室设主任1名、副主任1名，兼职工作人员2名，隶属区政府办管理。

【军事斗争准备工作】 2014年，完成人防机动指挥信息处理系统建设前期工作。一是按市人防要求，及时完成人防机动指挥信息处理系统建设；二是在区政府公车改革前期，主动做好人防机动指挥车辆更换和留置的协调、准备工作。严格按照规章制度和年初业务培训计划，抓好“新型人防综合救援专业队”“新型人防专业队人防志愿者”队伍建设和一次点验活动，提高人防综合救援能力、应急能力。

【人防应急知识宣传】 主动配合参与市的“9·18”防空试鸣暨疏散演练活动，完成新辉花园100多名人防志愿者、社区居民参加疏散演练和现场讲解人防应急逃生基本知识、人防应急工具使用活动的组织工作。参与防空警报器的三级管理工作，确保武江区的防空警报器能正常运作。创新宣传方式，主动争取市人防在新华南社区新辉花园建立人防应急知识宣传进社区的试点，并完成相关基础设施建设。其中，9月12日至16日，利用沃尔玛LED屏连续播放10集《我身边的人防》的活动，扩大人防应急知识宣传范围。12月23日至29日，联合新辉花园业主委员会完成该花园292户的人防应急包入户发放工作。

【干部队伍建设】 开展群众路线教育实践活动。按照区委部署，以及区委办、区政府办的统一要求和具体学习方案，积极投身党的群众路线教育实践活动。完成“学习教育、听取意见”“查摆问题，开展批评”“整改落实，建章立制”三个活动环节的各项工作，组织部门人员参加省、市人防办举办的人防工程建设和“法治中国建设之视野”讲座等3次学习培训。

开展人防查改问题专题调研工作。围绕创新人防宣传方式、改进自身建设中不足之处，开展调研学习活动11次（其中到新丰、翁源等外县区人防办学习经验活动4次），完成市人防办交办“改进人防宣传意见”“市民（群众）所关心的人防建设热点问题”西河全民健身广场地下公共人防工程建设项目的群众意见反馈以及建立人防应急知识宣传进社区试点等专题调研活动。7月23日，联合区教育局组织五所中学校长召开“初中二年级人防知识教育的情况分析并听取相关意见建议”会议。

【业务建设工作】 组织人员做好区编办转县级人防行政审批事项通用目录（征求意见稿）的调查、核对及相关事项的确认工作。抓好业务人员网上操作技术的培训，促进政府网络办事大厅平台人防窗口业务的正常有效运行。

严守规章制度，规范人防机动指挥车管理工作。实行专人管理，认真抓好车辆日常保养维护，确保车辆正常运作，杜绝公车私用现象。

防空地下室易地建设费的收取，严格按照《中华人民共和国防空法》，以及上级有关规定执行，做到应收尽收，无违规减免现象。

区人防办领导名录

主　任：吴木星

副主任：郭志东

（撰稿人：郭志东）

法 治

政 法

【概况】 区委政法委员会为区委序列正科级行政单位，内设办公室（正股级）、执法监督室（正股级）。与区维护稳定及社会管理综合治理委员会办公室（简称综治办）、区人民政府防范与处理邪教问题办公室2个单位合署办公，均为正科级建制；2012年11月根据上级要求在政法委新成立国家安全办公室，与区政法委合署办公。2014年12月，经区编委会研究决定，对区委政法委内设机构进行调整，取消执法监察室，改为在办公室加挂执法监察室牌子。

2014年，政法委机关坚持以中共十八大、十八届四中全会和习近平总书记系列讲话精神为指导，认真贯彻落实中央、省、市政法工作会议精神，扎实推进政法各项工作，有力维护全区社会政治和谐稳定。

【创建平安武江工作】 区综治委分别与各镇（街）、各综治及创建平安责任单位签定“社会管理暨建设平安目标责任书”，形成创建平安合力，并将创建平安工作纳入奖惩机制，从组织上为平安创建工作提供强有力的保障。区综治委每月召开的创平和维稳工作例会上，把创平重点工作作为会议的一项“例牌”内容，把全区各级干部的思想和行动都统一到区委的决策部署上来，确保创建平安工作有人抓、有进展、有成效。

同时，坚持把工作的重心和着力点放在基层和基础建设上，狠抓“平安细胞”工程建设，深入推进平安村（居）、平安小区等基层平安创建，全面推进平安校园、平安家庭、平安林场、平安文化市场等行业平安创建，推动平安建设全覆盖，激活“平安细胞”活力，不断积“小安”为“大安”，促进社会长治久安。

【社会矛盾化解工作】 围绕省、市综治委开展“社会矛盾化解年”活动的统一部署，认真贯彻落实省委书记胡春华的讲话精神，以“解决实际问题”为核心，以“维护社会稳定”为目标，多措并举，攻坚克难，通过四大措施化解大量社会矛盾纠纷，解决信访案件，最大限度地预防和减少不稳定因素的发生。一是突出“三个到位”：即思想认识到位，组织领导到位，督查督办到位，确保“社会矛盾化解年”工作得到有效推进。二是做到“三个靠前”：即领导指挥靠前，干部工作靠前，宣传教育靠前，做到及时化解矛盾纠纷。三是建立“三项机制”：即层级管理机制，包案调处机制及探索引入律师参与接访的工作机制，通过完善排查化解网络，有效地推动矛盾的有效化解，增强整体防控能力。四是立足“三个注重”：即注重初信初访快速处理，注重发挥民间组织和社会组织力量，注重将“上访”转变为“下访”，通过加强源头治理，及早地发现和及时地化解矛盾纠纷。

2014年，列入武江区“社会矛盾化解年活动”的案件共有28宗，其中列入市台账督办的案件有20宗：涉农的5宗，劳资7宗，环保1宗，其他7宗；列入区本级的案件有8宗。28宗案件均已得到有效的化解，化解率100%。

【专项整治工作】 始终保持高压态势，积极开展“集中打击整治涉黄问题”“打击盗伐滥伐林木”“纠正涉法涉诉领域中损害群众利益行为”等专项整治工作，效果明显。在扫黄清查行动中，区公安分局共出动警力1275人次，清查歌舞娱乐场所444间，桑拿按摩427间，沐足107间，美容美发145间，其他娱乐服务场所37间，停业整顿3间，取缔无名发廊、按摩场所15间。共立涉黄刑事案件2宗，刑拘5人，打掉团伙3个；查处涉黄治安案件17宗，行政拘留27人，罚款处理13人。区工商局共出动执法人员354人次、车辆88台次，检查经营场所215间次，责令停业整顿一家。区文化新闻出版局共出动执法人员48人次，车辆14次。检查歌舞娱乐场所144间次、书报刊店365间次、音像店60间次、互联网上网营业场所320间次，共收缴盗版色情书刊112册，盗版淫秽光盘214张。停业整顿歌舞娱乐场所1间，互联网上网营业场所1间。共受理各类盗伐滥伐林木案件共22宗，其中立刑事案件10宗，破4宗，行政案件12宗，查处12宗。共处理违法犯罪人员15人次，其中刑事拘留2人，取保候审（人保）2人，移送起诉2人，林业行政处罚12人次，林业行政罚款7万元。全区政法各部门在涉法涉诉领域中未发现有损害群众利益行为的情况存在。

【社会管理创新工作】 按照“三衔接，两结合”的工作思路，即人民调解与司法调解、行政调解相衔接，与信访、综治中心工作相结合，充分利用四级人民调解网络扎实做好调解工作，通过做实、做细排查工作，使大部分矛盾纠纷化解在基层，小部分棘手案件也进入信访部门的掌控之中。首先，高度重视初信初访工作，严格执行首接首办责任制，按照“谁首办、谁负责”和“一岗双责”的原则，把好信访工作“第一道关口”。真正把问题解决在首接首办环节，防止初信初访转为重信重访甚至越级上访，防止小事拖大、大事拖炸。同时，注重发挥社会组织、民间组织力量参与平安建设。在花城社区成立社工服务站，提供个案心理疏导、婆媳关系疏导、青少年成长及亲子家庭教育等服务，助推平安社区建设；在重阳镇成立“和事佬”协会，在西河镇向阳村成立“退休村民协会理事会”，充分发挥退休老教师、村里的老党员和在村里德高望重的老人威信高、调解经验丰富的优势，有效化解农村基层矛盾纠纷。并积极开展党员服务站进企业进小区和机关在职党员到社区报到开展志愿服务活动，发挥党员先锋模范作用为社区居民排忧解难。

【反邪教工作】 按照中央和省、市要求，扎实开展回访帮教工作，严密落实稳控措施。通过每月开展反邪工作大排查，加大社会面的防控巡查工作力度，取得较好的社会效果。精心组织力量，充分发挥村（居）基层组织和学校的职能作用，采取“一橱一窗”反邪教宣传，同时利用新闻网络媒体、农村远程教育网、政府网等途径宣传有关邪教危害，直接面向广大群众做好反邪教宣传工作。2014年以来，在全区范围内开展反邪教宣传11次，出宣传栏210多栏，并在偏远农村制作树立不锈钢宣传栏8个，共发放宣传资料6万余份，张贴宣传画册330余套。充分运用广东省党员现代远程教育网开展反邪教宣传教育活动，全区共有党员干部和师生7000多人登录网站参加反邪教知识竞赛学习教育。认真开展社会面上的巡查治理工作，对巡查发现有邪教组织张贴的反动宣传标语立即进行清理，同时发挥与公、检、法等部门的联动机制，依法严厉打击各类邪教违法活动。认真做好参加全国无邪教创建活动的启动工作。

区委政法委领导名录

书　记：曾文辉

副书记：邓桂生　欧气勇

区综治办

主　任：邓桂生（兼）

副主任：梁柏勤（女，—2014.10）

罗任林（2014.10—）

区人民政府防范与处理邪教问题办公室

主　任：欧气勇（兼）

副主任：罗任林（—2014.10）

梁柏勤（女，2014.10—）

（撰稿人：曾楚钧）

公　安

【概况】 韶关市公安局武江分局，是韶关市公安局的派出机构，正科级建制。分局内设指挥中心（加挂办公室牌子）、政工办公室、监督室（与纪委合署办公，加挂监察室、审计室、督察大队牌子）、法制科、警务保障科、国内安全保卫大队、刑事侦查大队、治安管理大队（加挂爆炸危险品管理大队牌子）、经济犯罪侦查大队、治安管理二大队（加挂禁毒大队牌子）、特警大队（加挂巡逻警察大队牌子）共11个机构，均为副科级建制；新华、西河、芙蓉山、西联、江湾、重阳、龙归7个派出所均为副科级建制。

2014年武江公安工作，以深入学习贯彻中共十八大和十八届三中、四中全会精神为指导，在上级公安机关和区委政委的坚强领导下，围绕中心服务大局，开拓进取，改革创新，推进平安武江创建工作。紧紧围绕公安工作为经济建设和社会服务这个根本，切实为经济社会发展提供优质高效服务。分局全年共接有效刑事警情7450起，同比减少1210起，降幅19.39%。立刑事案件2773宗，同比下降10.2%，破案1289宗，同比上升23.1%，实现发案减少，破案增多的良好局面。

【维护社会稳定】 围绕公安工作为经济建设和社会服务这个根本，树立底线思维，围绕敏感时期突出不稳定因素主动展开排查，强化重点人员动态管控，提前做好预警信息研判工作。全年共上报公安要情220篇，妥善处置网络舆情115条，为制定紧急对策提供重要参考和依据。2014年，妥善处置西河镇什石园村民集体阻工、广乐高速T13标段坳头村民阻工等各类群体性事件（苗头）22起，同比减少10起，同比下降31.25%。围绕芙蓉新城和广乐高速等重点工程的施工建设，主动作为、因情施策、多措并举，协同政府、工程各方强化矛盾化解、打击违法犯罪、加强施工监管，切实维护辖区的和谐稳定。

【打击刑事犯罪】 2014年，全区共立刑事案件2773宗，同比下降12%；破获各类刑事案件1289宗，破案率为46%，同比上升23%。抓获犯罪嫌疑人715名，其中刑事拘留383名，逮捕218名，取保候审114人。牢固树立“既要破大案，又要破小案，更要多破案”的理念，通过“诸警联动，合成攻坚”，严厉打击各类刑事犯罪。年内发生命案2宗，破案2宗，实现命案必破，先后成功破获敲车玻璃系列盗窃案、持刀抢劫案、“9·12”非法自制枪支弹药故意伤人案等一批严重危害群众生命财产安全的案件。加强“打防小分队”和情报信息中队的密切配合，因情布警打击现行，遏制“两抢”“两盗”等侵财案件的高发。

【治安管理】 坚持“打击”和“防范”并重，着力夯实各项公安基层基础工作，深入开展系列社会治安打击整治专项行动，有力维护全市社会治安大局的稳定。全年受理并查处治安案件2556起，同比增加162起，同比上升6%。查处违法人员1193人。

开展“缉枪治爆”专项行动和“全省清查收缴非法枪支弹药统一行动”，严格落实对枪支弹药、爆炸物品、管制刀具的安全管理措施。全年共收缴枪支159支，子弹12.5万发，炸药268.3公斤，雷管2407枚，仿真枪44支，管制刀具4128

把。查处各类涉枪涉爆案件13起。年内成功侦破公安部督办的“6·9”涉爆专案，抓获犯罪嫌疑人6人，逮捕4人。

联合涉电企业开展打击破坏、盗窃“三电”设施违法犯罪活动，为武江区摘掉“三电”重点整治地区帽子奠定基础。全年破获破坏、盗窃“三电”设施案件94宗，查处治安案件20起，抓获涉案人员6人，打掉犯罪团伙1个，挽回经济损失21万多元。

积极开展打击传销、恶意欠薪等违法犯罪行动。着重打击以“高薪招工或介绍工作”“资本运作”等为幌子，采取拉人头、聚集人员、限制人身自由的传销活动。查窝点112个，遣散涉嫌传销人员779人次，刑事拘留84人，解救受骗群众126人。

落实“护校安园”行动，对校园周边治安、内部保卫力量建设、技防物防设施、安全管理制度情况等进行实地检查。清查销售仿真玩具店13间，收缴仿真枪21支，收缴管制器具20余把。

深入推进户口登记管理专项清理整顿工作，着力整治户口登记管理中存在的重、错、假等突出问题，健全工作机制，堵塞管理漏洞。2014年，武江区户籍人口266692人，其中非农业人口184694人，农业人口81998人。办理居住证1707张，办理各类入户1707多人次。

【打击“黄赌毒”犯罪】 严打涉黄、涉赌违法犯罪活动，立涉黄刑事案件13宗、破13宗，查处治安案件40宗，抓获犯罪嫌疑人168人；立涉赌刑事案件9宗、破9宗，查处行政案件76起，抓获犯罪嫌疑人501人。联合食药、工商、经贸等部门开展集中整治，严打击整治涉食药假犯罪行动。立涉食药案件6宗、破 6宗，抓获犯罪嫌疑人10人，其中移送起诉4人、逮捕6人。

开展“雷霆扫毒”和“打击整治涉毒违法犯罪专项行动”为契机，通过强化工作措施，加强禁毒情报信息化建设，全力破案攻坚，全面禁吸收戒，强化整治场所涉毒问题，掀起禁毒严打整治新高潮。全年共破获毒品案件187宗、破获省级目标案件6宗，抓获犯罪嫌疑人102人、缴获各类毒品8公斤、查获枪支2支，查处管控吸毒人员667人、收戒吸毒人员167人、清查涉毒娱乐场所10家次，依法责令涉毒娱乐场所停业整顿2家。

【经侦】 严打侵犯知识产权、制售假冒伪劣商品犯罪和银行卡犯罪等经济类犯罪，全年立案件63宗（其中金融诈骗案40宗，扰乱市场秩序案7宗，生产、销售假药案6宗，侵犯知识产权案5宗，职务侵占案3宗，非法拘禁案1宗，挪用资金案1宗），破案35宗，刑拘犯罪嫌疑人39人，逮捕16人，移送起诉9人。所破案件涉案金额2660.93万余元，为企业挽回经济损失63.38万余元。

【法制】 端正执法理念，始终把依法治国理念、民本执法理念教育摆在突出位置，以“执法办案回头看”活动为载体，加强执法思想教育。完善执法制度，采取月考评、季考评的方式对分局各办案部门办理的各类案件以及执法监督情况等进行综合考评，及时对办案过程中发现的问题进行整改。强化执法监督，对分局各办案部门的案件试行网上考评，每月网上案件考评率达到70%以上，整改率达到50%以上，有效防止冤假错案的发生。强化执法办案场所的规范建设、管理和使用，结合全国公安机关开展办案场所“四个一律”专项检查活动，对执法办案场所办案区的设置、使用和管理情况进行全面的检查，为执法安全提供保障。

【“六大专项”打击整治行动】 根据省厅、市局的统一部署，深入开展“六大专项”打击整治行动，采取强力工作措施，掀起全面打击整治涉毒、涉黄赌、涉食药假、涉车、涉枪、涉银行卡和电信诈骗犯罪的氛围，取得明显成效。通过强化清查、严打严防、重拳整治，压缩各类违法犯罪活动空间，有效维护武江社会治安大局的稳定。据统计，“六大专项”行动中，武江分局共破获毒品刑事案件129宗，破食品药品、制假售假、银行卡犯罪等经济案件32宗，破电信诈骗案件32宗，破涉枪案件12宗，破盗窃机动车案件435宗，破涉黄涉赌案件142宗。年终全市排名并列第一。

【重点地区整治行动】 重点对武江桥底聚众赌博和武江工农巷、光明巷、五祖路涉黄问题进行铁腕整治。实行分区包干制度，分时间段加强对武江桥底和工农巷的巡逻查控力度。印制1500多份的《关于加强出租屋及外来人口管理的通知》等宣传单张，逐家每户上门派发，与各出租屋主深入沟通，进一步规范娱乐服务场所的管理，加强对歌舞娱乐、桑拿按摩、沐足、美容美发等场所分类排查，共清查歌舞娱乐场所562间，桑拿按摩553间，沐足182间，美容美发158间，其他娱乐服务场所43间，停业整顿3间，取缔无名发廊、按摩场所15间。

【党的群众路线教育实践活动】 根据武江区委统一部署，2月底至10月底，分局深入开展党的群众路线教育实践活动。分局19个党支部和221名党员领导干部以保持党的先进性和纯洁性为主线，以为民务实清廉为主题，按照“照镜子、正衣冠、洗洗澡、治治病”的总要求，认真贯彻落实教育实践活动各个环节、各项措施、各项要求，组织党员围绕“四风”问题展开学习和讨论、批评和自我批评，教育引导广大民警自觉密切同人民群众的血肉联系。

【城区派出所合署办公】 为进一步优化警力资源配置，推动警务机制改革，夯实基层基础，分局实行城区派出所合署办公。2014年7月，经报请市公安局批准，工业中路派出所与芙蓉山派出所、西河派出所与惠民南路派出所分别合署办公。加上原有的三个城镇派出所，武江分局的派出所已精简为7个。

【“百名民警下基层”】 8月1日，市公安局开展“百名民警下基层”活动，54名市公安局的民警被安排到分局四个城区派出所办公。其中市局改非干部安排在就近社区警务室上班，局机关下沉民警安排在派出所案件中队或巡防中队上班。下基层的民警在案件侦破、纠纷化解、人口管控、服务群众等工作中发挥积极的作用。

【队伍管理】 廉政思想教育 以“正风肃纪、依法履职”教育整顿活动、纪律教育月学习活动为契机，通过组织局领导授课、民警集中学习、观看警示教育片、开展执法检查“回头看”、组织“为何从警、如何做警、为谁用警”大讨论等活动，全面推进党风廉政建设和反腐败建设。严格执行中央“八项规定”和公安部“十项规定”，不断增强廉洁从警意识和勤政为民意识，提高队伍免疫力。

党支部建设 加强和改进基层党支部建设，年内重新确认各党支部书记，并进行支部委员改选。严格落实党建工作目标责任制和“三会一课”制度，积极开展批评与自我批评，及时解决队伍中存在的苗头性、倾向性的问题。全年共培养入党积极分子10名，发展预备党员3名，预备党员转正5名。

专项业务培训 组织分局221名民警轮流开展共10期的“依法使用武器警械专项训练”，重点进行实弹射击、擒拿格斗、警棍盾牌操作等实战技能培训。此外，组织开展执法业务培训、警卫业务培训、公安要情信息撰写业务培训，参与“青年大讲堂”、公务员职业道德建设讲座等。

【表彰情况】 2014年5月，分局国保大队被评为2012—2013年度全省优秀公安基层单位。刑侦大队、新华大队被评为集体三等功。2015年2月，新华派出所民警范磊被广东省公安厅评为“广东省优秀人民警察”，2014年度，分局13人荣获韶关市公安局授予的个人三等功。

韶关市公安局武江分局领导名录

局　长：游加慧

政　委：朱永刚（—2014.4）

副局长：张为民

　　　　姚昌锋

　　　　谢宁军

　　　　范秀尚（—2014.8）

（撰稿人：王　瑾）

检　察

【概况】 武江区人民检察院共有13个内设机构，分别是政工科、办公室、侦查一科、侦查二科、反渎职侵权局、侦查监督科、公诉科、控告申诉检察科、民事行政检察科、监所检察科、法警大队、案件管理中心、派驻龙归镇检察室（兼预防职务犯罪工作）。2014年，武江区人民检察院在区委和上级检察机关的正确领导下，在人大监督和政府、政协及社会各界关心支持下，认真学习贯彻中共十八届四中全会精神，扎实开展党的群众路线教育实践活动，全面落实党风廉政建设“两个责任”，紧紧围绕中心服务大局，忠实履行宪法和法律赋予的职责，各项检察工作取得新进展。

【刑事检察】 2014年共依法批准逮捕318人，同比下降7.6%；提起公诉488人，同比上升6.9%。办案数量居全市之首。成功办理一批广受关注的案件，如涉案金额达5亿多元的张某祥等人非法吸收公众存款、抽逃出资案，李某红、鲁某红等21人组织领导传销活动、非法拘禁案，原南方日报记者胡某柱、刘某安受贿、敲诈勒索案，蔡某瑾、李某单位行贿案等。蔡某瑾、李某单位行贿案参加评选“全市优秀公诉庭”，在全市县（市）区检察院中独获殊荣。

【查办和预防职务犯罪】 重点查办征地拆迁、校园基建、安监等领域的职务犯罪，立案侦查贪污贿赂、渎职侵权等犯罪21人，同比上升40%。涉嫌犯罪的科级以上国家工作人员8人，其中处级2人。深挖安监领域执法不公背后的腐败犯罪，查处以权谋私、失职渎职的行政执法人员2人。加大惩治行贿犯罪力度，对6名行贿人依法追究刑事责任，同比上升20%。强化追逃追赃工作，追缴赃款赃物计人民币629万余元，会同有关部门抓获在逃职务犯罪嫌疑人2人。

结合办案加强职务犯罪预防。举办专题讲座26次，提供行贿犯罪档案查询630多次。深入开展个案预防，加强案件剖析，督促发案单位及时整改。针对武江区村居“两委”换届选举工作着力开展专题预防，确保选举进程依法有序。

【法律监督】 强化刑事诉讼监督。监督立案4件、撤案6件，纠正漏捕14人，追漏诉47人。对认为确有错误的刑事裁判提出抗诉3件。加强羁押必要性审查，对不需要继续羁押的9名犯罪嫌疑人变更强制措施。

强化刑罚执行和监管活动监督。监督纠正刑罚执行中的违法情形3件次。严格落实刑罚变更执行同步监督，纠正暂予监外执行不当2人。

加强社区矫正法律监督，对全区123名社区矫正人员造册建档，纠正脱管漏管，并及时解除矫正48人。

强化民事行政诉讼监督。建议市检察院提请省检察院抗诉1件，对7件侵害国家和社会公共利益的民事案件支持起诉，并分别向怠于行使职责的行政机关发出检察建议。对认为裁判正确的12件民事行政申诉案件，认真做好释法说理、服判息诉工作。

【内外监督】 一是自觉接受人大监督、民主监督和社会监督。主动向人大常委会报告检察机关的重大工作部署、重要事项和遇到的困难、问题等，争取人大监督和支持。积极配合人大常委会开展视察、调研等工作。按照上级要求，落实院领导、各科室分片包干联络人大代表制度，通过邀请代表视察、调研、座谈、观摩庭审活动和走访代表、开通短信平台加强联络等多种方式，广泛深入听取意见；进一步加强与政协委员的联系，通过邀请委员监督个案办理等方式，认真听取意见建议，促进自身公正执法。二是深化司法公开，推进阳光检务。通过高检院统一设立的互联网平台和区检察院的门户网站，稳步推进执法办案过程信息公开、案件流程互联网查询和终结性法律文书互联网公开工作。开通“武江检察”微信公众平台，提供“辩护与代理预约”“案件程序性查询”“法律文书公开”等便民服务，主动公开重大案件办理等情况，及时推送相关工作动态。对于各方在案件事实、适用法律方面存在较大争议或在本地有较大社会影响、区检察院拟作不起诉处理的案件，主动实行公开审查，邀请人大代表、政协委员、专家学者、律师代表等现场监督，切实提高执法公信力和透明度。专题开展“阳光检务阳光行”系列活动，深入镇街集市、市区广场开展法制宣传和法律服务，邀请街道办工作人员到区检察院参观、座谈，拉近与人民群众的距离，增进人民群众对检察工作的了解。三是强化对执法办案活动的内部监督和管理。一是加强业务规范化建设。进一步完善案件质量评查机制，加强执法办案监督制约，严格执法办案流程管理；二是强化对案件质量的监督。充分发挥检委会专职委员的专业特长，对业务量相对集中的刑检、自侦部门安排专职委员协助分管副检察长进行逐案把关。建立健全执法档案工作制度，检务督察领导小组对执法办案的案前、案中、案后同步监督，防止办案干警违规违纪行为的发生。

【开展党的群众路线教育实践活动】 突出为民务实清廉主题，着力整改“四风”和执法司法突出问题。区检察院认真梳理各方面意见建议，制定17项具体整改措施，对群众反映集中的检察宣传不注重实效等19个问题开展专项整治，建立健全《领导联系基层工作方案》《关于精简文件会议改进文风会风的若干规定（试行）》等13项制度。以无记名投票方式在群众中开展的“我最不满意的武江区检察院一个人/一件事／一项工作”意见征集活动，被外界评价为“最有创新、最有气魄、最有勇气”。

【素质能力建设】 加大领导干部、业务一线教育培训力度，全年分批次安排20名中层以上干部到高校进行业务轮训。组织年轻干警轮流到侦查一线进行“实战演练”，邀请专家或业务骨干给干警授课，重视发挥办案能手在办理重大案件中的引领作用。注重人才培养，制定《干警参加国内在职研究生、博士生学历（学位）教育管理办法》，鼓励干警积极参加学历再教育，提升专业水平。目前有2名年轻干警在读湘潭大学法律硕士学位，另有1人于最近收到2015年中山大学法律硕士学位录取通知。

【党风廉政建设和自身反腐】 院党组切实增强责任意识，全面落实“两个责任”，着力健全责任分解、检查监督、倒查追究的完整链条，把党风廉政建设与检察业务、检察队伍、检务保障等工作同研究、同部署、同检查、同落实，着眼防范执法办案、干部人事管理、后勤保障等重点领域和关键岗位的廉政风险，细化分解责任，明确党组书记、班子其他成员、各部门主要负责人及纪检专职人员的职责，层层签订党风廉政建设责任书，层层分解任务，层层传导压力，确保党风廉政建设各项措施落到实处。加强对干警八小时外行为规范的监督管理，管好干警的“社交圈”“生活圈”。加强廉政文化建设，举办征文、演讲比赛等活动，组织观看警示教育影片，倡导干警深入学习廉政文化知识，提高干警拒腐防变的能力和自觉性。

区人民检察院领导名录

检察长：李亚军（女）

副检察长：简兆平 陈鸿南

刘旭珊（女）

政工科长：张新溪

（撰稿人：张益华）

审 判

【概况】 武江区人民法院位于沙洲一路6号，定编69人，设院长1人，副院长3人，内设机构领导14名，在职实有55人。

2014年，武江区人民法院以中共十八大和十八届三中、四中全会精神为指引，围绕“努力让人民群众在每一个司法案件中都感受到公平正义”目标，立足“司法为民、公正司法”，严格履行宪法和法律赋予的职责。共受理各类案件3317件，与上年同期相比上升16.6%；结案3287件，上升20.4%；结案率为99.1%，解决诉讼标的金额4.2亿元。一线法官人均结案122件，个人年度结案最高记录为257件。以党的群众路线教育实践活动为载体，着力解决“门难进、脸难看、事难办”“立案难、诉讼难、执行难”“关系案、人情案、金钱案”的“六难三案”顽疾。通过“三大载体”（门户网站、官方微博、法院季刊）推进“三大平台”（审判流程、裁判文书、执行信息）建设，逐步实现司法全公开。在2014年2月开始启用的“中国裁判文书网”公布生效裁判文书1143份，将案件事实认定、裁判说理、法律适用置于社会各界的广泛监督之下。将失信被执行人信息录入“全国法院失信被执行人名单库”，通过限制融资信贷、行政审批、大额消费等信用惩戒，督促履行法定义务。

【刑事审判】 受理刑事案件247件，上升37.9%，判处罪犯387人，结案率为100%。深入推进反腐败斗争，审结受贿、渎职等职务犯罪案件22件22人；突出打击破坏经济秩序犯罪，处理涉非法传销案件24件143人、涉案金额高达6000万元的信用卡套现案件5件7人；严格证据要求和证明标准，1名自诉案件被告人因证据不足被判无罪。全面推行未成年犯认罪轻处和前科封存制度，未成年罪犯非监禁刑适用率为38.4%；在少年刑事审判中开展社会调查、判后帮教，协同社区矫正与校园法制宣传，推动未成年犯顺利回归社会。

【民商事、行政审判】 受理民商事纠纷2193件，上升23.7%；审结2175件，上升32.5%，结案标的金额2.9亿元。成功调解江少清等25人涉“尚水国际”楼盘房屋买卖合同系列案；辗转云浮、广州、深圳多地，妥善处理标的金额达2500万元的韶关福易燃料有限公司诉云浮亨达利水泥制品有限公司买卖合同纠纷。降低当事人诉讼成本，适用小额诉讼程序审理案件367件，通过诉讼程序的多元化，实现诉讼的效益化。

受理行政诉讼案件106件，已全部审结。依法审查非诉行政案件48件，全部裁定准予执行。在村民要求确认集体经济组织成员资格、职工因企业未购买“五险一金”而无法享受退休待遇等系列案中，落实“诉前沟通、诉中协调、诉外疏导”机制，协调解决争议。行政庭全年对相关单位发出司法建议34份，回复率达100%，帮助堵塞管理漏洞。

【执行工作】 受理执行案件723件，下降8.4%；执结711件，结案率为98.3%，执结标的金额1.3亿元。年内限制出境2人，司法拘留9人，借助媒体曝光255个单位和个人，最大限度压缩失信被执行人对抗空间。针对实际执行过程中，部分被执行人有能力履行而恶意转移财产的行为，对失信被执行人予以信用惩戒，将106条被执行人信息录入最高人民法院网站（www.court.gov.cn）“全国法院失信被执行人名单库”，通过限制融资信贷、行政审批、大额消费等行为，促使其履行法定义务，营造诚信文明的市场环境。

【审判管理】 提升办案质效：完善庭前会议制度，将案件管辖、回避、非法证据排除等程序性争议解决在开庭之前，提升庭审处理实体性问题的效率。细化合议庭评议规则，改善主审法官唱“独角戏”状况，发挥集体把关作用。开展庭审、裁判文书评查，对问题公开通报、集中讲评、倒查责任，落实办案质量终身负责制。2014年，反映审判质量的一审判决案件改判发回重审率为3.8%，同比下降1.3个百分点；反映审判效率的法定审限内结案率为99.1%，提高0.3个百分点；反映审判效果的一审服判息诉率、一审民商事案件调撤率分别达到83.8%、49.9%。在案件总量不断增长、案多人少矛盾日益突出的情况下，始终坚持公正司法，确保审判质效持续向好。深化司法公开：以司法公开为中心，通过“三大载体”（门户网站、官方微博、法院季刊）推进“三大平台”（审判流程、裁判文书、执行信息）建设，逐步实现过程全公开、节点全告知、程序全对接、文书全上网。一年来，在院门户网站发布诉讼指南35条、提供诉讼文书样式12类、公开庭审视频48个，接受网上咨询435起；在2014年2月启用的“中国裁判文书网”公布生效案件裁判文书1143份，将案件事实认定、裁判说理、法律适用置于社会各界的监督之下。落实人民陪审员“倍增计划”，新吸收务工人员、社区居民等基层群众27名，全院人民陪审员增至37人，参审案件322件。推进信息化应用：完善司法政务管理平台，实现审判综合业务管理省、市、区三级联网及数据共享，启用自动分案、案件审批等管理模块，强化案件流程监督。加强执行查控系统运用，该系统与法院综合业务系统、各中资商业银行平台自动对接，实现全自动化财产查控。借力执行失信惩戒系统，与人民银行、政府等联动单位共建信用惩戒机制。

【信访和司法救助工作】 深入贯彻新颁布的《广东省信访条例》，严格落实诉访分离，建立与最高人民法院相连的远程视频接访平台，畅通司法救济渠道。加大司法救助力度，全年依法为经济确有困难的当事人缓、减、免交诉讼费31件16.98万元，为盲聋哑、未成年和经济困难等刑事被告人依法指定辩护人14人（次）。

【诉前联调】 健全调处矛盾纠纷综合机制：强化诉前联调，共受理纠纷68件，调解成功率达88.1%；深化诉调对接，联动处置山林土地、物业管理等多发性纠纷103件。

【队伍建设】 结合党的群众路线教育实践活动，以中央“八项规定”为尺，以“六难三案”问题为戒，聚焦“四风”，改进作风，加强队伍正规化、专业化、职业化建设。扎实开展党的群众路线教育实践活动：通过调研座谈、短信联络、网站信箱等方式征求意见882人次，共征求到各类意见建议137条，梳理分类列出班子在“四风”方面存在的突出问题22条。班子成员带头深入对照检查，开展批评与自我批评，落实10个方面23条整改措施，构建覆盖审判管理、司法公开、涉诉信访等14项长效机制，着力解决“门难进、脸难看、事难办”“立案难、诉讼难、执行难”“关系案、人情案、金钱案”的“六难三案”顽疾。内外监督正风肃纪：健全社会与院纪检组织两大作风监督阵地：一方面，完善人大代表、廉政监督员联络机制，发送《武江法院专报》手机短信15期，邀请代表听庭评审、见证执行、参与合议69人次；继续向当事人随案发放“廉政和审判作风监督卡”，主动接受监督。另一方面，院纪检监察室紧扣窗口作风、节假日纠风及公务用车整治等重点开展审务督察，对问题督促整改落实。市党风廉政建设考核组对区法院电子廉政档案“一人一档，一年一档”的廉情动态管理表示赞许。坚持队伍内涵式发展：坚持以党建带队建，组织全院干警学习中共十八大以来重要文件和习近平总书记系列讲话精神，坚定理想信念。实施“文化育人”战略，通过举办法院讲坛、法官宣誓等，强化职业信仰。建立“实训化培养”机制，选任优秀资深法官担任法官导师，对预备法官、初任法官开展观摩庭审、案件讲评、理论研讨等职业训练，以规范的管理、正确的导向激发队伍干事创业的激情。

【表彰情况】 区法院荣获武江区2013年度人口与计划生育综合治理“先进单位”称号；政工科记集体三等功；张贵生记个人三等功；李劲记个人三等功；秦晓芳荣获武江区2013—2014年度“优秀共青团员”称号；彭丹丹荣获全市法院系统“坚持群众路线，践行司法为民”演讲比赛二等奖。

区人民法院领导名录：

院　长：韩雪梅（女）

副院长：苏　敏

胡小波

廖海岷

（撰稿人：成燕萍）

司法行政

【概况】 武江区司法局现有行政编制16个。内设机构包括政工科、办公室、宣传教育股、基层管理股、公证律师股、社区矫正股。直属单位有武江区法律援助处、康正公证处、武江区公职律师事务所。

2014年，武江区司法局以创建平安武江、推进民生幸福为目标，以构建覆盖城乡的公共法律服务体系为着力点，全面推进法制宣传法律服务进村居、专业性行业性人民调解组织建设、社区服刑人员管理等重点工作，发挥司法行政职能作用，服务和保障经济发展，促进民生改善，维护社会和谐稳定，促进公平正义，各项工作取得新成效。

【法律援助】 2014年，全面建成由区法律援助处、镇（街）工作站、村（居）联络点，以及工青妇残等部门工作站构成的法律援助服务网络。全区法律援助机构不断完善各项法律援助便民服务措施，到农村、社区、企业举办法律援助宣传咨询活动。推进受援人联系回访等制度落实，使法律援助工作进一步深入民心。全年办理法律援助案件121件。

【人民调解】 2014年，全区建立各类人民调解委员会（以下简称调委会）100个，其中镇（街）调委会7个，村居（社区）调委会82个，企业单位调委会10个。全区司法行政机关结合建设平安细胞工程要求，着重推进企业人民调解组织和行业性专业性人民调解组织建设，加大社会矛盾纠纷排查调处的广度和深度，使大量的矛盾纠纷得到有效化解。全年各级调解组织共调处各类矛盾纠纷1218件，调处成功1208件，调解率为 100 %，调解成功率达99.18%。

【社区矫正和安置帮教】 2014年，按照司法行政机关及全国和广东省有关文件开展社区矫正和安置帮教工作，加强工作指导和检查监督，将社区矫正和安置帮教对象进行信息化管理，社区矫正对象实行手机定位系统管理。全年接收安置帮教人员67人，接收社区矫正人员在册122人。

【法制宣传】 围绕创建平安武江进一步推进领导干部、公职人员、青少年学生等普法对象的法制宣传工作。2014年 11月10日至11月20日对全区机关、镇、街、（村委干部纸质）、学校教师进行无纸化普法考试。以宪法、公务员法、行政诉讼法、行政处罚法、行政复议法、国家赔偿法、行政许可法、广东省信访条例等为内容，全区有2642人参加。开展“法律六进活动”即“法律进机关、学校、企业、单位、农村、社区”活动，开展30场次，解答群众法律咨询4000多人次，印发法制宣传、普法资料15万份（册），受教育人数26万人次，编写普法简报12期。

【公证服务】 组织开展公证法宣传活动，对残疾人、行动不便老人进行上门服务等公证便民服务措施，全年共办理公证474件。

区司法局领导名录：

局　长：韩伟强

副局长：张锦怀（—2014.1）

叶贤治（—2014.1）

谭克志（2014.1—）

张羽忠（2014.1—）

政工科长：胡巧莲（女）

（撰稿人：刘西中）

经济管理

规划管理

【概况】 根据2014年8月29日武江区政府办印发的《印发韶关市武江区发展和改革局主要职责内设机构和人员编制规定的通知》（韶武府办〔2014〕87号）文件精神，韶关市武江区发展和改革局为正科级行政机关，行政编制7名，行政执法专项编制3名。设局长1名，副局长2名，股长（主任）7名。区发展和改革局内设办公室、投资发展股、综合规划股、价格收费股、物价检查股、国民经济动员办公室、资源节约和环境保护股。其中：2014年8月29日根据《印发韶关市武江区发展和改革局主要职责内设机构和人员编制规定的通知》（韶武府办〔2014〕87号）文规定，增设资源节约和环境保护股。根据区委区政府2014年8月22日印发的《关于印发〈韶关市武江区人民政府职能转变和机构改革方案〉的通知》（韶武发〔2014〕3号）文要求，发改局不再挂区物价局牌子。

2014年全区生产总值达到204.76亿元，同比（下同）增长10.2%。其中，第一产业增加值5.71亿元，增长3.8%；第二产业增加值102.52亿元，增长9.7%（其中，工业值90.51亿元，增长9.7%；建筑业增加值12.0亿元，增长10.2%）；第三产业增加值96.54亿元，增长11.1%；三次产业比重为2.8：50.1：47.1。地方公共财政预算收入达到4亿元，增长18.8%。社会消费品零售总额89.5亿元，增长11.1%。全社会固定资产总投资完成87.6亿元，增长44.5%，增速全市第一。年度共安排重点建设项目55项，完成投资53.1亿元，占全社会固定资产投资60.6%。实际利用外资2731万美元，增长58.5%。外贸进出口总额3763万美元。

【重点项目】 协调解决项目难题，积极推进重点项目建设。2014年，安排区重点建设项目55项。计划总投资80.2亿元。全年55个重点项目已有45个开工，开工率达81.82%，完成投资亿元以上的项目已达13个。其中恒大城8亿元，芙蓉新城安置新村、蝶峦酒店各5亿元，碧桂园太阳城、恒熙华城、路网工程分别超过3亿元。

【固定资产投资】 全年全社会固定资产总投资完成87.6亿元，增长44.5%，以高增速位列全市第一，超过全市年度工作目标（19%）25.5个百分点。

【区内政府投资项目】 审批区内政府投资项目97个，核准0个，备案项目14个。

【调查研究】 抓好经常性调研，单独或会同有关部门开展多项专题调研，撰写《武江区2013年国民经济和社会发展计划执行情况与2014年计划草案的报告》等材料。按季度撰写经济运行分析。

【物价管理】 2014年，搞好价费服务管理工作，关注民生、依法行政。开展涉农收费、医疗收费，教育收费等专项检查，做好行政事业性收费年审，做好价格鉴证工作。按照上级部门部署开展大型商场明码标价检查等专项检查，由局领导带队组成检查组，出动检查人员63人次。严格按照收费许可规定，发放或更换收费许可证15个，取消1个。对武江区内6个价格监测点内商品即时价格进行监测，严格执行价格监测日报制度。全年接到网络问政案件23件，处理答复23件。下发《关于开展2013年度行政事业性收费年审工作的通知》（韶武价〔2014年〕7号）的通知，对全区20个行政事业收费单位收费行为进行检查，未发现乱收费行为。全年接受价格鉴证102宗，鉴证标的105.1万元，价格评估认证工作达到公开、公平、公正要求。

区发展和改革局（物价局）领导名录

局　长：成振铭

副局长：罗北京

（撰稿人：陈文利）

统　计

【概况】 根据《印发韶关市武江区统计局主要职责内设机构和人员编制规定的通知》（韶武府办〔2010〕54号），区统计局机关行政编制7名，其中：局长1名，副局长2名，股长（主任）4名。区统计局设4个内设机构：办公室和法制股；综合核算股和计算机股；工业、交通、能源、科技股；社会投资、建筑与房地产、劳动工资、农村农业、贸易股。实有公务员7人。

2012年11月22区编委会会议研究决定，同意设立"韶关市武江区统计普查中心"，为区统计局下属正股级事业单位，编制8名，设主任1名，副主任1名。实有职员6人。

2014年，区统计局以十八大和十八届三中、四中全会精神为指导，紧紧围绕区委、区政府总体部署，以服务全区经济发展大局为宗旨，以提高统计工作水平和数据质量为目的，务实创新、扎实工作，为武江区经济社会发展提供优质的统计服务。

【统计服务】 2014年面对复杂多变的经济形势，区统计局采取积极措施，密切监测全区经济运行情况：一是分解细化全年经济增长目标。二是加强统计监测预警，各专业做好企业生产数据每月监测台账，为区领导及各部门及时跟踪掌握主要经济指标动态、把握经济形势提供参考。三是加强对经济形势的研判，撰写大量分析报告，重点对全区经济运行情况、突出问题进行分析，提供预警信息和措施建议，为领导和有关部门及时准确地把握经济走势、进行科学谋划提供决策依据。四是做好统计资料编发，为全区提供统计信息服务。2014年3月起，区统计局每月编印《武江统计信息》，全年编印统计信息12期，主要内容有武江统计月报、季度经济运行情况分析和专题分析。2014年3月，发布《武江区2013年国民经济和社会发展统计公报》。

【统计改革】 国家统计局从2011年统计年报和2012年统计定期报表起将全面实施统计"四大工程"建设（基本单位名录库、企业一套表制度、数据采集处理软件系统和联网直报系统建设）。纳入实施范围的有：规模以上工业法人单位、资质建筑业法人单位、限额以上批发业和零售业法人单位、限额以上住宿和餐饮业法人单位、房地产开发经营业法人单位。上述企业从2012年2月18日起按要求登录统一的联网直报平台报送统计数据。2012年统计年报和2013年统计定期报表起，联网直报新增重点服务业企业（2014年起改为规模以上服务业）。2014年全区新增"四上"企业34家，其中工业企业1家、资质建筑企业2家、房地产开发企业6家、批零住餐企业10家、规模以上服务业企业15家。34家企业的入库，对全区2015年经济发展将起到一定的促进作用。

【统计调查】 2014年，区统计局承担省、市布置的24项专项调查任务，分别是：城乡一体化调查；农村50户住户现金收支情况调查；主要畜禽调查；工业品价格调查；规模以下工业抽样调查；限上批零企业调查；限上住宿餐饮企业、个体户调查；限下批零、住宿餐饮企业、个体户抽样调查；民营批零、住宿餐饮企业调查；重点批零、住宿餐饮企业调查；私营企业及其他单位工资统计调查；企业用工情况调查；规模以下服务业企业抽样调查；文化及相关产业单位情况调查；人口变动情况抽样调查；农民工监测抽样调查；韶关市基本公共服务均等化公众满意度调查；小微企业和个体经营户跟踪调查；韶关市依法行政考评社会评议调查；韶关市群众幸福感测评调查；非公有制企业（单位）人才资源状况抽样调查；组织工作满意度民意调查；机关绩效考核公众评议调查；芙蓉新区统计调查。

【经济普查】 2014年1月5日下午，国务院第三次全国经济普查领导小组副组长、国家统计局局长马建堂一行莅临武江区督查经济普查工作。马建堂一行在市委书记、市人大常委会主任郑振涛的陪同下，先后到武江区镇泰（广东）工业有限公司、前进国际建材城察看现场登记情况，观看普查员入户登记、PDA录入、上报全过程。在现场，马建堂与普查员亲切交流，对一线普查员表示慰问，并对企业负责人和个体户理解和支持普查工作表示感谢。

马建堂对武江区经济普查工作成效充分肯定，他要求各级党委、政府和有关部门要加大宣传力度，营造良好的普查工作氛围。希望广大普查员能认真负责地采集信息，普查对象能够按照要求如实提供信息。

2014年1月至2月，为确保普查员、PDA操作员熟悉经济普查工作内容和要求，掌握普查工作流程和PDA操作技能，切实提升普查质量，区统计局分六场次组织韶关学院参与普查的学生、各镇街及居委干部、“四上”企业统计员、区直各单位财会人员开展经济普查业务培训，由区统计局业务骨干担任授课教师，培训内容包括普查方案、工作流程、普查表各项指标解释及填报方法、PDA操作等。

2014年3月，经过近一年的努力，全区经济普查登记工作全面完成，全区登记个体户15066个，完成率109.79%，登记联网直报单位156个，完成率100%，登记非联网直报单位3058个，完成率100.36%，先于全市其他五个县区完成任务。

2014年1月至3月，区统计局按照《武江区经济普查工作实施方案》，组织实施正式普查入户登记工作。经过努力，全区普查登记工作在2014年3月底全面完成，普查登记法人单位和个体经营户共18000多个，先于全市其他五个县区完成任务，同时保证普查登记进度和质量。2014年1月5日，国家统计局局长马建堂到武江区督查经济普查现场登记情况，对区经济普查工作成效充分肯定。

【统计法制建设】 2014年8月，为加强统计基础建设和确保企业联网直报源头数据质量，区统计局开展统计执法检查工作，共检查60家企业。检查重点内容是企业2013年年报和2014年上半年定期报表数据质量、网报数据和会计资料比对、统计台帐、统计人员持证上岗等基础性工作。检查未发现明显的弄虚作假现象，但存在基础建设工作不完善的情况，对发现的问题，均向企业负责人作出反馈。本次检查发现1家企业存在较明显问题，执法人员现场发出《责令整改通知书》，要求企业限期整改。

【统计教育培训】 2014年9月，区统计局举办2014年统计从业资格培训班，全区参加培训考试人员80人。12月，举办2014年统计从业资格继续教育培训班，全区参加继续教育培训考试人员138人。

【表彰情况】 2014年6月，区统计局在2013年度绩效考评中被区委、区政府评为优秀等次二等奖（政府部门第三名），连续四年获得优秀等次二等奖的佳绩。

区统计局领导名录

局　长：何爱华

副局长：刘学农

林洁谊（女）

（撰稿人：刘学农）

审　计

【概况】 区审计局内设办公室（计算机审计室）、综合股、经济责任审计办公室、财税金融审计股、行政事业审计股。2014年，在区委、区政府及上级审计机关的正确领导下，区审计局紧紧围绕区委、区府工作中心，认真落实党委、政府对审计的新要求，依法履行审计监督职能，全面完成2014年各项审计任务。2014年完成审计项15个，出具审计报告15篇，查出管理不规范金额332万元，上缴区财政137.8万元，提出审计意见52条，被采纳52条。编写信息16 篇。对莞韶甘棠工业园成本核算工作以及323线资金管理及使用情况进行审核，对各单位在建章立制、完善经费支出手续等财务管理方面提出审计建议，并得到积极采纳，也为区决策提供依据。

【财政审计】 进一步深化财政同级审计。2014年区审计局围绕党委、政府和群众关注的重点部门、重点领域、重点资金，对2013年度区级财政预算执行情况及地方税收征收管理进行审计，进一步强化预算执行，完善税收征管工作。针对审计发现的问题，在完善财政管理工作，加强预算、决算编制管理，细化支出预算，提高财政资金使用效益，完善税收征管，提高税源管理能力，做到税收应收尽收等方面提出意见。于2014年度中旬向区人大提交审计工作报告。

【经济责任审计】 加大领导干部任中审计力度，推进经济责任审计。2014年，区审计局共完成经济责任审计项目9个，其中：任中审计2个，离任审计7个。在审计过程中突出对重大经济决策情况、内控管理效果以及领导干部廉洁自律等重点内容的关注，做到从大处着眼、从细处着手，善于把握细节，注意抓住疑点，对重要问题追根溯源，力求将问题查深查透。查出管理不规范金额274万元，上缴区财政137.8万元，提出审计建议34条，均已被审计单位采纳，并进行整改。

【专项资金审计】 进一步强化专项资金审计。完成对武江区2012年度、2013年度体育彩票公益金管理使用情况专项审计。通过审计，关注体育彩票公益金的筹集、使用和管理情况；关注公益金用于全民健身、竞技和资助体育项目的合理、合法、绩效情况；指出体彩公益金在计划、执行、支付、管理、使用以及落实政策等方面存在的问题；从政策、制度、体制、管理等方面分析产生问题的原因，促进体育彩票公益金的规范化和科学化管理水平。完成对武江区科技局2013年度科技专项经费专项审计。针对科技局在科技专项资金管理制度不完善、科技专项资金结转结余大、科技专项资金预算安排不合理等方面存在的问题，提出可行性审计建议。促进科技局改进科技项目资金预算安排方法，完善科技专项资金管理制度，促进资金分配的合理和优化，避免出现资金监管漏洞。

【重大审计任务】 2014年区审计局派出2名同志参与审计署开展的土地出让金及耕地保护情况审计、省审计厅开展的书记（县长）经济责任同步审计及市审计局开展的2013年度县级财政决算审计。

【财务收支审计】 区领导批示本局对武江区老区建设促进会成立以来财务收支情况进行审计。

【审计跟踪检查】 为进一步促进武江区各单位规范和完善财务管理，加大整改力度，防止屡审屡犯。2014年下半年区审计局联合监察局对2012—2013年审计的项目18个相关单位在预算执行、专项资金使用、政府投资管理等财务收支方面存在的问题进行经济责任审计问题的整改落实情况检查，并将检查结果报区委、区政府，取得审计时效性监督效果。

【重点项目】 切实抓好挂点重点建设项目项目凯旋华府规划选址、用地预审、环境影响评价、立项批复以及初步设计等工作落实，全力推进项目有序、规范开发建设，保证本局挂点项目（凯旋华府）重点项目按市、区要求完成年度建设任务。

【审计机关管理和建设】 强化“四种意识”认真履行监督职能。审计机关作为监督部门，必须时刻强化“四种意识”，履行监督职能，发挥审计经济卫士作用。一是强化服务意识。以良好的精神状态和过硬的工作作风，发挥审计免疫系统功能。二是强化大局意识。必须坚持以十八届三中全会、四中全会为灵魂和指南，牢固树立科学审计理念，认真履行自己的职责。三是强化紧迫意识。要求审计干部时刻保持“不学则退”的紧迫感，鼓励审计干部在工作中学习，在书本中学习，在实践中学习。通过不断学习才能做到与时俱进，审计技术知识才能不断更新，才能掌握最新的审计技术和最有效的审计方法，才能在本职岗位上创造出新的成绩。四是强化清廉意识。强化“责任、忠诚、清廉、依法、独立、奉献”的审计理念，倡导健康向上的人生观、价值观、荣辱观。打造一支愿干事业、能干事业、干成事业、清正廉洁的审计干部队伍。

【档案综合管理】 区审计局按文书档案、审计档案、会计档案和审计财经法规书籍进行分类管理，并建立审计业务的电子版档案管理。2014年，度审计、文书、会计档案共50卷，其中：审计档案28卷、会计档案5卷，文书档案3卷，其他档案14卷。

区审计局领导名录

局　长：胡丽娟（女）

副局长：曾文英（女，—2014.1）

　　　　袁文娟（女）

　　　　华志荣（2014.1—）

（撰稿人：李　虹）

工商行政管理

【概况】 区工商局内设8个股室：办公室、人事监察股、法规股、登记注册股、企业监督管理股、经济检查股、商标广告管理股、市场合同管理股，1个直属单位：经济检查大队，4个派出机构：新华工商所、芙蓉工商所、西郊工商所、龙归工商所。全局共核定编制108个，实有在职人数90人：核定局长职位1个，副局长职位3个，其中1人兼任纪检组长。

2014年，区工商局按照省、市工商局全面推进商事登记改革的部署和要求，通过放宽公司注册资本登记条件、放

2014年6月30日，区工商局和区食药局在区政府310会议室举行食品流通环节监管职能划转交接仪式（马立峰摄）

宽企业住所登记要求、减少前置审批、推进“先照后证”改革等多项举措，简化登记注册程序，放宽市场准入条件，进一步推进工商注册制度便利化，激发民间投资创业热情，为武江经济发展注入新的活力，市场主体尤其是公司制企业呈现“量额”齐增的可喜局面。年底登记在册个体工商户10529户，同比增长3.35%；私营企业697户，同比增长30.77%；内资企业80户，全年增长1户。同时，按照“宽进、严管、善管”的要求，深入推进市场主体信用建设，落实国务院《企业信息公示暂行条例》及配套规章，积极完善以企业年报抽查为主的企业信用监管机制；结合武江区“创平”“创文”和社会治安综合治理等重点工作的要求，进一步加强市场经营秩序整顿，确保地方经营环境保持规范有序，全年立案查处行政违法违规行为158宗，办结134宗。

【个体工商户】 2014年年底，区工商局登记在册个体工商户10529户，从业人员23095人，注册资金47905.59万元，全年新增户数1301户，从业人员3428人，注册资金10188.95万元，与上年相比分别增长3.35%、4.97%和16.86%。

【企业注册登记】 在商事登记改革利好政策推动下武江区私营企业迅速增长，2014年年底区工商局登记在册私营企业达697户，从业人员5239人，注册资金73001.93万元，全年新增户数182户，从业人员1382人，注册资金30468.13万元，与上年相比分别增长30.77%、32.4%和92.16%。

随着国家对经济结构的宏观调整，国企改革的进一步深化，国有经济占国民经济比重不断缩小，内资企业增长缓慢，2014年年底区工商局登记在册内资企业80户（其中法人企业36户），注册资金65951.7万元，全年新设立内资企业1户，注册资金101万元。

由于场地要求的限制，农民专业合作社发展放缓。2014年年底武江区登记在册农民专业合作社55户，出资总额8640.12万元，成员总数2897人，全年新增户数6户，出资总额163.9万元，成员总数289人。

【企业监督管理】 年检验照　根据《工商总局关于暂停个体工商户验照工作的通知》（工商个字〔2013〕191号）和《工商总局关于停止企业年度检验工作的通知》（工商企字〔2014〕28号）要求，武江区工商局1月1日起全面停止个体工商户验照，3月1日起全面停止企业年检工作。

企业监管　为进一步落实“宽进严管”措施，全面规范市场主体的经营资格和经营行为，武江区工商局以辖区主要街道、商业繁华区（广场）、城乡接合部、党政机关政府所在地、学校、超市、商场、集贸市场、长途客运站及其周边等区域为重点，全面开展清理无照经营行为，特别是对涉及“黑网吧”、食品制售、消防安全、非法开采等关系人民身体健康、生命财产安全、存在重大安全隐患、威胁公共利益和安全、破坏环境的无证无照经营主体，坚决查处取缔。全年立案查处无照经营案件85宗，涉案案值124.65万元，罚没金额24.2万元。

坚持“安全第一、预防为主、综合治理”的方针，认真组织开展“安全生产月”活动、“清剿火患”暨“利剑”行动、推进火灾隐患排查整治“四个专项”行动、“八打八治”打非治违专项行动等专项工作，进一步加强酒店、商铺超市、加油站、烟花爆竹、网吧、危险化学品、加油站等重点企业和风险行业的无证无照经营清理整治，积极配合做好企业安全生产监管，督促企业落实安全生产主体责任，切实消除事故隐患。全年出动执法人数845人次，车辆126台次，检查企业810户，查处无证无照经营58户，发出整改通知书45份。

【商标广告管理】 商标管理　2014年，武江区企业申请注册商标118件，其中注册成功商标139件，累计有效商标556件。继续开展打击侵犯知识产权和制售假冒伪劣商品专项行动，检查各类市场经营主体482户，立案查处经销侵犯注册商标专用权商品案3宗，案值0.25万元，罚没总额4.3546万元。

广告管理 2014年，区工商局登记在册的广告经营户199户，从业人员1090人，其中私营企业67户，个体工商户131户。办理户外广告登记1156个，涉及经营额1451.5万元。采取多项措施，全面整治医疗、房地产、农资、食品、网络等领域非法广告，加大对未经核准登记或不按核准登记事项擅自发布户外广告、虚假宣传等违法行为的查处力度，立案查处虚假宣传广告案件22宗，罚款总额13.75万元。

开展"红盾网剑"专项行动，加强对网络经营行为、网络虚假广告、侵犯注册商标专用权等违法行为的监管。检查网上网站、网店16个，实地检查网络经营者1户，查处涉嫌网络虚假宣传案件一宗，删除违法商品信息1条，责令整改网站1个，罚没1.2万元，实现网络监管案件"零"的突破。

【市场整顿】 食品安全监管 按照国务院关于食品安全监管职能调整的部署，6月30日区工商局与区食药局举行交接仪式，正式将区工商部门承担的流通领域食品安全监管职能划入区食品药品监管部门。在区食品药品监管部门人员架构尚未完善的情况下，区工商局受区食药局委托，承担起过渡时期的食品安全监管工作。

严把食品市场主体准入关，采取有效措施认真抓好辖区的食品经营主体准入，有效维护辖区内食品市场经营秩序，全年审查发放食品流通许可证426份，其中设立233份，变更84份，注销109份。

深入开展食品安全"三打两整治"专项行动，进一步加强元旦、春节、中秋、国庆等节日食品安全监管，以农村食品市场为重点区域，以经营肉类、肉制品、乳制品、儿童食品、蛋制品、酒类、饮料等的粮油批发商行、食品加工点、超市、商场、酒行、商店、餐饮店以及农贸市场为重点对象，严查经销假冒伪劣食品、不合格食品、过期食品、违法添加非食用物质等行为。全年检查经营户1694户次，查办案件13宗。

假冒伪劣商品整治 2014年，全区各打假职能部门共出动执法人员1600人次，查办假冒伪劣案件34宗，涉案货值5872550.16元，罚款金617296.5元，查获违规盐1595公斤，销毁货值万元物品一批，刑事拘留2人，逮捕7人，判刑4人。

区工商局深入开展食盐销售市场打假专项行动，电动自行车市场专项整治，全面打击侵犯知识产权和制售假冒伪劣商品行为。全年查处假冒伪劣商品案件5宗，罚没7.2万元，查获不合格电动自行车2辆、劣质消防水带114个、商标侵权酒类68瓶等。

开展流通领域商品质量监测工作，配合省、市工商局开展电动摩托车、成品油、人造板、不锈钢管、家用电器、日用纸抽样检测5次，抽检23个单位，34组商品，检出不合格商品7组。

集贸市场监管 切实做好防控人感染H7N9禽流感工作和登革热防控工作。印发防控文件、资料等2200多份，加强市场巡查力度，督促市场开办者、管理者及活禽经营者认真执行《广东省活禽经营市场"三个一"防控措施技术要求》，做好环境卫生清洁及"四防"装置的维护，组织、督促集贸市场开展大清洁和统一药物消杀行动，强化禽流感和登革热防控工作，有效抑制疫情的发生。

农资市场监管 加大农资市场监管，利用农资监管系统规范农资台帐，进一步完善农资市场长效监管机制，提高农资市场监管的效能和水平。继续深入开展"红盾护农"专项行动，开展查处制售假劣种子违

法行为、规范化肥经营行为，切实维护农资市场消费安全。全年共出动执法人员319人次，执法车辆102车次，检查农资经营户126户次，查处B类不合格农资2吨。

消费合同监管　组织开展银行业、电信业合同格式条款专项检查和整治房地产行业利用合同格式条款侵害消费者合法权益专项行动，检查、收集各类格式条款合同55份，发出行政建议书15份，查处合同侵权案件3宗，罚没1.2万元。

打击走私贩私　通过加强与各部门协调配合，继续深入开展反走私综合治理，全年立案查办案件8宗，罚款3.62万，没收无合法来源证明进口商品洋酒14瓶、红酒63瓶、子母奶614支、巧克力4包、棉花糖3包，货值金额1.1765万元。

“扫黄打非”　2014年，区工商局积极配合文化、公安、教育、广电、各镇、街道办等部门开展联合执法行动6次，出动执法人员362人次，执法车辆132台次，对区内网吧、音像、报刊、娱乐场所、电脑软件市场、印刷企业及学校周边环境进行全面清理整顿，立案查处各类无证照案件4宗，共收缴违禁、盗版光盘130余张，政治性、淫秽色情和低俗非法出版物220余册。

2014年2月以来，按照市扫黄综治办的工作部署和要求，区工商局立足自身职责，迅速组织开展以酒店、沐足、桑拿、夜总会、卡拉OK、网吧、发廊、书刊店、音像制品店等经营场所为重点的清查行动，积极配合公安部门开展打击“涉黄”专项整治，共出动执法人员165人次，出动执法车辆33台次，清查各类经营户49户。

【打击传销】　区工商局充挥发挥区“打传办”的组织协调作用，继续保持打击传销高压态势，采取积极有效的措施，严厉打击辖区内的传销活动，有效地维护武江社会稳定。全年区工商、公安部门共出动执法人员934人次，车辆226台次，捣毁传销窝点114个，遣散涉嫌传销人员811人次，解救受骗群众127人，刑事拘留传销人员84人；区检察院批准逮捕82人，区法院审理的传销类案件共25件，刑事判决103人。

【“两建”工作】　2014年8月份国务院公布《企业信息公示暂行条例》，国家工商总局也紧接着公布5部配套规章，武江区工商局立足实际，积极采取多项措施，全面启动企业和个体工商户年度报告工作，推进武江区企业信用信息公示制度，强化企业信用约束，扩大社会监督机制，促进企业诚信自律。

【表彰情况】　武江区工商局被韶关市精神文明建设委员会授予“2012—2013年度韶关市精神文明建设先进单位”称号。武江区工商局登记注册大厅被武江区精神文明委员会授予“武江区文明示范窗口”称号。武江区工商局经济检查大队、芙蓉工商所、龙归工商所等3个单位被武江区精神文明委员会授予“武江区文明单位”称号。

邓培君、余丹丹、黄壮涛创作的《宦海浮沉（剧本）》，荣获全省工商系统“红盾清廉”廉政文化原创作品征集活动影视、剧本、歌曲作品三等奖。曾丽明、张辉艳、盛龄萱创作的廉政漫画，荣获全省工商系统“红盾清廉”廉政文化原创作品征集活动漫画作品二等奖。马羽翼、刘红红同志荣获韶关市工商系统党的群众路线教育实践活动“学英模、争先进，树正气、反四风”征文比赛三等奖；盛龄萱同志荣获韶关市工商系统党的群众路线教育实践活动“学英模、争先进，树正气、反四风”征文比赛优秀奖。

区工商局领导名录

党组书记、局　长：杨炳祥（—2014.1）

黄海涛（2014.1—）

党组成员、副局长：黄海涛（—2014.1）

茹伟杰
刘江平
周伟真（2014.1—）

（撰稿人：马立峰）

国土矿产资源管理

【概况】 国土资源局武江分局内设办公室、土地管理股、矿管股、综合协调股、执法监察大队，武江区土地开发整理中心（代管）。

2014年年末，武江区耕地面积6992.61公顷（水田4017.20公顷，旱地2458.08公顷，水浇地517.33公顷），园地652.52公顷，林地48858.09公顷，草地1657.31公顷，城镇村及工矿用地4690.06公顷，交通运输用地937.83公顷，水域及水利设施用地2974.22公顷，其他土地1015.17公顷。辖区矿产资源较为丰富，但储量较少，共生、伴生矿较多。主要有煤矿、铁矿、铅锌矿、锡矿、钨矿、金矿、银矿、石灰石、高岭土、萤石矿等。锑矿小矿床3处，铅锌矿（小型）主要分布在重阳镇；锡矿、钨矿矿点2处；石灰石储量丰富，品质好，主要分布在西联镇、龙归镇、西河镇。萤石矿主要分布在龙归镇续源、江湾镇架锦坑。陶瓷矿（高岭土）主要分布在重阳镇、龙归镇。煤炭矿区有芙蓉山、田心、车角岭煤区（已停采）。

【地籍管理】 全年办理私人土地使用证共48宗，其中，国有土地使用证42宗，集体土地使用证6宗，发证土地面积分别为3360平方米、480平方米。

【用地管理】 征地工作 完成国道新323连接线、芙蓉新城路网建设、莞韶城一期、西河镇移山路、上饶路和塘湾片区等项目的征地拆迁工作。推进莞韶城三期和苗圃基地征地拆迁工作。

土地调查 完成全区宅基地外业调查、内业建库工作，完成武江区历年来土地整理项目（共八个）耕地信息补充及完善。

土地审计 协助做好土地出让收支、耕地保护资金审计工作，对审计发现的问题进行整改。

增减挂钩 3月，完成武江区城乡增减挂钩周转指标归还任务共695.6亩，其中耕地403.10亩，已通过省级验收，完成在线监管平台报备工作。

用地报批 完成智慧广场、莞韶园取土点和莞韶城一期3个项目的规划调整工作，面积700多亩。组织莞韶城一期、以纯、乔德森、铭格尔、亚太财富中心、总部经济、智慧广场等项目用地报批13个批次，面积4300多亩。

耕地保护 8月19日，韶关市人民政府与武江区人民政府签订《韶关市2014年度耕地保护目标责任书》。按要求，至2014年年末，武江区耕地保有量、基本农田面积分别不少于9.61万亩、8.08万亩，建设高标准基本农田不少于0.8万亩，“三旧”改造新增实施面积不少于700亩，完成改造面积不少于480亩。

依据《武江区基本农田保

龙归镇奇石村水渠建设现场

护经济补偿制度实施细则》，将向上级申请下达的2012年度基本农田保护经济补偿省级补助资金共计254.75万元部署至各镇，收集数据做好2013年度基本农田经济补偿补助资金申请工作。

高标准基本农田建设　2012年度高标准基本农田建设项目10000亩已竣工并完成区级初验报市级验收。2013年度高标准基本农田建设项目10000亩已完成35%工程量。2014年度高标准基本农田建设项目8000亩已完成施工单位招标工作。

开展武江区2014年度“两违”拆除行动，图为拆除现场

【土地矿产信访】　信访件调查处理　本年度受理各级转办件、电话举报、来信来访、网络问政等信访件共27宗。做到认真调查，及时回复，有效化解社会矛盾。

动态巡查　分局执法监察大队（含基层国土资源所）累计出动巡查1100余人次，发现违法行为217宗，均已下达《责令停止国土资源违法行为通知书》，告知政府，以及公安、安监、城市管理、供电、自来水公司等部门。共立案查处134宗，移送法院受理47宗，已结案件54宗，落实行政处罚款91.1455万元。

【执法监察】　卫片执法检查　2014年，国土资源部下发武江区卫片图斑144个（辖区无矿产卫片图斑），新增建设用地121宗，总面积266.01亩，耕地面积1260.07亩。其中：合法用地总面积1965.23亩；有历史批文用地26宗，总面积304.71亩；违法用地91宗，总面积729.35亩，耕地面积108.17亩。违法占用耕地面积占新增建设用地占用耕地面积的比例为8.5%，土地卫片立案率、查处率和结案率均达到100%。

“两违”拆除　在“武江区查处违法建设指导协调办公室”统一指挥下，与区城市综合管理局沟通协调，拆除“两违”建设约30000余平方米，落实“五停”措施4宗，辖区违法用地多发势头得到有效遏制。

打击非法开采　开展“八打八治”打非治违专项行动，先后打击龙归镇盘村村委会密落观音山、江湾镇胡屋村上下岔山非法开采点，维护辖区矿产资源开发秩序。

【矿产资源管理】　采矿权登记管理　全年办理矿山采矿权延续手续4宗。组织对龙归凤田盘村瓷土矿、龙韶实业有限公司石下山石场等矿山土地复垦方案评审工作，督促企业缴纳矿山环境保护与治理保证金436.184万元。

矿山年检与整治　武江辖区范围内持有效许可证的采矿企业12家，探矿权企业7家。完成矿山、勘查企业年检工作，完成资源补偿费征收任务，征收资源补偿费42.3万元。开展对7家已采矿权已灭失采石场排查，制定清场方案，下发《关于尽快完成矿区人员设备撤离工作的通知》，会同供电、工商局做好石场清理工作。完成武江区国土资源系统安全生产大检查，责令西河镇一家普查项目（企业）停止越界勘查行为。

【地质灾害防治】 编制下发《韶关市武江区2014年地质灾害防治方案》《武江区2014年地质灾害隐患点搬迁和治理工作实施方案》。加强汛期地质灾害巡查、排查，掌握隐患点最新情况。更新完善《2014年武江区地质灾害预警信息接收人员情况表》。由区各镇政府成立地质灾害应急领导小组及应急小分队，明确主要负责人责任，督促各矿业权人编制地质灾害应急预案，健全险情处置机制，保障群众生命财产安全。

【地质灾害处置】 按照“粤北地区地质灾害隐患点搬迁和治理比例不低于10%”要求，截至年底，共完成武江范围内隐患点治理4个，包括重阳镇青暖村委永业石场边、妙联村委妙梓阁山脚1号点、广东省矿产应用研究所办公区，以及位于西联镇的韶关市武江区焦冲山（武江区检察院后山）隐患点治理。

5月，重阳镇妙联村委会观音山村后发生危岩崩塌，岩石仅砸断几棵樟树、竹子。6月3日，镇政府委托省地质大队开展地质灾害勘查工作，形成《勘查报告》。勘查区位于北纬24° 49′ 42″ —24° 50′ 08″ ，东经113° 26′ 15″ —113° 26′ 45″ ，属于重阳镇妙联村委会观音山村管辖，面积307363平方米。地质灾害灾种主要为崩塌，次为滑坡，危害范围为观音山村民居住地，有村民57户176人，砖瓦房57套，总面积4050平方米。由于潜在地质灾害范围广，危险性大，治理难度大，长远措施是对该村整体搬迁避让。

【党的群众路线教育实践活动】 按照《市国土资源局深入开展党的群众路线教育实践活动实施方案》（韶国土资群组字〔2014〕1号）文，及“三严三实”“四查四治”要求，“照镜子、正衣冠、洗洗澡、治治病”，查摆“四风”问题，解决关系群众切身利益问题、联系服务群众“最后一公里”问题。

2月24日，参加市局开展党的群众路线教育实践活动动员会。2月至年底，分局党员统一学习读本，如《韶关市国土资源局党的群众路线学习指南》《论群众路线—重要论述摘编》《十八大三中全会议文件汇编》《深入学习习近平同志系列讲话精神》《党的十八届三中全会〈决定〉学习辅导百问》《中国特色社会主义学习读本》《厉行节约 反对浪费—重要论述摘编》等。设立专题宣传栏，参加市局中心组学习会议，观看专题片《基石》《群众路线是党的生命线》《焦裕禄》《孔繁森》……每人一本笔记本，撰写学习体会，撰写“对照检查材料”。下发《调查问卷》，征求群众意见，答复群众反映问题。5月16日，5月23日，6月13日，6月20日，分局支部到龙归、重阳、西联、西河国土资源所联系点开展调研。3月20日、 4月14日，市国土资源局纪检组蒋组长、文副局长分别到江湾、重阳、龙归国土资源所调研、指导。5月，区政府区长黄建华一行到分局调研、指导。7月，市局文副局长参加分局支部专题民主生活会。年底，做好总结、整改落实“回头看”工作。

武江国土分局领导名录

局　　长：徐湘宜

副 局 长：梁　音

执法监察大队长：吴韶华

（撰稿人：巫伟东）

食品药品监督管理

【概况】 根据《韶关市武江区食品药品监督管理局主要职责内设机构和人员编制规定》（韶武府办〔2013〕105号）文件精神，设立武江区食品药品监督管理局，为区人民政府工作部门。区食药监局设9个内设机构：办公室、综合应急管理股、政策法规股、食品生产安全监管股、食品流通安全监管股、食品餐饮安全监管股、药械监管股、保健食品化妆品监管股、稽查分局，设立3个派出机构：武江区龙归镇食品药品监督管理所、武江区重阳镇食品药品监督管理所、武江区江湾镇食品药品监督管理所。核定机关行政编制7名、行政执法专项编制13名，派出机构行政编制3名、行政执法专项编制7名。主要职责为贯彻执行国家、省、市有关食品、药品监督管理的方针政策和法律法规；负责辖区内食品生产、食品流通、餐饮服务、药品、医疗器械、化妆品的监督管理和食品流通、餐饮服务、药品零售、保健食品经营的行政许可；承担区食品安全委员会日常工作等。

2014年，区食药监局以中共十八大和十八届三中、四中全会精神为指导，贯彻执行国家、省、市有关食品、药品监督管理的方针政策和法律法规，克服组建初期诸多困难，切实履行监管职能，不断提升食品药品安全保障水平和监管服务能力，各项工作取得一定成效。区食药监局自2014年10月起正式履行食品餐饮、流通、生产环节监管职能，负责辖区内餐饮服务、食品流通的行政许可审批工作。全年共受理餐饮服务许可证行政审批事项112家，办结61家；受理食品流通许可证行政审批事项188家，办结110家。在加强辖区食品生产、食品流通、餐饮服务、药品、医疗器械、化妆品日常监督管理的同时，开展节假日食品安全保障行动7次，食品药品安全专项整治行动6次，全年共出动执法人员420人次，执法车辆146车次，检查各类食品药品企业546家次，学校饭堂30家次，市场36家次，责令整改65家次，立案5宗，罚没款1.89万元。开展食品安全宣传活动5次，发放宣传册、宣传资料6000多份、接受群众咨询3210多人次。2014年全区未发生重大食品药品安全事故，有效保障广大群众的饮食用药安全。

【工作职能衔接情况】 2014年6月25日下午，区委常委、常务副区长曾清兰在区政府302会议室主持召开解决区食药监局当前运作相关问题协调会议，议定关于区食药监局充实工作人员、经费保障、工作场所建设、工作衔接等问题，确保该局在2014年10月1日起正常履行各项职责。6月30日，区工商局食品流通监管职能移交至区食药监局，9月30日，区食药监局从市食药监局接手餐饮服务、食品生产监管职能，12月31日，该局同市食药监局完成药品流通监管职能交接。全区3个镇级食品药品派出机构已经挂牌成立，基本建立起较为完善的食品安全监管新体制、新机制。

【食品药品监管队伍建设】 区食药监局成立之初，仅局领导班子到位，工作人员紧缺，为建立一支高素质复合型的监管队伍，该局通过采用“转任一批急需人才、公开遴选一批骨干力量、公开招录一批专业人员”的方式，进行高标准、多渠道补充人员。2014年3月，公开招录5名公务员，10月公开选调10名在编在职的具有食品、药品及法律等专业背景的公务员，目前该局共有在职在编人员24名，到岗率达80%。

【行政许可审批情况】 区食药监局自2014年10月起正式履行食品餐饮、流通、生产环节监管职能，并负责辖区内餐饮服务、食品流通的行政许可审批工作。监管人员严格按照食品药品法律法规的相关规定做好行政许可审批工作，严把市场准入关，规范生产经营行为。截至2014年年底，共受理餐饮服务许可证行政审批事项112家，其中核发60家、延续27家、变更8家、注销17家；办结61家，其中核发22家、延续18家、变更8家、注销17家；共受理食品流通许可证行政审批事项188家，其中核发169家、注销19家；办结110家，其中核发98家、注销12家。

【节假日食品安全保障】 为确保节假日期间广大群众的饮食安全，有效预防食物中毒、食源性疾病等安全事故的发生，区食药监局在元旦、“五一”

“六一”、高考、中秋、国庆等节假日和各项重大活动中，扎实开展食品安全保障工作。期间，该局组织执法人员全面检查辖区内各类餐饮服务单位、食品流通单位，排查风险隐患，重点加强对节假日期人流量较多的场所、学校周边、学校食堂的监管。2014年全区未发生重大食品安全事故，有效保障广大群众的饮食安全。

【食品药品安全专项整治】 2014年，根据上级业务主管部门关于组织开展各类食品药品安全专项整治工作的部署要求，区食药监局加强组织领导，扎实开展各类食品药品专项整治行动。4月5日起，开展为期5个月的医疗器械“五整治”专项行动；6月20日，开展高考期间食品安全专项检查；8月20日，开展中秋节前月饼市场专项检查；8月26日—27日，开展秋季食堂安全专项检查；联合区有关部门开展婴幼儿配方奶粉、酒类食品安全专项检查，遏制食品“假冒伪劣”“制售有毒有害食品”和“地沟油”流入餐桌等联合执法专项整治行动。通过各类食品药品安全专项整治，落实企业安全管理责任、切实消除安全隐患、进一步规范市场生产经营秩序。

【食品药品安全宣传】 区食药监部门采取多种形式、多种渠道广泛深入宣传食品安全工作，营造人人关心食品安全的良好氛围，开展“尚德守法，提升食品安全治理能力”为主题的食品安全宣传周、法制宣传日等宣传活动。开展食品安全宣传进学校、进社区、进农村活动。据统计，2014年以来共开展食品安全宣传活动5次，发放宣传册、宣传资料6000多份、横额12幅、接受群众咨询3210多人次。

区食药监局领导名录

局　长：王　鸽（2014.1—）

副局长：林海平（2014.3—）

黄华华（2014.3—）

张丽玲（女，兼、2014.3—2014.8）

（撰稿人：余子舒）

安全生产监督管理

【概况】 区安监局下设办公室、监督管理综合股、职业安全健康监督管理股、执法监察股、安全生产应急救援指挥中心办公室5个股室。

2014年，全区共发生各类生产安全事故2起，死亡2人，无人员受伤，直接经济损失160万元。其中：工矿商贸事故2起，死亡2人，无人员受伤，经济损失约160万元，与上年同期相比，事故起数、死亡人数均增加100%；直接经济损失上升253%。2014年，全区发生火灾事故65起，无人员伤亡，直接经济损失68.2万元。与上年相比，火灾事故增加55起，直接经济损失减少153.3万元。

【责任落实】 2014年1月中旬，区安委会组织力量对武江区各镇、街以及区经信局等区直单位进行2013年度安全生产暨消防安全责任制的考核。通过考核，强化政府安全生产的监管职责和企业安全生产的主体职责。

3月上旬，区政府召开2014年首季度安全生产暨消防工作会议。会议期间，通报各镇、街以及9个区直单位2013年度安全生产责任制考核情况。区政府与全区32个安委会成员单位签订《安全生产责任书》。

【安全监管】 2014年春节前后，武江区安监局组织力量开展春节期间安全生产检查活动。活动期间，对存在安全隐患的韶关市合力化工气体有限公司、西郊加油站下达责令限期整改指令书。收缴非法烟花爆竹共计198箱。对存在烟花爆竹仓库存量严重超量且现场管理混乱的“顺安烟花爆竹销售店”下达责令限期整改指令书。

9月下旬，在区委副书记、区长黄建华，常务副区长曾清兰，副区长游加慧的带领下，武江区安监局、武江消防大队、区经信局、区住建局等区直单位共15人组成国庆节前安全生产检查组，开展国庆节前安全生产大检查，对武江区重点大型企业安全生产责任制的落实、隐患排查整改、特种作业场所的安全防护、消防设施的维护及使用进行实地检查。共检查5家企业，发出整改指令书4份。

2014年8月中旬至年底，在全区范围内集中开展“八打八治”打非治违专项行动。活动期间，向区安委会各成员单位下发《关于印发〈武江区安全生产委员会关于集中开展“八打八治”打非治违专项行动工作方案〉的通知》，成立以常务副区长曾清兰为组长的武江区“八打八治”打非治违专项行动领导小组；向区安委会各成员单位及辖区各企业发放100份《生命安全是不可逾越的红线，安全法律是必须坚守的底线》——关于贯彻实施新安全生产法的公开信。开展八打八治期间，组织执法检查组10次，参加执法检查人员共108人次，检查企事业单位和场所98家，组织开展跨地区、跨部门联合执法6次，采取“四不两直”方式，对重点地区和单位实施明察暗访13次，打击非煤矿山企业无证开采2起，打击破坏损害油气管道行为6起，打击无资质施工等行为3起，打击“三合一”“多合一”场所违法生产经营等职行为33起，整治违反《严防企业粉尘爆炸五条规定》安全隐患6项，打击危险化学品非法违法行为4起。

【安全宣传】 在2014年“安全生产月”宣传咨询日活动期间，武江区安监局、武江区司法局、武江区总工会等区安委会成员单位在活动现场设置咨询台，进行安全生产相关法律法规及政策、知识的宣传，并现场接受群众的咨询。咨询活动现场悬挂《武江区2014年“安全生产宣传咨询日”活动》大型条幅，发放《职业病危害防治宣传手册》《韶关市职工安全生产与工伤预防手册》《安全生产动漫教育片》《职业卫生管理国家标准汇编》《职业卫生监管法律法规及文件汇编》等各类安全宣传资料2000余份。现场解答群众难点疑点。参加活动人员近千人。

【应急演练】 结合2014年开展“安全生产月”活动，武江区安监局于6月间组织开展危险化学品及非煤矿山安全生产事故应急预案演练。在开展6月应急演练中，全区28所中、小学均按照区安监局《转发关于深入开展2014年全国安全生产应急预案演练活动的通知》（韶武安监〔2014〕4号）要求，进行校园安全事故应急演练。在6月份演练周活动期间，全区各安委会成员单位组织各种应急演练8场次，其中武江区安监局组织2次，参加人数近200人。企业组织演练10次，参加演练400多人。

【事故处理】 2014年，武江区内共发生两起生产安全死亡事故，造成2人死亡。事故发生后，武江区安监局等有关部门立即派人前往事故现场进行调查处理，成立事故调查领导小组，并按照“四不放过”的原则对事故企业进行事故调查，对事故企业以及责任人进行行政处罚，并采取安全防范措施，防止类似事故的再次发生。

【教育实践活动】 在开展2014年党的群众路线教育实践活动中，武江区安监局成立工作领导小组，制订工作方案，召开动员大会，召开座谈会，听取各方对区安监局领导班及成员加强作风建设和“四风”方面存在问题的意见与建议。活动期间，向各镇、街道、区直部门以及非煤矿山企业发放征求意见表共62份，回收62份，通过梳理，共征集到意见、建议11条，其中形式主义方面3条，经济建设方面4条，社会建设方面4条。

区安监局领导名录

局　长：李平发（—2014.12）

副局长：邓宗坤

　　　　龚光权

（撰稿人：官庆添）

工 业

经济和信息化

【概况】 根据《关于印发〈韶关市武江区人民政府职能转变和机构改革方案〉的通知》（韶武发〔2014〕3号），设立韶关市武江区经济和信息化局（区科学技术局、区知识产权局），为区人民政府工作部门。区经信局设9个内设机构：办公室、经济协作和招商股、外资外贸股、经济运行和产业股、节能和循环经济股（节能监察中心）、市场股、信息产业股、科学技术和知识产权股、中小企业局（副科级）。区经信局机关核定行政编制19名。其中：局长1名、副局长3名（其中1名分管科协工作），中小企业局局长1名、副局长1名（正股级），股长（主任）8名。

2014年，在区委、区政府的正确领导下，区经信局深入践行科学发展观，紧紧围绕年初制定的工作目标，克服各种不利因素，切实履行经信工作职能，工业经济平稳增长、运行质量逐步改善，主要经济指标基本完成时序进度，为武江区经济持续稳定发展发挥积极作用。全区规模以上工业企业完成增加值81亿元，增长8.6%，圆满完成增长8.5%的年度目标任务。

【招商引资工作】 全年共引进项目34个（外资项目2个）；内联招商到位资金15.3亿元；合同利用外资3425万美元，同比增长7.1%；实际利用外资2731万美元，同比增长58.5%，均排名全市第一。

【工业持续平稳增长】 总量继续保持全市第一。规上工业企业累计完成产值194.3亿元，同比增长9.9%；规上工业增加值累计完成81.2亿元，同比增长8.6%。单位GDP能耗同比下降3.9%，为全市最低。

【商贸业平稳增长】 全区社会消费品零售总额完成89.46亿元，同比增长11.1%。共培育规上企业3家、限上商贸企业10家。

【科学技术、专利发明】 科技方面共获得市科技进步奖一等奖1项，二等奖12项，三等奖17项；韶关液压件厂有限公司与武汉科技大学共同承担的“冶金高频液压控制伺服元件关键技术及应用”项目荣获2013年度国家技术发明奖二等奖；发明专利拥有量为11件，排名全市第二，申请专利补助和奖励资金41.5万元；2014年，武江区成为广东省6个入选“国家知识产权强县工程试点”的县区之一，是韶关市唯一一个获此殊荣的县（区）。

【节能降耗工作】 通过组织开展“能源紧缺体验日”、节能宣传周活动，加大节能宣传力度，增强社会公众节能意识，同时大力推进全区公共机构节能工作，狠抓节能降耗；与区统计局、发改局共同建立GDP能耗统计、监测、考核体系，加强对辖区内重点能耗企业的监管和节能目标考核。召开节能工作专题座谈会，号召企业积极开展节能增效工作。

【服务扶持企业工作】 建立并加强长效联系挂钩服务机制，做到下基层、下企业服务活动常态化，切实贴近企业需求，努力解决企业困难，对企业反映强烈的热点难点问题及时跟踪解决，积极搭建银企交流合作平台，创新融资渠道；尽力为辖区内符合条件的企业向上争取各类扶持资金，经区经信局组织推荐，韶关市和汇面业有限公司、韶关市詹氏养蜂场蜂业有限公司两家企业获得省级技改扶持资金600万元。

【加强企业调研工作】 全局分成四个工作小组对辖区规上工业企业开展挂点调研，详细了解企业生产经营情况，认真听取企业诉求，及时提出解决对策，协助企业共同应对难题，并努力做好跟踪、协调和服务工作。同时，联合区统计局到企业调研，对企业的统计方法进行指导，做到应统尽统，减少错报漏报。加强小微企业运行监测平台的运行与维护工作，掌握武江区规下小微企业的经济运行情况，提早介入培育小微企业上规工作，及时发现并扶持有发展潜力和发展快速的小微企业做大做强，培育工业经济新的增长点，做大武江区经济总量。

（撰稿人：廖志辉）

规模以上工业企业简介

【广东韶能集团股份有限公司】 广东韶能集团股份有限公司是以可再生能源和清洁能源的投资开发与经营为主营业务的上市公司，也是韶关地区优势企业集团之一。公司成立于1993年6月，注册地为广东省韶关市。1996年8月30日在深圳证券交易所挂牌上市，股票简称“韶能股份”，股票代码“000601”。截至2013年12月31日，公司总股本为10.81亿股，第一大股东为韶关市工业资产经营有限公司。员工总数4300多人。经过20多年的发展壮大，公司资产规模不断增加，资产质量持续提高，资产盈利能力不断增强，经营基础不断夯实。截至2013年12月31日，公司有电力总装机约100万千瓦，其中水电装机约70万千瓦，生物质发电和综合利用发电装机30万千瓦；资产总额近90亿元，其中可再生能源和清洁能源固定资产原值占总固定资产原值比例达80%以上；利润总额、净利润、权益净利润等指标的增长速度大大快于营业收入增长速度，其中权益净利润指标连续三年多保持快速增长，并实现从年不到1亿到超过1亿元，再到突破2亿元的三连增。公司的发展战略一直致力于清洁能源和可再生能源的投资开发。在继续做强做大做优水电业务的同时，抓住契机适度发展生物质能发电，重点发展天然气的开发利用等能源项目，争取用3—5年的时间，实现公司经营规模快速扩张，经营业绩稳步较快增长的目标。

公司秉承“外树形象、内抓管理”的经营理念，通过“采用国有企业的管理基础，引进民营企业的经营机制，学习部队雷厉风行的作风，树立团结开拓、效率第一、为韶能争光的形象。”形成了较为完善与完整的企业经营管理理念、内部控制体系、制度设计、机制安排、治理架构等。经过20年坚持不懈的探索和实践，公司闯出了一条政策引导、文化支撑、管理提振的强企之路，逐步形成了具有韶能特色的企业文化。同时，通过深化改革、强化管理，不断提高企业经济效益和管理水平。在不断提升股东价值的同时，也为地方的经济发展做出了突出的贡献。全体韶能人立足本职，同舟共济，攻坚克难，发奋图强，努力经营好实体产业，全心全意为股东创造价值，为社会创造财富，积极承担社会责任，为把韶能建成百年企业而奋斗。

【广东省韶关烟草机械配件厂有限公司】 公司1995年8月在广东省韶关市设立，占地6万多平方米，建有一幢办公楼、八个厂房和两幢员工宿舍，员工172人。多年来，公司一直坚持“以人为本，科技创新”办企业，先后被认定为广东省高新技术企业、广东省知识产权优势企业、广东省优秀民营企业、广东省名牌产品、广东省著名商标等称号。公司每年的研发投入都销售收入的4%以上，公司技术开发部为公司的研发机构，在2003年认定市级工程技术研究开发中心。

GD包装机组是从意大利GD公司引进的包装技术，它从烟支包装成型进入到透明纸条包产品的输出，均是自动完成，是机、电、气一体化的高科技产品。中国90年代开始引进消化、吸收，并被国内许多大中型卷烟生产企业所选用，可以说是目前国内卷烟生产企业包装设备的主力军，是制作高档软、硬盒香烟的首选机型之一。随着烟草行业国内、国际竞争的加剧，卷烟市场和消费者对卷烟制品的质量提出了更高的要求，良好的外部品牌形象（主要是包装形象）成为赢得消费者认可的第一步，为维护品牌的形象，提高产品的防伪、防潮能力，增加商品价值，让商品在市场中占有一定的份额，商家往往在包装上做文章，因此改造创新及维护卷烟包装设备是各烟厂所需要的。

公司自成立以来完成了GD卷烟包装设备所需的一万多种零配件由进口件转换国产件的设计和生产制造工作，完全具备替代进口配件的生产能力，产品的生产工艺在国内处于行业领先水平。多年来公司一直坚持“以人为本，科技创新”办企业，通过成果鉴定项目12项，获广东省重点新产品奖5项、高新技术产品奖3项，获省级、市级科技进步奖6项，有8项产品获广东省采用国际标准证书，申请专利62项，已授权56项。早在2003年，在韶关市相关部门对我公司进行现场考察论证后，认为我公司具备了与其他七家企业组建市工程技术研究开发中心的能力，批准组建市级工程技术研究开发中心，这为我公司搞好技术创新，增强研究开发能力、抢占行业技术制高点创造了更好条件。公司经济持续平稳发展，许多成果已经向生产第一线转移，产生了巨大的社会和经济效益。公司将以科技进步提升企业的持续发展能力，生产出更新更精的产品更好地为烟草行业服务，为行业的发展做出更大的贡献。

【广东天恒液压机械有限公司】 广东天恒液压机械有限公司是专门从事液压及气动产品的、具有一定规模的专业化股份制有限公司，是集科研、生产、销售、服务于一体的高新技术企业。公司总投资人民币5000万元，占地面积5万多平方米，建筑总面积11000多平方米，其中厂房建筑面积8000多平方米，办公室和综合楼建筑面积3000多平方米。2014年，实现工业总产值5321万元。

公司拥有一流的生产办公环境、国际领先的生产流水线和检测设备，严格按照国家标准和国际标准组织生产，从原材料购进到成品出库实行全程控制，确保了产品的质量，赢得了广大客户的信赖和支持。产品广泛用于冶金，船舶、航空、石油、化工、矿山、码头、运输、水电、建筑工程、轻工等行业。公司始终坚持“以客户为关注焦点、注重创新，以先进的生产力赢得市场”为经营理念，以“强化质量管理，为顾客提供满意的产品和服务”为质量方针，坚持技术进步、理念创新，不断加强企业内部管理，与时俱进，开拓进取，我们将一如既往地为广大客户提供优质的产品和完善的服务。

【广东中烟工业有限责任公司】 广东中烟工业有限责任公司韶关卷烟厂前身为成立于1950年6月1日的民生卷烟厂，1964年民生卷烟厂更名为韶关卷烟厂，2006年取消韶关卷烟厂法人资格，更名为广东卷烟总厂韶关卷烟厂，2006年更名为广东中烟工业公司韶关卷烟厂，2007年改制更名为广东中烟工业有限责任公司韶关卷烟厂。现有职工900余人，占地面积9.36万平方米，建筑面积15万平方米，固定资产原值7.54亿元，净值5.18亿元，拥有国际先进水平的卷接包设备和国内先进水平的制丝生产线，拥有

4800千克／时的制丝线一条，额定功率570千克／时的二氧化碳膨胀烟丝制丝线一条，GD卷接包机组13套，其中软包机组7套，硬包机组6套，年设备生产能力263亿支（52.6万箱）。卷烟品牌：红玫系列产品。

2014年，全年实现产值61.3亿元。韶关卷烟厂坚持“以质量求生存，靠品牌图发展，用科技促生产，向管理要效益”的经营理念，走“科技兴烟，科技兴厂”的发展道路。从1987年至今，进行了四次技术改造，分别对制丝生产线、膨胀烟丝生产线、卷接包设备，以及配套设施进行逐步改造。技改后，设备装备精良，工艺布局合理，产品质量稳定，具备生产中、高档卷烟产品的条件，为企业进一步发展奠定了坚实基础。2002年1月1日，韶关卷烟厂整体兼并南雄卷烟厂，年生产计划指标由18万大箱增加到26万大箱。兼并为企业带来超常规的发展机遇，该厂以企业组织结构调整为契机，确立了“把产品做精，把市场做大，把企业做强”的发展策略，经济运行保持较好态势，呈现出强劲的发展潜力，2004年年产突破30万大箱，企业各项经济技术指标创历史新高，综合指数进入全国烟草工业企业先进行列。

韶关卷烟厂在搞好经济建设的同时，重视职工技术培训，强化内部管理，加强党风廉政建设和精神文明建设，推行厂务公开，丰富职工业余文化生活，增强了企业的凝聚力和向心力，有效地促进企业生产经营发展，使企业核心竞争力有了较大的提高。企业先后被评为“全国500家最大工业企业之一”“广东省工业企业200强之一”“韶关市第一税利大户”“全国烟草系统安全先进单位”“党风廉政建设先进单位”“思想政治工作先进集体”“精神文明建设先进单位”“厂务公开先进单位”等荣誉称号。

【丽珠集团利民制药厂】 丽珠集团利民制药厂始建于1966年，1997年加入丽珠集团，是集团下属的集医药生产、研发为一体的中外合资股份制企业，是广东省高新技术企业，广东省创新型企业，建有国家中药现代化工程技术研究中心中试基地及注射剂研究所、广东省数字化中药工程技术研究开发中心，广东省省级企业技术中心。主要生产大容量注射剂、小容量注射剂、片剂、胶囊剂、颗粒剂、中药提取等，主要品种有参芪扶正注射液、血栓通注射液、二维三七桂利嗪胶囊等。2014年，完成工业总产值6.7亿元。

现有员工530人，占地面积19.2万平方米，大专以上学历210人，占员工比例40%。研究生以上学历人员28人，占员工总数的5%；从事研究开发人员86人，占员工总数的16%。

企业一直重视科研创新，加入了“中药注射剂产学研合作组织（TCMIC）”，与中国药科大学、香港浸会大学等多家科研院所建立了科技合作关系，形成“产、学、研”相结合的技术创新平台。近年来，企业承担18项国家级和省市级的科技项目；共申请专利52项，其中获得国内发明专利12项，实用新型专利6项；国际发明专利9项；获得广东省科学技术奖2项，中国中西医结合学会科学技术奖1项，韶关市科学技术进步奖5项。具有核心自主知识产权的国家中药二类新药“参芪扶正注射液”，为国内首创的纯中药澄明大输液，被评为国家重点新产品，国家中药保护品种，广东省名牌产品，列入国家发改委高技术产业化示范工程项目，荣获2009年度广东省科技进步一等奖。

企业建立有严格的质量管理制度，从源头控制产品质量，在山西、甘肃、云南等地建立了符合“中药材种植生产质量管理规范（GAP）”的药源基地；药品生产车间严格按照国家“药品生产质量管理规范（GMP）”标准生产；主要的生产设备、检测仪器达到国际先进水平，生产过程采用多种先进工艺和技术联合运用，进行在线的数字化检测和控制，运用了质量检验信息管理系统（LIMS），保证了产品质量的稳定可控，其产品一直有稳定良好的质量和较高的社会信誉。

今天，利民人正以高昂的热情，不断探索“数字化中药”理论，增强自主创新能力，努力打造中药输液第一品牌，将丽珠利民建设成研发型的中药企业，为人类医药及健康事业做出积极贡献。

【韶关光华塑胶五金制品有限公司】 韶关光华塑胶五金制品有限公司成立于1994年7月，是一家致力于益智幼教玩具设计开发、生产销售于一体的外商独资企业（美国三藩市亨达有限公司独家投资）。公司目前占地面积34000平方米，建筑面积23800平方米，系现代化的花园式厂房。聘请了国际顶尖玩具设计大师，自行研发设计新产品。公司各项生产环节均符合欧盟EN71和美国ASTI标准，及国内3C标准。已通过ISO 9001：2000质量体系认证和国际玩具协会ICTIA级认可，产品具有出口玩具质量许可检测认证资格。拥有自己的国际品牌“POPULARPLAYTHINGS”产品。公司目前拥有员工300人，2014年完成产值3802万元。

光华公司是成功应对金融危机，调整经营策略，变纯出口为内外销相结合的典型企业，2009年公司对营销作出了重大调整，成立了国内销售部，集中人力、财力、物力打自己的品牌——“光华玩具”。2009年4月，以“光华玩具”品牌首次在广州国际玩具展亮相；并于10月参加上海玩具展销会，在中国玩具协会主办的玩具设计创新大赛中，一举获得2项金奖3项银奖。公司在国内主要以上海、北京、广东为市场重点，争取年内在国内各省会城市中均设立销售点。3—5年内建立自己的益智玩具销售渠道，将“光华玩具”品牌打造成为国内幼教玩具行业的产品领先品牌，力争内外销售比由现在的10%扩展到内外销比例各50%，实现总销售额8000万元。

【韶关市常丰拖拉机制造有限公司】 韶关市常丰拖拉机制造有限公司是在原韶关拖拉机总厂的基础上组建的民营企业，公司地址位于韶关市新华南路。公司下设2个分厂，员工80多人。公司及分厂占地建筑面积5000平方米，公司主要生产飞鹰牌手扶拖拉机系列产品及农机配件、水泥制造生产线、机械加工制造等。2014年全年创造工业总产值2233万元。

近年来公司的手拖产品除满足本地消费者外，产品销至全国各地。从公司成立至今，每年销售都有200台—300台的增加。公司的产品（“飞鹰”牌工农-12K手扶拖拉机）出口到东南亚地区和南美地区，每年的销售地区也在不断扩大。

【韶关市电线厂有限公司】 韶关市电线厂有限公司是韶关地区唯一具有规模生产电线电缆的正规厂家（原广东省韶关市电线厂）。始建于1968年8月，现有在职职工70多人，坐落于武江科技工业园，占地面积1万多平方米，新厂房于2009年8月竣工。公司于2010年4月2日改制。主要产品有聚氯乙烯绝缘电线电缆。本公司尊重科学，重视人才，视人才为企业的根本，拥有一批具有本科、大、中专学历的生产专业管理人才，建立并完善了一整套科学先进的管理规章制度，拥有生产电线电缆设备38台（套），计量检验设备91（台）件，为企业的发展打下了坚实的基础。2014年，实现工业总产值2659万元。

本公司通过了ISO 9001（2000）国际质量体系认证，获得国家强制产品CCC认证，及国家质量技术监督局颁发的”全国工业产品生产许可证”，荣获如“中国质量信用AAA+级企业称号”“全国质量信得过产品”“用户满意产品”“产品质量可靠企业”等国家、省、市一系列证书和荣誉。

公司本着“用户至上、名优为本、重合同、守信用”的经营宗旨，遵循“创优质的产品，满意的服务；以持续改进的质量管理体系满足顾客的需求”的质量方针为各项工程建设做贡献。

【韶关市锦源实业有限公司】

韶关市锦源实业有限公司是一家多年从事铟系列产品生产的专业生产商，公司拥有铟资源及成套的精铟生产线，产量稳定。产品主要销往欧、美、韩、日本及中国台湾等国家和地区，产品质量达到国际同类产品先进水平，在国内外都享有很高的商誉。

公司产品主要包括4N铟锭、4N铟粒、氧化铟、氢氧化铟、氯化铟、硝酸铟等。公司有足够条件承接特殊产品的生产和来料加工业务，可以应客户的要求定制生产。2014年实现工业总产值7817万元。

锦源公司致力于铟的生产事业，努力成为国内铟产品知名品牌。公司以“诚信为本、技术为先”为企业宗旨，以“以高品质求生存，以高技术求发展、以高产量求效益”为核心经营理念，向国内外客户提供优质的铟产品，并以高品质的售后服务，牢固树立韶关锦源良好的品牌形象，以确保锦源公司在中国铟行业中的地位，实现客户、股东、员工、社会多方共赢，确保企业永续发展。

【韶关市闽韶物资有限公司】

韶关市闽韶物资有限公司地处武江区科技工业园，成立于1998年，是一家以农业装备为主导产品，集设计、开发、生产、销售于一体的农业机械制造企业。经过多年的努力，公司的质量管理不断提高，目前公司产品已取得10项国家专利。2009年，通过ISO 9001质量管理体系认证，覆盖的产品及其过程包括收割机、手扶拖拉机的设计与生产。使金鹰牌工农-12K手扶拖拉机、闽韶牌4LZ-1.0收割机产品取得了农业部颁发的“农业机械推广许可证”，并列为年国家支持推广的农业机械产品目录，是国家重点支持的产品。

公司的主导产品拖拉机、收割机畅销广东、湖南、江西、福建、广西、湖北、四川等十多个省、市、自治区，并出口越南等东南亚国家和地区，设立了上百家营销网点和代销机构。公司始终本着“以信誉求发展，以质量创品牌，以服务塑形象”的宗旨，为广大客户提供最好的产品。

公司现有员工100多人，其中工程技术人员20多人，占地面积30000平方米，生产性建筑面积8000多平方米，办公综合楼1500平方米。2014年，实现工业总产值5081万元。公司二期工程已完成，建设一条生产拖拉机、收割机的流水生产线，增添先进的检测、加工设备，使产品的制作工艺和质量水平进一步提高，确保产值税收年年递增。同时，公司将加大新产品的研发投放，争取每年有1至2个新产品投放市场，使得企业不断发展壮大。

【韶关市韶瑞重工有限公司】

韶瑞重工有限公司始建于1992年，其前身是坐落于浈江区十里亭的韶瑞机械制造有限公司，于2002年10月在武江科技工业园落户并于2004年年底建成正式投产，是一家集研发、加工、制造、销售及售后服务为一体的专业矿山机械设备制造商，公司目前在全球50多个国家及地区设立了分公司，在全国各主要城市设有销售公司及服务网点，是武江区矿山机械装备制造业中最大的民营企业。

公司曾多次成为国内著名大型工程的设备供应商，如广州新白云国际机场、京珠高速公路等。是广东省民营科技企业，是韶关市矿山破磨机械工程技术研究开发中心的依托企业，曾多次获得省市政府“诚信单位”“产品质量可靠单位”“免除年度检验企业”等光荣称号。

公司拥有完善的质量管理

体系，并通过ISO 9000质量管理体系认证。以高品质的产品开拓市场，用完善的服务赢得客户尊重。

2012年11月27日，世界最大的矿山机械设备供应商芬兰美卓公司与韶瑞重工公司举行合作签约仪式，拉开了两家公司开展战略合作的序幕，2013年9月27日，美卓和韶瑞的交割正式启动，从此一个全新的中外合资企业“韶关市韶瑞重工有限公司”正式成立了。此次合作后，双方业务互补，市场互补，实现互利双赢。美卓集团将为韶瑞重工投入数亿资金，进一步提升在管理、技术等方面的水平，并依托美卓集团全球销售网络推广韶瑞重工品牌和产品。2014年，美卓韶瑞实现产值3.47亿元，同比增长71.6%。

【韶关市泰基搅拌有限公司】 韶关市泰基搅拌有限公司始创于2005年2月，总投资3900万元，占地26640平方米。公司是拥有国家预搅拌商品混凝土专业资质、专业从事混凝土及轻质墙体开发、生产、销售的工业企业。

泰基公司资金雄厚、设备精良，现已引进2套HLS180型意大利进口搅拌楼设备，实行全程计算机自动控制。4台拖式地泵（三一重工）和36台9立方米混凝土运输车，年生产能力可达116.8万立方米，可满足各种建筑工程的混凝土连续供应。

公司质量保证体系健全，有各类技术人员60人，试验仪器40余台，工程检测人员均是从事多年质量检测工作的专业人员，能够准确地为施工单位提供混凝土有关的各项可靠的数据及资料，是粤北地区规模最大、生产能力最强的专供混凝土及轻质墙体的公司。2014年，实现工业总产值1.1亿元。

公司遵循“传承儒商品格，实现多方共赢”经营理念，全面实施品牌战略。建立健全了综合管理制度和质量保证体系，确保了产品的品质。公司将以全新的体制、高效的管理、精湛的技术和优质的产品为广大顾客提供满意的服务。

【韶关市天源重机有限公司】 韶关市天源重机有限公司占地2万多平方米，建筑面积10000多平方米，拥有先进的现代化办公设施及信息管理系统、现代化标准厂房和一批先进的机械加工设备，是生产混凝土搅拌设备和稀油润滑设备的专业制造商。2014年，实现工业总产值7137万元。

公司现有员工约100人，其中技术人员10人。分别设立有技术开发部、生产部、质检部、销售部、财务部、行政部等职能管理部门。

公司本着“以人为本、诚信天下、源于专业、成就品质”的企业经营理念，努力“创新求实”，坚持“精益求精、用户满意、追求卓越、争创一流”的质量方针，凭借优秀的专业人才，丰富的设计和制造经验，科学的管理体系，以优质的产品质量和售后服务，赢得众多客户的信赖和支持，树立了良好的“天源”品牌形象。

公司在紧密跟踪和吸收国内外同行业技术的同时，同时广泛听取用户反馈意见，不断改进、创新形成具备本企业风格的系列产品。主要产品包括HZS60-200系列商品混凝土搅拌站、HLS60-240系列商品混凝土搅拌楼、HZSM90-120模块式混凝土搅拌站、HZ-S1000-2000系列管桩、水泥制品搅拌站、HZSK35-75系列快速安装式搅拌站、WCQ系列稳定土搅拌站、JS1000-4000系列搅拌机、HPD系列配料机、LSY系列螺旋机、GXYZ系列高低压稀油润滑设备及其配套设施等。

为了更好地为广大用户提供产品的售前、售中、售后的服务以及零配件的供应，公司先后在杭州、南京、长沙、广州、贵阳、昆明、重庆、成都、昆明等中心城市设立服务中心及配件供应仓库，为用户解决后顾之忧。经验丰富、责任心强的服务队伍及技术专家在各地区巡回服务，提供高效快捷的技术服务与保障。

【韶关市柏林新型建筑材料有限公司】 韶关市柏林新型建筑材料有限公司现已建成30万吨预拌砂浆生产线，使废弃煤矸石和炉渣资源得到完全高效的利用，是煤矸石综合利用和形成产业链的新飞跃。2014年完成工业总产值3218万元。

【广东电网公司韶关供电局】 广东电网公司韶关供电局是中国南方电网公司广东电网公司属下的大II型企业，为韶关市7县3区供应电力，供电客户88.5万户，供电面积1.84万平方公里。2014年，实现工业总产值44.45亿元。

韶关供电局成立于1959年，拥有110千伏及以上变电站56座，110千伏及以上输电线路2641.69公里。

韶关供电局坚持“对广东电网公司负责，为韶关经济和社会发展服务”的宗旨，牢记“主动承担社会责任，全力做好电力供应”的使命，全力保障韶关地区的用电需求，赢得了各级党委政府和百姓的广泛认可。近年来，该局先后荣获“全国文明单位”“全国五一劳动奖状”“中央企业先进集体”“全国模范职工之家”“全国安康杯竞赛优胜企业”“南方电网公司文明单位”“广东省安全文化示范企业”等称号；先后被国务院国资委，广东省委、省政府，韶关市委、市政府，南方电网公司和广东电网公司评为“抗灾救灾先进单位”、“南方电网公司迎峰度夏先进单位”、“先进基层党组织”，连续十余年荣获“韶关市党风廉政建设先进单位”。

近年来，韶关供电局正以科学发展观为指引，以南网方略和广东电网公司发展战略为统领，紧紧围绕“以客户为中心、以提高供电可靠率为总抓手”这个主题，开展创建国先进水平供电局工作，逐步实现了从“想创先”“能创先”到“会创先”的转变，企业的各项关键指标、管理水平、员工的观念和能力均得到大幅提升。

【广东方夏集团有限公司】 广东方夏集团有限公司成立于2002年1月28日，注册资本人民币6000万元。公司坐落于美丽的武江河畔，自有办公面积约2130平方米，是一家集实业投资、水电投资、房地产开发一体的多元化大型集团公司。公司本部共有企业职工共计57人，其中大专学历23人，本科学历26人，研究生及以上学历2人；员工具备初级专业技术职称11人，中级专业技术职称14人，高级职称1人。2014年，实现工业总产值8788万元。

公司成立伊始，秉承以小水电开发运行为核心，房地产开发建设为主导，逐步开拓市场多元化的经营战略，发展至今共有2家全资子公司，3家控股企业及多家参股企业，自2005年起已连续8年成为武江区纳税大户。

【韶关市领航电源科技有限公司】 韶关市领航电源科技有限公司 位于广东 韶关市，主营 汽车免维护铅酸蓄电池、铅 等。公司秉承“顾客至上，锐意进取”的经营理念，坚持“客户第一”的原则为广大客户提供优质的服务。2014年完成工业总产值2717万元。

【韶关市三创混凝土有限公司】 中国建筑材料集团有限公司（简称中国建材集团，英文简称CNBM） 1984年经国务院批准设立，2003年成为国务院国有资产监督管理委员会直接监督管理的中央企业。中国建材集团以“善用资源、服务建设”为核心理念，大力实施“科技创新”“大建材国际化”“人才强企”战略，是集科研、制造、流通为一体，拥有产业、科技、成套装备、物流贸易四大业务板块的中国最大的综合性建材产业集团，进入《财富》世界500强。截至2011年年底，集团资产总额逾2000亿元，员工总数达13万名，直接管理的全资、控股企业20家，控股上市公司6家，其中海外上市公司2家。2012年4月1日，中国建材正式收购韶关市三创混凝土有限公司，本公司就正式成为中国建材旗下的子公司之一。三创公司是2006年8月经中国“红三角”招商洽谈会引资来韶关投资兴建的专业混凝土生产企业，依托有先进管理理念，雄厚技术储备力量，总投资5000万元。公司位于韶关市武江区百旺大轿西隧道口村头村，距韶关市新城市中心区只有2公里，地理位置优越，道路通畅。是韶关市理想的商品混凝土生产供应基地。

公司依照市场需求，高标准、高起点、高技术为原则，建成生产能力为180米/时（韶关市新宇建机公司生产）的双卧轴强制混凝土搅拌生产线两条，年生产能力100万立方米。拥有全新混凝土搅拌车35辆，“三一重工”48米混凝土输送泵车1辆，37米输送泵车1辆。ZL50型装载机2台，150吨电子地中衡1台，完全符合大型商品混凝土生产、检验要求的实验、检测和检验仪器设备，试验室建筑地面积210平方米，搅拌机、试验机等设备20台套。2014年，创造工业总产值1.09亿元。

公司本着“创一流管理，创一流服务，创一流品质”的管理理念，发展韶关经济，积极开拓市场，增加效益，创立适合公司不断发展的商品混凝土市场运行机制和质量管理体系，加强公司的企业文化建设。推广应用新材料，运用新技术，保证供应产品的质量，提高施工工效，净化建筑环境，促进文明施工，为韶关市的经济发展和商品混凝土的广泛应用做出贡献。

【韶关龙润工业技术有限公司】 韶关市龙润工业技术有限公司位于广东省韶关市武江区科技工业园，占地面积36000平方米，建筑面积16800平方米。公司是专业从事工业技术研究，开发、制造的专业厂家。2014年，实现工业总产值9030万元，同比增长35.5%。

完善的产品系列：公司生产有液压油缸、气缸、连铸机用连铸辊锥形套、结晶器拉杆、轴承密封用金属挡圈，去毛刺整套装配、对开轴承、机架辊、滚珠丝杆、密封件与各种炼钢、连铸、轧钢设备的零部件和进口设备国产化的高新技术产品的货源供应地。

雄厚的开发能力：龙润公司积极与全国各科技大学进行技术交流与合作，使龙润始终站在时代的前沿，保持着强大的冲击力。技术力量雄厚，制造设备精良，检测和设计手段先进，拥有一批经验丰富，具有很强的生产制造能力和产品检验手段。

健全的管理体系：公司设有液压件厂、冶金机械厂、密封件厂、技术研发中心、生产部、采供部、质检部、财务部、销售部、人力资源部、综合部。我们的理念是“建专业团队，造行业精品”。

重要的客户伙伴：龙润公司的产品覆盖了国内大中型企业，有包钢、新钢、涟钢、湘钢、韶钢、太钢、中铝河南分公司、包头铝业等十多个国内大中型企业。

严谨的质量管理：质量是龙润工业的生命。根植于心的质量意识和严格的管理制度，为龙润工业赢得了客户长期的信任。2007年，取得了ISO 900012000认证。作为中外合作企业，龙润工业始终秉承对产品质量的严谨态度和精益求精的精神，公司实行总经理质量负责制。精湛的制造工艺技术从一开始就融入企业的血液之中。建立了完善的质量保证体系和质量评估体系，从生产规划、工艺装备的确定到设备的维护保养，从原材料进库到成品出厂，每一道都处于缜密的监控之下。

无忧的品质服务：龙润工业的服务贯穿于产品的整个生命周期，为客户提供个性化的服务。

龙润公司以自身优质高效的产品和强有力的技术服务为基础，以工业技术提供服务所积累的丰富经验为保障，愿成为冶金工业的亲密合作伙伴。

【韶关市广业环保有限公司】 韶关市广业环保有限公司原名为韶关市第二污水处理厂，由广东省广业环保产业集团有限公司管理运营，2014年实现工业总产值2397万元。

广东省广业环保产业集团有限公司是广东省广业资产经营有限公司的全资子公司，拥23家下属企业，是集环保、研发、设计、投资、建设、运营、装备和贸易为一体的省属大型国有企业集团。公司作为广东省内东西北地区15个市污水处理项目以BOT模式营运的实施主体，成立了汕头、湛江、肇庆、韶关、河源、汕尾、揭阳市分公司管理所在市及相邻市各污水处理厂。专业从事废水、废气、废弃物治理和噪声控制等环境工程。拥有工程总承包证书和咨询、环保工程设计、建筑工程设计甲级证书。专业人员配套，技术力量雄厚。提供环境工程的技术咨询、工程设计、设备制造、安装工程、工程调试、人员培训等工程承包服务。

【韶关市宏励毛巾实业有限公司】 韶关市宏励毛巾实业有限公司于2001年7月2日在韶关工商注册成立，位于芙蓉北路72号，主营毛巾，浴袍、针棉纺织品等，2014年实现工业总产值2055万元，是韶关棉制品厂行业著名企业。

【韶关市龙韶实业有限公司】 公司位于广东省韶关市韶关市武江区新华南路铭豪花园C3座203室，主要经营“石灰石开采”等产品，2014年实现工业总产值7385万元。

【镇泰（广东）工业有限公司】 镇泰（广东）工业有限公司隶属镇泰集团，1996年镇泰集团在韶关市武江区自资买地兴建镇泰（广东）工业公司（占地面积69636平方米），主要毛绒、塑胶、电子等玩具，产品100%外销。2014年，实现工业总产值4410万元。

【韶关源昊住工机械有限公司】 韶关市源昊住工机械有限公司是中国内地首家专业设计制造工业化住宅预制生产线成套设备的厂家，拥有先进的专业生产管理体系和设计软件，优秀的管理团队。企业占地面积36000余平方米，生产车间18000平方米，各型专用生产设备齐全。自2008年开始引进吸收欧洲预制墙板、楼板、异形件的生产设备制造技术及工艺，并自主研发了符合中国国情的相关产品。目前本公司获得了多项工业化住宅自动化生产线的发明专利和实用新型专利授权，在辽宁沈阳市、天津市、安徽合肥市、浙江杭州市、上海市、江苏溧阳市及湖南省长沙市等地为多家企业设计、制造、安装了三十多条PC自动化生产线。理想的性价比、快捷的交货、专业的24小时响应售后服务队伍为我们赢得了60%以上的市场份额。2014年完成工业总产值2647万元。

【韶关市环源建材有限公司】 韶关市环源建材有限公司2012年9月成立，主要进行建筑用砂、高岭土的加工和销售。2014年完成工业总产值5637万元。

产业园区管理

【概况】 2009年6月20日，韶关市发展和改革局《关于东莞（韶关）产业转移工业园甘棠基础设施建设项目可行性研究报告的批复》（韶市发改资〔2009〕32号文）同意开发建设东莞（韶关）产业转移工业园甘棠片区基础设施项目（规划面积约467公顷），建设单位为韶关市武江区莞韶甘棠工业园投资有限公司，项目建设地点在武江区甘棠——简称甘棠工业园。同年8月17日，韶关市人民政府批复武江区政府《关于同意在莞韶产业园甘棠片区设立涂料化工工业园的批复》（韶府复〔2009〕9号）。8月18日，市政府转发《粤北工业开发区管委会关于提高全市产业聚集度、优化工业园区产业布局建设实施意见的通知》（韶府〔2009〕180号），定位武江区的涂料、机械制造、玩具为主导产业。

经过两次调规，现园区规划建设用地总面积8760余亩，位于韶关市武江区西部的芙蓉新区十四平方公里的起步区内，是《广东韶关芙蓉新区发展总体规划》里规划的起步区两大组成部分之一。由工业、仓储、居住、公共设施、市政公用设施、道路广场和绿化用地构成。园区重点发展现代环保涂料、高端装备制造业，辅助发展电子信息、家具等产业，并配套引进现代物流等服务业。

【征地拆迁】 甘棠工业园承接韶关市第四污水处理厂的征地拆迁工作。截至2014年9月，园区征地组已经完成四污一期的征地及补偿工作，共新增征地41户次，面积65亩，安置及附着物补偿金额逾380万元。同时，顺利解决四污一期用地与原1200亩征地项目重叠部分农户的历史遗留问题，清查出2006年未领安置款的农户，并对其进行补偿，共补偿17户次，27.78亩，补偿金额17.55万元。根据区政府八届20次常务会议通过的《甘棠三石王村征地遗留问题处理及整村拆迁安置工作实施方案》，征地组对2003年既未兑付附着物补偿款，2006年也未兑付安置补偿费的地块进行清理，对附着物一律按照大棵果树的补偿标准（12000元/亩）给予兑付，共补偿农户31户次，补偿金额43.68万元。至此，四污一期用地与原1200亩征地项目重叠部分除9600元/亩的扶持安置新村建设资金未兑付，其余安置款、附着物补偿款等均兑付完毕。

同时，园区启动三石王，扁石村、石角村及散户两个拆迁安置方案，园区征拆工作组与西联镇多次入户调查，编制《莞韶产业转移园武江片区三石王拆迁安置及解决历史遗留问题工作资金测算》，《莞韶产业转移园武江片区扁石村小组整村、石角村小组及其他散户拆迁工作资金测算》两份资金测算方案，并与拆迁公司多次测量，编制《甘棠拆迁补偿核价表》，该核价表按现急需入驻企业用地进行划分，明确每个地块所需拆迁的户数、面积、基本补偿金额等数据，为下一步入户测量，资金计划、使用打下坚实的基础。截止12月，园区拆迁工作组已对3户进行拆迁赔偿，并对被拆迁房进行清表处理。

【基础设施】 2014年，园区工程建设主要围绕土石方5标、道路二和三期、防洪渠道及十六号路护坡、配电专线一期等工程建设项目，并对土石方2、3标及十七号路给水管、排洪渠西侧排污主管等工程建设项目进行验收。11月，对园区整村拆迁安置地进行施工便道的铺设，对原农电线网进行迁移。

按照合理开发、适度超前原则，园区管委会谋划好园区新建基础设施项目。利用上半年雨水天气做好设计及招标工作，下半年进行现场施工建设。2014年，计划启动项目包括：5#主干道、道路四期（詹式蜂蜜周边道路拓宽）、三都渠改造工程以及供水二、三期工程（詹式蜂蜜及村庄主供水管）共5个建设项目。

同时，为解决园区企业用电用水问题，园区管委会经过讨论研究，并报区政府同意，在园区内设立3个临时用水点及1个临时用电点。临时用水用电点的设立，方便企业的工程建设，也侧面加快企业的落地进驻速度。

【招商引资】 截至2014年年底，甘棠工业园已签约企业43家，其中涂料及配套企业25个，其他产业类型汽车变速箱、生物农药、新能源、智能机器人、仿真产品、机械制造、家具制造、食品加工等项目18个。总投资约25亿元，预计年产值约52亿元，预计年税收5亿元。截至12月，甘棠工业园已有18家企业（20块地块）成交，其中15家已进入建设阶段。

武江产业转移工业园领导名录

主　　任：邹有胜

常务副主任：王韶林

副 主 任：张思建

陈雪延（女）

粟　健

（撰稿人：刘建强）

农·林·水

农 业

【概况】 2014年8月29日区政府发文《印发韶关市武江区农业局主要职责内设机构和人员编制规定的通知》（韶武府办〔2014〕89号），设立韶关市武江区农业局（区委农村工作办公室、区水务局），为区政府工作部门，将原区水务局的职责划入区农业局。区农业局机关行政编制13名，其中：设局长1名，副局长3名，股长（主任）5名。区委农办机关行政编制4名（在区农业局13名行政编制中调剂），其中：设主任1名，副主任1名，股长（主任）2名。区农业局内设机构5个：办公室、生产股（规划计划股、建设管理股）、农产品质量安全监督管理办公室（水政监察股）、防汛防旱防风指挥部办公室、水土保持办公室（水资源办公室、农电办公室）。区委农办为正科级，内设机构2个：扶贫办、农村工作综合股。区农业局下属单位有：区畜牧水产局、区农机管理总站、区动物卫生监督所。

2014年，区农业局坚持以科学发展观为指导，紧紧围绕区委、区政府工作部署，狠抓工作落实，较好地完成各项工作任务，取得一定的成效。

【粮食生产】 2014年，区农业局严格执行粮食工作考评责任制，把落实粮食播种面积、粮食总产量、基本农田保护面积作为对各级政府的考核内容，落实工作责任制；以市下达武江区粮食生产任务，作为硬指标分解下达给各镇。以确保粮食生产和各项任务的落实。2014年，武江区超额完成市下达的考核任务，达到高产、优质、高效的“三高”目标；全区冬种生产任务全面得到落实。

【蔬菜生产工作】 近郊粮远郊菜是武江区种植业特点。随着市民对农产品质量安全要求的提高和城镇化进展加快，武江区蔬菜种植出现向远郊拓展的势头。全区全年蔬菜种植面积2万亩以上，全年播种面积近6万亩，上市量10万吨左右。做到上市均衡、价格平稳、抽检合格率在98%以上，多次合格率达到100%。

【养殖业生产工作】 经过全年艰苦努力，武江区全年生猪饲养量和出栏量，均比上年增长0.6%和3.8%，家禽饲养量和出栏量，分别比上年下降6.8%和下降9.5%，山羊、水牛和水产品养殖均比去年有所增长。2014年武江区养殖业的生产特点，除水产养殖平稳发展外，生猪和家禽养殖均增产不增收，亏损较多，直接原因为产品供大于求，生产成本上升过快。

【农业组织化、产业化工作】 武江区认真贯彻省市加快现代农业、生态农业发展的精神，继续加快农业发展方式的转变，全区2014年新培育1家国家级农业龙头企业和1家市级农业龙头企业；有2家合作社升级为市级示范社。新增加3个种植基地，新培育家庭农场3家。2014年，新增养牛、种植石斛、食用菌生产基地3家，使农业生产有新的农业经济增长点。

【农田水利基本建设工作】 认真做好2013年龙归镇冲下村农田水利设施建设项目和龙归镇龙安村基本农田保护示范区建

设的收尾工作，开展工程质量检查和验收工作。根据区的统一部署，区农业局主要负责龙归镇10000亩高标准农田建设项目工作，工程进展较顺利。截至12月18日，已完成总工程量60%的施工任务。争取按时按质按量完成施工任务。

【动物防疫工作】 动物防疫工作扎实有效。由于领导重视，保障有力，工作到位，使到禽流感、口蹄疫等重大动物疫病疫苗注射工作有序推进，较好完成防疫任务。全区实行“两个零”即人感染零发生、禽感染零发生的目标。没有发生重大动物疫情，确保农产品质量安全。

【农业源污染减排工作】 大力推进农业源污染减排工作。采取科学制定方案、明确工作责任、加强督查和信息通报等措施，切实推进农业源污染减排工作。2014年武江区完成7个养猪场节能减排设施建设、资料台账的整理工作，正准备接受省、市的验收。

【农技推广普及工作】 农业科技推广普及工作扎实推进。启动2013年基层农技推广体系改革与建设补助项目，选拔9位农业专家和25位农技指导员，确定3个农业技术示范基地和200户农业科技示范户，分别对农技指导员和农业科技示范户进行集中培训。并把示范基地和示范户的一些物化补贴发放完毕，更好地发挥示范带动辐射作用。2014年，基层农技推广体系改革与建设补助项目也已展开实施，深受农民欢迎。

【土地确权工作】 根据市的统一部署，武江区启动农村土地承包经营权确权登记颁证试点工作，成立领导小组，选定重阳镇一个行政村作为全区试点，前期的各项工作正按计划、有步骤的地进行。

【农机推广和安全工作】 2014年，武江区共有中央农机购置补贴资金款45万元，至12月5日，共办理购置补贴农机具159台套，受益农户115户，指标确认书150份。已落实补贴资金44.994万元，完成总额的99.98%。为做好农机安全工作，区农机总站加大农机安全知识的宣传，培训拖拉机驾驶员26名，努力提高广大农机手的安全意识和法律意识，并对农机事故隐患进行排查，加强安全生产督查，组织农机安全监理人员深入生产一线，严肃查处无牌、无证和违章载人等违法行为，预防、杜绝重特大农机事故的发生。

【基层农业管理】 2014年，区农业局管理机构和转变职能的力度比较大。承接生猪定点屠宰管理职能，转移的职能有困难家庭农房改造和农村集体经济管理两项。同时区委农村工作办公室挂牌区农业局，区水务局并入区农业局。区农委农办，加强区畜牧水产局、区农机管理总站、区动物卫生防疫监督所等下属单位政治思想教育，提高业务素质能力，建章立制，规范工作程序，使水管事业单位向科学、合理、可行方向健康发展，积极解决基层存在的实际问题，体现以人为本精神。加强联系与协调，确保各镇水管所能充分发挥镇级水管单位的职能，做好农村基层水利设施管理工作，完成单项工程的建设任务，积极开展面上农田水利建设。

【开展党的群众路线教育实践活动工作】 2014年，区农业局按照“照镜子、正衣冠、洗洗澡、治治病”的总体要求，在区委的统一部署下，认真谋划、广泛宣传、精心组织、全力实施、狠抓落实，确保群众路线教育实践活动开展得有形有色，有质有量，达到真学真懂、真信真用、真查真改的预期目标。下一步将遵照习近平总书记“永远在路上”的指示精神和区委的要求，持续发力，改进作风，联系群众。

【新农村建设】 2014年，区农业局继续抓好田心村和方田村

2个名村及5个示范村建设，先后投入资金208.51多万元，全面实施“三项重点民生工程”，全面打造名村及示范村。一是全面实施“四化”“三通”工程；二是全面实施“民生保障”工程；三是引导村民创建安全、卫生、和谐的宜居环境；四是加强民主法制建设，认真落实民主自治制度；五是认真开展计划生育工作，做好育龄妇女的健康检查，三查率达100%。

【扶贫开发工作】 2014年，武江区扶贫开发工作进展顺利，4个贫困村培育有自己特色的产业，成立农民合作社，培育示范基地，辐射带动226户贫困户，756人参与产业化生产。基础设施建设得到提升，农村环境卫生状况得到进一步改观；教育、文化等设施进一步完善；农田水利设施得到较好改善；贫困村实现通电、通邮、通讯和电视转播，群众生产生活条件得到明显改善。预计农村低收入住房困难户在2015年春节前都能全部搬入新房过节；无劳动能力贫困户全部纳入低保，全部落实医保、新农保等社会保障；适龄儿童接受义务教育达99%以上。基层组织建设得到进一步加强，村“两委”换届后，贫困村“两委”交叉任职的比例都达到100%。

区农业局领导名录

局　长：秦留柱

副局长：杨贞贵（2014.11—）

　　　　何共万（2014.11—）

　　　　龚存定

　　　　曾彩娣（女，—2014.10）

　　　　苏平华

（撰稿人：廖振诚）

林　业

【概况】 区林业局内设办公室、林政股、营林科教股、法制股。

2014年，以十八届三中、四中全会精神为指导，认真贯彻落实中央、省、市林业工作会议精神和区委区政府有关会议精神，围绕全省新一轮绿化广东大行动的部署要求，狠抓造林绿化。把抓好封山育林作为全面推进新一轮绿化广东大行动的有效举措，认真落实森林防火目标责任制，保护武江区林地资源，加强林木检疫和林业有害生物病虫害监测防治工作，为建设绿色武江提供自然环境保障。

【造林绿化】 2014年全区完成植树造林1.8万亩，森林覆盖率达到71.54%，林地绿化率94%，森林蓄积量达到399.98万立方米，森林火灾受害率为0.07‰。主要做法：一是大力实施碳汇造林、生态景观林带、森林进城围城、乡村绿化美化四大重点林业生态工程。高标准完成中央和省下达的重点工程造林。二是抓好面上群众造林。支持引导造林户抢抓季节，大力开展植树造林，提高林地经济效益和生态效益。三是积极推动全民义务植树活动。全区机关团体参加植树活动，共植树5000株。四是狠抓生态公益扩面工作。2014年，新增加生态公益林8.27万亩。

【封山育林】 2014年，武江区坚持把抓好封山育林作为全面推进新一轮绿化广东大行动的有效举措。一是加强领导。建立区政府区长为组长，其他相关部门负责人为成员的封山育林专项工作领导小组。区政府发布《武江区封山育林通告》。印发《韶关市武江区封山育林实施办法》和《韶关市武江区加强封山育林优化森林生态工作方案》。二是做好规划。全区按照1年封完山、3—5年育好林的要求，以各村民小组为单位，广泛征询各家各户意见，落实到林班小班封山育林面积20000公顷。三是落实护林员。武江区加快推进全区封山育林工程，加强专业消防队伍和半专业森林消防队伍的管理，稳定村级护林员队伍。

【森林防火】 2014年，区林业局认真落实森林防火目标责任制，与各乡镇签订防火责任书。一是加大森林防火宣传力度。利用各种会议、宣传车以及印发宣传资料等方式，广泛宣传森林防火的重要性，不断强化全民的防火意识。悬挂防火宣传横幅80条，翻新防火宣传标语50条，印刷宣传资料2.5万份，举办乡镇现场森林防火宣讲会6场。二是开展森林火灾隐患大排查活动。组织护林队员对辖区内的油气站、垃圾焚烧池等敏感地段的林缘周边开展排查整治行动，对隐患登记造册，发现问题及时给责任单位下发整改通知书，督促其限期整改。三是护林队员全天备勤，落实巡山责任。区森林火灾应急大队、全区护林队按分片包干责任区开展巡山护林。区芙蓉山森林防火应急中队集中食宿待命，严防死守芙蓉山及城区周边的森林，及时扑救敏感地段森林火灾。四是开展清理违法燃放孔明灯专项行动。由区森林派出所牵头，抽调辅警队员机动巡逻，及时制止在林区燃放孔明灯和烟花炮竹等违法行为。五是加大投入，加强扑火工具的储备、更新。在省防火办的大力支持下，新购置一批森林消防装备。2014年9月3日，区林业局举办武江区森林防火应急管理培训班，培训武江区消防队员和护林员共计146人次，有效地增强森林消防队伍和护林员队伍的综合素质及安全扑救森林火灾的能力。

【林政管理】 为有效地保护武江区林地资源，确保武江区"十二五"期间森林面积和蓄积"双增"目标顺利实现。（一）规范林木采伐管理。林木采伐严格按照《韶关市林业局林木采伐管理规定》（韶林〔2014〕35号）执行。（二）加强对破坏森林资源各种违法行为的打击力度。为进一步加强武江区林木、林地和野生动物的保护和管理，坚决遏制破坏森林资源的违法犯罪行为，查处违法违规案件一批，有力地震慑涉林犯罪。（三）强化生态公益林保护和管理工作。进一步加大管护力度，落实管护责任区，强化生态公益林补偿资金的管理，确保补偿资金落实到位。（四）认真开展"打击盗伐滥伐林木"专项行动和"利剑"行动，受理林业行政处罚案件30宗，办结案件30宗。处理违法犯罪人员30人，林业行政处罚30人，林业行政罚款9万元。清查农贸市场3次，抽查餐厅酒店12家。严厉打击破坏森林和野生动植物资源违法犯罪行为。

【森林病虫害防治】 2014年，区林业局加强林木检疫和林业有害生物病虫害监测防治工作。开展森林检疫执法，加强对野生动植物疫源疫病监测管理，加大危害性有害生物病虫害除治力度，严防危险林业有害生物病虫害疫情传播蔓延。

区林业局领导名录

局　长：曾　宏

副局长：丘日雄

　　　　龚艺旋（2014.1—）

（撰稿人：王　敏）

水　务

【概况】 根据区政府办《印发韶关市武江区水务局主要职责内设机构和人员编制规定的通知》（韶武府办〔2010〕58号）和区编委《关于同意武江区水务局增设三防办为内设机构的批复》（韶武机编〔2011〕20号）、《关于武江区水务局要求完善人员编制解决紧缺岗位人员的批复》（韶武机编〔2013〕37号）精神，设立韶关市武江区水务局，正科级行政单位，隶属区政府管理，区水务局人员编制5名，其中行政编制2名，行政执法专项编制3名。内设机构2个：综合股、三防办。区水务局下属单位有：区水政监察大队、沐溪水库管理处、区机电排灌总站。2014年8月29日区政府发文《印发韶关市武江区农业局主要职责内设机构和人员编制规定的通知》（韶武府办〔2014〕89号），根据文件精神区水务局职责划入区农业局。

2014年，区水务局以科学发展观统领水务工作全局，扎实有效地推进各项水务工作，积极开展“党的群众路线教育实践”活动，进一步改变干部职工的工作作风，工作积极性、主动性和创造性得到提高；完善各级防洪预案，抓好农田水利示范镇工程建设，加快水库安全加固工程建设。加强执法力度，及时调解水事纠纷，同时做好电站增效扩容改造工程建设工作，进一步发挥武江区资源优势。加强安全生产监督检查，2014年没有发生安全事故。

【三防工作】 2014年，区三防办切实做好汛前各项准备工作，完善各级防洪预案59个，与各防汛责任单位签订防汛责任书153份，加强对重点水利设施及防汛责任单位进行全面的汛前安全检查。严格落实三防值班制度，根据区领导的指示，于3月31日提前进入24小时三防值班，值班期间保证人员到岗到位。投入资金8.5万元，购置发电机、潜水泵、水管、电缆、编织袋、救生衣、救生绳等抗旱防汛物资一批。积极配合市三防信息系统建设工作，投入资金9万元，完成武江区区级三防值班室和区、镇两级三防信息接收应急保障系统的安装调试，进一步提高全区三防防控能力。加强三防工作人员业务培训，上半年共举办三防培训班四期约100人。

【水利工程建管工作】 2014年，区水务局认真抓好重阳镇小型农田水利示范镇工程建设，完成工程投资1041万元（其中省级补助资金800万元，其余为自筹资金）。加快甘棠水库、甲冲坑水库2宗小（2）型水库安全加固工程建设，已完成工程总投资140万元。推进龙归河治理工程建设，各项工作按计划进行，完成投资700多万元。做好农田水利重点县项目申报工作，项目申报材料于9月份顺利完成并上报省、市有关部门审批，该建设方案已获得省水利厅和财政厅批准，资金已到位2000万元。积极筹措资金，做好水利工程设施维护管理等工作。

【水政管理工作】 2014年，区水政监察大队加强《中华人民共和国水法》宣传教育，增强群众守法意识。出动车辆及人员，张贴标语、悬挂横幅，大力开展法制宣传活动；加强执法力度，调解水事纠纷；进一步规范管理，切实做到依法行政；加大水规费征收力度，确保水规费应收尽收，截至2014年12月，共征收水规费268.95万元（其中水资源费63.81万元、河砂开采权出让费171.5万元、河道采砂管理费29.11万元河、水土保持费3.09万元、罚没款1.44万元）。加强河砂开采管理，严厉打击违法违纪行为。做好取水许可证年审工作。

【移民管理工作】 2014年，区水务局做好移民历史遗留问题协调工作，及时化解矛盾和纠纷，维护社会的稳定；投入资金55.2万元改善移民生产生活条件；及时发放移民补助资金46.56万元；投入资金38.18万元完成武江区区级移民文化信息服务站1个、村级移民文化信息服务站4个；协调各方关系，争取北江河堤维护工程早日开工建设；做好2014年度后扶项目、西联镇九麻坑移民村村庄整治建设项目计划上报工作，进一步完善移民生产生活基础设施建设。

【水电站管理工作】 2014年，区水务局积极做好水电站汛前安全检查工作，对武江区92宗小水电站进行逐宗排查，确保区小水电安全生产；签订安全生产和防汛责任书，将安全生产责任落到实处；加强辖区内水电站巡查工作，及时消除安全隐患；做好龙归高寨电站增效扩容改造工程建设工作，进一步发挥武江区资源优势。

【基层水利管理】 加强区水政大队、沐溪水库管理处、区机电排灌管理总站等下属单位政治思想教育，提高业务素质能力，建章立制，规范工作程序，解决基层存在的实际问题。加强联系与协调，确保各镇水管所发挥镇级水管单位的职能，做好农村基层水利设施管理工作，完成单项工程的建设任务，开展农田水利建设。

区水务局领导名录

局　长：肖大清（—2014.12）

副局长：何共万（—2014.11）

　　　　杨贞贵（—2014.11）

（撰稿人：廖振诚）

商业·贸易

商贸管理

【概况】 区经济和信息化局设9个内设机构：办公室、经济协作和招商股、外资外贸股、经济运行和产业股、节能和循环经济股（节能监察中心）、市场股、信息产业股、科学技术和知识产权股、中小企业局；下属单位有武江区外商投资和中小企业服务中心。2014年8月29日，根据《关于印发〈韶关市武江区人民政府职能转变和机构改革方案〉的通知》（韶武发〔2014〕3号），设立韶关市武江区经济和信息化局（区科学技术局、区知识产权局），将区科学技术局（区知识产权局）的职责整合划入区经济和信息化局。

2014年，全区社会消费品零售总额平稳增长，城乡市场繁荣，呈现城乡消费市场同步增长、限额以上法人企业快速增长的特点。全年完成社会消费品零售总额89.46亿元，同比增长11.1%。

【主要工作】 2014年，区经信局对城区70多家废品收购店开展专项整治行动，对证照不全，占道经营，环境脏乱等现象进行集中清理；为加强对巩卫工作的督促检查，区经信局克服人员少、任务重的困难，分三班从早上6点至晚上12点，到挂钩路段督查卫生情况，确保顺利通过创文巩卫省级复查和国家级复审。

对外贸易

【概况】 2014年，武江区外贸进出口完成3763万美元，超额完成年初3700万美元的外贸进出口任务63万美元，名列全市第一。

【主要工作】 1. 2014年年初，对辖区范围内的主要外贸进出口企业逐个走访，了解全年外贸形势，研究全年工作开展方向。2. 帮助企业解决遇到困难（例如：协助园区企业新科农在我园区服务团队积极配合下，经营范围增加货物和技术进出口权手续）。3. 对新的外贸进出口企业、可挖潜企业进行了重点跟进。4. 8月22日召开了全区外贸进出口企业座谈会。5. 积极与上级有关部门沟通，了解我区外贸工作完成情况，及时调整工作重点。

吸收外来投资

【概况】 2014年，武江区实际吸收外资完成2731万美元，超过年初下达1900万美元实际吸收外资831万美元，名列全市第一。

【主要工作】 1. 属区级审批权限的外商投资企业设立（含合同、章程）审批。（请示设立政丰轴承有限公司、韶关粤辉达贸易有限公司；和荣化工；科控有限公司的设立批复等）。2. 属区级审批权限的外商投资企业变更审批。（祥荣、韶瑞、吉图贝特变更经营范围；光华塑胶五金制品有限公司延长经营期限；高成电站股权转让的批复等）。3. 属区级审批权限的外商投资企业终止审批。4. 及时提醒企业按批复按时注资。5. 定时深入企业调研，帮助企业解决困难。

对外招商

【概况】 2014年，武江区把招商引资作为推动经济发展的重要抓手，紧紧围绕主导产业和优势资源，转变招商理念，创新招商方式，拓展招商领域，招商引资工作取得新进展。全区共接待80余批300余名客商，引进项目31个，其中甘棠园区17个，园区外14个。内联招商实际到位资金15.32亿元；外资，新批项目6个（其中两个在园区）。

【主要工作】 1. 积极宣传甘棠工业园，做好来我区投资企业的接待服务工作。2. 对投资企业前期筹备工作，我区服务中心实时跟进项目各个环节的进展，帮助企业办理土地招拍挂等手续。3. 及时解决企业提出的问题，帮助企业解决困难。

【组织企业参展】 2014年区积极利用招商引资工作平台，组织企业参加"广东省加工贸易博览会""粤港交流会"等会议，充分利用难得的参会经历增长见识，吸取经验。

将上级下发的会议通知及时传达给企业，并汇总参会回执，上报上级部门。积极组织企业参展。

区经济和信息化局领导名录

局　长：张思建

副局长：邱四英（女，2014.11—）

钟喜梅（女）

麦宇晖

区中企业局局长：陈胜鸿（2014.11—）

（撰稿人：廖志辉）

星级酒店宾馆

【韶关市湖心宾馆】 湖心宾馆是国家三星级宾馆，于2002年4月由国企转制为股份合作制企业（由在职员工拥有全部股份）。宾馆位于市区繁华路段工业东路17号，占地1.5万多平方米，湖水面积9000多平方米，占总面积70%的长涌湖水、园林绿化和建在水中央采用水榭式建筑风格的多栋建筑互相辉映，就像一幅优美的水乡风情画，闹中取静。100多间客房温馨舒适，设施完善，价格实惠；中式餐厅可同时为1000多人服务，令你尽享美味；可容纳20—400人的大中小型会议厅室、商务中心和高素质的会议服务人员，确保您商务活动的顺利进行；大型停车场和严密的保安措施为您解除后顾之忧；各式娱乐、消闲设施满足阁下的不同需求。近年来，湖心宾馆不仅重视软件方面的各项工作，同时也在硬件上下功夫，陆续投入几千万元改造、建设、美化宾馆，使企业成为韶关市民婚喜宴席首选的知名品牌，被评为全国绿色餐饮企业，市食品卫生信誉A级企业、优秀民营企业、消费诚信单位。中秋月饼在参加全国月饼烘焙大赛中还荣获金奖。

【韶关市倚山商务酒店】 倚山商务酒店是一座具有现代化规模，集住宿、餐饮、保健按摩、会议、美容美发于一体的准四星级商务型酒店，是武江区招商引资的工程项目。酒店营业面积13000平方米，地处韶关市工业东路19号，毗邻市体育中心、韶关剧院及西河汽车站，距离市火车站（武广快线）仅需15分钟车程，火车东站仅需5分钟车程。主楼15层，其中一楼大堂有功能齐全的商务中心提供打印、复印、传真、上网、订票等服务；具有格调高雅、风情浓郁的"真味轩"中餐厅，可同时容纳680人就餐；装修高档、时尚、新颖的美容美发厅，让你足不出户打造靓丽发型；二、三楼15间风格独特的豪华贵宾房特聘广州名厨主理正宗粤莱，让宾客尽享天下粤菜美食；可分别容纳250人及80人的凤凰厅、井冈山是设备齐全的多功能宴会厅；四至十五楼客房设施完备、舒适，拥有153间各式豪华套房，246个床位，皆以中西结合的色彩为设计思路；以及一个可停靠60辆车的大型停车场。副楼5层，拥有16间宽敞明亮的贵宾房的桑拿健康中心，中、泰式按摩是宾客消除疲劳、恢复精力的健康加油站；另外还配有大型洗衣房、中央空调、双电梯、国际国内直拨电话、消防监控中心等，服务设施完善。倚山商务酒店拥有了自己的知名品牌，在社会上赢得了较好的声誉和口碑，得到了社会各界人士的一致认可。

【**韶关市幸福华庭酒店**】 幸福商务酒店是一座具有现代化规模的准四星级商务酒店，酒店营业面积30000平方米，地处韶关市武江区惠民南路122号，联系电话0751-8611188、传真0751-8523365毗邻市体育中心及西河汽车站，距离韶关市火车站仅需5分钟车程，尽享地利优势，交通极为便利。周围环境优美，空气清新，汇聚都市风采。酒店建筑风格端庄典雅，中西合璧，既蕴藏着富贵华丽的韵律又洋溢着21世纪的现代气息。二楼大堂典雅华贵、气势非凡。功能齐全的商务中心提供打印、复印、传真、上网等服务，助宾客事业成功，宏图大展。具有格调高雅、风情浓郁的二楼中餐厅，四楼风格独特的潮州餐厅特聘广州名厨主理正宗粤菜，让宾客尽享天下粤菜美食，设有早、晚茶市，近1000餐位，令人流连忘返。大型宴会厅及多个设备齐全的多功能会议厅，尽显商务酒店大家风范，是您召开会议、商务洽谈的最佳场所。十楼至十五楼客房设施完备、舒适，180间各式套房，布置典雅，独具匠心，皆以中西结合的色彩为设计思路，实现一站式商务与舒适的双重享受！行政式商务套房是名商 巨贾长驻上选、各式豪华标准房为商务宾客提供舒适典雅的旅居空间，大视野俯瞰都市繁华街景。六、七楼豪华桑拿健康中心，拥有88间宽敞明亮的贵宾房，具备高级的桑拿设施，以娴熟之技艺、热情的服务，中、泰式按摩使您消除疲劳、精力充沛；大型的停车场保安系统完备，使君无后顾之忧，让您充分体验品牌服务所带来的超值享受。三楼康宁推拿来、保健按摩，舒适豪华，设有普通房、贵宾房，备有沐足、推拿踩背等多种服务的同时率先引进中医推拿技术，一楼金皇朝酒吧，10间豪华包间，全是欧式装修，尽显贵尊。酒店负一楼为3500平方米大型地下停车场，可容纳近百个车位，酒店前后广场可停放在大巴30余台，智能化系统，采用先进“一卡通”IC卡，全方位闭路电视监控系统。 幸福商务酒店竭诚为中外宾客提供至善至美的服务，是阁下商务、旅游、休闲的理想居停场所。

批发零售简介

【**韶能集团韶关市银岭经贸发展有限公司**】 韶能集团韶关市银岭经贸发展有限公司为广东韶能集团股份有限公司的全资子公司，位于韶关市武江区沿江路16号，于2006年4月14日在韶关市工商行政管理局注册登记成立。注册资本3000万元，实收资本3000万元。现有经营范围：销售机电产品、机械设备、建筑装饰材料、金属材料、矿产品（贵重、稀有矿产品除外）、有色金属产品（贵金属除外）、五金家电，纺织品，服装，皮革制品，润滑油（不设储存），河沙、纸浆、纸浆板、纸及纸制品、煤炭；货物及技术进出口；普通货运（在许可证范围及有效期内经营）；计算机信息技术咨询；电子商务。

【**国药控股韶关有限公司**】 国药控股韶关有限公司是韶关药品行业唯一的国有企业，担负着韶关地区药品储存责任，全面覆盖全市二级甲等以上医疗机构、一百多个乡镇卫生院。经营范围包括：中成药、中药饮片、化学原料药及其制剂、抗生素原料药及其制剂、生化药品、生物制品、麻醉药品、精神药品、蛋白同化制剂、肽类激素、医疗用毒性药品、医疗器械、体外诊断试剂、危险化学品、保健食品等，经营品规已实现与广州总部一体化经营。2003年，公司成为首批通过GSP认证的企业；2008年第二次通过GSP认证；2013年12月通过第三次GSP认证企业。2013年销售2.5亿元，纳税额达到600万元，是韶关地区规模最大的医药企业，2014年度公司销售额29800多万元。

公司现有员工50人，其中党员7人，大专以上学历有30人，执业药师3人，主管药师7人，药师11人，专业技术人员占比74%。公司拥有一支从事医药行业经营管理几十年的优秀团队，整个团队具有较高的文化和专业素质。公司坐落在韶关市武江区西联镇武江工业园沐阳一路一号，环境优美，建筑面积3813平方米，仓库面积2700平方米，拥有先进的、设备齐全的专业仓库，依托国药控股全国配送网络，纵深覆盖江西、湖南、粤北医药市场，建立强大的医药物流平台，为客户提供高效、优质、安全的配送服务。

【广东爱心大药房连锁有限公司简介】 广东爱心大药房连锁有限公司成立于2006年2月23日，是一家主要经营：中西成药、中药配方、参茸补品、进口药品、医疗器械及保健食品等10000多种医药产品的省级药品零售连锁企业。公司总部设立在广东省韶关市，并在广州设有办事处。现有员工1600余人，拥有面积达10000多平方米集办公和药品配送的综合大楼。截至2015年2月底，旗下直营分店达131家，遍布广东省韶关市三区七县、广州、惠州、清远地区。经过数载的发展和沉淀，现已发展成为粤北地区规模最大的医药零售连锁企业。公司于2013年成功开通网上药店：广东爱心大药房网上药店（www.gdaxdyf.com）。近年来，企业以集团化发展为目标，制订了“多元化”的发展战略。现公司旗下产业链涉足实业投资、酒店、农业开发、商业物业、中药饮片厂等多个领域。公司从成立至今，先后荣获“诚信单位”“先进私营企业””广东省守合同重信用企业”“维护消费者权益示范单位”“先进职工之家”“明星企业”“优秀民营企业”“韶关市工会工作先进单位”“爱心奉献奖”“维护消费者权益事业贡献奖”等多项荣誉。

【中环广场益华百货公司简介】 韶关益华百货位于韶关市武江区惠民南路50号中环广场，开业于2008年9月，经营面积近5万平方米，是广东益华百货CITYMALL经营模式在粤北地区创新发展的鸿篇大作，其地处西河武江区惠民南路，紧邻武江区政府、西河体育健身广场，门前宽阔的惠民大道和广场内的大型地下停车场等，构成畅达的交通及优越的消费环境，为消费者带来方便快捷又尊贵时尚的购物新体验。益华百货位于中环广场首层至五层，共分为百货商场、乐家超市、四海电器三大业态，三大业态独立经营又紧密相依、楼层布局合理，顾客来到商场，不论衣食住行所需，还是文化娱乐消费都能得到满足。开业以来韶关益华百货共获得“广东省百城万店无假货先进单位”“广东省优秀连锁经营门店”“韶关市诚信单位”等荣誉称号。

专业市场简介

【前进国际建材城开发投资有限公司】 韶关前进国际建材城开发有限公司成立于2007年9月，位于韶关市武江区工业西路气象局西面。以兴办实业、物业出租、国内商业贸易为主。于2006年成功开发了约10万平方米的“前进国际装饰建材市场”。前进国际装饰建材市场位于韶关市工业西路和乳韶路之间，与韶关大道、新华南路、新华北路、芙蓉新城、武广铁路快线相邻，地理位置优越。地处房地产开发黄金地段，周边小区众多，交通方便快捷，是粤北最大规模的建材专业批发市场，占地约150亩，辐射粤北甚至省内外，拥有经营户500多户。经营产品涉及建筑陶瓷、日用陶瓷、卫生洁具、陶瓷机械、钢材、板材、涂料、五金、木地板、灯饰、门业、橱柜、石材等50多个系列、3000多个品种。自2007年1月份正式公开招商以来，交易额年年上升。现准备同步扩展三期板材交易城、石材博览城、管业城，以商场模式发展，设顶尖配套设施.该事项的落成会为城市带来创业人员280人，农民工就业310人，研究生研究科研成果60人，安置下岗工人280人，安排智障人士200人，外来就业人员1600人。项目的发展会带来经济效益，每年带来税收1500万元，金融交易金额4.50亿元。为韶关市武江区产业带来一个远程的大型交易平台。

【韶关市五洲国际汽配用品商贸城】 五洲国际汽配用品商贸城由韶关市利荣投资发展有限公司投资的韶关唯一汽车配件专业市场。是2010年武江区引进的重点项目，该项目被中国汽车工业配件销售公司和中国汽车配件用品市场协会列为重点培育市场。建于韶关芙蓉新城区国道323线沐溪大道核心位置。该汽配用品商贸城总占地105亩，一期占地40亩，建筑面积5万平方米，共有商铺298间，项目从2011年5月开始招商，现已出租60%，以东莞汽车配件用品协会及的韶关南郊和周边地区汽配商户出租为主。二期占地65亩，现已引进新华南机动车检测站（建设中），剩余50亩将计划建设二手车交易市场、汽车快修及汽车配套服务功能区。五洲国际汽配用品商贸城自2011年5月正式营业以来，已经成功引进商户118家，正常开门营业的商户为105家。所有商户均以批发为主、兼营零售为辅的方式经营，经营的产品涵盖：汽车用品、汽车配件、汽车电子（音响、导航及专业改装）及二手车销售等。

【光华机电五金商贸城项目简介】 光华机电五金商贸城，位于武江区科技工业园，占地面积54869平方米，建筑面积100337平方米，主要建设内容为商铺、办公楼、附属工程、公共配套等。项目由韶关市华南城机电投资有限公司开发建设，是目前韶关市规模最大的机电五金专业批发市场。项目坚持走“专业化、规模化、现代化、规划化”的市场开发原则，全面打造粤北最大的“一站式”机电五金采购基地，推动粤北五金行业的强势发展。项目拥有商铺405间，综合楼1栋，办公楼1栋。项目于2014年5月18日开业。光华机电五金商贸城将利用先进完善的产业服务平台、技术平台、资金平台、销售平台、物流平台和辅助平台等，推动各个产业集群的升级发展，打造“小企业、大协作；小产品、大集群；小集群、大产业”产业商贸基地，为广大客户和社会提供优质高效的服务。

财政·税务

财　政

【概况】 2014年，区财政局机构设置按韶武府办〔2011〕55号印发韶关市武江区财政局主要职责内设机构和人员编制规定的通知，核定编制16名，领导职数4名，其中正职1名，副职3名。区财政局内设八个职能股室，分别是：办公室、预算股、国库股、综合股、行政事业股、会计股、农业股和社会保障股。直属事业单位：武江区财政局国库支付中心，武江区政府采购管理办公室、韶关市武江区工程预决算审核中心。镇属五个财政所：西河财政所、西联财政所、龙归财政所、重阳财政所、江湾财政所。镇财政所实行垂直管理财政体制。

根据《韶关市武江区事业单位分类改革实施方案》（韶武府〔2014〕5号）文件精神，设立韶关市武江区政府采购管理办公室，副科级公益一类事业单位，隶属区财政局管理。区政府采购管理办公室设1个内设机构，副股级。核定事业编制3名，设主任1名，副主任1名，内设机构领导1名。

根据《韶关市武江区事业单位分类改革实施方案》（韶武府〔2014〕5号）文件精神，设立韶关市武江区财政局国库支付中心，副科级公益一类事业单位，隶属区财政局管理。区财政局国库支付中心设4个内设机构，均为副股级。核定事业编制6名，设主任1名，副主任1名，内设机构领导4名。

根据《韶关市武江区事业单位分类改革实施方案》（韶武府〔2014〕5号）文件精神，设立韶关市武江区工程预决算审核中心，正股级公益一类事业单位，隶属区财政局管理。不设内设机构，核定事业编制3名，设主任1名（由副局长兼任）。

根据《韶关市武江区事业单位分类改革实施方案》（韶武府〔2014〕5号）文件精神，设立韶关市武江区西河镇财政所，正股级公益一类事业单位，隶属区财政局管理。不设内设机构，核定事业编制4名，设所长1名，副所长1名。

根据《韶关市武江区事业单位分类改革实施方案》（韶武府〔2014〕5号）文件精神，设立韶关市武江区西联镇财政所，正股级公益一类事业单位，隶属区财政局管理。不设内设机构，核定事业编制4名，设所长1名，副所长1名。

根据《韶关市武江区事业单位分类改革实施方案》（韶武府〔2014〕5号）文件精神，设立韶关市武江区龙归镇财政所，正股级公益一类事业单位，隶属区财政局管理。不设内设机构，核定事业编制6名，设所长1名，副所长1名。

根据《韶关市武江区事业单位分类改革实施方案》（韶武府〔2014〕5号）文件精神，设立韶关市武江区重阳镇财政所，正股级公益一类事业单位，隶属区财政局管理。不设内设机构，核定事业编制3人，设所长1名，副所长1名。

根据《韶关市武江区事业单位分类改革实施方案》（韶武府〔2014〕5号）文件精神，设立韶关市武江区江湾镇财政所，正股级公益一类事业单位，隶属区财政局管理。不设内设机构，核定事业编制3名，设所长1名，副所长1名。

2014年，全区公共财政预算收入累计完成40036万元，突破了4亿元大关，跃上了一个新台阶，同比2013年的33700万元增收6336万元，增长18.8%，超额完成了年初增长13%的目标任务，取得了全市第三名的好成绩。在市对区2014年经济社会科学发展考核四项财政指标中拿到8.68分，也取得了全市第三名的好成绩，一般公共服务支出完成了30%的增长目标，完成23623万元，为全区的GDP增速和经济社会科学发展考核作出了较大的贡献。

公共财政预算支出完成79，235万元，增长16.81%。加上各项上解支出2846万元，2014年公共财政预算总支出完成82081万元，其中用于保障和改善民生事业的11类民生支出完成了50920万元，同比增长14.56%，民生支出占公共财政预算支出的比重达64.26%。2014年，全区“三公经费”支出1137万元，同比2013年1582万元下降40%，用于经营领域的支出正逐年减少。

2014年11月，对我区2012—2014年度的财政存量资金的结转结余情况展开清理，盘活资金1635万元，主要用于死亡人员抚恤金发放，信访接待厅建设，学校道路建设，冬修水利工程建设等民生方面。此项工作在全市八县（市）区中我区工作走在前列。

2014年，亿兆公司收取租金、管理费及资产处置收入共1435.21万元。局公共资产管理股室办结行政事业单位资产处置业务36笔，所处置的资产账面价值约299万元，对全区的公共资产处置业务进行规范化管理，起到了有效的监督管理作用。所有资产处置收入全额上缴了区财政国库。

2014年，重点开展了对区直单位贯彻落实中央“八项规定”、执行财经纪律及“小金库”专项检查，清理违规发放津补贴16.1万元，补缴非税收入165万元。

【财政收入】 2014年来源于武江区的财政总收入完成136730万元。其中：上划中央收入22431万元，同比增长11.29%；上划省“四税”16584万元，同比增长8.75%。

2014年全区公共财政预算收入累计完成40036万元，同比增收636万元，增长18.80%，完成年度预算105.13%。其中：国税收入累计完成5466万元，同比增长13.69%；地税收入累计完成24024万元，同比增长29.89%；非税收入10546万元，同比增长1.43%。2014年度区公共财政预算收入完成年初拟定增长13%的目标任务，公共财政预算收入达到4亿元，财政收入再上新台阶，取得全市第三的好成绩。

【财政支出】 2014年全区公共财政预算支出完成79235万元，为年初预算55798万元的142%，同比增长16.81%。其中：教育支出同比增长17.31%，文化体育与传媒支出增长442.52%；科学技术支出增长29.46%，一般公共服务支出增长30%，社会保障和就业支出增长25.87%。全区用于民生支出占公共财政预算支出的比重达64.26%。

【重点支持项目】 财政支出始终坚持保运转、保民生、促发展、压一般的原则，重点向改善民生、促进产业园区建设、区域经济结构调整倾斜，推动社会民生持续改善，促进城乡协调发展。

推进基本公共服务均等化，加强“三农”建设。2014年，基本公共服务支出完成33024万元，同比增长11.88%，占公共财政预算支出41.68%；农林水事务完成6293万元，完成预算148%，增长61.03%，主要是做好农田水利建设、中小河流治理、森林抚育、生态景观林带建设，加大对救灾复产专项、扶贫资金的投入。在确保省十件民生实事资金落实到位的同时，积极筹措资金，做好改造龙归卫生院综合大楼，重建重阳、江湾镇灾毁桥梁、修建市第五中学学生宿舍楼，开展龙归万亩高标准基本农田建设等区政府承诺为民办实事项目。

保障重点项目建设，推进产业园区发展。通过资产运营，政府融资等手段，保证产业园区加快建设，2014年投入莞韶产业园区（武江片区）建设及偿还政府融资贷款资金25823万元，进一步推进产业园区基础设施建设，促进企业入驻建设、投产；加强与上级有关部门的联系和沟通，积极协调与金融机构关系，鼓励、引导和争取各方面对园区建设的大力支持。

深化国库集中支付工作。区属50个预算单位全面实行国库集中支付，2014年共办理集中支付业务16249笔，支付金额67303万元（含代发工资），其中：办理财政直接支付14022笔，支付金额61577万元；办理财政授权支付2227笔，支付金额5726万元。

深化政府采购改革工作。一是政府采购工作有序开展。2014年，组织采购活动438项（次），政府采购项目预算金额（含工程类）4443.23万元，其中公开招标59次；竞争性谈判8次，单一来源采购2次，询价采购10次，协议供货359次，实际支出采购金额3873.42万元，节约资金569.81万元，资金节约率为12.82%。二是加大专项检查力度。加强对区直采购单位的日常管理工作，进一步规范政府采购行为，确保政府采购预算的严肃性。

规范政府投资项目管理。通过市财政局投资评审中心，对区直单位项目进行送审。2014年送审项目112个。其中，工程预算审核66个，工程预算审核资金为9865.1万元，工程预算审核节约资金773.4万元；工程结算审核46个，工程结算审核资金为4372.6万元，工程结算审核节约资金104.7万元。

加强国有资产管理。通过资产运营管理公司亿兆公司这个管理平台，进一步加大公共资产管理力度，对该收的租金、管理费等积极追收；对该处置的资产严格按程序、按规定办理。2014年，亿兆公司收取租金、管理费及资产处置收入共1435.21万元。局公共资产管理股办结行政事业单位资产处置业务36笔，所处置的资产账面价值约299万元，对全区的公共资产处置业务进行规范化管理，起到有效的监督管理作用。9月，通过举办国有资产产权登记培训班，组织开展本级事业单位及其所办企业（含行政单位未脱钩经济实体）国有资产产权登记工作。

加大财政信息化建设。2014年，投入50万元搭建武江区财务集中核算监管改革平台。4月，通过举办财务核算集中监管改革业务培训班，财务核算集中监管改革工作启动，将全区各预算单位的财务核算纳入财政部门日常监管之中。同时，印发公务卡结算目录，启动武江区公务卡上线工作。

【财政管理】 加强财政资金绩效管理。一是2014年共印发和转发128份规范性文件，为加强财政管理，促进依法理财奠定基础。二是加强财政专项资金监督检查力度，提高财政专项资金使用效益。

强化预算执行管理。一是加强收入组织管理。加强对经济运行的关注监测，认真分析经济运行变化对财政收入的影响。建立健全财政与工商税务等部门沟通协调的工作机制，支持其依法征税、应收尽收。加强非税收入管理，建立规范的非税收入体系。二是严格控制各项支出。坚持勤俭节约办一切事务，坚持“压一般、保民生”，严把行政事业单位“三公”经费使用关，严把预算审核关，大力压减一般性支出，严格控制“人、车、会”和楼堂馆所等支出，为惠民、涉农政策以及重大项目配套腾出财力空间。同时，严格执行国库集中支付制度，及时审核、办理预算单位提出的用款需要，加强资金调度管理，确保国库资金总量满足支付要求。三是深化预算管理制度改革。建立规范、完整、透明、高效的预算管理体制，进一步加强对财政资金的监督管理，保证财政资金安全、规范、有效使用，按照财政改革的要求，着力推进各项财政管理工作。

加强财政干部队伍建设。

一是加强学习，提高理论水平。二是加强业务培训，提高专业素质。鼓励年轻干部参加全国社会工作者职业水平考试。2014年，区财政局共有5名干部职工参加此次考试。三是积极开展财政调研，为上级决策提供参考依据。2014年，撰写《进一步完善国库制度建设》《谈个人所得税的改革》《武江财政现状及省以下财政体制改革建议》《武江区财政局“加强财政内控机制建设 防范廉政风险”调研报告》等调研材料。四是做好干部使用工作。经推荐考察，8月区财政局提拔国库支付中心副主任1名，江湾镇财政所所长1名，并认真做好年度公务员考核工作。

加强财政所规范化建设。2014年，区财政局严格按规范财政所管理的要求，通过制定《武江区“规范化财政所”建设实施意见》（韶武财〔2014〕47号）和《财政所基本职能》（韶武财〔2014〕48号），不断加强各镇财政所的基础建设和基层建设。2014年，共投入财政所建设资金36万元，对五个镇财政所的办公室进行修缮，并对部分旧的办公设备、空调等进行更换，现五个镇财政所的办公环境焕然一新，相关制度已全部上墙。全区5个镇的财政所规范化建设自评分都在90分以上。

【财政监督】 加强财政专项资金监督检查力度。一是加大专项资金监督检查力度。加强资金管理，做好专项资金自查工作。4—6月按省、市财政部门的要求，由农业股牵头，开展对2008年至2013年省级财政安排的支农资金进行自查；6月，完成2013年度省级财政专项资金自查工作。二是开展会计监督检查工作。区财政局抽调4名干部，由分管副局长任组长，组成检查小组，于2014年9月9日至9月12日，对武江区卫生和计划生育局、武江区区住房和城乡建设局提供2013年度会计信息资料实施会计法执行情况及会计信息质量的检查，并就检查发现的问题提出整改意见。三是开展内部监督检查工作。通过购买服务方式引入第三方，区财政局委托韶关市武江区中卓财务咨询服务有限公司于2014年7月29日至31日对重阳镇2013年度镇政府的七套账进行会计信息质量、内部控制管理及专项资金使用情况等方面检查，并针对检查发现的存在问题，提出具体的整改意见。于2014年7月组织人员，对区五镇农村财务管理工作实施专项检查，并将检查发现的问题通报五镇，对推进武江区农村财务管理规范化建设工作起到一定的促进作用。四是积极配合区地税部门开展房屋租赁税收专项清理整治行动，取得良好的效果。

开展贯彻执行中央“八项规定”严肃财经纪律和“小金库”专项治理工作。区直行政事业单位及社会团体认真展开自查自纠，自查单位138个，9月份，由财政、审计、监察部门派出人员组成2个重点检查组，对区直6个单位实施重点检查。检查结束，将检查发现的问题在区内作通报，责令相关单位限时整改，此次专项检查，清理违规发放津补贴16.1万元，补缴非税收入165万元。

多举措贯彻落实党政机关厉行节约。为贯彻落实党中央、国务院关于党政机关厉行节约若干问题的通知精神，更好地发扬勤俭节约和艰苦奋斗的优良传统，区委、区政府已制定多项有效措施，区财政部门认真贯彻落实，严格控制各项行政经费支出，全力降低“三公”经费支出，以实际行动厉行节约，取得一定的成效。

做好会计决算和三公经费整治工作。按照《武江区整治“三公”经费开支过大严禁超预算或无预算安排支出工作方案和武江区严格公务接待标准专项整治行动方案的通知》（韶武府办〔2014〕12号）文件要求，召开整治工作会议，细化2014年三公经费预算，布置“三公”经费统计及相关工作，同时要求全区各部门对本部门的预、决算和“三公”经费使用情况按要求公开。

积极配合审计部门，做好审计工作。一是配合区审计局对武江区2013年度体育彩票公益金管理使用情况进行专项审计，协同各业务股室及时报送各种凭证、账簿等，及时提供有关资料。二是配合市审计局做好《关于武江区2013年度财政决算情况的审计报告》，及时将整改情况进行汇报，提高整改效率，确保整改效果。三是配合区人社等部门开展规范津贴补贴自查自纠工作。10月份，根据市人社局、市监察局、市财政局、市审计局《转发关于严格执行规范津贴补贴工作纪律的通知》（韶人社函〔2014〕338号）文件精神，按照上级人社、监察等相关部门以及区委、区政府的部署和要求，四部门联合下发《转发关于严格执行规范津贴补贴工作纪律的通知》（韶武人社函〔2014〕18号），认真组织区直行政机关、事业单位对本单位执行规范津贴补贴情况进行自查清理，此次列入自查清理范围的区直行政事业单位共43个，截至2014年11月15日，共收回单位上交的自查自纠报告43份，自查面达100%。检查结束后，四部门及时将《武江区开展规范津贴补贴自查自纠情况报告》上报相应的上级主管部门，同时武江区就自查发现的问题，制定措施进行整改。

【开展党的群众路线教育实践活动】 一是认真开展活动。自2014年1月启动，到10月底基本结束，区财政局按照区委、区政府的统一部署，在区第五督导组的精心指导下，贯彻落实“照镜子、正衣冠、洗洗澡、治治病”的总要求，开展教育实践活动，已经完成学习教育、听取意见，查摆问题、开展批评，整改落实、建章立制环节各阶段的各项教育任务。通过教育实践，较好地解决领导班子和党员领导干部在“四风”方面存在的突出问题，达到思想更纯洁，政治更坚定，作风更优良，工作更上进的效果。二是狠抓整改落实。针对查摆出来的具体问题、干部职工反映强烈的突出问题，以及“回头看”查漏补缺提出的个别问题，逐项分析确定整改的努力方向和重点任务，制定《武江区财政局深入开展“四风”突出问题专项整治方案》。截至2014年底，区财政局《领导班子整改方案》中确定的20项整改措施，已全部整改完成，领导班子成员（2人）均已整改到位。三是积极推进扶贫双到工作。按照胡屋村帮扶整村推进3年规划，积极争取上级财政部门资金，用于解决贫困村的基础设施建设，自2013年扶贫工作开展以来区财政局累计筹集400多万元资金，实施开展多个扶贫项目，其中2014年投入帮扶资金259万元。2014年，通过投入项目资金50万元入股电站的方式，仅此一项就为村集体增加收入6万元。同时，派2名态度认真、工作能力较强的干部驻村，开展帮扶工作。

【表彰情况】 2014年3月，陈雪延被韶关市妇女联合会评为韶关市城乡巾帼建功先进个人称号；区财政局在2013年度区直机关绩效考评获二等奖；2014年3月区财政局获武江区人民政府授予“武江区‘碧桂园’杯广场舞比赛一等奖”荣誉称号；2014年5月区财政局获武江区人民政府授予“武江区2013年度人口与计划生育综合治理”先进单位称号。

区财政局领导名录

局　长：陈雪延

副局长：周建雄（—2014.1）
华新凤（女）
孙青文（2014.9—）
邓明晖
刘川晖（挂职，—2014.1）

（撰稿人：陈飞凤）

国家税务

【概况】 区国家税务局内设办公室、人事教育股、监察室、政策法规股、征收管理股、收入核算股、纳税服务股（办税服务厅）、税源管理一股、税源管理二股共9个股（室）。派出机构：龙归税务分局；事业单位：信息中心。

2014年，区国家税务局组织税收收入41640万元，同比增长9.8%，增收3704万元，完成年度计划任务（40380万元）的103.1%。办理出口退（免）税1337.82万元，其中退税967.99万元。

【税务管理】 认真落实省、市局《进一步深化税收征管改革方案》，从2014年6月1日起全面启动新的征管模式，实行税源日常管理由管户向管事转变，实现管评分离体系。推进分类管理，因事设岗，以岗定责，引入风险管理机制，实施专业化团队管理，进一步深化税收征管资源的科学配置和优化组合，税收专业化管理迈出新步伐。以落实总局“三个三”服务，积极开展“便民办税春风行动”，采取简化办税流程、公开行政审批清单、提速首次申请发票等六项措施，拓宽纳税服务渠道，提升纳税服务水平。积极推进依法行政工作，创新模式组建第三方专家团队助推法治税务基地建设，进一步提高依法行政能力和水平。

【税收专项检查】 严厉打击税收违法行为，强化外围信息收集整理及协查系统的应用，认真开展税收专项检查，维护市场经济秩序。加强批发零售行业、设备制造业和软件和信息技术服务业及股权转让交易专项检查，全年共检查纳税户24户，其中对12户纳税人开展立案检查，辅导12户纳税人进行自查，查补税收收入1，294.98万元。

【信息化建设】 开通官方微博、微信，拓展网上办税功能，推进金税工程三期上线工作，推行“同城通办”、自助办税终端（ARM）进驻农行银行网点，提高办税效率。深化税收执法风险防御系统（RED系统），加强风险监控，降低执法风险。

2014年8月7日，韶关市委宣传部副部长、市文明办主任何新文，市国税局党组成员、总经济师张锦标，武江区委副书记张雯，区委常委宣传部部长郑伟平参加武江区国税局举行“广东省文明单位”揭牌仪式 （陈力文摄）

【队伍建设】 以开展党的群众路线教育实践活动和绩效管理为抓手，组织开展“换位大体验”“意见大走访”“在职党员进社区”活动，广泛征求各方面的意见和建议，提高工作作风建设。加强廉政文化建设，开展廉政诗歌征集活动，更新廉政文化长廊内容，深入贯彻落实中央“八项规定”精神，开展“会所腐败”专项整治和“三清三查三审”专项整治。加强教育培训，在全市国税系统《小企业会计准则》统考中获第二名，在参加全省会计达标考试中通过率100%。大力推进国税文化建设，深化省文明单位、“巾帼文明岗”、“青年文明号”等创建活动，重新提炼区局文化理念，完善文化展示厅建设，组织开展6期道德讲堂、关爱农民工子女、孤寡老人学雷锋志愿服务等活动。

【表彰情况】 2014年，区国家税务局被广东省委、省政府授予“广东省文明单位”，被广东省国家税务局评为“广东省国税系统先进集体”，纳税服务股（办税服务厅）被省妇联授予“广东省巾帼文明岗”，税源管理一股被广东省国税局、共青团省委授予“2012—2013年度广东省国税系统青年文明号”。

区国税局领导名录

局　长：曾良波（—2014.11）
　　　　蔡汉生（2014.11—）
副局长：李贤明（2014.6—）
　　　　李同启
　　　　邓良智（2014.12—）
　　　　陈志华（—2014.11）
纪检组长：邓良智（—2014.12）
　　　　黄自敏（2014.12—）

（撰稿人：彭　贞）

地方税务

【概况】 2014年7月，武江地税局由市局直属行政单位改为直属机构。现内设办公室、税政股、纳税服务股、征收管理股、人事教育股、监察室等6个职能股（室），下设西联、西河、龙归等3个税务分局、稽查局以及沙湖、新华南汽车检测站等2个征收点，现有干部职工人63人，负责武江区西联镇、西河镇、龙归镇、重阳镇、江湾镇等5个乡镇，惠民街道、新华街道等2个街道，约7000户企业、个体工商户的地方税收征管工作。

2014年，组织税费收入共290813万元，增收32031万元，增长12.38%。其中：税收收入164775万元，同比增收22830万元，增长16.08%，完成中央级税收21992万元，同比增收3，638万元，增长19.82%；省级固定收入7471万元，同比增收1，298万元，增长21.03%；市级收入78264万元，同比增收10，515万元，增长15.52%；区级收入24024万元，同比增收5528万元，增长29.89%。各费收入126038万元，同比增收9201万元，增长7.88%，其中社保费收入96943万元，同比增收6905万元，增长7.67%。

【征收管理】 2014年，武江区地方税务局采取六举措促税收收入增长。一是开展税源调研“保税”。深入调研，掌握企业建设情况和税源增长点；评估预测税源动态，为完成全年税收任务摸清形势。二是强化重点监控“管税”。利用涉税信息共享机制，抓好房地产、建安等行业税收入库工作；建立重点行业税收增减收预警机制，促使企业及时准确申报。三是加大清理排查“寻税”。全面开展房屋租赁业税收清理和房产税、土地使用税专项清理，堵漏增收。四是强化纳税评估“促税”。利用发票在线应用等系统及涉税信息共享机制所提供的数据，通过稽查联动开展纳税评估。五是整合零散税源“聚税”。做好个体户双定管理，将纯营业税管户分行业、分地段对定额标准进行规范，并根据开票情况及时调整税额。六是扶持企业发展“减税”。贯彻落实小微企业优惠政策，按规定对困难企业减免房产税、土地使用税，涵养税源。截至11月30日，该局组织税收收入14.1亿元，同比增收1.5亿元，增长11.8%。

【依法治税】 2014年，武江区地方税务局“四个着力”提升依法治税水平有效推进“法治地税”建设。一是积极学习，着力提高法制素养。严格落实学习制度，不断提高税务执法人员自身的法制素养，切实提高运用法律手段解决税务行政法律事务的能力。二是广泛宣传，着力普及税收知识。坚持做好日常税收宣传活动，积极采用各种网络媒介广泛宣传，并运用多种方式进行宣传，及时将有关最新税收政策法规传播出去。三是强化稽查，着力规范税收秩序。建立完善稽查征管信息共享制度。从选案环节开始，到检查处理以及整改阶段，实行稽查和征管相互配合、相互协作、相互监督、共同提高的工作机制。四是明确责任，着力加强执法督察。明确执法部门职责、规范执法程序，加强税务执法检查。持续深入地开展执法检查，坚持日常检查、专项检查相结合，坚持以税收法律法规作为检查依据，对检查出的问题真正落实整改。同时，建立健全重大税务案件审理机构，明确重大税务案件审理标准，规范重大税务案件审理程序，补入库293，34万元。另外，全面开展房产税、城镇土地使用税清查工作，共对581户企业进行清理，有2户企业自查补缴土地使用税10.3万元，核查出27户企业少申报缴纳房产税、城镇土地使用税332.3万元。

2014年8月13日，韶关市武江区地方税务局稽查局举行挂牌仪式（甘楠摄）

【队伍建设】 武江区地方税务局大力推进党风廉政建设和精神文明建设，班子成员做好团结表率，共同营造团结合作氛围，提高班子的凝聚力和战斗力。注重干部队伍的培养，扎实开展业务培训，积极开展丰富多彩的文明创建活动，不断提高干部队伍综合素质，致力于打造一支政治强、业务精、作风实、纪律严、服务好的高素质而又充满活力的干部队伍。主要围绕以下四个方面开展：

一是认真践行党的群众教育实践活动，切实加强作风建设。2月27日—12月31日，武江区地方税务局对照“照镜子、正衣冠、洗洗澡、治治病”的总要求，围绕“为民务实清廉”这个主题，端正思想觉悟、整治“四风”积弊、着力解决问题、积极为民便民、狠抓长效常态，科学筹划、精心组织、真抓实做，全面完成学习教育、听取意见，查摆问题、开展批评，整改落实、建章立制三个环节的各项工作。并通过领导班子专题民主生活会、民主评议党员工作大会以及专题组织生活会的召开，较好地解决工作不实、效率不高、纪律松散等问题，全体人员的工作作风、精神面貌得到明显改观。

二是加强培训教育，创建学习型队伍。为解决教育实践活动中，干部职工最强烈的诉求：学习培训不系统、导致少数同志业务不熟，影响征税效率的问题。武江区地方税务局人事教育股，制定切实可行的培训计划，并通过多种形式，保证干部职工全员学习，共同提高。如：公务员初任培训、会计知识专业培训、征管业务培训以及纳税评估培训等，把教育培训变成作为一项常态化的工作任务贯彻落实。

三是做好人事安排，积极应对全职能局的转变。7月1日以来，武江区地方税务局由市局直属行政单位转变为直属机构，更好地承办上级地方税务机关和同级人民政府交办的事项，新设置6个职能股（室）：办公室、税政股、纳税服务股、征收管理股、人事教育股、监察室（与纪检组合署办公），并成立西联税务分局、西河税务分局、稽查局。且按程序完成正股级干部的选拔配备，按党组要求配齐纪检组长，另外，重新调整干部职工的岗位，重新分配工作任务，重新安排办公地点，借助全职能转换的契机，打造一支素质高、作风硬、业务精的干部队伍。

四是大力推动绩效管理平台上线，以绩效促进队伍建设。武江区地方税务局把绩效管理平台上线作为一项重点工作，根据工作实际，迅速成立绩效领导考评小组以及选定各部门绩效管理员，认真好相关的学习培训安排，确保绩效管理平台上线工作正常开展。按照上级的时间安排，6月30日前，建立武江地税系统绩效管理体系（包括绩效管理办法和绩效考评指标）；11月14日，绩效管理平台成功上线；12月5日，顺利完成部门和岗位人员上半年绩效考评工作。实现以绩效促进学习、以绩效提高服务、以绩效促进队伍建设。

【税收优惠】 2014年，武江区地方税务局认真落实“惠民生、促发展”的各项举措，不折不扣地将各项税收优惠政策落到实处。一是切实加强小型微利企业所得税税收优惠政策的落实。截至2014年第二季度，在武江地税所管辖企业中共有122户企业有企业所得税应税所得收入，其中56户企业在预缴企业所得税时已申报享受企业所得税减免优惠。二是认真贯彻《关于调整堤围防护费征收标准的通知》。为切实减轻企业和社会负担，促进全市产业转型升级和经济平稳较快发展。三是做好房产税、城镇土地使用税困难见面工作。严格按照《广东省地方税务局关于调整城镇土地使用税困难减免税有关事项的公告》的文件要求，对武江区申请困难减免房产税、城镇土地使用税的企业进行调查核实，并严格按照相关的法律法规对符合条件的企业予以减免。累计减免房产税5886.83元、土地使用税1493704.47元。

【党风廉政建设】 2014年，武江区地方税务局紧紧围绕税收中心任务，以贯彻落实中央八项规定转变工作作风为重点，突出责任落实、作风建设、纪律教育、风险防控、查办案件五个重点，采取四大措施，深入推进反腐倡廉各项工作：一是加强教育，坚定反腐倡廉决心。加强纪律教育学习，认真贯彻中共十八届四中全会和中央纪委五次全会，以及总局和省、市局党风廉政建设工作会议的精神。二是从严管理，加强风险防范意识。抓好“两个责任”落实，加大监督问责力度；加强“两权”的有效监督，着力找准薄弱环节，把监督工作落实到位；健全和完善内控制度建设，防范风险隐患。三是真抓实干，加大监督查处力度。开展作风建设，祝好“四风”的查纠；加强案件查办工作，严惩违法违纪行为。四是与时俱进，狠抓干部队伍建设。抓好纪检监察队伍建设，提高履职能力；抓好党风廉政教育，提高干部职工抗腐防变的能力。

【纳税服务】 武江区地方税务局以当好税收政策的“宣传员”，做好纳税群众的“服务员”为目标，围绕提升纳税服务层次、构建科学高效的纳税服务体系，进行积极的探索和实践。一是积极探索税收宣传新模式。拍摄微电影贴心为民，落实倡议书高效为民，打造“微服务”便捷为民，致力于采用贴近生活、贴近群众的方式做好税宣工作。二是不断创新服务手段。相继推出服务承诺、开展纳税人培训，设置多功能的办税服务大厅，推行多元化的申报缴纳方式，为纳税人提供“首问制”“一窗式”“网上申报纳税”“自助办税终端”等快捷方便的个性化服务，用实际行动做好服务，向群众“交满意答卷”。

【信息化建设】 2014年，武江区地方税务局按照省、市局的要求，全面加强税收信息化建设。一是不断完善办税服务厅的硬件服务系统。如：更换纳税人自主办税电脑；加强排队系统取号机以及自主办税终端的维护；更新动态税收宣传展示屏。二是大力推广自智能税终端。如：举办智能办税终端推广会；推广CA数字证书；配合省、市局做好金税三期软件开发及测试等。三是提高内部管理信息化程度。如：全力支撑绩效管理工作开展，深入推进内控机制信息化升级版建设；加强门户网站的建设。

武江区地税局领导名录

党组书记、局长：张名新

党组副书记、副局长：戴国成

党组成员、纪检组长：云金成

党组成员、副局长：江建明

（撰稿人：甘 楠）

城乡建设·公路

住房和城乡建设管理

【概况】 根据《中共韶关市武江区委、韶关市武江区人民政府关于印发〈武江区人民政府机构改革方案〉的通知》（韶武联〔2010〕5号）文件精神，设立韶关市武江区住房和城乡建设局，为区人民政府工作部门，正科级行政单位。区住房和城乡建设局内设5个股室：办公室、建筑与房地产业管理股、村镇规划股、环境管理股、乡村公路管理股（2014年区编办已撤销）。核定行政编制9名，设局长1名，副局长3名，股室（主任）5名。

2014年，区住房和城乡建设局以中共十八大和十八届三中、四中全会精神为指导，围绕区委、区政府的中心工作，开展全区建筑业、房地产业行业管理、村镇规划编制、农村危房改造、环境综合整治、乡村公路管理等工作。区住房和城乡建设局以打造宜居武江、服务经济社会建设和社会事业发展为目标，创新工作发展思路，各项工作取得新的成绩。2014年，全区完成建筑业总产值50.59亿元，比上年增长9.7%，完成增加值12亿元，增长10.2%，增速居全市第一。完成房地产销售面积81.09万平方米，比上年增长5.6%，销售面积总额居全市第一。同时，加快推进“三旧”改造工作，武江区上报“三旧”改造项目47个，已经开盘销售的有2个项目，全区“三旧”改造氛围正在形成，并直接产生经济效益，上缴市财政出让金3亿多元，其中进入区财政700多万元，武江区被评为韶关市2014年“三旧”改造先进单位。

【安全生产管理】 依照《建筑施工安全检查标准》（JG59—99）有关要求，加强施工现场管理，完善工地现场临时用电管理设施，对施工现场道路不通、场地积水、材料堆放混乱、缺少防护措施和安全标志等现象，限时加以整改。对各建设工程实行全面、全过程监管，把落实安全责任、安全防护、安全教育、安全检查和安全奖罚贯穿于安全监督管理全过程。

【物业管理】 2014年，全区物业管理规模不断扩大，管理领域不断拓展，服务品质逐步提升，行业作用日益明显。国家、省、市先后颁布实施一系列规范性文件，推动物业管理的全面开展。区出台文件，明确工作职责，区物业管理矛盾纠纷协调领导小组负责协调解决物业管理重大的矛盾纠纷和热点、难点问题；物业服务企业引发的各类矛盾纠纷，由区住建局协调解决；业主、业主委员会引发的各类矛盾纠纷，由各街道办事处（镇人民政府）负责处理。2014年，全区完成物业管理服务合同备案12宗，物业管理区域备案11宗，业主委员会备案6宗。走访建筑与房地产企业180多人次，发出整改通知47份。处理物业服务纠纷 91宗。

【“三旧”改造】 全区共上报“三旧”改造项目47个，开工项目13个，并直接产生经济效益，上缴市财政出让金3亿多元，其中进入区财政700多万元。武江区被评为韶关市2014年“三旧”改造先进单位。

【广乐高速建设】 广乐高速公路武江路段自2009年启动以来，按照区要求，紧密依靠镇村干部，精心组织，文明征地，和谐拆迁，共完成征地2560亩，拆迁260户，长度21公里，历时五年，并于2014年国庆节前正式运营。广乐高速按期通车。

【农村危房改造】 按照全省农村低收入住房困难户住房改造建设文件精神，区住建局于2014年9月与区农业局交接农村低收入住房困难户住房改造工作。全区共有农村低收入困难改造对象182户，其中重阳92户、江湾32户、龙归45户、西河13户。西河、重阳、江湾、龙归四镇合计179户年底前全部竣工验收。

【渡口渡船管理】 加强对渡口进行经常性安全检查，和节假日及汛期前夕的重点检查。2014年5月，区住建局联合韶关浈武江海事处在西河镇政府会议室召开乡镇船舶安全管理研讨会，对渡口所在地的分管镇领导、村管员和渡工进行安全知识培训，并进行安全管理研讨，明确渡口渡船安全责任人达30多人，打牢安全生产基础，促进安全生产全面发展。

【规划报建】 全年共核批私房报建5户，完成建筑总面积1427.71平方米；完成私房竣工验收5户，完成建筑面积1298.81平方米。完成区10个名村、25个示范村的编制规划工作。按照省、市培训要求，组织乡镇规划工作人员参加省、市村镇规划建设管理人员培训班二期，通过培训切实提高镇政府工作人员的村镇规划建设管理水平。

【拆迁工作】 积极参与区的重大工程建设。区住建局派员积极参与芙蓉新城、苗圃、甘棠工业园区、朝阳323线、上饶路、芙蓉北路等重大项目的征拆建工作。

区住建局领导名录

局　长：潘歧亮

副局长：白次旺

　　　　杨宏坤

　　　　黄艺顺

（撰稿人：曾伟虾）

城市综合管理

【概况】 根据《印发韶关市武江区城市综合管理局主要职责内设机构和人员编制规定的通知》（韶武府办〔2010〕64号）文件精神，设立韶关市武江区城市综合管理局，为区人民政府工作部门。区城市综合管理局位于武江区惠民南路128号区政府大院车库楼二楼，机关人员编制8人（行政编制4人，执法编制4人），其中：局长1名，副局长3名（1名兼区城市综合管理行政执法局武江分局局长），股长（主任）3名。内设机构3个：办公室、监察股、环卫股；直属单位2个：武江环卫所、武江行政执法分局。

2014年，区城管局以中共十八大和十八届三中、四中全会精神为指导，围绕区委、区政府的中心工作，全面践行党的群众路线，负责全区城市市容市貌管理监察，城市管理行政执法，“六乱”整治，环境卫生保洁管理，小街小巷维护、改造，房屋拆迁管理，市政工程项目和查违控违等工作，各项工作取得新的成绩。2014年，完成了以国家和省级“巩卫”“巩园”“创文”验收及环保检测、检查等大型迎检任务87次，新拓展清扫保洁区域33万平方米，增加垃圾清运14.5万吨，城市生活垃圾无害化处理率达100%；拆除大小违法建筑和构筑物140宗，约3.7万平方米；维护修缮小街小巷130多（次）处。

【城市管理】 区城管局坚持集中整治与后续监管相结合，加大宣传和执法力度，先后组织集中整治行动200余次，出动城管人员3000余人次，出动车辆400余台次，全面清理整治辖区各主次干道、小街小巷、特别是农贸市场周边乱搭建、乱摆卖、乱堆放、乱停放、乱拉挂、乱张贴等“六乱”违章现象。不定期在辖区范围开展夜间大排档专项整治，对辖区夜间“六乱”现象进行专项整

2014年7月1日，武江区城管局执法队员为民解忧，在新华印刷厂修理树木

治90余次，整治行动中，加大薄弱环节及重点路段的巡查力度，重点查处沙洲路、体育东路、怡华路、工业东路等地段夜间大排档违规占道经营的行为。全年共发出创文巩卫巩园宣传单张3200余份；发出《教育改正通知书》160余份；《行政处理通知书》30余份；教育和纠正占道经营、乱摆卖8560余起；规范各类车辆停放700余辆；拆除乱搭设帐篷96宗；查处乱堆放84宗；乱拉挂124宗；乱张贴62宗。

【打违控违工作】 区城管局以“早发现、早制止、早拆除”为总要求，认真履行执法监察职能，完善违法建设查处流程，2014年继续保持对“两违”建筑的高压打击势头，基本遏制辖区内违法建设蔓延的趋势。全年共发现新增违法建设55处，其中立案调查9宗，经过采取措施均得到有效控制；发出各类《行政处理通知书》共252份，发出行政处罚预先告知书66份、行政处罚决定书68份、行政处罚履行催告书41份；参与拆除违法建设行动20余次，拆除大小违法建筑98宗，合计面积约27092.80平方米。其中，单宗面积超60平方米的49宗；控制违建62宗，其中地基13宗、框架37宗、砖混7宗、搭建1宗、围墙1宗、铁棚1宗，面积共13693.14平方米。2014年以来，全区组织数次大规模的集中拆违行动，其中较为典型的是7月27日对位于武江区芙蓉北路94号西联汽车修理厂旁建筑物暴力抗法的拆除，拆除面积共计244.32平方米。及时遏制辖区违建势头，有效维护城乡规划建设和社会公共利益。

【环卫改革】 根据《韶关市武江环境卫生管理所机构编制方案》（韶武机编〔2014〕93号）和《韶关市武江区环境卫生管理所选聘内设机构中层干部工作实施方案》，区城管局6月完成对武江环卫所中层干部选聘工作。随后结合武江环卫所工作实际，按《关于调整武江环卫作业管理模式的工作方案》落实人员机构调整，进一步健全各项管理制度，实现管理的科学化、规范化和制度化，进一步转变工作职能，实现环卫服务与环卫管理齐推进，树立环卫新形象，全面适应环卫工作新要求、新形势。

【卫生保洁】 一是加强道路清扫保洁，落实目标责任制。加强对环卫工人作业路段的检查监督，落实责任，切实做到城区一级马路实行16小时保洁，主次道路实行人机结合全日清扫模式，背街小巷实行人工保洁模式。对主要路段、重点路段及人（车）流量大的地方延长保洁时间，确保垃圾的日产日清，达到天天干净、处处干净的目标。2014年，在巩固原有主、次干道及小街巷清扫保洁的基础上，新增8条主、次干道，近8000户住户，全部已纳入正常作业范围。二是做好袋装垃圾有偿服务工作，不断提高服务水平。为保证环卫作业工作质量，全体环卫工人深入调查跟踪，发现问题及时处理解决，使辖区内袋装生活垃圾定时、定点、扎口投放，清运率达100％，沿街单位上门收集率达100％，以实际行动不断提高服务质量。三是积极争取政府支持，不断完善环卫设施设备。针对设备设施落后及不足情况，区城管局努力争取市、区政府及上级部门支持，2014年，环卫所新添置一台福龙马扫街车、两台小型垃圾收集车、一台压缩式垃圾车，一台长安星卡垃圾运输车、垃圾桶250个、果皮箱300个、更换20辆人力三轮车，对辖区范围内的公厕进行一次全面的检查维修，极大地改善环卫作业条件。

【重点工程项目】 2014年，区城管局牢固树立“依法拆迁、以情拆迁、和谐发展”的工作理念，不断创新征地拆迁工作方式，全力以赴做好芙蓉北路改扩建工程、芙蓉北一路、群康路、移山路、上饶路及塘湾片区等多个项目的征拆工作。一是芙蓉北路改扩建工程。根据规划红线，基本完成征拆房屋、构建物任务。施工单位市公路局7月19日发函按施工图需扩征，其中，市毛巾厂扩征近2米，也已完成。新增原油站、区花木厂、原市毛巾厂600平方米等其他扩征点正在协商。二是芙蓉北一路建设项目。根据规划红线，已征拆房屋、构建物2678平方米，已完成芙蓉北一路道路建设工程项目的征拆工作，准备移交给市土地储备中心。三是群康路道路建设项目。根据规划红线，已征地2.36亩，拆除房屋（构建物）1366.84平方米，已完成群康路道路建设工程项目的征拆工作，移交给市土地储备中心。四是上饶路、移山路、塘湾片区建设项目。集体土地所涉红星、前进、向阳、塘湾、朝阳五个村委已完成青苗及附着物的核实工作，并正在开展朝阳、塘湾村委青苗补偿工作。现重点进入履行迁坟公告程序和拆除部分地面建筑物两个阶段。第一期奥园项目顺利进场施工；上饶路、移山路已顺利动工。移山路国有土地及建筑物、构建物已拆除3，172.26平方米；上饶路、塘湾片区国有土地的房屋已有28户住户签订征收补偿协议，占总数的29.17%。余下部分住户认为补偿方案与他们的要求有差距，已申请行政复议。

【扶贫工作】 2014年，区城管局从政治的高度，把推进奇石村扶贫开发工作作为促进奇石村社会、经济、文化协调发展的重要举措来抓。经区城管局驻村干部和镇、村干部共同努力，奇石村基础设施不断完善、村集体经济收入不断壮大、贫困农民生产生活条件逐步改善。2014年，奇石村集体经济收入由帮扶前的0.36万元增加到10.46万元，同比增长2806%；村年人均纯收入由2013年的7596元增加到8963.28元，同比增长18%；贫困户年人均纯收入由2013年的5654.19元增加到6479.36，同比增长14.59%。

【表彰情况】 2014年12月，武江区城管局、武江环卫所被区文明委评为2012—2013年度韶关市武江区文明单位。

区城管局领导目录

局　长：钟爱明

党组书记：邓　武

副局长：曾明福

　　　　宋　清

武江环卫所领导名录

所　长：钟爱明（兼）

武江行政执法分局领导名录

局　长：宋　清（兼）

副局长：何方涛

　　　　何智勇

（撰稿人：钟卫娜）

公路交通管理

【概况】 根据中共韶关市委办公室、韶关市人民政府办公室《关于印发〈韶关市市直事业单位分类改革方案和有关配套政策〉的通知》（韶办发〔2013〕28号）、《关于印发〈关于市地方公路管理站管理体制调整等问题的会议纪要〉

的通知》（韶机编〔2013〕11号）和《关于撤销韶关市地方公路管理站等有关问题的通知》（韶机编办〔2013〕67号）文件精神，武江区机构编制委员会正式批准设立韶关市武江区地方公路管理站，为区政府直属公益一类事业单位，正科级（韶武机编〔2014〕1号）。区地方公路管理站内设办公室（计财股）、基建股、养护股、路政股，另设5个农村养护道班：西河道班、西联道班、重阳道班、龙归道班、江湾道班。核定事业编制10名，其中站长1名，副站长2名，股长（主任）4名。

2014年，自年初隶属关系调整以来，在区委、区政府和上级交通部门的领导和支持下，从为人民建好路、养好路、管好路出发，艰苦奋斗，真抓实干，在地方公路管理上取得了显著的成绩。先后完成了X318线龙归至江湾32.23公里的路面大修改造工程，区政府承诺惠民实事的陀村桥、大沙洲桥和石塘桥、寺前桥新建工程，大大改善了路容路貌，维护了路产路权，确保了公路安全畅通。

【桥梁重建、改建】 一是完成重阳镇Y362线陀村桥水毁重建工程。该项目于2013年11月开工建设，桥梁全长56.04米，宽5.5米，桥型为3×16米钢筋混凝土预应力空心板桥，总投资160.53万元，2014年5月1日完工通车。二是完成重阳镇Y278线大沙洲桥水毁重建工程，该项目于2013年11月开工建设，桥梁全长56.04米，宽5.5米，桥型为3×16米钢筋混凝土预应力空心板桥，总投资179.84万元，2014年6月30日完工通车。三是完成江湾镇寺前桥新建工程。该项目于2014年8月开工建设，桥梁全长54.3米，宽4.5米，桥型为3×16米钢筋混凝土空心板桥，总投资114.12万元，2014年12月30日完工通车。四是完成江湾镇Y267线石塘桥水毁重建工程。该项目于2014年10月开工建设，桥梁全长27.484米，宽6.5米，桥型为1×20米钢筋混凝土预应力空心板桥，总投资125.0442万元，预计2015年3月完工通车。

【农村公路建设】 一是完成县道X318线龙归至江湾段路面改造工程，该项目于2013年3月开工建设，全长32.23公里，公路技术等级为三级，项目总投资4898.09万元，2014年9月主体工程完工试运营。二是2014年完成通自然村公路路面改造项目8个，共完成水泥混凝土路面改造3.96公里，完成投资126万元。全区通300人以上自然村路面改造工程全面完成。

【应急抢修】 针对汛期加大对地方公路的巡查保养，及时对一些局部路段进行清理，确保公路畅通。全年累计投入公路水毁修复资金275万元。完成2013年县道X318线公路水毁抢修工程。

【公路养护】 围绕上级下达的考核目标，认真落实公路小修保养工作制度和桥梁养护工作制度，结合管养路段路面状况，以确保公路畅通为重点，努力提高公路的抗灾能力，改善路容路貌。落实乡村公路养护实行公路养护公司养护承包制，加强对养护公司的管理，落实养护人员和养护机械，确保农村公路的养护率为100%；加强养护质量的管理，努力提高乡村公路的服务质量。

【路政管理】 加强公路路政日常巡查，及时上报路政违法案件；在路政协管员的协助下，加大对路政违法案件的管理力度，累计巡查里程13570公里，清理路障1380立方米，发现违法案件35宗、制止违法案件35宗。

【安全生产】 建立健全安全生产管理体系和相关工作制度，根据地质条件复杂、汛期、黄金周、节假日等重要时段的安全生产管理工作；按照站安全生产制度要求，组成联合安全生产督查小组，落实定期与不定期、自查与全面检查相结合的原则，对站管在建项目先后进行6次安全生产检查，督促各施工单位建立健全安全生产制度，完善施工安全标志，确保施工安全。

【广乐高速武江路段工程全面竣工、通车】 2014年9月27日15时，广乐高速全线正式通车。广乐高速主线全长约270.8公里，另外还有主线连接线约31.8公里，合计总长302.6公里，跨韶关、清远、广州三市。其中，韶关境内长161.9公里，清远境内长119公里，广州花都境内长21.7公里。全线为双向6车道，路基路面宽达34.5米，设计时速为120公里，是广东省在“十一五”跨“十二五”期间规划实施的重点项目之一，也是广东省新十项工程和高速公路“六纵”的重要组成部分。广乐高速武江境内全长约21公里，北起乳源一六镇，南至曲江白土镇，在龙归马渡有互通式立交1座，广乐高速在武江境内设重阳、糖寮两个收费站。通过武江境内马渡立交、韶关北环高速，成功把韶关境内三条主要高速路网实现互通。广乐高速的开通，有力缓解京港澳高速交通运输的紧张局面，对促进全区的经济建设发展，将起到重要的作用。

区地方公路管理站领导名录

站　长：谢洪泉（2014.3—）

副站长：陈　戈（2014.3—）

（撰稿人：翁一成）

教育·科技

教 育

【概况】 区教育局机关现设局长1名，副局长4名。6个内设机构：办公室、人事监察股、基建财务股、教育股、德体卫艺股、教育督导室。4个下属事业单位：招生考试中心、教研室、教仪站、财务结算中心。全局在职人员40人，其中，含在编公务员12人，事业单位教师编制人员12人，借调人员16人。

2014年，武江区共有中小学28所，其中，完全小学19所（另有教学点9个），初级中学6所，九年一贯制学校2所，普通高中1所。截至2014年年底，全区学校在职教职工1639 人，共有学生30463人，其中高中2600人，义务教育阶段中小学生27863人。

2014年，教育总投入2.96亿元，教育总支出占区财政总支出的比例为37.37%。

【学校建设】 2014年，区教育局保质保量完成学校基建工程建设，共进行中小学各类工程项目89项，总投入1533万元。其中，教育“改薄”工程全年共进行39项，完成投资248万元；2014年，共立基础教育民生实事工程两项，其中投入43.2万元的镇泰小学塑胶跑道工程已如期完工；市五中学生宿舍楼工程中标金额约450万元，已完成土方工程、桩基础工程，正在办理施工许可证，计划2015年8月投入使用；校园安全工程全年共进行28项，完成投资137万元。重视学前教育发展工作，对全区57所幼儿园进行校安工程数据系统录入工作，将中央、省市下拨和区配套的286万元资金合理安排到51所幼儿园，确保资金落到实处。

【队伍建设】 2014年，区教育局完成中小学教师招聘工作，共择优录用教师50名，9月全部到岗，在一定程度上缓解武江区学校教师紧缺、结构不合理的被动局面。完成2014年中小学教师职务聘任工作，共聘任69个职位，其中小学高级30人，中学一级18人，中学高级21人。此外，加强教师学习培训。一年来，全面实施“国培计划”“省培计划”，认真落实教师置换培训，短期培训、远程培训等参训，积极组织教师1008人次参加培训。为提升教育信息化应用水平，全年先后举办3期“班班通”应用培训班，组织全区已完成“班班通”工程的学校约80%的老师近500人次参加培训；3月开始，举办1期教学多媒体软件应用培训班，培训时间跨度长达半年，全区各校近80名骨干教师参加培训；10月，又举办一期“教学点数字教育资源全覆盖”项目培训班，各教学点全体教师共计40余人参加培训。为推广先进教育理念，2014年区教育局先后派出76人分批赴广州参加生本教育（为学生好学而设计的教育，以生命为本的教育）学习培训。

【教学质量】 2014年，全区中小学切实加强教学管理，强化质量监控，推进教育科研，不断创新教研方式，加强高考、中考备考工作，教学质量稳步提升。是年，武江区高考本科上线人数为132人，连续两年本科上线人数超130人大关，其中第一批重点本科入线9人，超额完成市的预测指标，完成率达900%；本科A线以上入线54人，本科A线以上入线人数名列全大市同类普通高中首位；总上线人数为656人，总上线率为91.1%，创下历史新高。此外，全区中考重点上线率实现三年连续增长。考上广东北江中学入线人数为115人，占省市重点高中入线人数的34.5%，比2013年入线人数57人翻一番。

是年6月，区教育局对全区中小学开展教学工作考核评估，其中，10所学校获评教学工作先进单位，3所学校获得教学工作进步奖。此外，全区学校切实开展课题研究，其中省级4个，市级23个（规划课题3个），区级6个；小课题省级立项30个，其中两个小课题获得一等奖。申报市教育教学成果奖10个，获二等奖3个，三等奖2个，申报数和获奖数居县（市、区）之首。

【教育信息化建设】 2014年，武江区规划“班班通”多媒体电教平台工程项目第二期工程预算资金为987.25万元，并先后完成其中189套平台的招标工作和施工安装工作。截至11月，全区已完成大部分学校“班班通”多媒体电教平台的建设。在网络建设方面，2014年3月投入38万元对区教育局中心机房进行升级改造，该机房现已达到千兆核心级别，为武江区学校的信息化日常工作提供更加稳定快速的网络支撑。2014年，全区28所学校校园网络均已接入互联网，其中，22所学校接入基础教育专网，乡镇中心小学以上学校接入率为100%。

【教育惠民】 2014年，区教育局减免困难家庭、低保家庭、残疾家庭高中生61名，共计减免金额64050元。是年，发放国家助学52.5万元，受助学生700人次。发放学前教育资助金32万元，受助学生1067名。成功申报“宋庆龄基金”5000元。成功申报“东莞银行”专项助学金1万元。引进“东莞对口扶贫办”帮扶全区助学金8万元，电脑100台，图书1000册，共计25万。成功申报生源地国家助学金64000元，受助学生8名。成功配合完成“启明书院”捐赠仪式，接受捐赠物资8万元，资金6万元。发放“李佘少鸿”女士助学金10万元，受助学生80名。

【学前教育】 全区共有幼儿园53所，在园幼儿8993人，全区学前三年幼儿毛入园率达95%。全区幼儿园教职员工1192人，其中专任教师662人。2014年，全区幼儿园达省一级园1所，市一级园11所，区一级园15所，基本形成以民办教育办园为主体，公办、民办相结合的学前教育新格局。

【特殊教育】 东岗小学设随班就读启智班1个，有学生16人。

【义务教育】 全区有义务教育学校27所，均为广东省义务教育规范化学校。2014下半年，小学有461个班，初中有134个班；全区义务教育阶段学生共有27863人，其中，小学22204人，初中5643人。

【高中教育】 全区有高级中学1所，为韶关市第五中学，2014年有51个教学班，学生2600人。2014年，该校实施精细化管理，教学工作取得优异成绩，被评为韶关市普通高中教学质量优秀学校。

【民办教育】 2014年，全区民办教育机构有67个。

【主要荣誉】 2014年，武江区学校体育代表团260多名运动员参加市第十四届运动会，取得团体总分全市第一名的历史最好成绩，同时获得体育道德风尚奖。区教育局举办区第一届中小学生乒乓球比赛、第二十二届中小学生田径运动会、第三届中小学生毽球比赛，参赛运动员700余人，共打破13项全区中小学生运动会田径比赛纪录。此外，在市第十九届中小学生“英东杯”文艺竞赛中，田家炳小学的独奏、市十五中的合唱获得一等奖，红星小学的民乐合奏、黄田坝小学的合唱获得二等奖，市五中的独奏、东岗小学的合奏获得三等奖。

武江区教育局领导名录

局　长：曹华龙

武江区学校分布简况

表3

学校	地址	校长	办公室电话
市第五中学	群康路43号	雷美初	8770388
市第九中学	芙蓉北路60号	骆少毅	6186393
市第十一中学	西联镇	王爱民	6919111
市第十四中学	工业西芙蓉二路	孙国威	8827093
市第十五中学	群立街119号	王金枝	8819386
龙归中学	龙归镇社主村	管宇权	6457888
江湾中学	江湾镇江湾街9号	刘维海	6446783
西河学校	西河镇下坑村	张运才	8833300
重阳学校	重阳镇政府南路3号	张碧照	6546019
东岗小学	高年部校区：新建路1号；低年部校区：新华北路30号	张万标	8741383
金福园小学	新华南路桥西巷2号	刘文燕	6184433
田家炳小学	幸福路8号	黄青	8624085
黄田坝小学	武江北路147号	王芳	6980456
华泰小学	新津路9号	冯焯光	8612521
镇泰小学	芙蓉北路91号	郭朝斌	8723488
齿轮小学	工业西路天鹅坪	朱惠珍	6999364
至和汤邓淑芳纪念学校	芙蓉北路48号	丘必昌	8720708
红星小学	五祖路47号	葛晓娟	8757665
向阳小学	惠民南路19幢	吴邓	6981572
朝阳小学	惠民北路413号	潘岐定	6457888
西联小学	西联镇	彭映兰（副校长）	8110217
白芒小学	西河镇大村	林广强	8134376
车头小学	西联镇车头村委	刘星明	8174486
阳山小学	西联镇阳山村委	何秋贵	8136562
沐溪小学	西联镇沐溪工业园沐溪七路	欧保华	8175145
甘棠小学	西联镇甘棠村	张寿南	8173384
龙归中心小学	龙归镇墟头18号	余德添	6451382
江湾中心小学	江湾镇江湾街9号	涂星明	6544505

党工委书记：陈锦奎
副局长：罗秀英（女）
黄建忠
邓汝机
李远贵（2014.1—）
（撰稿人：王新潮）

科 技

【概况】 2014年8月29日，根据《关于印发〈韶关市武江区人民政府职能转变和机构改革方案〉的通知》（韶武发〔2014〕3号），设立韶关市武江区经济和信息化局（区科学技术局、区知识产权局），将区科学技术局（区知识产权局）的职责整合划入区经济和信息化局。

2014年，组织辖区企业和单位申报省、市级科技项目15项，其中获国家立项项目2个、省立项项目3个，争取资金支持200多万元；组织、开展对科技项目实施工作，完成5个省、市级科技项目的结题验收工作。是年申报全国知识产权强县工程示范县（区）获批准认定，成为韶关市第一个全国知识产权强县工程示范县（区）。

【科技成果】 大力支持企业开发具有自主知识产权的关键技术和核心技术。2014年，武江区丹霞农机有限公司组建“韶关市丘陵农业机械工程研究开发中心”、飞翔变速箱有限公司组建“韶关市商用汽车自动变速箱工程技术研究开发中心”获韶关市科技局批准认定。2014年，全区已建立工程技术研发中心15家，其中省级4家，市级11家。

2014年，武江区的专利申请量达到438件，其中发明122件、实用新型178件、外观设计138件；专利授权量为182件，其中发明专利11件、实用新型139件、外观设计32件，超额完成市下达全区专利申请量325件的任务。

【科技进步奖】 2014年，武江区的科技项目韶关市林业科学研究所的“油茶优良无性系采惠圃营建及芽苗砧嫁接技术示范推广”获2013年度韶关市科技进步奖一等奖；东南轴承有限公司等13个单位的13个项目获2013年韶关市科技进步二等奖；韶关市飞翔自动变速箱有限公司等17个企业、单位的17个项目获三等奖。

韶关液压件厂有限公司与武汉科技大学共同承担的“冶金高频液压控制伺服元件关键技术及应用”项目荣获2013年度国家技术发明奖二等奖。是近十几年来韶关市企业获得的最高荣誉。

根据省、市相关要求，武江区大力推进LED照明产品推广应用工作。投入13万元，完成区卫计局、惠民街道、新华街道等部门的公共照明LED改造。

【主题科普活动】 3月10日，根据全省科技、文化、医疗三下乡活动的要求组织开展送科技下乡活动。在龙归镇举办生姜种植技术培训，邀请韶关学院教授授课。60多名生姜种植户参加培训。此外，区科协购

2014年3月10日，在龙归镇政府举办丝茅姜种植技术培训班

买引进15个蔬菜新品种分送给农户进行示范种植。

3月19日，在龙归中心小学举行韶关市文化科技卫生“三下乡”活动，展出100幅科普图片，益智玩具12件，精彩的机器人表演、科普秀表演、留守儿童的励志课“关注留守儿童—放飞心愿，励志成才”等。参加科普活动的学生、老师约500多人。

6月12日，武江区暨同韶关市科协在中央艺术幼儿园举办“科技进步活动月”暨“科技馆进百校”活动，以实验课的形式，向小朋友们展示生动趣味的科学实验，此外，还有14个早教亲子幼儿园儿童益智智力墙壁游戏及3D画展，让孩子近距离感受科技的魅力。

7月29日，组织江湾镇胡屋村委干部到乐昌观摩早脆梨种植基地。在早脆梨种植基地现场，该农户作“粤引早脆梨”的品种介绍，讲解施肥、保花、保果以及成熟期的技术管理等种植要点。

【民营科技工作】 2014年，武江区海粤生物科技有限公司通过国家高新技术企业认定；韶关液压件厂有限公司、丽珠集团利民制药厂通过国家高新技术企业复审。目前全区共拥有国家高新技术企业（按新标准）12家，省民营科技企业资格的企业26家。

【科技信息化和培训工作】 组织辖区企业开展“企业知识产权知识”、组织生姜种植户开展“生姜种植技术”等内容的培训，培训160多人次。

区科技局领导名录：

局　长：周建雄（2014.1—）

副局长：罗振秋（—2014.10）

　　　　邱四英（女，—2014.10）

区科协领导名录：

主　席：曾文英（女，—2014.8）

副主席：罗振秋（—2014.10）

（撰稿人：廖志辉）

文　化

文化新闻出版

【概况】 根据《武江区人民政府机构改革方案》（韶武联〔2010〕5号），设立韶关市武江区文化新闻出版局（区版权局、区旅游局），与区委宣传部合署办公，为区人民政府工作部门。区文化新闻出版局设办公室1个内设机构；区文化新闻出版局（区版权局、区旅游局）机关行政编制4人，其中：局长1名，副局长2名（1名兼任区文化市场综合执法队队长），股长（主任）1名。

武江区文化市场综合执法队为区文化新闻出版局的直属机构，正股级；核定区执法专项编制3名，其中：设队长1名（副科级，由一名副局长兼任），副队长1名（正股级）。

根据《韶关市武江区事业单位分类改革实施方案》（韶武府〔2014〕5号）文件精神，整合区少儿图书馆职能，设立韶关市武江区文化馆，正股级公益一类事业单位，隶属区文新局管理；核定事业编制10名，设馆长1名，副馆长1名。

2014年，区文化新闻出版局以中共十八大和十八届三中、四中全会精神为指导，围绕区委、区政府的中心工作，进一步夯实基层文化基础，构建现代公共文化服务体系；扶持组建武江区文化艺术体育协会，广泛开展群众活动。全年共开展送戏下乡12场、送电影下乡612场、立案查处违规经营文化企业14家，全区文化工作持续健康发展。

【公共文化服务体系建设】 2014年，全区镇（街）综合文化站建设继续推进，据统计，区文化新闻出版局2014年共争取中央、省、市文化发展扶持资金共403万元，用于加强武江区文化设施建设。与新华街道办共同建设区文化馆花城分馆；补充和完善西河镇、龙归镇、江湾镇、新华街道、惠民街道文化站公共电子阅览室基础设施设备；共建江湾镇文体广场及谋划文化站2015年达标建设；建设龙归镇奇石村委文体广场；补充和完善重阳妙联等24个村（居）电子阅览室基础设施设备，全区公共文化基础设施得到进一步的完善。

【公益性群众文化活动】2014年，区文化新闻出版局以乡村、社区为重点，以群众文艺团队为骨干，广泛开展“三下乡”活动，全面繁荣群众文化生活。一是以迎春挥墨写春联、流动书香车、廉政读书月等多种形式，大力开展送书下乡活动；二是以“繁荣乡村文化、践行社会主义核心价值观”走进乡镇为载体，积极发挥武江区文化艺术体育协会作用，广泛开展送戏下乡文艺会演活动，全年共开展送戏下乡活动12场，同时鼓励本土演员结合实际创作正能量文艺作品在各类巡演活动中演出；三是大力开展送电影下乡活动。全年共开展送电影下乡612场，并结合党的群众路线教育实践活动，挑选“焦裕禄”“第一书记”等一批正能量影视作品到镇到村放映；四是牵头组建“武江区文化艺术体育”协会。2014年，该协会有40支表演团队近2100人，有效地聚拢社会各类文化、文艺人才，提升群众文化活动的质量和水平，促进全区的群众文化工作进一步健康发展。

区文新局会同相关职能部门进行文化企业安全生产大检查

【文化市场管理】 2014年，全区共有歌舞娱乐场所15间，电子游戏机室25间，网吧29间，“三印”企业50间，出版物规售经营单位66间，印刷企业22间。围绕“文化安全、场所安全”的总体目标，区文化新闻出版新闻局加强执法队伍的建设，加大巡查工作力度，加强安全工作的监管，依法依规做好文化市场的管理和服务工作，建立健全“创平安、保稳定、促发展、建和谐”的长效工作机制，强化措施，狠抓落实，着力推进平安文化市场创建。一是加大安全生产监管力度。在开展文化市场日常综合巡查执法时，严查消防装置、消防通道等设施，教育引导各业主诚信守法经营，安全生产警钟长鸣；2014年，武江区文化市场未发生安全事故。二是加强文化市场巡查监管，营造良好的文化市场经营秩序。针对辖区内部分网吧存在接纳未成年人的现象，区文化新闻出版局迅速采取行动，对涉案网吧做出严厉的行政处罚。暑、寒假期间，局对重点地段重点时段对辖区内文化市场加大巡查执法力度；同时举一反三，制定并实施《武江区网吧管理黄牌警告、红牌吊销网络经营许可证管理制度》，有效地遏制网吧违规经营乱象，营造有利于未成年人健康成长的良好社会文化环境，2014年，区文化新闻出版局共立案查处文化经营企业14家。三是加强出版物市场的监管，加大宣传教育，加强知识产权保护，整顿市场秩序，大力查缴盗版工具书、音像，着重净化校园周边文化市场，力促规范有序经营。四是积极开展可移动文物普查和非物质文化遗产挖掘工作。挖掘重阳镇大夫前村“逗春牛”、龙归方田“舞狮”等有地方特色的非物质文化遗产，争取在2015年将其列为区级非物质文化遗产项目。

区文化新闻出版局领导名录

局　长：方旭铭

副局长：朱伟东

（撰稿人：华建浩）

档　案

【概况】 区档案局局（馆）合一，与史志办合署办公，为区政府直属，2014年新增编制1名，核定参公管理事业编制3名。档案部门，相对来说人员比较少，机构非常精简。人少，工作任务自然就会显得多。但档案部门的同志们工作热情和工作干劲还是值得肯定的。在人少工作多的情况下，尽力地完成了年度工作任务。

【档案接收】 2014年，馆藏总数为32659卷494件，新增档案2816卷340件。其中，文书档案增加215卷340件，专门档案（含会计档案、婚姻档案）增加2601卷（主要增加婚姻档案，增加的原因：2013年之前计算方法是每二十对当事人婚姻登记材料为一卷；现根据中华人民共和国民政部与中华人民共和国国家档案局联合发的第32号令《婚姻登记档案管理办法》中规定：每一对当事人婚姻登记材料为一卷，按照规定统计，故婚姻档案卷数剧增），照片档案增加128张，实物档案增加8件，光盘2张，接收原区人事局公章5枚。

【档案培训】 2014年，为贯彻落实国家有关档案工作人员持证上岗和接受继续教育培训制度，本局安排本区档案人员参加韶关市档案局举办的第64期档案工作人员岗位和《广东省房地产档案业务工作》培训班，共有3人（次）档案工作人员参加省、市档案工作培训。

【档案利用】 2014年，档案局（馆）接待前来查阅和利用档案资料及现行文件350多人次，查阅档案250卷。

【信息化建设】 完成数字化文件级目录录入157741条，占100%；完成数字化的档案78卷共11193页，占1.6%。逐步完善区档案、史志地情网站，利用武江区档案信息网，把《武江志》和《武江年鉴》等开放档案、信息公开文件接上网，为区属部门和公众提供更方便更快捷的查阅服务。

【档案编研资料】 2014年，新增编研材料《武江年鉴（2013）》，该资料共计近60万字，照片100多幅。

【档案馆建设】 2014年7月底，本局了解到区政府正在规划筹建文化综合大楼（文化馆、图书馆），即于8月4日向区政府呈报了《关于将区档案馆建设列入文化综合大楼建设规划的请示》，建议区政府考虑将区档案馆建设也纳入文化综合大楼规划建设，三馆合建，建设一个1200平方米的档案馆。区档案馆新馆建设得到区委、区政府的重视，将区档案馆新馆建设列入区政府项目库，计划与区图书馆、文化馆同建。

【档案评审和业务指导工作】 2014年8月19日，区档案局与市档案局、市社会保险基金管理中心组成评审组，对韶关市社会保险武江办事处的档案管理工作进行全面的考核评审，确定韶关市社会保险武江办事处为省特级机关档案综合管理单位；指导新成立的食品药品监督管理局和合并的人力资源和社会保障局档案业务工作，就重点难点的档案整理问题进行了具体的指导；指导编办、民政局、经信局档案业务工作；指导、监督司法局公证处整理1995年之后的公证档案电子信息化。

区档案局领导名录

局　长：欧阳征禄

副局长：李卫东

（撰稿人：李卫东）

党史·地方志

【概况】 根据《韶关市武江区事业单位分类改革实施方案》（韶武府〔2014〕5号）文件精神，设立韶关市武江区史志办公室，副科级公益一类事业单位，隶属区委办管理。与区档案局事实上合署办公。《武江年鉴》编辑部隶属区史志办公室管理。区史志办公室内设一个股室：综合股。核定事业编制3名，设主任1名、副主任1名，内设机构领导1名。

2014年区史志办以中共十八大和十八届三中、四中全会精神为指导，围绕区委、区政府的中心工作，开展党史、年鉴、方志等工作，各项工作取得新的成绩。

【综合年鉴编纂】 2014年3月6日，武江区政府办印发《关于编写武江区2013年大事记的通知》，武江区委办、区政府办联合印发《关于印发〈武江年鉴（2014）〉编修工作方案的通知》，发往各镇、街道，区直各单位和驻区有关单位。正式启动《武江年鉴（2014）》的编纂工作。

2014年12月《武江年鉴（2014）》由广州出版社正式出版发行。《武江年鉴（2014）》全面、系统、准确记述武江区2013年自然、政治、经济、文化、社会生活等各方面的基本情况和发展成就。全书设彩页和内文两部分，彩页共28个版面，生动形象地反映2013年武江政务活动、重点项目、社会民生、社会文化活动等情况；内文按类目、分目、条目三级结构层次编纂，由特辑、大事记、概况、政治、法制、经济、财政税务等组成。全书共计60.8万字，信息量大，涵盖面广。该书具有总结经验、交流信息、积累资料的功能，为社会各界和海内外人士了解武江、关注武江、研究武江提供地情资料，为武江经济和社会发展提供决策参考。

【《广东年鉴》《韶关年鉴》武江区内容编写】 2014年3月27日区史志办完成《广东年鉴（2014）》武江部分内容编写和报送工作。4月3日完成《韶关年鉴（2014）》武江部分内容的编写和报送工作，7月初完成《韶关年鉴（2014）》武江部分内容审核工作。

【党史工作推进】 2014年2月20日，区委办和区政府办联合印发《关于成立〈中国共产党韶关市武江区历史〉编纂委员会的通知》，标志着《中国共产党韶关市武江区历史》编纂委员会正式成立，编纂委员会下设办公室，并成立编辑部，确保《中国共产党韶关市武江区历史》一书编写工作的顺利开展。在《中国共产党韶关市武江区历史》编纂委员会成立后，武江区史志办领导同志即刻着手编写党史的前期准备工作，学习钻研理论史志业务，向韶关市史志办、曲江区史志办等有编纂党史经验的单位学习。初步研拟出《中共韶关市武江区历史（编撰提纲）》初稿。

【区地方志资料年报工作】 4月29日韶关市武江区政府印发《关于印发武江区地方志资料年报（2014）工作实施方案的通知》，在分析2013年搜集资料出现的问题的基础上，该方案对2014年地方志资料年报的上报要求加以明确细化。从已上报的资料年报来看，搜集2005—2007年、2013年共四年的资料，时间跨度大，且搜集的年份久远，个别单位资料不够完整。年内，区史志办对已上报的资料年报审查，并按照档案管理要求进行整理，保管。

2014年3月18日，区史志办完成《广东地方志纪事》武江区部分内容的报送。

【史志资料数字化建设】 在省地方志办公室的指导和帮助下，武江区地情网栏目设置不断完善，图文并茂，内容丰富，至2014年年底网站访问点击率突破10万次。网站地址：www.gd-info.gov.cn/shtml/wjq/。2014年，做好已编纂书籍的数字化和校对工作，并不断上传地情信息，充实网站内容。截至2014年年底，已经上传《武江区志》《武江年鉴（2006—2008）》《武江年鉴（2009）》《武江年鉴（2010）》《武江年鉴（2011）》《武江年鉴（2012）》《武江年鉴（2013）》等内容达500万字。

区史志办公室领导名录：

主　任：欧阳征禄

《武江年鉴》编辑部名录

主　编：欧阳征禄

副主编：李卫东

（撰稿人：董素梅）

卫生·体育

卫生计生

【综述】 2013年12月20日，《武江区人民政府印发关于完善区食品药品监督管理体制的实施方案和关于区卫生和计生部门职能转变及机构改革实施方案的通知》（韶武府〔2013〕32号）要求，组建卫生和计划生育局，作为区政府工作部门。不再保留原卫生局、人口和计划生育局。整合医疗卫生机构和计划生育服务机构，组建区医疗卫生计划生育服务机构。乡镇（街道）计划生育计生服务机构与乡镇卫生院（社区卫生服务机构）整合。

根据《印发韶关市武江区卫生和计划生育局主要职责内设机构和人员编制规定的通知》（韶武府办〔2013〕104号）文件精神，设立韶关市武江区卫生和计划生育局，为区人民政府工作部门。区卫计局内设11个内设机构：办公室、规划财务股、政策法规股（区深化医药卫生体制改革工作领导小组办公室）、疾病预防控制股（卫生应急办公室）、医政股、基层指导股、妇幼健康服务股、计划生育家庭和流动人口服务股、信息统计与宣教股、综合监督股、爱卫办公室。核定机关行政编制14名，行政执法专项编制3名。其中：局长1名、副局长3名（其中1名兼任区食品药品监管局副局长，1名兼任爱卫办主任）；股长（主任）10名。另行设置区红十字会，已于2014年8月移交区政府办管。

2014年1月28日，区卫生和计划生育局揭牌。新组建的武江区卫生和计划生育局整合原卫生、计生部门多项职能，加强深化医疗体制改革，推进基本卫生公共服务均等化，执行计划生育法律法规等方面的职能。取消护士执业证书核发、变更等职责，承接市下放区、镇计划生育技术服务机构执业许可审批等职责，承接区发改局的医改职责，将食安办职责划转给区食品药品监管局。

全区的卫生计生工作稳步发展，区属5个医疗单位职工总数217人（含临聘68人），其中卫生技术人员187人，占职工总人数的86.18%，其中高级职称5人，占卫生技术人员的2.67%；中级职称52人，占卫生技术人员的27.81%；初级职称116人，占卫生技术人员的62.03%。区属医疗单位共开设病床196张，其中新华、惠民两个街道社区卫生服务中心病床80张，三个镇卫生院病床116张。

区属5个医疗单位门诊总量194553人次，其中新华街道社区卫生服务中心38697人次，惠民街道社区卫生服务中心71581人次，龙归镇中心卫生院55075人次，重阳卫生院22452人次，江湾卫生院6748人次。出院人数共计4513人次，抢救急危重病人76例，抢救成功70例，抢救成功率92.11%。

2014年，全区育龄妇女5.52万人，户籍人口出生3298人，人口出生率为12.19‰，人口自然增长率为5.93‰，其中政策内出生3001人，符合政策生育率为90.99%。2013年10月至2014年9月全区户籍出生人口中，男婴1708人、女婴1590人，出生人口性别比为107.42，保持平衡水平。征收社会抚养费1360.35万元。

【卫生管理】 依法行政 重点抓好区级社区卫生服务中心、镇级卫生院及村级卫生站的管理，做好社区医疗卫生、农村医疗卫生基层医疗机构建设、卫生防疫及妇幼卫生保健等项工作，尤其各种突发性公共卫生事件及灾害事故的应急处理。办理执业医师注册7人，变更执业医师注册77人。联合市卫生监督所开展打击非法行医专项工作，共摸排非法行医线索15条，打击“黑诊所”5间，打击超出执业范围，擅自开展妇产科诊疗活动的卫生站1间，处理违规使用医疗器械人员1人次，出动执法人员70人次，执法车辆，14车次。加强廉政风险防控，排查领导干部权力职责风险点，制定相应的防控措施，重新编制岗位职权目录、岗位廉政风险等级目录及编制26个《权力运行流程图》，把各项工作权力运行程序规范化。

疾病预防与控制　儿童计划免疫工作。免疫规划疫苗接种率分别为：卡介苗接种率为98.65 %，乙肝疫苗接种率为96.42 %，首针乙肝疫苗及时率为 99.5 %，脊灰疫苗接种率为98.69 %，百白破疫苗接种率为99.5%，麻疹疫苗接种率为99.7 %，乙脑疫苗接种率为 98.7%，流脑A群疫苗接种率为98.6%，甲肝疫苗接种率为99.6 %，麻腮风疫苗99.7 %。

做好登革热疫情防控工作，保障人民群众的健康安全。自9月11日召开全区登革热防控工作会议以来，全区部署统一行动的大搞卫生、清积水行动有8次，集中消杀灭蚊6次。印发登革热防控知识小单张资料5万多份，大张彩色宣传画200张，发放熏蚊片30箱，消杀区域面积约23.5万平方米，使用灭蚊药物0.15吨，使用背负式电动喷雾机4台，烟雾机4台，手摇式喷雾机16台，出动消杀队员835人次。

健全区、镇二级公共卫生网络建设，以确保各种突发公共卫生事件和灾害事故的应急处置。区卫生计生局及区属各医疗单位调整健全公共卫生事件及灾害事故应急处置领导小组，区属各医疗单位健全相应的医疗救治小组。

妇幼保健　继续贯彻实施韶关市“十二五”期间妇女、儿童发展规划。2014年全区婴儿死亡率4.94‰，5岁以下儿童死亡率6.83‰，孕产妇死亡率为0 ‰，新生儿破伤风发病率为0 ，住院分娩活产率99.92%，农村高危孕产妇住院分娩率100%，孕产妇产前医学检查率98.87%，孕产妇系统管理率90.43 %，7岁以下儿童保健管理率95.18%。

5岁以下儿童死亡监测工作。2014年度监测点监测情况为：监测点总人数 171835人，5岁儿童数9219人，常住人口活产数1428人（其中男793人，女635人），5岁以下死亡数4人，死亡率为2.80‰，婴儿死亡数2人，死亡率为 1.41 ‰，新生儿死亡数1人，死亡率为0.70‰。

区属医疗机构管理　武江区基层医疗卫生机构绩效考核工作领导小组，组织对区属2个社区卫生服务中心及3个乡镇卫生院的绩效考核工作，考核内容包括机构建设与管理、基本公共卫生服务项目考核、基本医疗及群众满意度评估四部分，考核结果均为优秀。同时，对区属各级各类医疗机构医师进行定期考核，加强对区属医疗卫生机构校验、监督检查及医院感染管理和医疗安全工作。

加强人才队伍建设　通过公开招考，招聘基层卫生院专业技术人员23人。已完成笔试、面试、体检、考察、公示等程序正式录用，将在一定程度上缓解武江区基层卫生院专业技术人员紧缺的局面。

镇卫生院、村卫生站建设　乡镇卫生院建设。推进龙归镇中心卫生院业务楼建设。龙归中心小学成教楼无偿划拨给龙归镇中心卫生院，将成教楼整体设计和综合规划为该院业务综合楼。共5层，建筑面积1266.42平方米，改造项目总投资约 123.68万元，资金来源为省财政拨款100万元及本级财政。现该项目已基本完工。江湾卫生院二层业务综合大楼，建筑面积约791.2平方米，使用面积约500平方米，项目总投资145万元，已全面完工并投入使用。

农村卫生站建设，一是

加强对乡村卫生站专业技术人员的业务培训，定期组织乡医参加区卫生局举办的培训班。二是加强农村卫生站的考核工作，完善“一村一站一医生一万元”的省财政补贴政策。于12月底，区卫生和计生局对49个享受省财政补贴的卫生站进行考核，考核结果全部合格，已按考核得分上报省财政补贴。

社区卫生服务建设。社区卫生服务中心建设，新华街道社区卫生服务中心综合大楼项目，建筑面积4884平方米，6层大楼，项目总投资850万元，现该项目已开工。

医药体制改革。进一步实施国家基本药物制度，开展平价医疗服务工作，完成镇村卫生服务一体化管理工作。

十项基本公共卫生服务项目效果显著，6项公共卫生服务项目初见成果。截至12月底，全区居民健康档案建档人数为292284人，建档率达到96.17%。高血压建档数26727人，规范管理24845人；糖尿病建档数5824人，规范管理5602人，老年人管理数37175人。重性精神疾病患者登记管理1413人。健康教育宣传：免费发放12种健康宣传资料，播放健康宣传音像资料6种，约6500人次观看；设置健康教育专栏10块，版面更新75次；开展讲座、咨询活动5次，参与人数800人次。2014年，区属医疗机构传染病例网络直报 32例，网络直报及时32例，登记32例。传染病疫情报告率、及时率、登记率都达到100%。

卫生科教　2014年度，区属5个医疗单位参加在职学历教育28人，其中取得本科学历1人，大专学历10人，在读的16人。本年度新参加在职学历教育人数6人。参加全科医师培训2人，选送专业技术骨干到上级医院进修1人。此外，区卫计局还采取邀请上级有关专家到武江区授课的方式开展专业技术培训四期，参加培训人员为乡镇卫生院、社区卫生服务中心、农村及社区卫生站专业技术人员，培训人数累计共600多人次。

【人口计生】 *依法行政*　贯彻《关于禁止非医学需要的胎儿性别鉴定和选择性别的人工终止妊娠的规定》严厉处罚擅自引产的违法行为，针对出生人口性别比有所偏高的现象，采取举报非医学需要的胎儿性别鉴定奖励1万元的措施。全年突破1宗“两非”案件。

流动人口计划生育管理　加大对流动人口计划生育工作管理服务，落实流动人口免费技术服务，进一步摸清武江区全员流动人口底数和变动情况，完善育龄流动人口计划生育信息档案，有效改变流动人口长效避孕措施落实率、孕检查环落实率和社会抚养费征收到位率“三低”现状，进一步完善“一盘棋”工作机制。2014年，全区流出已婚育龄妇女办证登记率达100%，流入已婚育龄妇女查证建档率达到100 %，流动人口计划生育政策知晓率达到85%，90%以上流入已婚育龄妇女享受国家规定基本项目免费技术服务。

计划生育技术服务　2014年，全区育龄妇女查环查孕50392人次。全年随访育龄群众42400人次，进行生殖健康普查45820人，查出患病1462人，治疗1425人。落实计划生育服务手术1047例，其中放置宫内节育器846例，取出宫内节育器189例；普查普治4905人次，为976人提供免费孕前优生健康检查和免费孕前优生健康评估和指导。

奖励扶助　城镇独生子女奖励对象5008人，发放奖励金额456.88万元；特别扶助奖励对象160人，兑现扶助金19.21万元；享受农村省奖259人，兑现金额22.84万元；区奖1216人，兑现金额72.13万元；手术并发症扶助对象5人，发放扶助金0.52万元；发放独生子女保健费12.64万元；为城镇独生子女家庭购买意外伤害保险2.81万元。

扶贫救助　在计生协会会员活动日中，武江区开展形式多样的活动，包括计生宣传、

慰问独生子女贫困家庭、慰问计生贫困母亲等活动，其中，在“一元爱心捐助”活动中筹得善款4577元，帮助群众解决生产、生活、生育中遇到的困难。在母亲节来临之际，惠民街道办计生协会开展慰问独生子女贫困家庭、慰问计生贫困母亲活动，发放食用油26桶，面52箱，折合人民币约5000元，；新华街道办计生协会联合辖区爱心超市慰问计生贫困家庭16户，计生特殊困难家庭和困难女孩家庭30户，发放大米、食用油等慰问品和慰问金。

【爱国卫生】 认真贯彻《广东省爱国卫生工作条例》，把爱国卫生工作纳入国民经济和社会发展规划，实行政府组织、分级负责、部门协调、全民参与、科学管理、社会监督、分类指导的原则，在开展爱国卫生运动，创建国家文明城市和巩固国家卫生城市成果中发挥组织协调作用。区爱卫会组织健全，分工明确，责任落实，形成区、乡镇（街道）、村（社区）三级爱卫工作网络，定期召开爱国卫生工作会议和区爱国卫生运动委员单位成员会议，把爱国卫生工作纳入国民经济和社会发展规划，在创建国家文明城市、环境卫生整治、除害防病、农村改水改厕、健康教育、登革热防控等工作中发挥重要的作用。

【表彰情况】 市精神文明建设委员会表彰2012—2013年度韶关市精神文明建设先进单位，武江区计划生育服务站被评为韶关市文明示范窗口。省妇女联合会表彰广东省“三八红旗手”“三八红旗集体”“巾帼文明岗”，武江区计划生育服务站被评为2013年度广东省“巾帼文明岗”。区委、区政府表彰2013年度镇、街及区直机关绩效考评优秀单位，武江区卫生局被评为绩效考评优秀单位。区精神文明建设委员会表彰2012—2013年度武江区精神文明建设先进集体，区卫计局被评为武江区文明单位。

区卫计局领导名录

局　长：彭桂珍（女，2014.1—）

副局长：侯广平（2014.3—）

邓献良（2014.3—）

谢甘霖（2014.3—）

张丽珍（女，兼，2014.3—2014.9）

（撰稿人：刘　媚）

体　育

【概况】 区体育局归武江区政府办管理，为区政府直属事业单位。

2014年在武江区委、区政府的正确领导下，在韶关市体育局的关心指导下，抓好廉政建设，深入开展依法行政，扶贫双到、综治、维稳、“创文巩卫”等工作，较好的完成区委、区政府和市体育局交办的各项任务。体育工作从2013年被评为广东省第四批体育先进区后进入一个全新的里程。2014年，国家体育总局和广东省体育局多次到武江区实地调研，多家媒体对武江体育给予高度评价，在中国文史出版社出版的科学社会主义杂志上刊载“凝聚发展正能量——广东省韶关市武江区体育事业发展纪实”一文，韶关电视台专题播放武江区体育设施建设和群众体育活动情况系列报道。

【竞技体育】 积极组织参加韶关市第十四届运动会，获得学校组第一名，竞技组羽毛球团体总分第二名，老年组乒乓球团体总分第二名和老年组象棋比赛第二名，承接成年组乒乓球、羽毛球等项目比赛，获得韶关市第十四届运动会优秀组织奖和突出贡献奖。

【群众体育】 广泛开展全民健身活动，组织参加元旦环城跑，与妇联联合举办“三八节”妇女广场舞比赛，承办2014年丹霞书法围棋艺术节活动，国手刘小光、王元参加艺术节活动，开展全民健身日大型千人舞表演，南粤幸福活动周武江区围棋团体赛，举办象

2014年12月，区体育局联合区文广新局承办“韶关市粤湘赣丹霞书法围棋艺术活动节”

棋、围棋、乒乓球、羽毛球、跆拳道等一系列群众体育赛事。

完善体质测定和运动健身指导站的建设。根据省体育局印发的《关于开展广东省体质测定与运动健身指导站建设工作的通知》，自武江区国民体质测定与运动健身指导站挂牌成立以来，坚持为区群众运动健身指导提供服务。在2014年底，以1268例的优异成绩超额完成1000例的国民体质监测任务。

加强社会体育组织建设。2014年，在原有乒乓球协会，自行车协会、羽毛球协会、武术协会、老年体育协会、棋类协会、体育总会的基础上又新增文化体育艺术协会、体育舞蹈协会和登山徒步协会。各体育协会不断加强自身建设，积极发挥作用，广泛开展群众性体育活动，努力承接政府职能转移的能力和水平，为人民群众提供很好的体育健身平台。

开展建立社会体育指导员服务站，积极开展科学健身指导。完成社会体育指导员的培训，登记工作。2014年，全区有社会体育指导员866名，每万人中拥有28名，组织社会体育指导员在各晨晚点进行义务指导健身服务。各体育社团组织不断发展成熟，充分发挥桥梁纽带作用，因地制宜开展喜闻乐见的健身活动。

【体育产业】 2014年1月，武江区经过各方努力成立体育彩票管理中心，全面自主管理全区31个体育彩票销售网点的销售工作，全区体育彩票销量达2500多万元，地面量位居全市第一。

【体育场地】 2014年，按照区委、区政府“十二五”规划布置，在兴建武江区体育馆、武江区西郊、西联镇上庙背、重阳镇健身广场的基础上，又兴建龙归镇健身广场，龙归奇石村、重阳万侯村健身小广场。

国家体育总局，广东省体育局先后到武江区实地调研给予高度评价，区场馆设施建设成为广东省山区、县、市区发展中的一道靓丽风景，特别是龙归镇农民健身广场成为全省山区农村广场建设的示范窗口，深受当地群众好评。

区体育局领导名录

局　长：赵建军

副局长：唐乃华

（撰稿人：黄　欣）

社会生活

民政工作

【概况】 根据《印发韶关市武江区民政局主要职责内设机构和人员编制规定的通知》（韶武府办〔2010〕60号）文件精神，设立韶关市武江区民政局，为区人民政府工作部门。区民政局内设：办公室（区老龄工委办公室）、社会福利和社会事务股、基层政权和社区建设股、救灾社会救助股、优抚、退伍军人安置及区划地名股（区双拥工作领导小组办公室、区退伍军人安置办公室）等5个职能股（室）。机关行政编制8人，其中局长1人，副局长2人。

2014年，区民政局以中共十八大和十八届三中、四中全会精神为指导，围绕区委、区政府的中心工作，始终坚持“以民为本，为民解困，为民服务”的宗旨，积极开展灾害应急救助、社会救助、社会福利、基层政权、优抚安置、专项行政事务管理等工作，各项工作取得新的成绩。区民政局努力探索适合武江发展的社会工作人才队伍建设模式，大力推进专业社会工作试点工作。海邻社会工作服务站，承接武江区购买社会工作服务试点项目（社区服务类）——新华街道花城社区社工服务站，是韶关市首个社区服务类专业社会工作试点项目，从个案服务、青少年服务、社区服务、社区公益服务四个方向作为切入点，立足公益事业，致力于整合社会资源，传播社工文化、全民公益文化，探索提供优质的社会工作服务。国家民政部、省民政厅、市民政局等各级领导多次莅临试点单位检查指导，并对武江区的试点工作给予了充分肯定。

【低保救济】 印发《关于调整城乡低保最低月标准及农村五保供养最低年标准的通知》（韶武府办〔2014〕70号），城乡最低生活保障标准于2014年1月重新调整。执行标准是：城镇每人每月370元，农村每人每月230元，人均补差水平城镇每人每月由242元增至333元，农村每人每月由111元增至147元，达到省、市要求的补差水平。截至12月底，全区共有低保对象1723户3248人，其中城镇低保870户1430人，农村低保853户1818人。全年共发放低保资金950.88万元，其中城镇低保资金630.78万元，农村低保资金320.1万元，城乡低保群众的基本生活得到有效保障。

【五保供养】 五保供养标准按上年度农村居民收入的60%提高，提高到每人每月572元。全区共有“五保”对象95人，其中集中供养71人，分散供养24人，全年支出五保供养金62.5万元，确保五保对象的正常生活。

【特困救助】 印发《关于建立社会救助综合服务窗口的通知》（韶武府办〔2014〕77号），各镇（街）和区民政局设立社会救助综合服务窗口，配置社会救助业务人员，方便群众“救助有门，受助及时”。印发《关于提高城乡低保对象医疗救助比例的通知》（韶武府〔2014〕11号）文件，救助对象在政策范围内自付医疗费用报销比例提高到70%。全年支出城乡医疗救助金62.17万元，惠及168人次，人均3700元。购买城乡医疗保险惠及3932人，支出金额23.60万元。

【慈善工作】 全年募集各类捐赠229.63万元，其中组织开展“广东扶贫济困日”活动募集捐赠214.13万元。全年支出捐赠289.06万元，主要用于扶贫双到工作，包括产业扶贫、乡村公路建设、村容村貌整治、村道硬底化工程，特色农业基地建设、贫困村基础设施建设、贫困户生产启动资金及建房补助、困难群众助医、助学、临时困难救助等，惠及武江区龙归镇后坪村、坳头村、奇石村，重阳镇重阳村、水口村、妙联村、大夫前村、青暖村，江湾镇瑶族村、胡屋村，直接受益农户613户2272人。同时，对2013年“5·16”洪灾16户全倒户重建家园给予赈灾补助、发放建房补助共计1.88万元，为27户困难群众解决助医、助学、临时救助等困难，支出资金15.81万元。

【优抚安置】 及时完成各类优抚对象抚恤补助金的发放工作。按时发放残疾军人抚恤金和各类优抚对象定期抚恤和补助款项。全年共发放各类抚恤补助金500余万元。继续抓好“参战涉核”和从事铀矿开采退役人员生活补助，60周岁农村籍退伍军人老年生活补助、烈士子女生活补助等审核工作。武江区已审批核定享受“参战涉核”待遇372人，从事铀矿退役人员生活困难补助待遇148人，60周岁农村籍退伍军人生活补助待遇179人，共发放生活补贴300余万元。

【双拥工作】 继续做好双拥优抚安置工作。完成发放义务兵家属2013年度优待金186.74万元；及时发放随军家属生活补贴，全年拨付随军家属补贴0.96万元；组织开展元旦、春节和八一建军节期间，区四套班子领导走访慰问驻韶、驻区部队及走访部分重点优抚对象活动；完成2013年冬季退役士兵62人安置工作，共发放一次性经济补偿金和一次性生活补助金148.79万元。组织和参加全省免费职业技能培训66人。

【行政区域】 武江区行政区域管辖范围为5个镇2个街，即龙归镇、江湾镇、重阳镇、西联镇、西河镇和新华街道办事处、惠民街道办事处。行政区域界线划分包含3条县区级界线和10条镇级界线。

平安边界建设工作中，一是完成五年一度的县区级界线联检，二是完成县区级界线和镇级界线签约委托管理。自2005年全面进入界线管理以来，全区有13条界线，连续10年未出现过因界线纠纷引发群众性械斗和到省、市政府上访的事件，边界地区基本保持和谐稳定。

【基层政权和社区建设】 顺利完成第六届村委会、第五届社区居委会换届选举，村、社区“两委”班子实现“一升一降”（文化程度有所提高、总体年龄有所下降）的目标，整体结构比上届更趋合理。认真实施“双强双促”计划，西河镇向阳村委、江湾镇湖洋村委及惠民街道办的惠民北社区，共获市级福利彩票公益金24.66万元。积极开展村（居）务公开检查工作，组成联合检查组，对五镇两街村（居）务公开工作进行检查，进一步推动工作落实。经区政府八届21次常务会议研究，同意设立碧桂园太阳城社区居委会，隶属于西联镇人民政府。完成全区5个村委会、3个居委会申报2014年度（居）务公开民主管理示范单位工作。

【婚姻登记】 2014年共办理婚姻登记3256对。其中，结婚登记2437对，离婚登记819对。补领结婚登记证157对，补领离婚登记82人，合格率100%。

【老龄服务】 养老服务事业加快推进。全面完成龙归镇冲下村颐养居建设，完成重阳大夫前村、村头村等5个农村幸福院建设。落实高龄老人津贴制度，全区累计发放高龄津贴5.23万元，惠及高龄困难老人113人。落实老年人优惠政策。及时为60岁以上的老人办理韶关市老年优待证937个。启动“银龄安康行动”，为全区60周岁以上城乡低保对象、城市“三无人员”、农村五保对象购买“老年人意外伤害综合保险”。

【社会组织】 进一步规范对社会组织登记管理和监管。2014年，新办社会组织17家，其中社会团体1家，民办非企业单位16家；另外，民办非企业单位变更7家，注销1家，对51家社会组织进行年检，占应年检数的93%。

【殡葬管理】 把殡葬改革工作纳入重要工作日程，攻坚克难，成效显著。全区遗体火化率得到巩固，土葬现象得到遏制，殡葬设施建设不断完善，“三道两区”旧坟治理取得较好成效，骨灰管理逐步规范，殡葬行业行风建设得到加强，较好地完成市政府下达的任务目标。与此同时，全区切实加大对困难群众殡葬基本服务工作，基本殡葬服务均等化工作并取得较好的成效。

区民政局领导名录

局　长：刘立文（女）
副局长：陈发中
　　　　刘志深

（撰稿人：温　碧）

人力资源和劳动管理

【概况】 根据《中共韶关市武江区委、韶关市武江区人民政府关于印发〈韶关市武江区人民政府机构改革方案〉的通知》（韶武联〔2010〕5号）文件精神，设立韶关市武江区人力资源和社会保障局，为正科级单位。区人社局目前内设7个股室，下属5个事业单位，核定机关编制12名，其中局长1名，副局长3名。

2014年，区人社局在区委、区政府的正确领导下，在深入开展党的群众路线教育实践活动的同时，围绕中心、服务大局，坚持“民生为本，人才优先”的工作主线，突出就业创业重点帮扶，积极推进全民参保，致力发展和谐稳定劳动关系，各项工作取得明显成效。主要是：立足民生为本，就业创业举措推陈出新；立足全面保障，社保服务优质高效；立足和谐稳定，劳动关系协调扎实有效；立足规范有序，人事工资管理不断完善。

【人才管理与引进工作】 至2014年12月31日，全区机关、事业单位在职工作人员2626人，其中：公务员624人，参照公务员法管理事业单位工作人员55人，其他事业单位工作人员1947人。全区机关、事业单位离、退休（职）人员1235人。全年调入公务员22人，调出公务员7人。向社会公开招录公务员32人。招聘事业单位工作人员50名。

【人事服务工作】 实行日常考核与年度考核相结合。3月，完成2013年度全区机关事业单位工作人员年度考核工作。2013年全区参加考核的公务员有548人，评出优秀86人，占总数的15%；称职450人，占总数的 82%；其他（试用期及其他）19人，占3%。2013年全区参加考核的事业单位工作人员有1879人，评出优秀267人，占总数的14.2%；合格1558人，占总数的82.9%，其他（试用期及其他）50人，占2.6%。12月，根据《韶关市公务员登记实施办法》规定的公务员登记的对象、条件、程序和管理权限，完成8名新招公务员的登记工作，2名参照公务员法管理事业单位人员的登记工作。

【人事任免工作】 2014年，任免干部24人次。

【培训工作】 11月，根据市人社局《2014年韶关市公务员和专业技术人员培训计划》，组织武江区19名2014年新录用公务员参加公务员初任培训，组织全区643名公务员及参照公务员法管理事业单位工作人员分三期参加“新时期公务员职业道德建设”全员培训。组织20名乡镇公务员赴东莞参加对口培训。7月—10月组织全区专业技术人员2012人分四期参加“新型城镇化实践与发展”公需科目培训。

【高校毕业生就业】 2014年7月，完成高校应届毕业生实名制登记819人，截至12月，就业率达95%。

【军转干部安置】 11月，完成3名军转干部和4名随军家属的安置工作。

【工资与福利】 1月，按照机关事业单位工资收入分配制度改革的政策规定，全区公务员、事业单位人员的2014年度工资正常晋升。在职机关事业单位2626人，月人均增资53元。

【职称工作】 12月，完成全区专业技术人员职称认定、评审工作。共评审、认定初级职称4人。

（撰稿人：邓映辉）

社会保障

【培训就业】 2014年，认真贯彻落实各项扶持政策措施，促进就业困难群体实现再就业。扎实开展再就业援助月、南粤春暖市县联动就业、民营企业招聘周、大中专院校毕业生服务周等公共就业服务专项活动，促进城乡劳动者就业，共发放宣传资料9000余份，召开劳务现场招聘会25场，提供就业岗位7000余个。认真落实新一轮促进就业政策，为创业群体搭建平台，将市政府全民创业精神落到实处。扎实开展劳动力技能晋升和农村劳动力转移就业工作。全年度共开展焊工、家政服务员等专业9个期次共316名劳动力参加培训。全区城镇新增就业岗位 3531个，城镇失业人员实现再就业2527人，其中就业困难人员再就业213人，农村劳动力转移就业2791人，城镇登记失业率控制在2.24%。

【劳动保障监察】 2014年，在527家区属企业中，日常监察的用人单位为65家，涉及职工1150人。全年共处理举报、投诉案件68宗，涉案人数374人，涉案金额829.3456万元。对区属企事业单位、个体工商户等用工单位进行劳动保障年检，审查用人单位年审295家。

【劳动人事争议仲裁】 加大劳动仲裁调解力度，完善仲裁制度，推进仲裁工作的规范化、制度化、程序化建设。全年共受理劳动仲裁案件21宗，其中劳动报酬11宗，社会保险5宗，工伤5宗。立案后调解10宗，裁决11宗，涉及劳动者23人，涉案金额66.7万元。劳动关系总体保持和谐稳定。

【社会保险】 全面落实《中华人民共和国社会保险法》及其配套法规，狠抓城乡居民社保扩面征缴，截至12月份，城乡居民社会养老保险参保人数22920人，缴费人数10261人，领取待遇人数12659 人，城乡居民医疗保险参保人数113374人。开展企业职工社会保险扩面征缴工作及社会保险法执法检查工作，自7月22日全区社会保险法执法检查动员会后，区人社局组织全区性三次摸底清查，经过核查，武江区管辖的企业为527家，职工总人数为5800人，其中已参保企业457家，参保人数为2992人，未参保人数为2808人，企业职工参保形势严峻。

区人社局领导名录

局　长：李力克

副局长：曾群芳（女）

　　　　李惠歆

　　　　谭友卫

（撰稿人：邓映辉）

民族·宗教

【民族工作】 认真做好2014年普通高校招收省少数民族聚居区少数民族考生工作，共审核确认了3名少数民族考生资格。认真做好2014年少数民族中考生加分审核工作，共审核确认了25名少数民族中考生资格。开展江湾瑶族村2014年帮扶项目的调研、储备、申报工作。认真做好市人大对武江区贯彻实施《广东省散居少数民族权益保障条例》的情况检查的迎检工作。开展了少数民族务工经商登记工作。在维吾尔族商贩权益三次受侵的情况下，主动介入，一方面引导他们通过合法程序维权，另一方面认真做好他们的思想稳定工作，避免了民族矛盾升级激化。认真开展省少数民族聚居区民族大学生助学金审核工作。帮助考上嘉应学院医学院的江湾镇瑶族村的邵佳芬同学办理省少数民族聚居区民族大学生助学金申请，使其在读大学期间将获得每年10000元助学金。认真开展民族团结进步宣传教育月活动。

【宗教工作】 一是加强组织领导，成立了武江区民族宗教工作领导小组。二是扎实做好宗教维稳各项工作。开展了宗教专项工作，建立矛盾纠纷风险排查机制和应急机制。三是加强宗教场所的监督管理，继续开展以“教风年”为主题的和谐寺观教堂创建活动，对区内的佛教寺庙、道教宫观管理安全、财务等有关问题进行全面排查，认真治理。开展宗教教职人员认定备案、宗教活动场所财务监督管理常态化、宗教教职人员社会保障工作。四是积极跟踪九归禅寺征地筹建、芙蓉山寺债权债务相关事宜，确保筹建工作和寺庙的平安和谐。一方面，加强对九归禅寺的规范管理工作，规范寺庙筹建的手续和程序，办理延期筹建申请；召开寺庙相关负责人会议；在龙归镇召开镇、村协调会。另一方面，协调处理好芙蓉山寺主持人交接以及协调阮文耀与芙蓉山寺的债权债务问题。五是开展2014年以发挥正能量共筑中国梦为主题的宗教政策法规学习日活动。并组织辖区各宗教场所负责人参加了市民宗局组织的专题培训学习。六是发挥宗教在和谐社会建设中的积极作用，动员宗教界开展植树造林活动。七是认真开展在宗教场所反邪教宣传工作和加强监管和防范在中小学周边非法传教活动工作。八是积极协助市民宗局及相关职能部门开展对芙蓉山寺总体规划建设调研工作。九是认真办理省民宗委关于芙蓉山寺原筹建办公楼相关问题的信访件。十是引导宗教界人士开展帮扶济困工作。共组织了5次较大型的宗教居士到西河、西联、重阳、江湾、龙归敬老院开展慰问活动，为老人送上了御寒棉被、棉衣、新鲜水果、饼干、油、面等慰问品一批价值近5万元。

（撰稿人：麦燕玲）

农村居民收入与消费水平

【概况】 2014年，武江区各级政府和部门贯彻落实中央和省、市有关农业农村经济工作部署，落实各项强农惠农政策和措施，推进扶贫开发“规划到户、责任到人”工作，从实际出发，转变农业发展方式，优化农业产业结构，农业农村的各项工作取得新成绩，社会主义新农村建设扎实推进。

【农业生产稳步增长】 2014年，武江区把农业主导产业放在突出的战略位置。通过发展高效优质、特色优势农业产业带动全区农业的发展，主要农作物、家禽、水产品等产品产量明显增长。全年农林牧渔业总产值94024万元，同比增长3.7%。

【农民收入明显提高】 实施扶贫开发工作，农民的生产生活条件得到改善。加大农村劳动力的培训转移力度，2014年农民外出务工收入成为收入增长的主要来源。加上农产品价格上升，农村居民家庭生产经营性收入稳步增长。根据城乡一体化住户调查中的数据显示，全区农民人均可支配收入12826.9元，比上年同期增长9.9%。其中，人均工资性收入10415.3元，人均经营性收入1422.5元，人均财产性收入618.5元，人均转移性收入370.6元。

【农民生活质量不断提升】 收入的持续增长，促进生活质量的提高，农民在吃、穿、用的消费结构上不断改善。2014

年，农村居民人均生活消费支出9920.93元。其中，人均食品支出3084.48元，农村居民食品支出占消费支出的比重（恩格尔系数）为31.09%；人均衣着支出490.53元，占总支出的4.94%；人均教育文化娱乐支出（公共文化服务水平）868.76元，占总支出的8.76%；人均居住支出2851.39元，占总支出的28.74%；人均生活用品及服务支出619.10，占总支出6.24%；人均交通通信支出1590.38元，占总支出的16.03%；人均医疗保健支出311.02元，占总支出的3.14%；人均其他用品及服务支出105.27元，占总支出的1.06%。

（撰稿人：谢珍环）

关心下一代工作

【概况】 根据区委组织部《关于成立韶关市武江区关心下一代工作委员会的决定》（韶武组〔2000〕11号）的文件精神，武江区于2000年11月10日成立韶关市武江区关心下一代工作委员会。2012年，区委重新调整并下发文件《关于调整武江区关心下一代工作委员会领导成员的通知》（韶武组通〔2012〕26号），关工委设置有主任、第二主任、执行主任、第一常务副主任、第二常务副主任、副主任、办公室主任。

2014年，武江区关工委工作以习近平总书记一系列的重要讲话和中共十八届三中全会、四中全会精神做指导，围绕区委、区政府的中心工作，认真贯彻省、市关工委工作会议精神，充分发挥“五老”优势，积极参与加强和创新社会管理，为区青少年的健康成长做出应有的贡献。

【主要工作】 2014年年初，武江区新华街道关工委被省关工委授予“广东省五好基层关工委先进集体”的荣誉称号。多年来，武江区高度重视关心下一代工作，保障了关工委工作的延续和发展。开展加强青少年思想道德教育和“文明美德伴我行”“老少共筑中国梦”“朝阳读书”等一系列教育活动。“六一”前夕，开展慰问困难儿童活动，并为困难儿童发放了慰问金和慰问品。8月，武江区农村创业青年联谊会正式成立，将成为集聚广大农村创业青年的一个新的载体，将在服务农村创业青年成长发展和参与武江区农村经济建设方面发挥积极作用。

（撰稿人：巫韶艳）

镇（街道）

西河镇

【概况】 西河镇位于武江区东北部，总面积63平方千米。全镇总户数6847户，常住人口17129人，其中农业人口10058人。辖红星、向阳、前进、朝阳、塘湾、马屋、下坑、田心、黄塱、什石园、糖寮、山蕉、村头、大村14个村委会。2014年西河镇财政收入774.71万元，比上年增长34%；农业产值10300万元，农村人均纯收入达到16196元，增长10%。耕地面积15729亩（相当于1048.6公顷），粮食播种面积7397亩（相当于493.1公顷），粮食产量4928吨。林地面积5.7万亩（相当于3800公顷），森林覆盖率23.9%。在远郊村，主要发展特色种养殖业，种植作物水稻、蔬菜、花生等。有下坑、塘湾、黄塱、什石园蔬菜良种和新技术示范基地，养殖产品主要是鱼、猪、家禽；白芒片的优质鱼养殖、黄塱肉猪养殖等，均分别形成相当规模的产业基地。全镇有九年一贯制学校1所，小学4所，幼儿园3所，教学点2个，在校学生3063人；文化站1个。全镇参加农村合作医疗人数12603人，覆盖面67%。土特产有甜玉米。主要旅游景点有田心村张九龄公园。

西河镇内设5个综合办公室：党政办公室、农业办公室、经济发展办公室、计划生育办公室、社会事务办公室。6个事业单位：人力资源社会保障所、农村综合服务站、文化站、畜牧兽医水产站、计生专业服务队和敬老院。

【招商引资】 2014年引进项目主要有：投资500万元的老广记酒店项目和投资800万元的维也纳酒店项目。

【征地拆迁】 苗圃项目2014年征地近千亩、收地600多亩；国道323线拆迁户6月全部参加并完成221套39000多平方米安置房的抽签。上饶路、移山路、群康路等市政道路征地500亩，塘湾朝阳连片征地600亩，全力配合市、区政府重点项目工作。

【基层党建】 一是认真开展党的群众路线教育实践活动，做好“三严三实”专题教育。二是把握领导班子建设核心，推动管党治党责任有效落实。三是以强化组织建设为基础，打造高素质党员干部队伍。四是着力解决基层党建工作中存在的突出问题。强化党员日常教育管理，严格和规范基层党组织党内生活。五是加强基层服务型党组织建设。深入开展乡镇（街道）领导干部驻点普遍直接联系群众工作。六是加大力度抓好远程教育工作。七是建立健全大学生村官镇村两级管理机制，有效促进大学生村干部根基层、服务农村。

【党风廉政建设】 一是进一步强化作风建设。深入开展群众路线教育实践活动，加强对党员特别是镇村党员干部的教育管理，着力解决“四风”问题。创新开展西河镇“三进四出”活动，促进党员干部工作作风转变，密切党群、干群关系。二是进一步强化制度建设。完善党政班子联席会议制度、领导干部包村联系制度，提高服务效率，优化服务质量。三是进一步规范运行。厉行节约，执行中央“八项规定”及各项廉洁工作要求。大力精简会议、文件，做好政府信息公开和政务公开。四是进一步加强廉政建设。加强对农村“三资”管理，加大审计检查力度，完善政府采购、工程招投标手续，坚持重大事项集体研究决定。深入推进政务公开，全面加强“三公”管理，积极打造阳光政府。

【农业农村】 一是抓好农业科技示范推广工作。培育和跟踪指导38户种养专业户示范户，指导示范户生产和推广新技术，带动全镇种养业的发展。二是加强春秋两季重大动物疫病防控工作。督促防治员分片包干免疫和病情监控工作，畜禽免疫率达100%。全年无出现重大动物疫病和禽畜产品质量安全案件。三是抓好名村示范村建设。田心名村首期投资12万元安装22盏LED太阳能路灯，下坑上坝村投资5万多元安装10盏LED太阳能路灯；马屋村委丘屋自然村的示范村建设完工验收。四是三防工作扎实有效。强化组织领导，落实各项责任，新建镇三防系统，防汛期间整合人力资源实行24小时值班工作。做好马屋水库安全隐患排查，抓好糖寮村上、下碰塘除险加固工程。五是完成下坑、马屋、什石园、黄塱和田心五个村水毁水利设施修复工作，糖寮村水工程完成设计和预算。六是抓好森林防火工作，组织开展森林防火培训，巩固分片包干和经常督查巡山防火工作制度，保护森林资源。

【民政优抚】 全年及时发放现役军人优待金、低保金、五保金、定补金、60岁以上退役军人补助金、80岁老人津贴、重度残疾人护理补贴等各类补贴，农村低保户、五保户等实现应保尽保。镇本级投入配套资金10.1万元。

【惠农补贴】 及时做好各项惠农工作，全年发放农资综合补贴42.58万元；种粮直补6225.34亩、1556户；落实生态公益林18704.5亩、补偿金26.65万元；落实森林保险24601亩；落实政策性水稻保险5754.43亩。大力推进城乡居民基本医疗保险和新型农村养老保险参保工作，镇本级配套参保金4.6万元。2014年，全镇城乡居民基本医疗保险参保率达98%，新型农村养老保险参保达57%。

【创文巩卫】 在全镇大力宣传基层群众“助人为乐、见义勇为、敬业奉献、孝老爱亲”等先进典型，在红星村举办道德讲堂，在14个村树善行义举榜，开展文明村、平安村、平安文明家庭评选，传播社会主义核心价值观。积极开展灭蚊行动、有效防控登革热疫情，镇本级投入资金4万元用于防控消毒，各村组织群众翻盘倒灌清理积水和卫生死角，取得实在效果。积极争取上级资源，支持远郊村垃圾清运工作，继续开展村庄环境卫生综合整治活动。

【维稳信访】 一是大力开展“平安创建”专项行动，创建“平安西河”，对涉及社会稳定的重大信访矛盾及时召开专题会议研究解决。二是重视矛盾纠纷排查和调解，努力将矛盾化解在基层，全力维护社会政治稳定。三是扎实开展“社会矛盾化解年”工作。全年共开展矛盾纠纷排查24次，排查出矛盾纠纷23件，列为韶关市“社会矛盾化解年”重点案件有3件，按要求已完成整理归档工作。四是大力宣传信访工作新条例，进一步提高公民法律素质，增强法治意识，引导群众依法有序反映诉求，增强依法信访自觉性，营造良好的信访氛围。

【消防安全】 加强消防安全，重大节日前集中开展排查整治专项行动，平时积极开展各项消防宣传活动，联合消防部门开展消防应急演练，增强群众的消防安全意识，提高应对处置能力。加强安全生产，抓好渡船、码头、石场等场所的日常安全监管。积极清理“四小”场所。组织检查辖区内安全生产责任单位，排查隐患，责令整治，坚决取缔，使安全生产防患于未然。完善食品药品安全监管机制，配合做好辖区内食品药品、农产品等安全监管。

【计划生育】 全年出生227人，政策生育率91.45%。落实“四术”措施313例，长效措施落实率89.19%，其中结扎104例，上环184例；采取补救措施25例。完善人口和计划生育目标管理责任制，做好育龄妇女“三查一服务”常规化，优生优育指导和免费婚前检查、孕前检查相结合，对孕产妇做好全程孕期跟踪服务。主动提供省、市、区奖励信息，大力开展打击“两非”行动。抓好流动人口管理，对辖区内的流动人口全面掌握，及时做好信息通报和信息反馈工作。严格按规定受委托代征社会抚养费，按规定审批再生育申请。及时处理来信来访28宗，联系两地协助落实计划生育案件5例。

【红星村】 红星村位于韶关市武江河畔西侧，是现代城市化进程中形成的典型的“城中村”。总面积约5平方公里，下辖果园、西岸、坝厂三个村民小组，现有农业人口910人，管辖的总人口达5000多人。党总支部下设三个党支部和六个党小组，现有党员80人。

2005年，该村被评为“创建全国文明村镇先进村”；2006年，村计生协会获“全国计生先进集体”称号；2008年，被评为“全国民主法治示范村”；2009年，获“全国文明村镇”称号；2010年，获“全国人口和计划生育基层群众自治示范村居”称号。

2014年，该村固定资产达3.2亿元，集体总收入2500万元，村民股份分红每股达1250元。该村实行男55周岁、女50周岁退休制度，退休村民领取每月600—750元不等的退休金。全体18周岁以上的村民还可领取每月300元的医保补贴，本村村民住院报销80%，并将新农保的报销费用全额返还至个人，村民在卫生站门诊免费。随着村域经济的发展，村民幸福感不断增强。

【向阳村】 向阳村地处武江河畔，是西郊市区的“城中村”。全村农业总人口488户，1068人，下辖光明巷、工农巷、韭菜地、石狮头4个自然村。村党总支部下设2个分支部，4个党小组，现有党员93人。

该村以经济建设为中心，不断投资兴建物业，集体经济收入以物业经营和物业管理为主。2014年，村集体总收入达1600万元。该村1986年开始实行男55周岁、女50周岁退休制度，退休村民每月领取800—950元不等的退休金。1994年，实行农村股份制，村民每年享有福利股分红，2014年村民每股分红780元。村每年将集体收入的70%用于村民各项福利支出，村民福利待遇不断提高：一是每年拨出专款为适龄村民购买社保，村民在医疗站门诊治病免费，住院报销80%；二是逢重大节日，给村民发放加菜费和慰问金；三是定期组织村中妇女体检，村民去世发放丧葬费和慰问金；四是投入资金改建向阳小学教学楼，改善办学条件，村民小孩入托享受学费补贴，村民子弟考上大学的可获奖励金。

【前进村】 前进村位于西河镇的中部，村的东面与向阳、红星村接壤，南至芙蓉山顶为界，西与农业科学研究所相邻，北至市自来水厂，总面积约5平方公里，是典型的城中村。前进村委由津头岭、头茶亭、天鹅坪、黄屋、邹屋、蓝屋、杨屋等7个自然村组成，农业人口为1570人。

该村主要经济收入来源是物业出租，有前进国际装饰城、武江蔬菜批发市场、加油站、门店等物业。前进村重视发展村民福利事业，每年拨款十多万元作为合作医疗、福利事业支出，投资兴建7个文化室、老人活动中心。该村2003年1月开始推行股份制，村民（股民）分红逐年增加。2013年，建立老人退休制度，退休老人每人每月可领取退休金800元。2014年，引进前进物流农业市场项目，现正建设中。

【朝阳村】 朝阳村位于西河镇中部，武江河流西岸，村的南面与市区相连，北面与塘湾村为邻，西面与前进村接壤，是典型的“城中村”。该村下辖黄田坝、上窑两个自然村，全村农业人口1510人，常用耕地面积170亩。村的经济收入以物业出租为主，有朝阳综合市场、朝阳综合大楼。近十年有凯旋华府、恒熙、奥园、翰林世家等大型房地产企业落户辖区，村中127亩经济用地即待开发。

该村股民每年有股份分红，村民实行男60周岁、女55周岁退休制度，退休村民每月领取450元退休金。全体村民参加城乡医保，村民住院（除床位费）报销100%。村风民风不断加强，小汽车等现代化设施已陆续进入农家。

【塘湾村】 塘湾村位于西河镇中部，在武江河的西岸，该村北面与浈江区相邻，南面与朝阳村相接，西面与向阳、前进村接壤。有农业人口515人，常用耕地面积177亩。该村以种植蔬菜为主，传统的蔬菜以种植叶菜类为主，养殖业以养猪、养鱼为主，主要供应市区蔬菜，是韶关市菜篮子生产基地之一。

该村2001年起实行男60岁、女55岁的退休制度，退休村民每月领取150元的退休金。2005年，市政府已为塘湾村规划一个新农村，现村民居住地将全部征用为城市商住建设用地。随着城市的不断发展，塘湾村将进入城中村的行列。

【马屋村】 马屋村位于西河镇北部，东面与下坑村相邻，南面与浈江区接壤。该村下辖丘屋、马屋、杨屋3个自然村，全村农业人口252户、1021人，常用耕地面积174亩。

该村以发展农业为主，种植水稻、蔬菜，马屋香葱、香蒜是传统蔬菜名牌品种。近年来，该村蔬菜、鱼塘面积不断扩大，每年有大批蔬菜供应湖南、江西市场。

【下坑村】 下坑村位于西河镇的北部，地处武江河西岸。村的南面与浈江区靖村接壤，西面与马屋村交界，北面与田心村相邻。该村由林屋、沙架岭、上坝、下坝4个自然村组成。村农业人口217户、965人，常用耕地面积413亩。

该村的经济发展以农业为主，主要种植水稻、蔬菜、花生等，韭菜、枸杞叶是传统的蔬菜名牌品种，是韶关市“菜篮子”生产基地之一。近年来，下坑村引入资金兴办一批企业，如双樟美食园、沙场、石场等。

【田心村】 田心村位于西河镇北部，东面与什石园相邻，南面与下坑村接壤，北面与山蕉村相连。下辖盘龙村、田心村、麦元头、墩子头、大村、张屋坪、新张屋、坑尾等8个自然村，总农业人口580户、2370人，常用耕地面积1274亩。该村经济种植作物有水稻、蔬菜、花生等，每年都有大批蔬菜供应市区市场。2014年，该村修建500多米的三面光水渠，安装23盏路灯，在村内建立广播站，方便村民生活。

该村有省级文物保护单位唐朝名相张九龄家族墓地及祠堂，坐落在田心墩子头村丞相山上。2013年，张九龄纪念公园竣工，为海内外张氏后裔到韶关寻根问祖增添一方热土。

【黄塱村】 黄塱村位于西河镇北部，地处武江河的西岸，村的北面与糖寮村相邻，南面与什石园村接壤，西面与浈江区沙园村交界，由上坝、中坝、广明龙3个自然村组成。该村总农业人口1285人，常用耕地面积1064亩。

黄塱村经济种植作物有水稻、蔬菜、花生、葡萄等，是韶关市“菜篮子”生产基地之一。在20世纪80年代，华南农业大学曾以黄塱黄瓜为母本，培养出新一代的优质抗病品种“黄塱土青瓜”，“黄塱黄瓜”“茄瓜”是誉满韶城“西河菜”的代表。2000年，与什石园村连片共2000亩菜地被省定为“无公害蔬菜生产基地”。

【什石园村】 什石园村位于西河镇的东北部，东南面与浈江区十里亭镇接壤，西面与田心村相连，北面与黄塱村相邻。下辖什石园、下坝2个自然村，共有农业人口235户、1310人，常用耕地面积911亩。

该村以农业种植为主，主要种植蔬菜、水稻、花生等。什石园村与黄塱村连片共2000多亩菜地被省定为无公害蔬菜生产基地，是韶关市主要的菜篮子生产基地之一。

该村有400多年历史，现存1颗400多年的大榕树、2颗200多年的大榕树、1颗200多年的大樟树，村后有一座清朝石拱桥。

【糖寮村】 糖寮村位于西河镇北部，武江河的东面，西南面与黄塱村相邻，北面与浈江区犁市镇接壤，下辖糖寮旧村、新村、麦屋村3个自然村，现有农业人口319户，管辖的总人口1340人，村党支部现有党员33人。

该村常用耕地面积980亩，以发展农业为主，种植作物有水稻、蔬菜、花生、甘蔗等，其中白萝卜是传统的蔬菜名牌产品。

2014年，该村在麦屋村兴建排水渠，解决溢洲水电站排水困难的问题，使广大村民受益。

【山蕉村】 山蕉村位于西河镇北部，东面塱村、糖寮村相邻，南面与田心村接壤。山蕉村原为田心村一部分，1965年，从田心村分开建成韶关市环市果场，后改为山蕉知青农场。20世纪80年代，外地农民大量迁入，其中大部分来自连县移民。

该村农业人口数为695人，常用耕地面积770亩，经济长期以发展农业为主，种植作物有水稻、蔬菜、花生、甜玉米等，其中甜玉米是山蕉村有名的经济作物。近年来，该村蔬菜经济作物种植面积不断扩大，每年山蕉的甜玉米除供应本地市场外，还远销江西、湖南等市场。

【村头村】 村头村位于西河镇南部，武江河西岸，南面与大村相邻，北面与城区相连，西面与西联镇接壤。农业人口1483人，常用耕地面积430亩。

该村经济长期以来以农业为主，种植作物有水稻、蔬菜、果树等。有著名的养猪专业户，规模达3000头。该村引入外资兴办三创混凝土有限公司等企业，引入近水楼台园林食府等酒店。1996年起实行老人退休制度。

【大村村】 大村位于西河镇西南部，广韶公路西侧，东南面与浈江区乐园镇高头村、新村相邻，西与西联镇车头村、岭头村、芙蓉山为界，由上村、下村和张屋岭村3个自然村组成，村总人口2827人，常用耕地面积934亩。

该村种植作物有水稻、蔬菜、红瓜子、花生等，兼营水产和家禽养殖业，其中有养乳猪专业户，规模达5200头。

该村重视村民福利工作，65岁以上的老人每月领取50元退休金，重阳节和春节每人发放50元慰问金；村民参加医保每人每年补贴30元；“三八节”为妇女发放每人30元的慰问金。

西河镇领导名录

书　记：杨鉴庭（—2014.9）
　　　　何远韶（女，2014.10—）
副书记：何远韶（女，—2014.10）
　　　　王洪明（—2014.12）
　　　　黄　灿（2014.12—）
委　员：陈志福
　　　　黄　倩（女）
　　　　丘细琼（女）
　　　　林棋昇
　　　　刘尚周
　　　　江仁智
　　　　刘福娣（女）
　　　　邓志雄

人大主席：杨鉴庭
（—2014.9）
人大副主席：林棋昇
镇　　长：何远韶（女）
副 镇 长：江仁智
刘福娣（女）
邓志雄
纪委书记：陈志福
武装部部长：刘尚周
综治委主任：杨鉴庭
（—2014.9）
何远韶（女，
2014.10—）
综治办主任：王洪明
综治办专职副主任：江仁智

（撰稿人：白玉婷）

西联镇

【简述】 西联镇位于武江区的中部，西联镇总面积69平方千米。辖西联、芙蓉、车头、下胡、赤水、阳山、沐溪、甘棠8个行政村和碧桂园·太阳城社区居中委会。至2014年底，年末户籍总数为6681户，常住人口17589人，其中农业人口14282人。2014年，全镇财政收入870万元，比上年增长32%。全年农业总产值4061.19万元，农村人均纯收入达到17465元，比上年增长10%。耕地面积6873亩（等于458.2公顷）。粮食播种面积2658亩（等于177.2公顷），粮食产量893吨。林地面积3218.92亩（等于214.6公顷）。主要发展产业有养鱼、养猪、养鸡等。全镇有初中1所，小学5所，幼儿园8所，在校学生2688人；有文化站1个。全镇参加农村合作医疗（城镇医疗保险）人数12177人，覆盖面94%。土特产有草莓、葡萄等。主要旅游景点有沐溪水库、芙蓉仙洞、石背窝水库等。

西联镇政府设5个内设机构：党政办公室、农业办公室、经济发展办公室、计划生育办公室、社会事务办公室。

2014年，西联镇深入学习贯彻中共十八大、十八届三中和四中全会精神，在区委、区政府的正确领导下，紧紧围绕目标任务，全面开展党的群众路线教育实践活动，举全镇之力有效加快芙蓉新区各重点项目的征收安置工作，确保镇各项事业的协调发展。其中，芙蓉新城路网工程建设及其他项目共签订拆迁协议728户，协议拆迁面积达150000平方米；莞韶城一期5600亩征地基本完成；芙蓉新城5个安置新村建设取得突破，先试先行的赤水新村安置房已建成，村民已搬入居住；新城22个在建重点项目建设有序推进。招商引资项目中，赤水经济发展用地商住开发项目年度投资3200万元，柏林新建材有限公司投资600万元。

【党建工作】 2014年，镇党委、政府自觉强化班子建设，通过党委中心组、集体培训、个人自学等渠道更新班子成员知识结构，完成基层党组织“五大工程”建设等专题任务。镇村班子成员有较强的凝聚力和战斗力，团结带领广大干部群众妥善处理多项突发任务。积极上报党建信息和调研文章，多篇信息被区政府网、区远程网采纳，镇党委也被评为全区远程教育信息工作先进集体。加强基层组织建设，2014年发展党员13人，增强农村党员队伍的生机和活力。全面落实党风廉政建设责任制，加强财经制度的落实和监督，严格执行财经“收支两条线”、专款专用、资产处置、政府采购、工程项目管理等各项规章制度，切实做到以制度管人。全面推行党务、政务、村务公开。坚持党管武装原则，高度重视民兵组织建设，积极落实上级要求的指标任务，进行民兵整组，积极开展民兵教育训练管理。高标准、严要求完成征兵工作。积极加强精神文明建设，组织开展学雷锋志愿服务活动，承办“道德讲堂活动”。

【工业】 该镇注重强化服务意识，积极实施借力打力的“一轴两轮”的发展战略，以G323沿线工业带为主轴，加快推进重点项目建设，着力优化发展环境，全镇工业增加值2.59亿元，同比增长12%。

【农业】 随着芙蓉新城开发建设步伐加快，该镇大面积土地被征用，农业增加值较上年有所下降，全年农业总产值4643.62万元。农村人均纯收入16450元，比上年增长15%。

【招商引资】 2014年，该镇不断加大招商引资的力度，努力挖掘项目资源，实现以商招商。五洲国际汽配商贸城，累计完成投资5900万元，2014年所做的主要投资有：建设商铺和铺设公共道路；平整土方、建设排水设施；建设汽车检测站；建设房屋、酒店等设施。以实际投入为依据，完成区下达的招商引资任务。

【科技强镇】 该镇致力打造的“科技强镇”初具规模，于2014年被省科技厅认定为“广东省技术创新专业镇”，特色产业分类为机械工业，特色产业为工程机械与装备制造。

【建筑房地产业】 芙蓉新区的开发建设，使得该镇人口聚集力不断加强，辖区内也进驻碧桂园·太阳城、恒大城、保利地产等市、区龙头房地产业。

【第三产业】 支持全民创业，协助村集体兴办经济实体，繁荣阳山市场、甘棠市场、上庙背新村沿街商铺等商贸集散地以及韶钢材钢筋等专业市场。

【民营企业】 突出民营经济灵活经营的优势，做好日常GDP核算工作，按照区统计局的要求，开展企业统计、核查工作，定期更新企业、个体户名录库。

【农村两级经济】 G323线沿线村委充分发挥区位优势和产业特色，大力改善阳山市场、甘棠市场、沐溪市场等集贸中心的环境，吸引周边镇村和单位群众前来消费，出现城郊少见的繁荣景象，带动当地经济的发展。

【惠农补贴】 围绕农民增收，进一步加大财政支农力度，按要求及时配套上划各项涉农资金，及时、准确发放各项惠农资金，其中农办及时发放能繁母猪涉农资金补贴共5.4万元。

【旅游胜地】 位于西郊九公里，乳韶公路的北面的沐溪水库，是市区唯一的中型水库。水库区内农副产品种养面积大、品种多，现有一个初具规模的野生动物种苗场。水库水质清澈、水产丰富，是人们假日垂钓的理想佳境。

【开展乡村“清洁美”工程】 镇财政全力支持开展乡村清洁美工作，辖区各村建立保洁清扫制度，由镇村两级财政出资聘请11人专门负责保洁和垃圾收运工作，积极根据市、区安排开展“巩卫创文”，充分发挥村民的积极性和主动性，强化区级专项资金管理，多方筹集资金，确保各项工作的顺利开展。2014年，镇、村已投入乡村“清洁美”工程建设的费用50多万元。

【卫生防疫和质量安全管理】 积极开展禽流感防疫工作，春、秋两季家禽集中防疫，家禽防疫率达到100%。强化监督检查，确保农产品质量安全抽样检测全年合格率达到100%。

【三防、安全生产】 镇制定完善《武江区西联镇防灾减灾避灾应急预案》，强化落实防汛、防涝、防火工作责任制，按照分级负责的原则，强化领导负责制，各村执行防灾减灾责任制，坚决做到人员、岗位、责任“三不漏”。严格落实防护期24小时值班制度，畅通信息渠道，有效确保镇在“5·16”“8·15”洪灾中“大汛大灾无大碍”。及时充实镇护林防火队伍力量，完善护林防火应急预案，加强队伍培训管理，添置配齐打火工具，全镇护林防火工作不断加强和完善。全镇安全生产、消防安全工作也齐头并进扎实开展。

【民心工程建设和社会保障】 切实做好社会保障基本工作。全镇农村养老保险参保人数达5600 人，参保率为75%；

新型农村合作医疗保险参保人数达12188人，参合率100%。全镇落实低保户、优抚对象、五保对象共171人，发放低保金、优抚费等共计36.79万元。加大便民惠民服务资金投入。2014年，西联镇在原有镇综治信访维稳中心的基础上，共投入30多万元用于计生、劳动保障所、镇人大联络室等便民惠民服务场所的建设，并挂牌成立“便民服务中心”，想方设法提高为群众服务的水平，切实密切联系群众，听民意，解民忧。

【计划生育】 该镇把计划生育工作列入重要议事日程，确保计生工作制度、机构、经费、人员、设施到位。加大计划生育法律法规、婚育新风、生殖健康和孕前健康检查等相关知识宣传力度，重点围绕“5·29”（中国计生协会成立日）“7·11”（世界人口日）和“三查”期间进村入户开展宣传，加强全员信息管理。全年出生264人，政策生育率为68.18%，共落实“四术”262例，征收社会抚养费210万元。开展流动人口管理和服务，共清查出流动人口流入5340人，流出1104人。在迎接省、市、区检查过程中取得优异成绩，得到上级领导肯定。

【维稳工作】 加大矛盾纠纷的排查化解。2014年以来，西联镇全力确保“两会”、“八一”、十八届三中全会等时期辖区的平安稳定。全镇开展矛盾纠纷排查42次，开展领导干部接访活动36次，镇综治信访维稳中心共受理各类矛盾纠纷43宗，成功调处43宗，成功调处率达100%，妥善处理碧桂园项目2宗员工死亡纠纷、碧桂园施工现场堵路事件、关山电力施工设备致1人死亡赔偿纠纷、恒大项目建设工地农民工劳资纠纷等群体性事件。积极推进整治城乡违章建筑专项行动。西联镇联合相关职能部门成功拆除15宗约15000多平方米违法建筑，有效遏制违建势头。

【表彰情况】 镇党委、政府被评为2013年度市平安家庭创建活动“示范镇”；镇党委、政府2013年度人口与计划生育评为区先进单位；镇党委、政府被评为2013年度区“标兵单位”。

【芙蓉村】 芙蓉村委会位于西联镇东部，在风景秀丽的芙蓉山水环抱当中，东北与西河镇一山之隔，西与西联村委会毗邻，南与西联车头村委会交界。交通便利、距离市区不足3公里，芙蓉路与西联大道相连接。该村委下辖五个自然村，人口1732人，户数410户。该村创建近郊农业观光园，种植农业作物主要有水稻、蔬菜以及葡萄、柑橘、青枣等水果。该村辖区内有千年古刹芙蓉禅寺、巧夺天工的芙蓉仙洞、天池般的狮背窝水库等，已成为韶关市民休闲度假胜地之一。该村已纳入韶关市芙蓉新区起步区芙蓉新城的建设范围，重点项目建设有韶关市碧桂园太阳城、韶关市实验中学等。芙蓉安置新村规划在南华路北侧，于2014年6月正式动工建设，年底已建成楼房117栋，预计2015年全面竣工。

【西联村】 西联村委会是西联镇下辖的大行政村，下辖9个自然村，总人口2454人，户数603户。该村位于西联镇中心，东与芙蓉村委会相邻，西与赤水村委会、沐溪村委会交界，南与下胡村委会毗邻，北与阳山村委会接壤。西联大道、韶关大道十字形贯穿该村，并与323线、京广线、京珠高速公路相连接，构成南来北往交通框架，交通十分方便。辖区内有小学1间（属市一级小学），幼儿园2间，中型农贸市场1个，1所中学，4所中专、职业学校，以及镇敬老院。借助地理位置优势，该村农贸市场已发展成为近郊农副产品交易的主要聚集地，也由此带动本村及周边村民种植蔬菜、水果等农作物的积极性。该村已纳入韶关市芙蓉新区起步区芙蓉新城的建设范围，重点项目建设有保利地产、恒大城、韶关市实验中学等。西联安置新村规划在韶关大道西北侧，目前正在建设中，预计2015年全面竣工。

【下胡村】 下胡村委会位于韶关市孟洲坝水库边，东与车头村委会相邻，南靠北江河，西与赤水村委会相邻，北与西联村委会相邻，村总人口1399人，总户数341户，该村已纳入韶关市芙蓉新区起步区芙蓉新城的建设范围。该村水陆交通十分便利，南背北江河，水上运输发达，年吞吐量居武江区之首，北有西联公路与西联大道交叉相汇，连接国道323线和106线。全村地理地貌较为平整，土质优良。村民经济收入以农业为主，种植水稻、蔬菜、水果等，也有一部分村民养鱼、养鸡、养猪等。

【车头村】 车头村委会位于北江河畔，是西联镇南部的一个行政村，东与西河镇村头、大村相连，南与浈江区六合村隔河相望，西与下胡村委毗邻，北与西联、芙蓉村委会相依，辖三个自然村，人口1549人，总户数405户。该村依山傍水，水陆交通十分方便，沿北江河、西联大道贯穿村内并与京珠高速公路连接，是青山绿水、美丽富饶的西联一角。该村经济以农业和水运为主，农业作物主要是水稻、蔬菜、水果，水上货运发达，建有多个货运码头。该村已纳入韶关市芙蓉新区起步区芙蓉新城的建设范围，重点项目建设有滨江路、华师附中等，已运行的韶关市行政服务中心也在该村范围。车头安置新村规划于32号路，已完成安置地土方平整工作。

【赤水村】 赤水村委会位于西联镇西南面、东与下胡村委会接壤，西与甘棠、沐溪村委会交界，北与西联村委会毗邻、南与西河镇坝厂村委会一河相隔，地处北江河畔，水运便利，韶关高铁站也在该村。该村没有村小组，人口650人，户数212户。该村农业作物主要是水稻、蔬菜。辖区有“小桂林”之称的天然岩洞“赤水洞”。该村已纳入韶关市芙蓉新区起步区芙蓉新城的建设范围，重点项目建设有恒大城酒店、宝马4S等。赤水安置新村规划于韶关高铁站旁，已全面竣工，并经三次“公平公正公开”抽签方式对的安置房进行分配，2014年年底已有不少村民搬入居住。

【阳山村】 阳山村委会是西联镇下辖比较大的行政村，位于该镇西北部，交通十分便利，国道323线穿村而过，东面与西联村接壤，南面与沐溪村相邻，西面与龙归镇后坪村接壤，北面与西河镇下坑村、前进村相邻，下辖八个自然村，村户籍人口达2943人，总户数795户，流动人口2万人以上。

该村已纳入韶关市芙蓉新区的建设范围，是莞韶产业转移园建设的主战场之一，也是该镇成为“广东省技术创新专业镇”的重要依托。辖区建设有旭日玩具厂、五洲汽配城、韶瑞重工、铁友机械等30多家实力雄厚的企业，2014年韶关市重点建设的莞韶城一期项目也初具规模，黄沙坪电子商务城已建成30多栋。

该村种植农作物主要有水稻、花生、蔬菜、水果等，但随着各类产业的不断聚集发展和村经济的不断壮大，阳山村民大部分生活方式已逐步由农村转向城市化，近年来村民的年均收入也一直排在该镇前列。同时，典型的“城乡接合部”发展模式，也给该村带来卫生管理、流动人口管理等社会治理问题。

该村十分重视精神文明建设，每年投资数十万元兴办教育福利事业。上庙背新村更是成为群众业余文娱健身的聚集地，经常有下乡电影、客家山歌，采茶剧等节目，大大丰富村民业余生活。

该村下辖还有农贸市场1个、小学1所、供电所1个。

【沐溪村】 沐溪村位于该镇西、北部，东、南面与阳山村、赤水村相邻，西、北面与曲江区接壤，国道323线穿村而过，交通十分便利，下辖的沐溪水库是韶关市重要水源地之一，也是韶关市民休闲度假首选胜地之一。村下辖5个自然村，现村有人口1523人，总户数372户，该村原来经济以农业为主，主要种植水稻、蔬菜等，2001年韶关市在此建立沐溪工业园后，沐溪村村民“洗脚上田”，改为从事第二、三产业生产，村民生活方式也逐步由农村转向城镇化。辖区内有科艺创意、丹霞药业、百事得茂、核力重工等实力企业20多家。

【甘棠村】 甘棠村委会是西联镇下辖行政村，村人口2818人，总户数772户，下辖8个自然村。该村位于西联镇西面、国道323线旁，东面与本镇赤水村委会相邻，南面与曲江区白土镇河过村委会相邻，西面与龙归镇社主村委会相邻，北面与本镇沐溪村委会相邻。

甘棠村由刘氏在元朝末期从江西迁入而建村，因该村地势较高较干旱，当地又留传客家民谣“甘棠沐溪，呵尿杀鸡”，甘棠村因此而得名。甘棠村南面有座三娘庙，建于宋朝末期，由甘棠村民刘少孟创建，是当地人宗教活动场所。在民国年代，甘棠子弟欧震曾任国民四十九军军长，该村建有欧震纪念亭。宋代余靖墓也在该村。

村经济以农业为主，种植作物有水稻、蔬菜、水果等，水果的品种主要有李子、柑橘、枇杷、番石榴（俗名鸡屎果）等。近年来，随着该村被纳入韶关市芙蓉新区建设范围，以及甘棠工业园的不断发展，部分村民已改为从事第二、三产业生产，村民生活方式也逐步由农村转向城镇化。

该村重视集体经济发展和精神文明建设，每年投入十多万元，用于村公共基础设施建设、甘棠小学教育经费以及村民各项福利事业。

西联镇领导名录

书　记：聂平南
副书记：粟　健
　　　　黄　灿（—2014.12）
委　员：林冬青
　　　　丘苑丽（女）
　　　　何　毅
　　　　杨国浩
　　　　张永祥
　　　　余　聪
　　　　黄　辉
人大主席：聂平南
副 主 席：黄　辉
镇　　长：粟　健
副 镇 长：张永祥
　　　　　余　聪
　　　　　邱韶东
纪委书记：林冬青
武装部长：杨国浩
综治委主任：聂平南
综治办主任：黄　灿
综治办专职副主任：张永祥

（撰稿人：潘会亮）

龙归镇

【概况】 龙归镇位于武江区的中西部，总面积237平方千米。辖续源、山前、奇石、龙归、坳头、冲下、龙安、留村、社主、马渡、寺前、后坪、盘村、凤田、方田共15个村委会和龙归街1个社区居委会，总户数13487户，常住人口38010人，农业人口32641人，外来人口640人。2014年，全镇生产总值70856万元，比上年增长10%。镇财政收入1706.01万元，比上年增长36.4%。全年农业产值45327.66万元，农村人均纯收入达到11383元，比上年增长10%。工业产值25528万元。耕地面积41982亩（等于2798.8公顷）。粮食播种面积45817亩（等于3054.5公顷），粮食产量17776吨。林地面积340000亩（等于22666.7公顷），森林覆盖率73%。主要经济来源有：种植生姜、淮山、莲藕、茨菰、茶树菇、竹笋，养生猪、鸡、乌龟等。全镇有初中1所，小学1所，幼儿园4所，教学点6个，在校学生3183人；有文化站1个，广播站1个。全镇参加医疗保险人数29640人，覆盖面98.2%。土特产有生姜、淮山、莲藕、茨菰、粉葛、竹笋。

主要旅游景点有九归禅寺、三皇石。主产优质稻米、经济作物、蔬菜、优质水果，畜牧和水产业具有一定规模。龙归镇自然资源十分丰富，土地、山林、矿产、水力等资源丰富。工业以小水电、矿产开采与冶炼、金属加工业为主。龙归镇有著名的“九子石”、文武阁、董村寺、三皇石等名胜古迹。

根据《印发韶关市武江区简政强镇事权改革实施方案的通知》（韶武府〔2011〕12号）文件精神，核定龙归镇为较大镇。镇政府设六大综合性办事机构：党政办公室（人大办公室）、经济发展办公室（规划建设办公室）、社会事务办公室（综治信访维稳中心）、农业办公室、计划生育办公室、城镇综合管理办公室。核定镇机关行政编制49名。调整镇属事业单位设置：设置6个事业单位：计生服务所、劳动保障事务所、文化站、畜牧兽医水产站、农村综合服务站、计生专业服务队，核定事业编制25名。

2014年龙归镇以十八大和十八届三中、四中全会精神为指导，组织开展党的群众路线教育实践活动，听取群众意见，解决一批民生问题：龙归大桥建成通车、龙归全民健身广场投入使用、启动环城路建设、维修龙归河堤、重修X318和S253线等。抓好经济发展，启动莞韶城三期征地工作，在留村、马渡、寺前、龙安村征地6000亩。全镇计划生育、综治维稳、扶贫双到开发、农业、林业、民政、社会保障、教育医疗卫生等事业稳步发展进步。

【重点工程】 龙归大桥建成通车。武江区委书记、区人大常委会主任王德雄，区委副书记、区长黄建华同志，各界领导干部，驻镇企业家，外出乡贤，镇干群等出席大桥落成典礼。龙归大桥于2012年10月正式动工，拆除旧桥，在原桥位重建。新桥为5跨20米预应力空心板桥，桥长106.54米，桥宽8.5米，总投资420万元。

龙归镇全民健身广场建成使用，共建设竣工篮球场1个、羽毛球场2个、乒乓球台6张、健身路径2条、健身器材30件。

启动环城路建设，并在坳头路口和续源路口的道路上设置2道水泥桩墩，阻止石场大型运输石料的车辆通过镇区，有效解决群众反映强烈的镇区粉尘污染问题。

【计划生育】 2014年年初召开全镇计划生育工作大会，对“三查”“四术”库存清理行动等作出部署。

【农业】 通过召开动员会等方式，在全镇启动2万亩政策性水稻保险投保工作。

【党的群众路线教育活动】 开展党的群众路线教育实践活动。活动分学习教育、听取意见，查摆问题、开展批评和落实整改、建章立制三个阶段进行，分别召开动员大会、征求意见座谈会、党政领导班子专题民主生活会和总结大会等。区挂点领导区委常委、政法委书记曾文辉和区委督导组组长、区人大常委会副主任王韶林到镇指导。市人大常委会副主任张平和区委书记王德雄等对龙归镇党的群众路线教育实践活动开展情况进行督导检查。

【扶贫开发双到】 帮扶坳头村的市人大机关、中石油韶关分公司和帮扶奇石村的区城管局各筹资50万元入股镇高寨续源电站，帮扶村集体脱贫。市人大常委会常务副主任李石保、副主任林平杰、秘书长高振忠等多次到点指导，并带领部分驻韶全国、省人大代表和市人大代表检查扶贫开发“双到”工作。

【综治信访维稳】 6月，龙归镇组织全体镇村干部学习《广东省信访条例》，邀请韶关学院法学院副院长到场授课。武江区法院在龙归镇16个村居设立法律服务室，为村民提供面对面的专业法律服务。

【莞韶城三期征地拆迁】 7月24日，龙归镇召开莞韶城三期征地拆迁动员会，镇班子成员及留村、马渡、寺前、龙安四个村委书记、主任参加会议。加强园区土地监控，打击规划范围内抢建、抢种的违法行为。

【安全生产】 5月和7月，两次对盘村村委会密落观音山非法开采稀土点进行专项整治行动，依法取缔该非法开采稀土矿点。

【处置群体性事件】 4月21日以来，龙归镇坳头村村民集体到广乐高速施工现场进行阻工，要求恢复原进村道路，经过市、区、镇成立工作组，下村入户做宣传工作等，5月7日村民没有进行阻工阻路行为，情绪比较稳定，镇区交通畅通，广乐高速公路施工建设顺利。

12月17日，后坪村20多名村民到西联镇黄沙坪村，以山林纠纷名义，对石场等企业提出无理要求，并对工厂设备设施进行破坏，抢走锑矿。

【党风廉政建设】 年初，召开全镇党风廉政建设教育和村级干部业务培训会议。结合党的群众路线教育实践活动，邀请区纪委副书记林卫国为全镇党员干部、各村（居）“两委”干部、大学生村干部开展以廉政教育为主题的专题课。年底市党风廉政建设责任制考核工作组到龙归镇考核，察看镇政府院内、全民健身广场等党廉阵地。

【文化卫生】 区“繁荣乡村文化、践行核心价值观”文艺巡演到龙归镇全民健身广场演出。组织干部职工到黄岗岭革命烈士墓开展公祭活动。9月份以来，龙归镇广泛发动群众和干部，组织多次以灭蚊预防登革热工作为重点的爱国卫生行动，大搞室内外环境卫生，清理卫生死角，清除积水和杂物。购置一台价值45万元的大型环卫车辆并投入使用。

【领导调研】 市人大常委会常务副主任李石保、秘书长高振忠到镇调研计生工作，并到扶贫开发联系点坳头村指导扶贫“双到”工作，查看水利建设、农民服务中心选址等。

市委常委、常务副市长陈波率国土、民宗、旅游等部门调研省级问题突出村——方田村的整顿转化工作情况。

区领导王德雄、张雯、孙理鸣等到龙归镇调研农业农村工作。指出要加快发展农村经济，大力发展现代特色农业，带领村民致富奔小康。区长黄建华到后坪村调研农业农村工作，察看百瑞生态种植园。

【打击“两违”】 组织区监控组、城管局，镇派出所、城管、城建、国土等对河滨新街和新桥头等处的违章建筑楼房依法依规强制拆除。全年共4宗380平方米。

【续源村】 续源村位于龙归镇的南部，距镇区10公里，东邻曲江区白土镇大岭村，南接罗坑镇下坪村，西面与盘村密落相连，北与山前村相连。该村为宋朝时所建，因当年年三十晚发洪水，故名续源村。由元石村、榕树下、冯屋村、欧山村、潘屋村和下社村等组成。2014年，村总户数513户，人口2371人，耕地面积2564亩，山林面积4万多亩。该村经济以农业种植水稻、果树等作物为主，山林资源丰富，村内建有10余个电站，1个林场，1间村小学。

【山前村】 位于该镇南部，离镇中心8公里，该村北与奇石村相邻，与奇石山岭交界，南与续源村接壤，西与方田墩头分水岭为界。续源河贯穿该村。该村人口分隔居住于东西岸。该村建于南宋时期，原称“三千村”，后因迁居山岭脚下，故称“山前村”。2014年，该村户数337户，人口1566人，全部是农民。有耕地面积1631亩，其中水田940亩，山林面积3000多亩。

该村经济以农业为主，种植作物有水稻、蔬菜、果树等，传统农业品牌有淮山、粉葛、韭菜。引进种猪场1个。

该村与奇石村合办小学1间，接收一年级至三年级的小学生。

【奇石村】 位于该镇南部，村的西南面与方田、山前、续源村相邻，东北面与龙归、龙安村接壤。奇石村建于明朝时期，因该村有一尖锥状的奇特小石山而得名。2014年，有10个自然村，村总户数475户，人口2087人，有耕地面积2674亩，山林面积8400亩。谭屋村是革命老区。

该村经济以农业为主，传统作物有优质水稻、蔬菜、果树等。水果有杨梅、柑橘、李等品种。

【龙归村】 位于该镇的中心区域、京珠高速公路及323国道的南侧，距高速公路韶关北站出口及323国道约2公里。村的东南与西联镇甘棠村与分水岭为界，南面与曲江区白土镇苏拱村接壤，西北面与奇石村、续源村、冲下村、社主村相邻。龙归村始建于宋朝，因当地有一山岭如五条龙形状，由南向北俯冲而来，气势宏伟如五龙归位，故名龙归村。2014年，该村辖24个村民小组，村总户数889户，人口4472人，耕地面积3279亩，山林面积5000亩。

该村经济以农业为主，种植作物有水稻、蔬菜、果树等，农业传统品牌主要有淮山、茭笋、莲藕、果蔗。

【坳头村】 位于该镇南部，村的东南与曲江区白土镇苏拱村委相邻，西部与龙归村水流坪相邻。2014年，村总户数510户，人口2501人，有耕地面积2241亩，山林面积7000亩。

该村经济以农业为主，种植作物有水稻、莲藕、茭笋、粉葛、马蹄、黑皮冬瓜等，有小（二型）东埔水库1个。

【龙安村】 距镇区约5公里。位于龙归镇西南部，东面隔河与龙归村相连，北与冲下村相邻，南与方田村相邻，西与留村水冲坪接壤。该村历史悠久，该村分为安村和小村两大部分，到2014年年底共有20个村民小组，622户，2888人。耕地面积3147亩，其中水田2370亩。境内有江湾公路横穿，江湾河流经而过。

该村经济以农业为主，种植作物有水稻、蔬菜、果树等，淮山是该村的传统作物，成立专门合作社，种植面积不断扩大，成为村民收入的重要来源之一。此外，该村还利用山地等优势，大力发展畜牧业和养殖业，至今已初具规模。

现存在有2座清朝时期修建的古庙（安民祠），该村还存有3棵400百多年的大榕树。该村现有小学1间。

【冲下村】 冲下村是龙归镇管辖行政村，北面与社主村相邻，西面与留村接壤，村委会所驻地离国道323线和京珠高速公路仅1公里左右，境内有龙归河、社主河流经而过，水陆交通便利。

由郑、龚、高、管、涂、曾屋等等7个自然村组成，全村人口2361人，总户数560户，现有耕地面积1674亩，其中水田面积1053亩，林地面积4000多亩。

该村经济以农业为主，种植作物主要有水稻、黑皮蔗、蔬菜等。由于人均耕地面积较少，劳务收入也是该村村民的重要经济来源之一。

【留村村】 距镇区3公路，位于该镇的西部，其东面与冲下村相连，南与龙安村相连，西与乳源县和寺前村接壤，北面隔河与马渡村相邻。分为留村和水冲坪（2004年4月并入）两大部分，共有13个村民小组，420户，1837人。耕地面积2712亩，水田1808亩，旱地904亩。

该村经济以农业为主，种植作物有水稻、蔬菜、玉米、花生、红瓜子等。莞韶城三期主要位于该村。

【社主村】 位于韶关市区西部，距市区15公里，距镇区2公里，东与武江区西联镇甘棠村相邻，北面与后坪村、西面与马渡村、南面与冲下、龙归两村接壤。2014年，社主村共有218户，1181人，有耕地面积883亩，其中水田721亩，旱地162亩。该村交通便利，境内有京珠高速公路、国道323线横穿而过和省道251线，高速公路韶关北站出入口坐落该村。

该村经济以农业和商贸为主，种植作物主要有水稻、果树等。兼营畜牧业和水产养殖业。凭借地理和交通优势，在国道两侧建许多饮食店、修理店、加油站和其他商店。很多村民耕作之余，也从事副业，经济收入相对全镇较好。村内有龙归中学和2间幼儿园。

【马渡村】 位于龙归镇的西北部，京珠高速公路南侧，村的东南与社主相邻，南面与以南水河为界与留村相隔，西面与寺前村委交界，北面山与带头接壤。该村始建于咸丰年间。2014年该村总户数480户，人口1837人，现有耕地1744亩，山林5500亩。

该村经济长期以农业为主。主要农作物有水稻、花生、黄豆、果树等，有千亩鱼塘，发展养殖业。村内有中威有色资源再生公司 汽车维修、停车场等。

【寺前村】 该村建于明朝末期，因村前有一寺庙，而得名“寺前”。位于龙归镇西部，国道323线横穿该村，村东面与后坪、马渡村相邻，南面与留村、方田接壤，西北面与乳源县侯公渡交界。该村由寺前村、老柴桑村、新柴桑村、桥源村、矿塘村5个自然村组成，全村总户数355户，人口1364人，有耕地面积2355亩，山林面积17500亩。

该村经济以农业为主，种植作物主要有水稻、蔬菜、花生、生姜等。引进韶关市水产养殖管理中心在老柴桑落户。

【后坪村】 位于龙归镇北部，属石灰岩山区，海拔高度在600—800米之间。2014年，后坪村总户数403户，人口1828人，该村现辖后坪、带头两个村民小组，后坪村民小组始建于明朝嘉祯年间（公元1500年前后），祖籍来自江西、福建两地，村方言为虱麻话。带头村民小组始建于清朝乾隆年间，村方言为客家话。2005年，后坪、带头两村合并为后坪村村民委员会，耕地面积1849亩，山林面积5.6万亩。

该村经济以农业为主，传统作物主要有水稻、生姜、毛竹等，引进丰产林5000亩。生姜、毛竹是该村传统的品牌农业作物，也是该农民主要经济来源产品。现有后坪小学1间。

【凤田村】 位于龙归镇西南部，距镇区12公里，县道318贯穿该村，村的北面与方田村相邻，西面与乳源县侯公渡为界，南面与盘村村委相接壤，东面与续源的莲花山分水岭为界。该村始建于明朝时期，因当时已有龙归村的存在，按照我国的传统习俗，有龙必有凤，取龙凤呈祥之意，又因其地势所丘陵盆地，有大片肥沃良田可耕种，故名凤田。2014年有4个自然村，518户，人口2307人，耕地面积2552亩，山林面积8000多亩。

该村经济以农业为主，种植作物主要有优质水稻、蔬菜、果树等。兼营畜牧、水产业，经济作物主要有花生、黑皮冬瓜、淮山等。村内有私人小水电企业2宗。村内有小学1间，龙归社会福利院位于该村。

【方田村】 位于龙归镇西南片，距镇区7公里，北与龙安村交界，南与凤田村交界，东与山前村、奇石村、续源村交界，西与乳源侯公渡交界。全村面积23平方公里，15个自然村，657户，3033人。全村耕地面积2552亩，以水稻、淮山、蔬菜等农作物为主。龙归至江湾公路横贯全村，江湾河流经全村。

村里有小学1间。村里有重点文物保护单位——文武阁。九归禅寺位于该村墩头。

【盘村村】 位于龙归镇西南部，北面与凤田村相接，东面与续源村相连，南面与江湾镇相连，西与乳源县接壤。面积约为24平方公里，全村分为盘村、多田、城村、密落四大部分共有15个村民小组。2014年，有688户，3037人。耕地面积2375亩，其中水田2203亩，旱地172亩。龙归最高的山峰黄茂堂就位于该村密落，海拔941米。境内森林、水力和矿产资源丰富，矿产主要有稀土矿和瓷土矿等。

该村经济以农业为主，种植作物主要有水稻、蔬菜、油菜、果树等。少数村民从事畜牧业、渔业和林业。由于村中人多田少，该村很多青壮年外出珠三角务工，成为家庭重要经济收入来源之一。

龙归镇领导名录

书　　记：谢　荣
副 书 记：洪维陶
　　　　　李　毅
委　　员：吴怡诗（女）
　　　　　陈作昌
　　　　　冯方成
　　　　　邓少雄
　　　　　钟爱民
　　　　　成伟雄
人大主席：谢　荣
镇　　长：洪维陶
副 镇 长：钟爱民
　　　　　成伟雄
　　　　　刘芷伊（女）
纪委书记：吴怡诗（女）
武装部部长：邓少雄
综治委主任：谢　荣
综治办主任：李　毅
综治办专职副主任：钟爱民

（撰稿人：刘建庭）

江湾镇

【概况】 江湾镇，位于武江区西南部。位于北纬24° 33′ 58″ —24° 39′ 28，东经113° 18′ 37″ —113° 18′ 56″ 。东接曲江区的罗坑镇，南面和西部与乳源瑶族自治县相邻，北与龙归镇相接。江湾镇区域面积217.3平方公里。全镇总户数1978户，常住人口7344人，其中农业人口1233户、6365人。每平方公里人口密度为32人。江湾镇拥有全区唯一的少数民族村——瑶族村，共109户535人。辖锅溪、围坪、梁屋、湖洋、胡屋、瑶族6个村委会和江湾社区居委会，下设46个村民小组和6个居民小组。2014年，工业总产值5938万元，同比增长10%；农业总产值4403万元，同比增长4.5%；农村人均纯收入11504元，同比增长10%；财政收入885万元，同比增长12.7%。城镇居民人均可支配收入30596，增长11.1%。耕地面积为12883亩（等于858.9公顷）。2014年，粮食播种面积8250亩（等于550公顷），粮食产量2942吨。林地面积340000亩（等于22667公顷），森林覆盖率95%。主要发展产业有：水产、养猪业、无公害蔬菜、柑橘等。全镇有初中1所，小学1所，幼儿园1所，在校学生329人；有文化站、广播站各1个。全镇参加医疗保险人数5400人，覆盖面81.9%；全年住院和门诊医疗补贴160人次，20多万元。土特产有木耳、香菇、山蜜、灵芝。矿产资源有钨矿、硫铁矿、铜矿、铅锌矿、稀土矿、萤石矿等多种矿藏，且有多个天然温泉，水质优良，温度在60摄氏度以上。境内有乳曲边人民联防办事处江湾老街旧址、围坪革命烈士纪念碑、胡屋革命烈士纪念碑等。有区级不可移动文物11处。

江湾镇政府设5个内设机构有：党政办、农业办、经济发展办、计生办、社会事务办、6个下属事业单位：人力资源社会保障所、文化站、敬老院。

【农业】 江湾镇农业生产主要以种植优质稻为主，全镇种植水稻面积969公顷，花生150公顷，其他经济作物145公顷。畜牧业生产呈现较强发展势头；全镇生猪饲养量4500头，出栏3300头，塘鱼上市134吨，三鸟饲养4.5万只，上市3.4万只。

【民营企业】 江湾镇民营企业主要是小水电站。全镇水资源丰富，水能理论蕴藏量25000多千瓦，现有小水电站66宗，2014年发电量约0.8亿千瓦，尚还有一定的开发潜力。

【农村基层组织建设】 严格按照上级党委、政府的要求，及早研究、周密部署、广泛宣传、精心组织，坚持把换届选举工作作为全镇阶段性的中心任务来抓，突出重点，把握关键，稳妥推进，实现7个村（居）的书记、主任“一肩挑”和“交叉任职”100%。新的村“两委”班子整体素质明显提高，确保“两委”班子实现“一升一降”。在新一届村“两委”成员中，形成结构合理、个人素质高、充满活力、得到广大群众认可的新一届村级班子。江湾镇的党员总人数有316人，其中女性党员53人，2014年发展预备党员8人。以创建“五个好”党支部为载体，深入开展“三级联创”活动，扎实推进党的基层组织建设。创新和推广“乡村夜话”机制，利用休息时间深入基层，了解基层、扎根基层，为基层群众解决问题。以村级换届选举为契机，继续抓好村级班子和村级后备干部选拔、培训工作，规范村务公开，发展培养入党积极分子。

【农村两级经济】 全镇6个村委会中，除瑶族村委，年收入都在3万元以下，属贫困村委会。全镇46个村民小组中，约有87%的村小组以收取电站资源补偿作为主要经济收入。

【乡村公路建设】 完成围坪周屋村、涂屋村和湖洋村等配套资金公路硬地化建设。修建胡屋羊角寨桥，梁屋林场桥、胡屋周塘桥、寺前桥。

【名优特产】 江湾的香菇、木耳、云雾茶、山蜜、灵芝等传统土特产颇多，极具特色。江湾香菇肉厚、清香、味美；木耳肥厚、滑嫩、爽脆；灵芝天然野生，药用价值高；山蜜是野生所酿，属百花密，色纯正、水分少、无污染，是真正的纯天然蜂蜜。

【精神文明和生态文明建设】 为进一步拓宽和深化群众性精神文明创建活动，努力促全镇物质文明、精神文明、政治文明建设，全面提高全镇的道德水平和文明素质，在全镇范围内开展文明家庭创建评选活动，在全镇范围内广泛开展公民道德教育和文明家庭宣传教育活动，使广大村民在自觉参与活动中受到教育，陶冶情操，强化自我约束，在实践中得到提高，在全社会形成崇尚科学、学习文明的良好风气，努力营造安定、祥和、优美、文明的家庭环境。

2014年，以禁伐商品林为主的封山育林工作，全镇除毛竹林以外，停止商业性采伐。一年多以来，在区委、区政府正确领导下，全镇广大干部群众认真贯彻落实封山育林一系列文件精神，精心部署、周密安排、狠抓落实，封山育林取得初步成效，全镇的生态环境得到进一步改善。

【民心工程和社会保障】 始终把基础建设作为大事来抓，在镇财政紧张的情况下，加大力度改善民生基础设施，做好十件实事好事。一是协调做好县道X318线修复的工作；二是投资40万元建设江湾镇太阳山一、二期项目，山下停车场、榕树健身休闲广场已完工；三是投资10万元建设好江湾老站至江湾中心小学路段的路灯；四是完成围坪村委周屋村、涂屋村和湖洋村委湖洋村等1000多米公路建设；五是投资10多万元修建好梁屋水上桥；六是投资8万元修建好职工饭堂；七是投入200多万元重建围坪寺前桥和胡屋石塘桥；八是投入28万多元完成基本农田基本建设；九是筹资30多万元修好梁屋、锅溪路桥险段；十是投入15万多元修好卫生院旁及黄陂坛水利建设。修建垃圾填埋场，购置垃圾桶等完善江湾垃圾回收系统。加强民政优抚工作，发放农村低保金356280元，发放五保户生活费157 872元。

【计划生育】 政府不断加大计生工作力度，狠抓工作落实。

一是发放三查和孕前健康检查通知书1000多份；二是落实四术库存139例；三是核实外出人员的具体去向，按同城区和县外流动分类造册登记；四是征收社会抚养费30万元。2014年，全镇共出生119人，婴儿出生性别比为128；人口出生率16.43‰，人口死亡率7.59‰，人口自然增长率为8.84‰，取得全区总年度第一的好成绩。

【人力资源和社会保障】 本年度参加城乡居民医疗保险共4395人，参加城乡居民养老保险共3135人，其中续保2362人，领取待遇773人。

【综合治理】 积极开展“六五”普法、法制宣传教育和法律援助工作，全民法制意识明显增强。全面构筑镇、村治安防控体系，加强社会治安综合治理和禁毒工作，严厉打击各类违法犯罪，全镇社会治安形势平稳，“平安”创建成果进一步巩固。积极开展领导干部大接访、下访活动，畅通群众利益诉求渠道。加大矛盾纠纷排查力度，全力消除各种不稳定因素。2014年，开展排查活动22次，共排查出各类矛盾纠纷33宗，已调解33宗，调解率为100%。调解成功29宗，还有4宗正在办理中，调解成功率为87.88%。

【三防工作】 一是做好武江区江湾镇2014年防洪预案。二是加强领导，落实责任。对全镇低洼地段进行全面排查，并列表定人定位包干防预；做好三防责任人、联络员名册，成立武江区江湾镇抢险队伍；做好防洪涝及地质灾害工具发放；做好气象灾害应急责任人信息表。三是做好武江区江湾镇汛期值班安排，各村、各部门要强化值班工作，及时掌握水情雨情的预测预报，领导同志要坚守岗位，坚持干部昼夜值班制度，随时掌握雨情汛情动态，努力做到指挥靠前，发现重要情况及时处理并报告。四是小型水库汛期控制运用计划。五是突出防范重点，切实做好汛期安全生产工作。狠抓隐患排查治理；加强对汽油等危险化学品的安全监管；加强对道路交通的安全监管；加强对非煤矿山的安全监管；加强对地质灾害多发地区的安全监管；加强对学生的安全教育。

【经济工作】 始终把发展作为第一要务，大力实施招商引资战略，充分利用资源优势招商，坚持以诚招商，以商带商，招商引资成效明显。2014年，引进资金1600万元，种植石斛60亩。有效拓宽江湾镇经济发展的瓶颈，带动全镇经济发展。

【档案工作】 本年度收集文书档案5卷。其中，永久性1卷、30年2卷、10年2卷，文书档案主要来源于江湾镇政府发文、上级单位发文。

【锅溪村】 锅溪村是江湾镇行政村，位于江湾东南部，东与龙归、凤田相邻，南与曲江樟市、罗坑镇相邻，西、北与围坪村相连。由上洞村、河背村和叶屋村等3个村小组组成，耕地面积480亩，山林面积40平方公里，总人口105户 594人。

该村以农业为主，主要种植水稻、花生、蔬菜、果树等作物。

改革开放后，该村累计引进外资2000万元，先后建成9宗小水电站，装机容量3300余千瓦每小时，其中上洞村集体电站2宗总装机容量550千瓦每小时。

该村在发展经济的同时注重村容、村貌建设。2004年，上洞村小组全村统一规划兴建新农村，均为复式住宅楼，新村“十个一”措施落实较好，成为市新农村建设示范点，并获市评比三等奖。

【围坪村】 围坪村是江湾镇的行政村，地处江湾镇北面，东与锅溪村委相邻，西南与梁屋村委相接，西与乳源县相邻，北与武江区龙归镇相交。由周屋村、罗屋村、涂屋村、坑背村、范角村、大塘村、寺前村和叶屋村等组成，有耕地面积1293亩、山林面积42余平方公里，总人口216户1145人。

该村以种植水稻、花生、蔬菜、水果为主，畜牧业、林业为辅。改革开放以来，该村累计引入外资1500万元，先后兴建小水电站6宗，装机容量2000千瓦每小时，其中，属村及村小组的4宗，装机容量1200千瓦每小时。该村是全镇人均收入最高的村委之一，1998年建成全镇第一个楼房化的新农村——范角新村。

【梁屋村】 梁屋村委是江湾镇辖行政村，位于本镇西北部。东与湖村委相邻，西与乳源县相邻，南与胡屋村相连。由武洞村、红山村、连麻山村（今无人居住）、下洞村、曾屋村、钟屋村、梁屋村、湾仔村和河背村等组成，有耕地面积1150亩，山林面积45平方公里，总人口230户1283人。

该村长期以种植水稻、花生、蔬菜和果树为主，畜牧业、林业为辅。是长短经济结合的农村经济。改革开放后，该村凭借丰富的水资源，积极引进外资3600多万元，开发水力资源，先后建成21宗小水电站，装机容量达6300千瓦每小时，农村经济有较大发展。

【湖洋村】 湖洋村是江湾镇辖下的行政村，是江湾镇的中心地带。东与曲江罗坑相连，西与胡屋相邻，北与梁屋村相交，南与乳源相邻，由和山村、黄九村、高围村、江屋村、湖洋村、倒流水村、菜队村和黄陂坛村等组成，有耕地面积780余亩，山林面积40余平方公里，总人口223户1172人。

该村以传统农业为主，畜牧家禽为辅，以林业支撑经济，主要种植优质水稻、花生、蔬菜、桑蚕等。改革开放以来，该村累计引入外资2000万元，先后建成8宗小水电站，总装机容量2800余千瓦每小时，有力地加强村集体经济。

【胡屋村】 胡屋村是江湾镇辖下行政村，地处江湾镇的西边，东南与湖洋村相邻，西与乳源县交界，北与梁屋村相邻。由胡一队村、胡二队村、胡三队村、胡四队村、田心村、王坝村、白石村、周塘村、墩头村、羊角寨村和佰公陂村等组成，耕地面积1200余亩，山林面积45余平方公里，总人口274户1355人。

胡屋村长期以来以农业为主，畜牧家禽为辅，主要种植优质水稻、花生、蔬菜、水果等。改革开放以来，该村充分利用丰富的水资源优势，先后引入外资4500多万元，修建16宗小水电站，总装机容量7500千瓦每小时，有力地增强村集体经济收入。

【瑶族村】 瑶族村是江湾镇下辖的行政村，位于梁屋、围坪、湖洋、胡屋的边界处，与乳源瑶族自治县相接。由练屋村、左坑村、华山村、长岭村、良坑村村和南坑村等组成，居住较偏僻、分散，耕地面积200余亩，山林面积10余平方公里，总人口109户 535人。

瑶族村是全镇最为贫困的村之一。村民靠山吃山、以山为本，种植少量的水稻、玉米和自供自给的蔬菜。中共十一届三中全会后，各级政府认真落实国家的民族政策，对民族村的经济发展，在政策上给予优惠，在经济上给予支持，全村经济有较快的发展。同时，该村还积极引进外资1000万元，先后兴建6宗小水电站，装机容量大于1400千瓦每小时，大大改善村民生活水平。近年来，先后有60多户瑶民搬出大山，在江湾镇周边兴建楼房。

该村作为武江区唯一的瑶族村，在语言、服饰、歌舞等各方面都有自己的特色。瑶歌的格调与旋律都比较单一，节奏感不大明显，却可以按各自的感情需要而任意延长或缩短，故唱时比较灵活自如、独具一格。瑶族的舞蹈具有古朴、简单、节奏感强等特点，动作变化少，随着音乐一蹲一起，每一个动作都有东南西北四个方向之分，如此反复多次。瑶族还有一个重要的节日——盘王节，也叫“跳盘王”。盘王节是瑶族祭祀祖先盘瓠的重大节日，瑶胞十分重视这一民族祀典。盘王节可以一家一户进行，也可以联户或者同宗同族人集聚进行。但不管以哪种形式举办，都要杀牲祭祀，设宴款待亲友。节日一般为三天两夜，也有的长达七天七夜。盘王节的主要内容是祭盘王、唱盘王和跳盘王。

江湾镇领导名录

镇党委书记：谭木初（—2014.8）
欧伟强（2014.8—）
副 书 记：苏拥兵
曾玉玲（女）
委　　员：黄永和
彭先国
刘戈勇
刘琪星（—2014.12）
杨　晖
杨惠得
胡言辉
人大主席：谭木初
副 主 席：刘琪星
镇　　长：苏拥兵
镇　　长：杨　晖
杨惠得
胡言辉
纪委书记：黄永和
武装部长：（空　缺）

（撰稿人：黄永和、黄文勇）

重阳镇

【概况】 重阳镇，位于武江区西北部。区域面积82平方千米，辖水口、黄岸、重阳、九联、大夫前、青暖、万侯、妙联8个村委会、1个社区居委会。总户数5218户，常住人口19336人，其中农业户籍人口18372人。

2014年，全镇生产总值19020.75万元，比上年增长5%。镇财政收入562.7万元，比上年增长13%。城镇居民人均可支配收入10867元，增长8.7%。全年农业产值14316.8万元，农村人均收入达到9337元，比上年增长9.2%。耕地面积27421亩（等于1828.08公顷）。粮食播种面积12173亩（等于811.5公顷），粮食产量5195吨。林地面积75000亩（等于5000公顷），森林覆盖率95%。主要经济来源有种西瓜、果树，养猪、牛、羊、鸡、鱼等。

全镇有九年一贯制学校1所，幼儿园1所，教学点1个，在校学生956人；有文化站、广播站各1个。全镇参加医疗保险人数12553人，覆盖率69.9%，全年住院和门诊医疗补贴12533人次，310多万元。土特产有西瓜、丝茅姜、笋。

矿产资源有铅、锌、砒、钨、钼、铁、锰、铝等有色金属，并有天然温泉及多个地下石涯溶洞。镇内有重阳寨龙头寨、黄泥岭新石器时代遗址，九头寨、水口村秦朝遗址。市级文物保护单位有李子园炮楼、青水塘炮楼，区级不可移动文物保护单位26处。革命遗址有中共南委韶关交通站南岸村旧址、重阳农协会暖水欧屋旧址、西水农村暴动遗址等七处。纪念设施有重阳革命烈士纪念碑。

重阳镇人民政府隶属韶关市武江区，设5个内设机构、党政办、计生办、社会事务办、经济发展办、农业办。共有机关编制28名，其中党委书记1名（兼任人大主席团主席）、副书记2名（1名兼任镇长，1名兼任专职副书记）、正副镇长4名、纪委书记1名、组织委员1名、宣传委员1名、人大专职副主席1名、武装部长1名、综治办专职副主任1名、股长（主任）5名、后勤服务人员数3名。

【农业】 重阳镇成立11个专业合作社，1个生态农场，有效形成规模产业。2013年，重阳镇强力推进农田水利建示范镇和万亩高标准农田建设项目，分别投入资金800万元、1200万元，两项工作于2014年均已完成100%的工作任务。引进黄坑皇帝柑种植技术，分别在妙联村、万侯村、九联村共种植皇帝柑1000多亩。

【基层组织建设】 全镇有12个党支部，2014年全镇审批预备党员转正26名，吸收预备党员13名，列入积极分子考察对象28名。到2014年末全镇有党员达603名。筹集资金100多万元，新建重阳村委会、黄岸村委会办公楼。其中，重阳村委会办公楼已建好，并添置必要的办公设备和会议台等。改善村委会的办公条件，增强村级组织的凝聚力。

【党的群众路线教育实践活动】 2014年3月以来，重阳镇按照上级要求和部署，认真开展党的群众路线教育实践活动，先后组织集中学习28余次、撰写心得体会22篇。班子成员深入调研8余次、发放征求意见表88余份、解决群众难题12个。聚焦“四风”，查摆共性问题28个、个人存在的各类问题26个，建立整改台账，多次修改整改报告，抓长效机制建设，结合实际，新建、完善6项制度，健全工作机制。

【民生工程】 重阳镇筹资35万元兴建黄岸村委会南岸村文化楼，改善群众文娱场所；筹资220多万元修建在2013年“8·15”洪灾中被严重冲毁的陀村桥和大夫前桥梁，2014年7月底已全面完工并建成通车；筹资71.6万元修建黄岸村委南岸村小组、九联村委两条乡村公路，共2.46公里；筹资80万元抢修九联村委陀村、枧头村、黄岸村委黄土坛村、大夫前村委等河段河堤，共1500米；筹资100多万元兴建重阳村委、黄岸村委办公楼；万侯徐屋红十字博爱新村建设顺利完工，43户村民于2014年1月喜迁新居。

【综治创平维稳】 利用“和事佬”协会专门调处百姓之间的纠纷；创新“治保主任联席会议”召开模式，把会议开到村组会；开展“万家灯火”活动，利用中午和晚上时间上门走访，进村入户，点亮万家灯火，点亮平安之灯，点亮和谐之灯。形成“小事不出村，大事不出镇”的良好局面，成功解决九联坨村村民广乐高速征地补偿款争议、重阳村委麻地埂村民陈明胜被墩夹子一村民烧伤事件等矛盾较为突出的问题。全年共受理矛盾纠纷案件30宗，成功调处29宗，调解成功率96.7%。

【计划生育】 重阳镇争取资金10万元完成重阳计生文化公园建设，开辟计生文化宣传及周边群众休闲的新阵地。重点开展春季、秋季、冬季计生集中服务活动和流动人口专项管理活动。扎实开展清理“四术库存”活动，共完成“四术库存”清理任务270例。其中结扎38例，上环201例，补救措施31例，全镇出生婴儿255人，计划生育率91.37%。

【文化教育工作】 2014年，全镇开展奖教奖学活动，共投入24700元，奖励12名优秀教师，32名优秀学子。募集社会捐助金、企业助学金2万元，资助3名贫困学子。在全镇形成“尊师重教”的良好氛围。

【国土城建】 重阳镇组建成立镇查违办，全年巡查148人次，发出违建通知书61份，依法开展拆违行动5次，拆除“两违”建筑562平方米。

【社会保障】 全镇（街）参加农村合作医疗（城镇医疗保险）人数12553人，覆盖率69.9%，全年住院和门诊医疗补贴 12533 人次，310 多万元。

【民政优抚】 重阳镇敬老院供养五保户24人，保障五保对象的基本生活；全镇低保户216户，410人，每月人均领取低保费130.00元；退役军人42人每月人均领取优抚费320.00元；困难党员、80岁以上老党员共65人，发放慰问金共计13000.00元；走访困难党员11户，每户送上1袋大米和1桶花生油。

【武装工作】 重阳镇严格按照区人武部工作要求，组织2人参加4月份为期9天冲锋舟训练；2人参加10月份为期45天高炮训练；重阳镇适龄青年踊跃报名应征入伍，征兵工作严格把关，经过层层筛选，共选送新兵5人。重阳镇人民武装部连续两年获得区“武装工作先进单位”称号；连续三年获得区“征兵工作全优单位”称号。

【档案工作】 2014年收集文书档案9卷，其中永久4卷，长期5卷。

【重阳街道社区居委】 位于重阳镇中心，东接黄岸村委，南抵重阳村委，西抵青暖村委，北临九联村委。辖3个居民小组，总户数130户，户籍人口1118人。现有“两委”干部4人，党员18人。重阳街道居委会于1951年设立，当时居民大多数从事小商业活动。

【重阳村委】 位于重阳镇中心方向。东接黄岸村委，南抵社区居委，西抵青暖村委，北临社区居委。辖9个村民小组，总户数498户，户籍2638人。现有村支两委干部5人，党员70人。该村经济来源以农业为主，主要作物有水稻、蚕桑、花生，地处街镇中心的优势使该村的工商业较发达，有较多的农民从事加工、运输、饮食等服务行业，为村经济的发展起到推进作用。

【青暖村委】 位于重阳镇西南方向，距重阳镇中心2公里。东接重阳村委，南抵万侯村委，西抵乳源游溪镇，北临社区居委。辖9个村民小组，总户数425户，户籍2016人。现有村支两委干部5人，党员165人。主要生产水稻、花生、种养蚕种、三华李等。矿产资源较丰富，主要有陶瓷矿、白钨矿等。目前，青暖温泉开发项目已确定为武江区2014年广东省重点建设预备项目。

【万侯村委】 位于重阳镇西南方向，距重阳镇中心6公里。东接妙联村委，南抵乳源一六镇，西抵乳源游溪镇，北临青暖村委。辖9个村民小组，总户数583户，户籍3038人。现有村“两委”干部6人，党员97人。万侯资源丰富，主要矿产有陶瓷矿、白钨矿、铅锌矿等；旅游资源有万侯油菜花基地、4颗300年以上的榕树和抗日战争前为躲避土匪而建的2座炮楼，颇有历史价值；主要种植皇帝柑、杨梅、花生、水稻。

【九联村委】 位于重阳镇西北方向，距重阳镇中心2.6公里。东接重阳村委，南抵青暖村委，西抵乳源游溪镇，北临大夫前村委。辖4个村民小组，总户数573户，户籍2300人。现有村支两委干部5人，党员53人。该村经济来源主要以农业为主，其中有成立西瓜合作社。2014年，九联村大修农田水利惠泽民生。

【大夫前村委】 位于重阳镇西北方向，距重阳镇中心3公里。东接水口村委，南抵九联村委，西抵乳源游溪镇，北临乳源桂头镇。辖6个村民小组，总户数265户，户籍1300人。现有村“两委”干部5人，党员38人。该村经济来源主要以农业为主，长期以来主要种植水稻、花生。近年来，积极推广种植的“澳洲黑美人”西瓜在韶关小有名气，对该村经济的发展起到巨大的推动作用。

【水口村委】 位于重阳镇东北方向，距重阳镇中心6公里。东接武江河，南抵黄岸村委，西抵黄土坛村，北临乳源桂头镇。辖10个村民小组，总户数505户，户籍2380人。现有村“两委”干部5人，党员73人。水口主要生产水稻、花生等作物。森林资源颇为丰富，有多棵千年以上的樟树和榕树。

【黄岸村委】 位于重阳镇东面方向，距重阳镇中心1公里。东接水口村委，南抵重阳村委，西抵九联村委，北临大夫前村委。辖8个村民小组，总户数430户，户籍1976人。现有村

“两委”干部7人，党员53人。主要种植：水稻、花生、西瓜。

【妙联村委】 位于重阳镇南面方向，距重阳镇中心10公里。东接西河坑尾，南抵龙归后坪，西抵万侯村委，北临青暖村委。辖9个村民小组，总户数297户，户籍1540人。现有村“两委”干部6人，党员36人。妙联林地资源较丰富，经济发展有靠山吃山的特色，有一个生姜合作社，主要农作物有竹笋、生姜、茶树菇、蘑菇、冬笋等。2014年，洞头源村小组完成全村新房改建工作；引进资源，建成茶树菇培育基地。

重阳镇领导名录：

书　记：刘拥军（—2014.7）
　　　　谭木初（2014.8—）
副书记：龚映韶
　　　　刘　武
委　员：黄　超
　　　　何志顺
　　　　侯福清
　　　　孙青文（—2014.9）
　　　　黄振天
　　　　黄明富
　　　　梁满洪
人大主席：刘拥军（—2014.9）
副 主 席：侯福清
　　　　谭木初
镇　　长：龚映韶
副 镇 长：黄振天
　　　　黄明富
　　　　丘日雄
纪委书记：黄　超
武装部长：孙青文（—2014.9）

（撰稿人：龚　文）

惠民街道办事处

【概况】 惠民街位于武江区东部。辖区东起武江北路，西至建设路（天子岭新村），南起工业大道，北至五里亭大桥西侧与塘湾村毗邻，管辖面积为6.2平方千米。2014年，辖沙湖、沐阳东、冷水坑、侨新、幸福、群康、群立、新华北、黄田坝、武江北、惠民北、新村和东岗岭13个社区居委会，社区居委干部78名。全街道有常住人口为24183户、58701人，流动人口6808人，人口密度为每平方公里13744人。街道有高中1所，初中1所，小学4所，幼儿园16所，在校学生10564人；有文化站1个。参加医疗保险人数20897人，覆盖面98%。

根据《关于印发〈韶关市武江区惠民街道办事处职能配置、内设机构和人员编制规定〉的通知》（韶武机编〔2005〕39号）和《韶关市武江区事业单位分类改期实施方案》（韶武府〔2014〕5号）文件精神，办事处内设四办两所一站，分别为党政办公室、社会事务办公室、计划生育办公室、综治维稳办公室，人力资源社会保障所（公益一类事业单位）、司法所（区派驻机构）及文化站（公益一类事业单位），共有行政编制15名，其中，领导职数7名：工委书记1名，主任1名，专职工委副书记1名，副主任3名，武装部长1名（副主任级）。下辖13个社区居委会，社区居委干部编制78名。有市直科级以上单位59个，其中中学3所、小学5所，市直医院和门诊5所。

2014年，惠民街在区委、区政府的正确领导下，紧紧围绕中心工作，以党的群众路线教育为统领，以构建和谐社区为主题，立足实际，锐意进取、突破难点、创新发展，各项工作取得了显著成效。以居民工作为基础，以社区建设和城市管理为重点，组织协调落实好社会管理工作，街道先后荣获国家荣誉称号1个、省级荣誉称号1个、市级荣誉称号4个。

【党建工作】 党的群众路线教育实践活动是惠民街2014年党建工作的中心任务，是开展各项工作的重中之重。在区委第二督导组的具体指导帮助下，惠民街按照“照镜子、正衣冠、洗洗澡、治治病”的总要求，紧密围绕为民务实清廉的主要内容，紧密聚焦“四风”突出问题，联系工作实际，扎扎实实完成学习教育、听取意见，查摆问题、开展批评，整改落实、建章立制三个环节的工作任务，达到预期的目标。

开展机关在职党员到社区报到为群众服务活动。街道和社区作为机关在职党员到社区报到为群众服务的枢纽，惠民街道党工委高度重视，三项举措做好承接准备，早动员、明职责，重培训、明程序，设岗位、建台账。

社区党建文化活动精彩纷呈。惠民街分别在6月30日和9月27日晚，举办党的群众路线教育实践活动文艺会演喜迎“七一”和迎国庆文艺晚会，使社区居民群众在歌舞中感受到党的光辉普照和我们党走群众路线的决心，激发居民群众更加热爱党、相信党、拥护党的思想，生动诠释群众路线教育实践活动的目标和意义。

党代表工作室建设情况。2014年，惠民街共组织街道7名区党代表开展36次接访活动，登记群众来访51人次，全部进行造册登记，并按照接访流程对接访问题进行分类办理和答复，已办理22件，为群众做好事、实事29件。

【社区建设】 社区办公场所建设按照省委、省政府《关于全面推进平安和谐社区建设的意见》精神，围绕构建和谐武江的主题，开展创建“六好”（自治好、管理好、服务好、治安好、环境好、风尚好）社区活动，从而推动社区的各项建设。通过多方协调沟通，促使辖区内新建的住宅小区提供社区办公用房，同时与有条件的驻区单位帮助社区解决或改善社区办公条件。惠民街多方筹措资金，投资12万元分别对群立、新村社区居委新的办公场所进行装修，统一购置办公桌椅、培训桌椅、书柜、档案柜等办公设施和办公用品；办公场所里面设有办事平台、培训室、计生服务室、警务室、调解室等各种为社区居民服务的设施。目前，这两个社区已搬入新的办公地点办公。同时，以街道服务中心为主阵地，指导各社区服务站开展全方位、宽领域、多层次服务活动。场室使用率高，并落实社区正常工作经费和工作人员的工资补贴。并建立健全社区建设工作机制，提高社区工作人员的工作效率，使各项社区建设落到实处。

【民心工程】 抓好低保、廉租房经适房申请及残疾人、单亲母亲、特困职工帮扶工作。一是根据低保工作规定。二是严格按照要求抓好廉租房、经济适用房、公共租赁减免房租的审核工作。受理廉租房申请204户，经审核，符合条件上报37户；受理公共租赁减免房租申请220户，经审核，符合条件已办理低收入证明家庭150户。三是继续做好残疾人帮扶工作。做好重度残疾人、低保户中的残疾人的摸底调查工作，救助低保家庭383人次。

不断完善救助救济服务工作。通过“爱心超市”社会救助平台，把救助救济服务延伸到社区，使服务经常化、制度化。2014年，共发放物资慰问家庭897户次，其中救助单亲特困母亲家庭315户次，救助特困党员151人次，孤儿16人次，救助孤寡老人78人次。

努力提升居民生活品质。优化服务质量，狠抓就业工作，特别是对下岗失业人员和就业困难人员实施重点帮扶，积极帮助就业、再就业人员实现就业和再就业。扩大社保参保面，切实做好全民医疗保险的办理工作，做到不遗漏一家一户，2014年全街共有购买城镇居民医疗保险19865人，城镇居民养老保险1107人。

【综治维稳工作】 狠抓综治维稳，确保安定团结。2014年，惠民街开展书记大接访活动10次，各类专项整治行动8次，接待群众来访60多批120多人次，组织矛盾纠纷排查15次，调处信访案件90多宗，其中各社区工作站调处各类矛盾纠纷48件，调处率100%，成功调处率98%。

【计生工作】 切实加强党政对人口和计划生育工作的领导。坚持“一把手亲自抓、负总责，班子成员齐抓共管”的领导格局，实行包挂责任制，定期检查，制定符合辖区实际的工作计划。10月，再添置一批电脑，将部分居委的电脑进行升级和更换，保证计生工作的正常开展。2014年，惠民街共出生710人，出生率为9.66‰，自然增长率为4.64‰，计划生育率91.13%；落实“四术”380例，综合节育率达80.57 %。

【档案工作】 2014年，街道办档案立卷12卷，其中永久4卷，长期3卷，短期5卷。

【表彰情况】 2014年，惠民街道荣获韶关市非公有制经济组织党建工作“示范点”、韶关市人口与计划生育先进单位；惠民街黄田坝社区获中国人口计生协会的“人口和计划生育基层群众自治示范村居”、惠民街侨新社区获”广东省宜居社区”、惠民街沙湖社区获”韶关市妇女之家”和”韶关市文明社区称号”。

【沙湖社区居委】 位于山水华府旭川园八栋二层，办公场所320平方米。辖区范围：东起惠民街道办事处，西至长城世家小区，南起工业西路，北至市第二水厂，面积0.8平方公里。常住人口3629户9697人。主要道路有工业西路、沙湖路。

【沐阳东社区居委】 位于华馨花园A栋202，办公场所174平方米。管辖范围：东起韶关市博物局，西至沐阳东路16号，南起工业西路，北至韶关市镇泰工业有限公司。面积0.6平方公里。常住人口2895户7560人。主要道路有工业西路、沐阳东路。

【冷水坑社区居委】 位于芙蓉北路7号水泥厂宿舍楼二楼，办公场所278平方米。管辖范围：东起利苑酒店（工业中路45号），西至惠民街道办公楼，南起工业西路，北至黄屋村，面积0.4平方公里。常住人口1787户5540人。主要道路有工业大道路、西冲路。

【侨新社区居委】 位于工业中路侨新小区鸿福大厦D座二楼，办公场所330平方米。管辖范围：东起立交桥北侧，西至工业中35号，南起工业中路，北至群康路口，面积0.3平方公里。常住人口2018户6356人。主要道路有工业中路、景秀路。

【幸福社区居委】 与侨新居委合用办公场所，管辖范围：东起幸福路，西至同心酒店，南起工业中路，北至幸福家园二期，面积0.2平方公里。常住人口714户2142人。主要道路有幸福路。

【群康社区居委】 群康路2号明居园1-2号，办公场所118 平方米。管辖范围：东起新华北路，西至幸福家园，南至侨新小区，北至姐妹岭，面积0.6平方公里。常住人口1624户5685人。主要道路有松山路，群康路。

【东岗岭社区居委】 位于新华北路以南、工业东路以北的山岗上，办公面积316平方米。管辖范围：东起新建路，西至新华北路，南至工业东路，北至新华北路，面积0.3平方公里。常住人口3471户12150人。主要道路有工业东路新华北路、新建路。

【新村社区居委】 与东岗岭社区居委合用办公场所。管辖范围：东起惠民北路，西至新建路，南至工业东路，北至新华北路，面积0.2平方公里。常住人口1682户5886人.主要道路有惠民北路、新华北路、工业东路。

【新华北社区居委】 位于新兴路二号虾公山下城市花园内B幢201-202号，办公场所212平方米。管辖范围：东起惠民北路，西至新兴路，南至新华北路，北至公安巷，面积0.5平方公里。常住人口4312户11855人。主要道路有新华北路、惠民北路、新兴路、新群路。

【群立社区居委】 与新华北居委合用办公场所。管辖范围：东起惠民北路，西至新兴路、虾公山，南至公安巷、干休所，北至市委党校，面积0.8平方公里。常住人口2126户6370人。主要道路有惠民北路、新兴路。

【武江北社区居委】 位于光孝路7号，办公场所192平方米。管辖范围：东起武江北路，西至惠民北路，南起武江桥，北至黄田坝小学，面积0.3平方公里。常住人口1980户6682人。主要道路有武江北路、惠民北路。

【黄田坝社区居委】 位于惠民北路68号城市花园A1栋2楼，办公场所350平方米。管辖范围：东起武江河，西至惠民北路，南至黄田坝小学，北至江湾名庭路，面积0.4平方公里。常住人口3073户9219人。主要道路有武江北路、惠民北路。

【惠民北社区居委】 与黄田坝居委合用办公场所。管辖范围：东起武江河，西至市化工厂打石场，南至市委党校，北至塘湾村委南，面积0.8平方公里。常住人口1440户5042人。主要道路有武江北路、惠民北路、江湾名庭路。

惠民街道办事处领导名录：

书　　记：古寿英（女）
副 书 记：汤应辉
　　　　　叶　盛
委　　员：张志红（女，挂职，2014.12—）
　　　　　王　成
　　　　　杨伟波
主　　任：汤应辉
副 主 任：张杰峰（女）
武装部长：杨伟波

（撰稿人：李林霖）

新华街道办事处

【概况】 新华街道位于武江区东部，办公地点位于武江区新华南新民路21号。辖区东起武江桥，西至西郊六千米，南至百旺大桥，北至工业路，以及曲仁红尾坑矿宿舍区。管辖面积为13.84平方千米，辖乳韶、工业西、工业中、芙蓉北、沙洲、金洲、芙蓉东、惠民东、惠民西、五祖路、工业东、武江南、新华南、红尾坑、花城、利民16个社区居委会，其中利民居委正在筹建；街道常住人口为108585人，户数为41706户。全街有初中2所，小学5所，幼儿园24所，在校学生9641人；有文化站1个。全街参加医疗保险人数26188人，全年住院和门诊医疗补贴64人次，14.59万元。主要旅游景点有芙蓉山国家矿山公园。2014年，获得荣誉称号有市政府颁发的“韶关市计划生育工作先进单位”等。

新华街道办事处设4个内设机构：党政办、计生办、社会事务办、综合办，2个下属事业单位：文化站、人力资源社会保障所。

【党的群众路线教育实践活动】 自开展教育实践活动以来，街紧扣中央、省、市、区会议精神和街道工作实际，以转变干部作风、提高工作实效、让群众得实惠为出发点和落脚点，积极开展送政策帮群众释疑解惑、送温暖帮群众排忧解难、送健康帮群众调适身心的活动，开展多次走访、座谈和调研，多方收集意见建议，注重从关系群众切身利益的问题中查找“四风”问题具体表现，进行认真的分析和梳理，撰写对照检查材料，开展谈心谈话活动，对征求的意见建议立行立改，出实招、办实事、求实效，以解决群众需求来落实工作，促进活动开展。活动期间街道各级党组织共开展各类学习活动20余场次，参加人数600余人次，立行立改项目6个，为民办好事实事229件，帮扶困难家庭250余户。抓好武江区十大民心工程之一的新华街社区活动中心项目建设、红尾坑社区乡村公路的修复、先锋志愿服务队志愿服务、改善居委会办公条件等这些群众最关心、最直接、最现实的民心工程的落实，让群众充分享受到活动成果，赢得广大人民群众的普遍拥护和社会的欢迎。

【党建党群工作】 街党工委认真抓好街道党政干部职工、社区两委班子成员的思想、作风建设和组织建设。坚持党员“三会一课”制度，开好支部大会和支委会，规范党建工作，抓好党员教育管理，注重党员日常政治理论、业务知识学习，积极引导党员干部通过学习把握正确的政治方向。一是积极开展活动，增强党员凝聚力。开展“献爱心”活动，关心弱势群体。平时对生活困难和年老及体弱多病的党员进行慰问；春节、建党节等重大节日上门慰问社区困难党员和老党员，发放慰问金；利用社区爱心超市筹集的衣服、粮、油等生活用品，发放给困难居民，切实送去党组织的温暖。二是注重培养和发展新党员。党支部严把发展党员质量关，认真做好培养、发展、纳新工作，街党工委接受入党积极分子入党申请书11份，15名同志被吸纳为预备党员，增强党员队伍的新生力量。

【社区“两委”换届选举】 切实抓好第五届社区“两委”换届选举，街道严把“条件关”“公示关”“考察关”，规范程序，做到坚持原则不动摇、法定程序不变通、规定步骤不减少、严守纪律不放松，促使社区“两委”换届选举工作依法依规进行，取得圆满成功。共选出社区居委会成员96人，社区党支部委员会成员48人，书记、主任“一肩挑”和支委委员、居委委员交叉任职比例均达100%。本届“两委”班子平均年龄36岁，大专以上学历的达80.2%，学历层次更高，年龄结构更合理，实现社区干部班子的年轻化、知识化和专业化，为今后街道社区的管理和服务奠定坚实的基础。

【社区建设】 街道重点抓好花城社区街道社区活动中心建设项目，按照动静分开、功能综合的原则进行建设。新华街道社区活动中心于6月底竣工，7月4日正式对外投入使用，具备书画教学、创作、图书借阅、网络畅游、数据检索、科普展示、知识讲座、社区影院、会议、培训等社区各类服务功能。项目设施辐射惠及沙洲尾片区3.4平方公里近3万居民。街道道将继续完善社工组织、党员青年服务团队建设，为群众提供日常化、专业化的服务。

【创文巩卫】 努力抓好巩卫创文工作的组织、协调、指导，推动活动深入开展，组织开展环境卫生集中整治活动，清除卫生死角，规范集贸市场秩序，创造整洁优美的城市环境。利用重大节日开展好文明宣传，积极开展志愿服务、社会救助等公益活动。加强未成年人思想道德建设，发挥好辖区内文化馆、图书馆、爱国主义教育基地等设施的作用，为广大青少年创建益德益智、愉悦身心的成长平台。

【民心工程和落实惠民政策】 2014年，街道劳动保障所为1432名大龄困难就业人员发放春节慰问金42.96万元，年审再就业优惠证2895本，办理城居医保22924人，养老保险1090人。爱心超市为350多人次发放慰问、救灾物资近4万元，开展全国第三次经济普查核查工作，深入各普查区开展“地毯式”核查，确保核查数量和质量。此外，街道对人力资源社会保障公共服务平台场所进行扩建，更好地在就业、社保、退休人员管理等方面提供更为便利、快捷的服务。办理城乡居民医保补缴378人；办理就业困难人员认定59人；办理企业申请社保补贴申请共计105人次，岗位补贴申请52个单位，118人；灵活就业人员备案登记22人；开展“春风送暖”爱心物资发放、扶贫济困日捐款活动，共为681多人次发放慰问救灾物资合计3.6万元，接受社会捐款捐物4万余元。

【综治维稳和安全生产工作】 认真落实包案责任制，强化责任担当意识，街道制定有信访维稳和重大节日期间的书记、主任信访接待日活动方案，落实领导包案制度和实行领导下访。加强与公安、工商、消防等部门的协作，开展春节前安全生产和食品安全等检查工作，确保街道2014年春节、清明、“五一”、“6·26”和全国、省、市“两会”期间街道社区的社会稳定。同时，扎实做好“三防”工作，避免自然灾害，并结合天气雨水不稳定，坚持24小时值班制度，保持信息畅通，确保人民群众生命财产安全。

【人口和计划生育】 通过落实层级动态管理责任制、清理“四术”库存对象、开展流动人口专项服务管理、计生集中服务月等活动，街道计划生育率、政策内生育率、长效措施落实率等三项指标均在全市排名靠前。2014年，街道户籍人口出生957人，其中一孩出生715人，二孩出生221人，三孩及以上出生21人，政策内生育率96.35%；四术合计554例，其中结扎114例、上环351例、补救措施89例。全员人口信息个案完整率达99.9%以上，逻辑准确率达99.9%以上。

【芙蓉北社区居委】 位于芙蓉北路16号。辖区范围东起林桥坑至寓山路，西至劳教所门前路，南至芙蓉山脚，北至芙蓉新城吉祥路口，面积为1.3平方公里，常住人口6914人，户数1730户。主要道路有芙蓉北路、吉祥路、津头岭一至五横巷、津头岭新村路8条；驻辖区单位：市属韶关市劳教所、韶关市看守所、韶关市救助站、韶关市交通拯救队、韶关市安全生产监督局；有区属至和汤邓淑芳小学一所。

【乳韶社区居委】 该居委与芙蓉北居委联合办公，辖区范围东起劳教所门前路，西至西郊六公里，南至芙蓉山脚，北至工业西路，面积为1.3平方公里，常住人口12860人，户数3546户。主要道路有乳韶路、建设路、工业西路3条；驻辖区单位：市气象局、市劳动和社会保障局、市检察院、市疾病预防控制中心、市属韶关粤北第二人民医院、韶关市中心血站、韶关市林科所、韶关市农科所、韶关市水文分局、韶关市食品药品检验所、市第九中学、韶关市医学院西郊中专部、区镇泰小学、利民制药厂、宏大齿轮厂。

【工业中社区居委】 位于新津路华泰花园21栋3号，办公场所256平方米。辖区范围东起新华南路，西至芙蓉一路，南至水泥厂后门路，北至工业中路，面积为0.7平方公里，常住人口15095人，户数4678户。主要道路有工业中路、乳韶路、新津路、水泥厂后门路、芙蓉一路5条；驻辖区单位：市属韶关市健康教育所、市水产局，区华泰小学、武江区公安分局、工业中派出所、韶关市第二建筑工程公司。

【工业西社区居委】 位于如意路金芙蓉大厦首层8号，辖区范围：东起芙蓉一路，西至沿寓山路，南至吉祥路，北至工业西路，面积为0.7平方公里，常住人口12580人，户数3890户。主要道路有芙蓉一路、二路、吉祥路、工业西路、如意路、寓山路6条；驻辖区单位：市属韶关市第十四中学。

【五祖路社区居委】 位于体育东路18号，办公场所320平方米。辖区范围：东起体育东路，西至新华南路，南至亨泰路，北至体育中心路，面积为0.7平方公里，常住人口10326人，户数3103户。主要道路有体育东路、五祖路、亨泰路3条；驻辖区单位：省属核工业广东矿冶局；市属韶关军分区新华南路离职干部休养所、韶关市军队离退休干部五祖路休养所、韶关市爱国卫生运动委员会、韶关市环境卫生监测站。

【工业东社区居委】 该居委与五祖路居委联合办公，辖区范围东起五祖路，西至新华南路路，南至体育东路，北至工业东路。面积为0.53平方公里，常住人口5833人，户数1608户。主要街巷有工业东路、五祖路、新华南路、体育东路4条。驻辖区单位：省属广东省第五建筑工程公司、广东省核工业地质局韶关基地，韶关市公安局消防支队、韶关市卫生监督所、韶关市西河体育中心、韶关市工业东19号军休所；区属武江区红星小学一所，韶关市湖心宾馆、倚山商务酒店。

【惠民西社区居委】 位于惠民南路136号，办公场所304平方米。辖区范围东起惠民南路，西至新华南路，南至韶能集团、南枫花园，北至五祖路、亨泰路，面积为0.6平方公里，常住人口10980人，户数2960户。主要街巷有：市计生局门前路、亨泰路、惠民南路、新华南路；驻辖区单位：省属韶能集团；中国人民银行韶关市支行、市工商行政管理局、市属韶关市档案馆、韶关市老干中心、韶关市卫生局、韶关市计生局、韶关市建筑工程质量安全监督站、韶关市农村信用合作联社、韶关市客运西站、韶关市启智学校、韶关市农机学校；武江区人民政府、武江区国土资源分局、区地税局、武江新华街社区卫生服务中心；韶关市水利水电勘察设计咨询有限公司。

【惠民东社区居委】 位于武江南路158号，办公场所430平方米。辖区范围：东起武江南路，西至惠民南路，南起北江桥头，北至田家炳中学西边围墙，面积为0.7平方公里，常住人口8325人，户数3338户。主要街巷有惠民南路、武江南路、光明巷3条；驻辖区单位：粤北医院、韶关学院医学院；韶关市美穗美达多粮油股份有限公司。

【武江南社区居委】 该居委与惠民东居委联合办公，社区于2005年4月在城市区域调整时设置，其前身为新华街工农巷社区，辖区范围：东起武江南路，西至惠民南路，南起田家炳中学，北至武江桥头。面积为0.7平方公里，有常住人口8985人，2850户，主要街巷有工农巷、武江南路、惠民南路、光明巷；驻辖区单位：韶关市中医院、韶关市皮肤医院、韶关市爱民女子医院、田家炳中学、广东发展银行韶关分行、武江区向阳小学。

【金洲社区居委】 位于沙洲尾福彩路5号，办公场所有280平方米。辖区范围：东起沿江西路（鸿洲花园至石背窝路口）；西至芙蓉东路（石背窝路口至金泽园南侧）；南起芙蓉新城南端至石背窝路口；北由金泽园至金福园南边路。面积0.82平方公里，常住人口14261人，户数4361户。主要道路：金洲一横路、金洲二横路、金洲三横路、金洲四横路、芙蓉东路、沿江西路、沙洲路；驻辖区单位：韶关市福利彩票发行中心、韶关市镇泰机电发展有限公司、韶关市爱尔眼科医院、韶关市圣亚泌尿外科医院。

【沙洲社区居委】 该居委与沙洲居委联合办公，辖区范围：东起沿江西路，西至芙蓉东路，南至金福园南边，北至新华南路，面积为0.78平方公里，常住人口10863人，户数3685户。主要街巷有：沿江西路、芙蓉东路、新华南路、市地方税务局门前路，金福园南侧路两条；驻辖区单位：市地方税务局、市城管局、市人才交流中心、区属武江区人民法院、金福园小学、田家炳中学初中部。

【新华南社区居委】 位于新华南路一横巷1号，办公场所有500平方米。社区于2005年4月在城市区域调整时设置，其前身为新华街西岸社区。辖区范围：东起新华南路，西至芙蓉山脚，南至新华南路一横巷，北至水泥厂后门路。面积0.96平方公里，常住人口5621人，3224户。主要街道有新华南路、水泥厂后门路、市郊供电局门前路、新华南路一横巷。驻辖区单位：广东省矿产应用研究所、广东中烟工业公司韶关卷烟厂、武江区民政局、武江区残疾人联合会、新华街道办事处。

【芙蓉东社区居委】 该居委与新华南居委联合办公，辖区范围：东起新华南路，西至芙蓉山脚，南至芙蓉东路，北至新华南路一横巷，面积为1.21平方公里，常住人口7473人，户数2491户。主要街巷有新华南路、烟草机械厂路、上连冲路、下连冲路、芙蓉东路、新华南路一横巷6条；驻辖区单位：省核工业地质局测绘院；市属韶关市第二拖拉机厂、韶关市烟草机械配件厂有限公司、韶关市锅炉设备安装公司；武江区教育局。

【红尾坑社区居委】 位于曲仁红尾坑矿宿舍区，经区人民政府批准，于2005年6月10日设立。辖区范围为原曲仁红尾坑矿宿舍区，面积0.74平方公里。有常住人口2194人，742户。驻辖区单位：韶关市红光水泥实业有限公司、韶关市世邦新型建材实业有限公司。

【花城社区居委会】 位于武江区芙蓉东路178号碧水花城8栋负一层2，是区政府2011批准成立的社区。辖区范围：东起沿江路，西至芙蓉山，南至百旺大桥，北至沙洲五路，辖区面积2.1平方公里，总人口8440人，户数3656户。主要道路为沿江路一带。驻辖区单位：韶能集团、区人武部、省属核工业华南技工学校。

新华街道办事处领导名录

书　记：钟　真（女）
副书记：欧伟强（—2014.8）
　　　　王洪明（2014.12—）
　　　　龚存进
委　员：胡慈芬（女）
　　　　刘蜜书
　　　　周　明
　　　　谭冬连（女）
主　任：欧伟强（—2014.8）
副主任：胡慈芬（女）
　　　　刘蜜书
武装部长：刘　薇（女）
纪工委书记：周　明

（撰稿人：林东韶）

人物·荣誉

2014年获市级以上先进单位（个人）称号名录

表4

获奖单位（个人）	授予单位	荣誉称号
韶关市武江区	国家知识产权局	2014年全国知识产权强县工程示范县（区）
武江区国家税务局	省委、省政府	广东省文明单位
武江区国家税务局	省国税局	广东省国税系统先进集体
新华街道	韶关市政府	人口计生育工作先进单位
惠民街道	韶关市政府	人口计生育工作先进单位
惠民街黄田坝社区	中国人口计生协会	人口和计划生育基层群众自治示范村居
惠民街道新华南居委	中国地震局	国家地震安全示范社区
新华街道关工委	省关工委	五好基层关工委先进集体
惠民街侨新社区	省住建厅	广东省宜居社区
新华街道	共青团市委	韶关市青年文明号
武江区侨联	省人社保障厅、省侨联	广东省侨界贡献奖
武江区计划生育服务站	省妇女联合会	2013年度广东省“巾帼文明岗”
区国税局纳税服务股	省妇联	2013年度广东省“巾帼文明岗”
区国税局税源管理一股	省国税局、共青团省委	2012—2013年度广东省国税系统青年文明号
新华街道	市委组织部	非公有制经济组织党建工作“示范点
惠民街沙湖社区	市妇联	韶关市妇女之家
惠民街沙湖社区	市文明委	韶关市文明社区
武江区卫计局	市文明委	韶关市精神文明建设先进单位
武江区计划生育服务站	市文明委	韶关市文明示范窗口
惠民街道芙蓉东居委	市文明委	韶关市文明社区
武江公安分局 范磊	省公安厅	广东省优秀人民警察
区财政局 陈雪延	市妇联	韶关市城乡巾帼建功先进个人
区环卫所 韩梅芳	市总工会	韶关市工会女职工先进工作者
惠民街沐阳东社区居委会 梁洁华	市总工会	粤北建功立业女能手
新华街道办事处 陈朝辉	市总工会	粤北建功立业女能手

先进事迹

韶关市城乡巾帼建功先进个人 陈雪延

陈雪延，女，1964年6月生，广东英德人，中国共产党党员，行政管理本科学历，1986年8月参加工作，1995年11月入党，先后在武江区审计局、财政局等部门工作。2012年就任区财政局局长以来，以饱满的工作热情，认真负责的态度对待每一项工作，带领全体干部、职工全力完成组织交办的各项任务，财政收入一年上一个新台阶，2012—2014年全区一般预算收入完成101475万元，每年平均增幅达16%以上，取得了显著的成效，得到了领导的肯定和同志们的一致好评。2010年获市创建国家园林城市工作先进个人、2010年—2011年在年度公务员考核中连续两年评为优秀等次、2011年被评为区优秀共产党员，2014年获韶关市城乡巾帼建功先进个人。面对所取得的成绩，她不自满，总是以一名共产党员的标准严格要求自己，表率作用明显。

韶关市工会女职工先进工作者 韩梅芳

韩梅芳，女，1979年2月生，山东滨州市三河湖镇人，中共党员，大专学历，2005年1月参加环卫工作，现任环卫所惠民站队长一职。她时刻把本职工作放在首位，每天早出晚归，她时常与其他职工工作在第一线，以身作则，不怕脏、不怕苦、不怕累，全身心地投入工作中，把一颗火热的心和满腔的爱都奉献给了环卫事业。尤其是在“创文”期间，她带领工人们向管辖范围内的一个个“脏、乱、差”的卫生死角发起攻坚战，每天从早上6点工作到晚上12点，把那些难啃的“硬骨头”全部啃了下来，那段时间，她每天累得连上楼回家的力气都没有了。为了工作，她舍“小家”为“大家”，特别是对年幼的孩子亏欠很多，连孩子什么时候学会叫妈妈，什么时候学会走路都不知道……每每想到这些，她都觉得对家人很歉疚，但是，她深知她工作的特殊性和价值。因此，她辛勤付出，努力拼搏，在平凡的岗位上尽职尽责，淡泊名利，无私奉献，以“老黄牛”精神树立了新时代环卫工人的形象。2014年，她被评为韶关市工会女职工先进工作者。

韶关市十佳卫士 张俊明

张俊明　男，1976年5月生，广东仁化县人，中共党员，大学本科学历，2001年1月参加公安工作，先后在韶关市公安局武江分局派出所、刑侦大队等部门工作，现任韶关市公安局武江分局刑侦大队副大队长。张俊明同志自参加公安工作起就一直战斗在公安工作第一线，一干就是十多个年头。在刑侦工作生涯里，他以令人难以置信的超人意志和过人的胆识智慧，攻克

了众多的重特大和疑难案件。他在侦办每一起大要案中，都始终坚守在最前沿，关键时刻，能够冒着生命危险，冲锋在前，体现出了一个共产党员的良好精神风貌。2011年，武江辖区陆续发生6起命案。张俊明带领民警攻坚克难、连续作战、顽强拼搏，终于将6起命案逐一快速侦破。自全国公安机关开展“清网行动”以来，张俊明同志充分发挥刑侦民警的尖刀作用，综合运用多种手段，想尽千方百计，克服重重困难，频出工作高招，先后多次带队，到湖南各个地市追逃。经过不懈努力，成功劝投和抓捕网上在逃人员多名，为分局的“清网行动”增添优异的战果。2013年，张俊明带领民警四人，辅警十五人，成立“打防小分队”专门负责打击街面犯罪。短短数月，他们就共抓获涉案人员100多名，缴获涉案摩托车及助力车近30辆，破获案件110宗，有效打击了双抢及盗窃摩托车违法犯罪高发势头。2014年5月，张俊明同志被韶关市公安局授予第二届韶关“十佳卫士”荣誉称号。

统计资料

武江区2014年国民经济和社会发展统计公报

武江区统计局

2015年3月27日

2014年，全区人民在区委、区政府的正确领导下，认真贯彻落实党的十八大和十八届三中、四中全会及省委、市委全会精神，深入学习贯彻习近平总书记系列重要讲话，深入开展党的群众路线教育实践活动，以发展为第一要务，凝聚力量，攻坚克难，抢抓机遇，开拓进取，全年经济发展稳中有进，各项社会事业健康发展。

一、综合

初步核算，全区生产总值2011246万元，增长9.9%。其中：第一产业增加值57606万元，增长3.9%；第二产业增加值1008472万元，增长9.1%（工业增加值888433万元，增长8.6%；建筑业增加值120039万元，增长13.0%）；第三产业增加值945168万元，增长11.2%。在第三产业增加值中，交通运输业增长12.6%，批发和零售业增长8.6%，住宿和餐饮业增长3.3%，金融业增长14.5%，房地产业增长8.9%，营利性服务业增长7.7%，非营利性服务业增长13.9%。三大产业结构为2.9∶50.1∶47。按常住人口计算，人均生产总值65953元，增长9.3%。

二、农业

全区农林牧渔业总产值94024万元，增长3.7%。其中：农业产值62120万元，增长4.3%；林业产值8323万元，增长3.9%；畜牧业产值17322万元，增长1.8%；渔业产值4386万元，增长2.0%；农林牧渔服务业产值1873万元，增长4.4%。

全区粮食播种面积74220亩，下降0.04%；蔬菜播种面积59178亩，下降0.9%。粮食总产量 30171吨，增长14.7%；蔬菜总产量121939吨，增长1.9%；水果总产量10259吨，下降2.7%；生猪出栏量88924头，增长3.8%；家禽出栏量661691只，下降9.5%；水产品起水量3935吨，增长4.9%。

三、工业和建筑业

全区规上工业总产值1943497万元，增长9.9%。全区工业增加值888433万元，增长8.6%。其中：规模以上841795万元，增长8.6%；规模以下46638万元，增长8.7%。

全区资质建筑业总产值505882万元，增长9.7%。市评估认定全区建筑业增加值120039万元，增长13%。资质建筑业网报增加值136884万元，增长28.1%。

四、固定资产投资

全区固定资产投资875737万元，增长44.5%。其中：房地产开发完成投资276579万元，下降7.2%。房地产商品房销售面积81.09万平方米，增长5.6%；房地产商品房销售额

417498万元，下降1.5%。

五、贸易和外经

全区商品销售额1348818万元，增长14.0%。其中：批发业销售额280876万元，增长25.6%；零售业销售额942566万元，增长11.9%；住宿业营业额23504万元，增长0.5%；餐饮业营业额101872万元，增长8.4%。

全区社会消费品零售总额894605万元，增长11.1%。其中：批发业零售额48649万元，增长9.9%；零售业零售额756380万元，增长12.3%；住宿业零售额7455万元，下降10.4%；餐饮业零售额82121万元，增长3.7%。城镇零售额818175万元，增长11.5%；农村零售额76430万元，增长10%。

全区合同外资金额3425万美元，增长7.1%。实际利用外资2731万美元，增长58.5%。全区外贸进出口总额3763万美元。

六、科技、教育、卫生

全年专利申请量438件（发明122件，实用新型178件，外观设计138件），全年专利授权量182件（发明专利11件，实用新型139件，外观设计数32件）。

全区普通中学学校9所，其中：初级中学6所，九年一贯制2所，高级中学1所。中学专任教师679人（初中522人，高中157人），其中：女教师370人（初中281人，高中89人）。中学在校学生8250人（初中5649人，高中2601人），其中：女生3887人（初中2579人，高中1308人）。中学毕业学生2779人（初中2026人，高中753人），其中：女生1337人（初中942人，高中395人）。初中升学率100%，其中：女生升学率100%。高中升学率96.2%，其中：女生升学率98%。

全区小学学校19所。小学专任教师961人，其中：女教师639人。小学在校学生22214人，其中：女生10361人。小学毕业学生3159人，其中：女生1460人。小学升学率100%，其中：女生升学率100%。学龄儿童入学率100%。

全区幼儿园53所（城区43所，镇区4所，乡村6所），其中：教育部门办6所，企业事业单位办2所，民办45所。幼儿园专任教师580人，其中：女教师576人。在园人数10674人，其中：女生4999人。

全区医院、卫生院19所，床位4700床，卫生技术人员4086人，其中：执业医师1076人，卫生防疫人员74人。

七、人口、人民生活与社会保障

全区年末户籍总人口266696人，其中：非农业人口184697人；女性132632人。全区常住人口30.61万人，其中：城镇人口24.96万人，城镇化率81.53%。全区出生人口3153人，出生率11.61‰；死亡人口1633人，死亡率6.01‰；人口自然增长率5.60‰。

全区地方公共财政预算收入40036万元，增长18.8%。据城乡一体化居民家庭抽样调查，全区城乡居民人均收入23399元，增长9.6%，其中：城镇居民人均可支配收入25820元，增长9.1%；农村居民人均可支配收入12827元，增长9.9%。城乡居民收入比2.01∶1。

全区年末城镇登记失业人员3649人，城镇登记失业率2.83%，参加城镇基本养老保险28744人，参加新型农村养老保险26065人，参加城镇基本医疗保险170922人，参加农村新型合作医疗人数69545人。

全区年末社会福利收养性单位7个，社会福利收养性单位床位数820床。享受城镇居民最低生活保障有870户1430人，享受农村居民最低生活保障有853户1818人，享受农村五保供养人数95人。

注释：

1. 本公报数据为初步统计数；

2. 本公报数据除特别注明外均为地域统计数；

3. 生产总值、总产值绝对数按当年价计算，增长速度按可比价计算。

2014年武江区国民经济统计资料表

表5

指标名称	计量单位	2014年数值
年末户籍总人口	人	266696
其中：非农业人口	人	184697
年末总户数	户	100100
年末常住人口	万人	30.61
其中：非农业人口	万人	24.96
自然增长率	‰	5.60
国内生产总值（现价）	万元	2047635
其中：第一产业增加值	万元	57067
第二产业增加值	万元	1025177
其中：工业增加值	万元	905138
建筑业增加值	万元	120039
第三产业增加值	万元	965391
农业总产值	万元	92927
工业总产值	万元	2080190
资质建筑业总产值	万元	505882
社会消费品零售总额	万元	894605
固定资产投资	万元	875737
其中：房地产开发投资	万元	276579
实际利用外资	万美元	2731
外贸进出口总额	万美元	3763
城镇单位在岗职工年末人数	人	78618
城镇单位在岗职工年人均工资	元	50047
城镇居民人均可支配收入	元	25820
农村居民人均可支配收入	元	12827
人均生产总值	元	—
公共财政预算收入	万元	40036
公共财政预算支出	万元	79216

文件辑录

关于印发《韶关市武江区人民政府职能转变和机构改革方案》的通知

韶武发〔2014〕3号

各镇、街，区直各单位：

《韶关市武江区人民政府职能转变和机构改革方案》已经市委、市政府批准，现印发给你们，请认真贯彻执行。

中共韶关市武江区委员会
韶关市武江区人民政府
2014年8月22日

韶关市武江区人民政府职能转变和机构改革方案

根据粤办发〔2014〕4号文精神，武江区人民政府职能转变和机构改革总的要求是：以邓小平理论、“三个代表”重要思想、科学发展观为指导，与市政府职能转变和机构改革相衔接，按照职能整合、上下对应，因地制宜、分类指导，统筹平衡、整体推进的原则，以转变政府职能为核心，大力简政放权、优化机构设置、理顺权责关系、创新体制机制、提高行政效能，努力建设人民满意的法治政府和服务型政府。

一、加快政府职能转变

把政府职能转变放在更加突出的位置，处理好政府与市场、政府与社会、政府层级间的关系，把该放的权力放开放到位，把该管的事情管住管好，强化对行政权力的制约监督，推动政府职能向创造良好发展环境、提供优质公共服务、维护社会公平正义转变，进一步激发市场、社会的创造活力，切实提高政府管理科学化水平。

（一）推进简政放权，激发市场、社会和基层活力

1. 进一步减少行政审批

事项。把深化行政审批制度改革作为转变政府职能的重要抓手和突破口，深入开展行政审批制度改革工作。认真做好上级政府取消和下放行政审批事项的承接工作，转给市场和社会的，任何部门不得截留，可下放给下级政府的，要彻底下放。进一步清理现有投资审批、生产经营活动审批、资质资格许可和认定、社会事业准入、评比达标表彰、考核评估、年检年审等事项，全面清理、减少涉及实体经济、民间投资和中小微企业发展等方面的行政审批。今后，政府部门不再对企业、社会组织的发展情况进行评比或委托专业机构进行评比。直接面向基层和群众、由基层政府实施更为有效的审批事项，尽量交由基层政府组织实施。调整事项涉及修改法律法规的，按法定程序办理。需要上级政府进一步取消和下放审批事项的，由区政府汇总后向上级政府提出建议。

2. 加强对行政审批事项的管理。按照省、市要求制定公布区级保留的行政审批事项目录，没有纳入目录的一律不得实施。行政审批事项目录实行动态管理，每年根据调整变动情况更新目录。全面清理、取消不符合法律法规、利用“红头文件”设定的非行政许可审批项目。积极推进行政审批告知承诺制，建立健全告知、承诺、审批、查验的工作运行机制。

推进行政审批标准化，保留的行政审批事项，要明确管理层级，简化审批程序，优化跨层级、跨部门办理流程，最大限度地减少预审和前置审批环节，创新审批方式。按照《广东省行政审批事项办事指南编写规范》和《广东省行政审批事项业务手册编写规范》，编制行政审批办事指南和业务手册，明确审批依据、审批条件、审批期限、审批流程、申请材料、裁量准则等内容，并向社会公开，接受社会监督。严格遵守行政许可法及中央和省有关规定，切实防止行政审批事项边减边增、明减暗增。

3. 深化财税体制改革。落实有关转移支付政策，调整完善专项转移支付制度，推进基层政府财力与事权相匹配。清理规范对企业的专项扶持资金项目。建立健全政府非税收入管理制度，清理规范各类行政事业性收费和政府性基金项目，取消不合法不合理的收费基金项目，进一步完善收费公示、听证制度，合理确定征收标准，严格征收管理，把所有非税收入全部纳入预算。

4. 全面推进工商登记制度改革。制定武江区工商登记制度改革方案，放宽登记和审批条件，放松市场准入管制，降低市场准入门槛，加强和改进政府部门服务，厘清部门审批监管职责，提升整体监管效能，加强市场主体信用建设，建立高效有序的市场监管体系，促进市场主体发展，2014年底基本完成改革。

5. 加快培育发展社会组织。更好发挥社会组织在管理社会事务中的积极作用，重点培育、优先发展行业协会商会类、科技类、公益慈善类、城乡社区服务类社会组织。推进社会组织去行政化和去垄断化改革，加快推进行业协会商会与行政机关脱钩，完善现职党政领导干部在社会组织兼职和退出现职的党政领导干部在社会组织任职的有关规定，进一步严格任职兼职条件。各相关部门要制定与所属行业协会商会脱钩的工作方案，2014年底全面完成脱钩工作。探索一业多会，强化行业自律，加强能力建设，使各行业协会商会真正成为提供服务、反映诉求、规范行为的主体。指导社会组织健全法人治理结构，规范管理，提高公信力。

（二）改善政府管理，加强事中事后监管

1. 转变管理方式。在推进简政放权、减少和下放行政审批事项的同时，转变管理理念，完善监管制度，改进工作方式，加强事中事后监管，有效履行职责，避免管理缺位，防止“一放就乱”。严格执行相关法律法规、发展规划和产业政策，加强对投资活动中土地使用、能源消耗、污染排放等的管理。

2. 明确管理职责。加强对市场主体和市场行为的监督管理，着力规范市场秩序。市场监管原则上实行属地管理，执法重心下移。清理整顿行政执法队伍，推进跨部门、跨行业综合执法，防止多层、多头执法。对以取消、转移、下放等形式调整的审批事项，部门要积极履行监管责任，制定相关监管办法，及时提出修订或制定有关法规规章意见。对保留的行政审批事项，要建立健全批后监管制度，加强评估考核。

3. 强化管理服务。提高政府管理的信息化水平，提升行政服务效能。以加快网上办事大厅建设为载体和抓手，加强政务服务体系建设，打造综合高效的政务服务平台，方便群众和企业办事。拓展和完善网上办事大厅建设，形成横向到行政部门、纵向到镇街的网上办事大厅，实现政务信息网上公开、公共决策网上互动、投资项目网上审批、社会事务网上办理、公共资源网上交易、政府效能网上监察。2015年底前基本连通到镇一级，3年内区级90%以上的行政审批事项、80%以上的社会服务事项实现可网上办理。各单位要通过省网上办事大厅与省、市直各单位实现协同办事。建立健全各类社会主体自律机制，推进社会信用体系建设，完善社会信用服务机制。

4. 拓宽公共服务供给渠道。加强基本公共服务保障功能，改进和创新公共服务提供方式，鼓励和公平对待社会力量提供医疗卫生、教育、文化、养老、社区服务、公益慈善等公共服务。因地制宜、积极稳妥推进政府向社会力量购买服务工作，完善政府向社会转移职能和购买服务的标准、招投标和监督评估等制度，在公共事业发展和公共资源配置领域引入竞争机制，充分调动各类社会主体的积极性，加快形成提供公共服务新机制。

5. 严格依法监管社会组织。按照政社分开、分类指导、集中登记、分业监管的原则，优化社会组织监管体系，完善社会组织监管制度，规范社会组织行为，切实履行监管职责。

（三）坚持依法行政，规范行政权力运行

1. 加快法治政府建设。完善依法行政各项制度，坚持用制度管权管事管人，提高政府公信力和执行力。梳理各部门的行政职权，2014年底前公布部门权责清单，细化和规范行政裁量权，明确责任主体和权力运行流程，严格依照法定权限和程序履行职责。

2. 加大政务公开力度。严格执行政府信息公开条例，推进行政权力行使依据、过程、结果公开。抓好重大突发事件和群众关注热点问题的公开工作，正确引导社会舆论。全面推行办事公开，主动接受群众监督，逐步实现政务公开工作规范化、标准化和法制化。

3. 完善决策权、执行权、监督权既相互制约又相互协调的行政运行机制。健全科学民主依法决策机制，对涉及经济社会发展全局的重大决策和涉及人民群众切身利益的重大事项，要履行公众参与、专家论证、风险评估、合法性审查和集体讨论等程序，并建立决策后评估和纠错制度。建立健全各项监督制度，拓宽群众监督渠道，让人民监督权力。强化对下级政府的督导督查，完善行政问责制度和绩效管理制度，严格责任追究，做到有令必行、有禁必止。

二、深化政府机构改革

按照精简统一效能原则，做好与市政府机构改革的衔接，把群众的需求作为改革重点，稳步推进大部门制改革，强化机构和职责整合，规范机构设置，理顺权责关系，完善体制机制，加快形成精干高效的政府组织体系。

（一）优化组织结构，完善相关部门职责

1. 完善综合经济部门职责。将区经济和信息化局节能减排综合协调职责，区人口和计划生育局的研究拟订人口发展战略、规划及人口政策职责整合划入区发展和改革局。将区经济和信息化局酒类流通监督管理职责划入新组建的区食品药品监督管理局，生猪定点屠宰监督管理职责划入区农业局。

2. 组建区卫生和计划生育局。将区卫生局的职责、区人口和计划生育局的计划生育管理和服务职责、区发展和改革局承担的医药卫生体制改革职责整合划入区卫生和计划生育局。不再保留区卫生局、区人口和计划生育局。

3. 组建区食品药品监督管理局，挂区食品安全委员会办公室牌子。

4. 将区政府办公室由原与区委办公室合署办公调整为单独设置。

5. 区发展和改革局不再挂区物价局牌子。

6. 将区科学技术局（区知识产权局）的职责整合划入区经济和信息化局，区经济和信息化局挂区科学技术局、区知识产权局牌子。

7. 将区水务局的职责整合划入区农业局，区农业局挂区委农村工作办公室、区水务局牌子。

8. 将区工商行政管理局由省垂直管理机构调整为区政府工作部门。

改革后，区政府设置工作部门18个（具体设置见附件）。

（二）理顺部门职责关系，规范机构设置

1. 进一步理顺部门职责分工。全面清理解决部门间职责交叉分散事项，对部门职责交叉分散情况进行全面梳理，逐项研究提出具体、有效的办法和措施。按照一件事情由一个部门负责原则，将部门相同相近、交叉重叠的职责整合由一个部门承担，确需多个部门负责的事项，要明确牵头部门，分清主次责任。建立健全政府部门间职责分工协调配合和磋商机制，明确政府部门间解决职责交叉问题的工作程序和标准，优化运行机制，提高部门的协调性和执行力。职责划分中涉及法律法规和规章修订的，按规定程序办理。

2. 进一步清理区直议事协调机构和临时机构。凡工作任务可交由职能部门承担的，或为临时性、阶段性工作而设立且工作任务已完成或即将完成的，原则上撤销；工作任务虽涉及多个部门但由职能部门进行协调或通过建立部门间协调机制可以解决问题的，原则上撤销；对工作任务基本相同或相近的，进行归并整合。区领导同志兼任召集人的联席会议等工作机制，按照以上原则同步进行清理。

3. 严格规范各类机构设置。政府部门内设机构要综合设置。从严规范和管理合署办公机构、政府派出机构、开发区（含各类经济功能园区）管理机构、挂牌机构、议事协调机构和临时机构。挂牌机构不得设为实体机构，议事协调机构不单设办事机构，具体工作由相关职能部门承担。如确有必要设立议事协调机构的，该议事协调机构不发文件，不刻公章，具体工作由有关牵头单位承担，相关事务由政府批复给相关牵头单位办理。对限额外自行设立的行政机构进行清理。

（三）加强协调配套，统筹推进相关改革

1. 推进事业单位分类改革。按照政府职能转变的要求，进一步理顺政府与事业单位的关系，深化承担行政职能事业单位的改革，创新管理方式，减少主管部门对事业单位的微观管理和直接管理。深入推进政事分开、管办分离，在医疗卫生、教育等重点领域和行业，深入开展建立健全法人治理结构工作。撤并整合职责相近、设置重复分散、规模较小的各类事业单位。抓紧制定人事、收入分配、社会保险、财政等事业单位改革配套政策，做好与教育、科技、文化、医疗卫生、检验检测等行业体制改革的衔接。

2. 深化公共资源交易管理体制改革。整合工程建设项目招投标、土地使用权和矿业权出让、国有产权交易、政府采购等平台，建立健全统一规范的公共资源交易平台。充分发挥市场在公共资源配置中的决定性作用，进一步改革完善公共资源管理体制和运行机制，拓展公共资源交易平台功能，优化交易流程，降低交易成本，完善交易机制，创新监管手段。

3. 加快深化乡镇行政体制改革。继续推进简政强镇事权改革，落实有关政策措施，以扩大事权和充实财力为重点，完善乡镇政府功能，健全乡镇综合服务平台和工作机制，做实做强基层政府，切实巩固执政基础，探索适合现代小城镇发展特点的行政管理体制，为推进城镇化提供有力保障。按照充实基层管理力量的原则，清理派出（驻）乡镇机构，除中央规定的垂直管理机构外，其他派出（驻）乡镇机构原则上整合划入乡镇或调整由乡镇管理。

三、严格控制机构编制

按照财政供养人员只减不增的要求，加强机构编制管理创新，强化制度建设，严肃机构编制纪律，严格控制政府规模，努力降低行政成本，把更多财力用于改善民生。

（一）严格控制人员编制

编制是刚性约束，必须严格遵守。中央和省核定的行政编制总额和各类专项编制员额不得突破，党政机关要在核定的行政编制数额内配备人员。进一步规范事业单位机构编制管理，事业编制总额以2012年底统计数为基数，实行总量控制，并在总量内有所减少。按照中央和省的要求，制定武江区控编减编工作方案。严格控制参照公务员法管理事业单位和经费自理事业单位的机构编制，严格控制经费自理事业编制转为财政补助事业编制。减少领导职数，非领导职务严格按规定配备。进一步对现有机构和人员编制情况进行彻底核查，采取切实有效措施清理消化超编、超职数配备人员和编外人员。

（二）创新机构编制管理

按照严控总量、盘活存量、优化结构、增减平衡的要求，采取切实措施，核减职能减少、工作任务不饱和单位的人员编制，适当收回行政事业单位部分空编，加强事关中心工作、全局工作和重大民生保障方面的人员力量，妥善解决严格控制人员编制与满足事业发展需要的矛盾。完善机构编制实名制管理，进一步健全机构编制和组织人事、财政等部门的协调配合机制，落实编制和领导职数使用须经机构编制部门审核后，再由组织人事、财政部门办理相关事项的实名制管理流程，从源头上把好编制使用关。加大政府购买服务力度，对可由市场提供、社会承担的公共服务，逐步通过政府购买服务或由政府设立公益岗位的方式完成，切实转变公共服务主要靠政府养人办事的固有模式。

（三）严肃机构编制纪律

任何组织、单位和个人都必须严格遵守机构编制各项法律法规和政策。严禁行政编制和事业编制混用。严格执行干部退休制度，不得随意或变相降低退休年龄。各部门不得以会议、文件、领导讲话、项目经费、测评考核和评比达标等形式，干预机构编制和人员配备事项。将机构编制政策规定执行情况纳入区委和区政府督查工作范围，将机构编制管理情况列为领导干部经济责任审计的重要事项。健全机构编制监督检查协调机制，加大对机构编制违纪违法行为的查处力度，涉嫌犯罪的，移送司法机关依法处理。对超限额设置机构或者变相增设机构，违反规定增加编制或超出编制限额进人，擅自超领导职数配备领导干部，以及以虚报人数等方式占用编制并冒用财政资金等违规违纪行为的责任人员，要按照有关党纪政纪规定严肃处理，维护机构编制管理的严肃性和权威性。

四、抓好组织实施

区政府职能转变和机构改革在区委、区政府的统一领导下，由区机构编制委员会负责组织实施，区机构编制委员会办公室承担具体工作。区政府机构改革工作在2014年8月底前基本完成，并结合实际，提出2014年到2017年职能转变总体安排和工作规划。各有关部门要把政府职能转变和机构改革作为当前和今后一项重要工作，摆上议事日程，落实改革责任，作出总体安排，严明政治纪律，强化合作意识，形成改革合力。要进一步解放思想，树立大局观念，增强改革责任感，把政府职能转变和机构改革工作与转变作风紧密结合起来，与开展党的群众路线教育实践活动紧密结合起来，把群众需求作为改革重点，真抓实干，着力解决好事关民生的突出矛盾和问题，以实实在在的成效赢得人民群众的支持和认可，使人民群众切身感受到实实在在的成效和变化。

加强对改革的协调和指导，重视研究和解决改革中出现的新情况新问题。正确引导舆论，扩大社会参与，增强改革动力。严肃纪律，严禁突击提拔干部、突击进人，严防国有资产流失，确保思想不散、工作不断、队伍不乱，圆满完成改革任务。

附件：韶关市武江区人民政府机构设置表

附件：

韶关市武江区人民政府机构设置表

表6

区政府办公室	区发展和改革局	区经济和信息化局	区教育局	区民族宗教事务局★	区监察局★	区民政局	区司法局	区财政局	区人力资源和社会保障局	区住房和城乡建设局	区农业局	区林业局	区文化新闻出版局★	区卫生和计划生育局	区审计局	区工商行政管理局	区安全生产监督管理局	区食品药品监督管理局	区统计局	区城市综合管理局

说明：

1.设置区政府工作部门18个。区监察局与区纪律检查委员会机关合署办公，区民族宗教事务局与区委统一战线工作部合署办公，区文化新闻出版局与区委宣传部合署办公，挂区版权局、区旅游局牌子，均列入区政府工作部门序列，不计入区政府机构个数。

2.区政府办公室挂区外事侨务局、区法制局、区人民防空办公室牌子，区经济和信息化局挂区科学技术局、区知识产权局牌子，区农业局挂区委农村工作办公室、区水务局牌子，区食品药品监督管理局挂区食品安全委员会办公室牌子。

韶关市武江区人民政府关于印发《韶关市武江区事业单位分类改革实施方案》的通知

韶武府〔2014〕5号

各镇人民政府、街道办事处，区直有关单位：

《韶关市武江区事业单位分类改革实施方案》已经区委、区政府同意，现印发给你们，请认真贯彻执行。执行过程中遇到的问题，请径向区编办反映。

韶关市武江区人民政府

2014年5月8日

韶关市武江区事业单位分类改革实施方案

根据省委、省政府《关于印发广东省事业单位分类改革的意见的通知》（粤发〔2010〕6号）、省机构编制委员会办公室《印发关于事业单位分类改革相关问题的处理意见的通知》（粤机编办〔2010〕127号）精神，结合我区实际，制定本实施方案。

一、指导思想

高举中国特色社会主义伟大旗帜，以邓小平理论、“三个代表”重要思想和科学发展观为指导，深入贯彻落实党的十八大精神，按照政事分开、事企分开和管办分离的原则，以科学分类为基础，以促进公益事业发展为目的，以建立从“以费养人”向“以费养事”转变的事业单位运行新机制为核心，坚持总体设计、统筹兼顾、以人为本、稳妥推进，进一步增强事业单位活力和提高公益服务水平。

二、分类改革依据和原则

（一）分类改革依据。

根据省的指导意见，事业单位分为行政类、公益类和经营服务类三大类，其中公益类分为公益一类、公益二类和公益三类。对承担行政决策、行政执行、行政监督等行政职能的划分为行政类；对不能或不宜由市场配置资源的划分为公益一类；对可部分实现由市场配置资源的划分为公益二类；对社会化程度较高，与市场接轨能力较强，可基本实现由市场配置资源的划分为公益三类；对从事生产经营服务活动，已经实现或经过调整后可以实现由市场配置资源的划分为经营服务类。因行政类事业单位需报中央审批，本次改革暂不划定行政类事业单位，待中央批复后再作调整。

（二）分类改革原则。

结合实际，确定“按职能及发展方向定类别、按同等经费形式定整合、人员身份与职能整合灵活拆分”的分类改革原则。

1. 机构调整方面。以正确处理好政府与市场、社会的关系为切入点，以市场配置资源程度为标准，根据“按职能及发展方向定类别、按同等经费形式定整合”原则，对全区事业单位进行调整撤并和划分类别。

2. 编制核定方面。对整合的事业单位按实有人数结合工作职责重新核定编制。

3. 人员分流方面。按照“人员身份与职能整合灵活拆分”原则，建立“老人老办法，新人新制度”的过渡办法。对撤销单位的所涉人员，采用“本系统分流为主，跨部门分流为辅”的方法进行分流。

三、配套政策

坚持“以人为本，保证在职在编人员现有待遇不降低”为基本原则制订配套政策。

（一）人员身份方面。

人员身份保持不变，主要是指固化现有在编有职人员原有财政供给渠道形式。对涉及改革单位的在编在职人员，在机构编制实名制系统中标注人员原有供给渠道，即按照财政核拨、财政核补、经费自理三种类型给予一一标识管理，并可按原有身份进行流动。对在改革中因单位撤销需要分流的人员，原则上在同等经费形式的单位中安置工作。

（二）财政供给方面。

1. 供给渠道。公益一类事业单位人员经费按财政补助一类拨付（财政核拨），公益二类事业单位人员经费按财政补助二类拨付（财政核补），公益三类和经营服务类事业单位人员经费按财政补助三类拨付（经费自理）。

凡改革中涉及经费渠道调整变化的事业单位，现有在职在编人员及离退休人员经费供给渠道按以下办法处理：

（1）经费供给渠道由高调低的单位，其现有在职在编人员及离退休人员经费保留原供给渠道不变，新进人员经费按单位新供给渠道供给。

（2）如属经费供给渠道由财政核补或经费自理调整为财政核拨的单位，其现有在职在编人员经费分三年逐步调整为新的供给渠道。按单位核定编制数每年拿出一定的名额，由主管部门和人社部门按规定组织在职在编人员进行考试、考核，确定调整人选。单位现有在职在编人员经费供给渠道没有调整完之前，原则上不新增人员，如确需新增人员的，新进人员经费按单位原供给渠道供给，符合条件的可按单位同等人员参加考试、考核。离退休人员经费按单位新供给渠道供给，已参加社保的，财政给予补差。

（3）如属经费供给渠道由经费自理调整为财政核补的单位，由财政部门核定补助数额，单位可根据财政核补数额，适当增加在职在编人员及离退休人员补贴标准（最高不能超过财政核拨人员补贴标准）。新进人员按单位同等人员工资标准核定。

2. 工资待遇。

（1）公益一类单位中的参公单位人员保留原工资待遇，即继续执行参照公务员工资待遇。

（2）公益一类单位中的非参公单位以及公益二类、公益三类单位实行事业单位岗位绩效工资制度，绩效工资应根据单位绩效目标完成情况和在规定的上限范围内按原有津贴补贴或绩效工资水平核定，确保人员待遇不降低。

（3）暂挂经营服务类单位，在转企（社会组织）之前，保留人员工资待遇不变，转企（社会组织）时，按照国家有关转企（社会组织）政策执行。

（三）其他方面。

1. 对涉及整合的事业单位，如原有领导人数多于核定领导职数的，作为改革的过渡性安排，允许部分人员保留原领导岗位工资待遇。

2. 对整合撤销的事业单

位，其主管部门要会同财政、审计部门做好单位的资产清理、登记、交接等清产核资工作，明确各种资产的交接对象，加强管理，防止国有资产流失。

3. 整合单位的离退休人员并入整合后的单位，撤销单位的离退休人员由原主管部门代管。

四、组织实施

（一）加强领导，明确责任。

事业单位分类改革是推进政府职能转变、建设服务型政府的重要举措，事关经济社会发展全局，是一场广泛而深刻的变革，任务复杂艰巨。各部门要高度重视，加强领导，坚定信心，精心组织，攻坚克难，扎实推进，要妥善处理干部职工关心的问题，有针对性的做好思想政治工作，教育和引导干部职工讲政治、顾大局，确保思想不乱、工作不断、队伍不散。各部门要按照分工落实责任，编制、财政、人社部门要出台具体实施办法，切实做好人员身份固化、财政供给的规范保障、工资待遇核算和退休养老等工作。

（二）严肃纪律，稳妥推进。

要加强机构编制管理，严肃组织人事纪律。严禁借改革之机，擅自提高机构规格，突击增设机构、增加编制和领导职数；严禁突击聘用人员，突击聘用职务（岗位），突击评定专业技术职称。要加强国有资产监管，严肃财经工作纪律，认真做好资产清查登记、处置和财务清算工作，严防国有资产流失。区纪检（监察）、组织、编制、财政、人社、审计、国资等部门要建立协调配合机制，切实加强监督检查，严肃查处违纪违规行为。要切实加强新闻宣传和思想政治工作，正确引导社会舆论，营造良好改革氛围，确保社会和谐稳定，确保改革稳妥推进。

附件：武江区事业单位分类改革表（见表13）

关于印发《韶关市武江区公共资源交易目录》的通知

韶武府〔2014〕7号

各镇人民政府、街道办事处，区直各单位、驻区有关单位：

根据省、市工作要求，我区已设立区公共资源交易中心。为进一步规范我区公共资源交易活动，明确公共资源交易领域和范围，有效遏制招标投标过程中的违法违规行为，依据《中华人民共和国招标投标法》《中华人民共和国政府采购法》等相关法律法规，现将《韶关市武江区公共资源交易目录》印发给你们，并提出如下工作要求，请一并按照执行。

一、凡区直、辖区镇（街道）范围内列入《韶关市武江区公共资源交易目录》的公共资源交易项目，均应按照要求统一进入区公共资源交易中心实施交易。100万元以上（含100万元）的项目由区公共资源交易中心受理登记按相关规定委托市公共资源交易中心或经市公共资源交易中心授权由区公共资源交易中心组织实施。

二、各公共资源交易行政主管部门要按照有关规定和职能分工，各司其职，密切配合，涉及管理职能交叉的，要加强沟通，为各方交易主体提供良好服务，并加强对公共资源交易活动的指导、协调和监督管理工作。

三、区公共资源交易中心要努力构建高效、集中、统一、规范的服务平台，完善公共资源交易的条件，严格遵守有关法律、法规和我市制定的有关管理制度，依法为各类交易主体提供优质、便捷的服务，及时向区公共资源交易管理办公室及有关部门反馈交易信息，主动接受监督。

四、对列入《韶关市武江区公共资源交易目录》但未进入区公共资源交易中心交易的政府投资（采购）项目，区财政部门对项目不予资金拨付与结算，审计部门将对项目作违规处理，监察机关将对项目的责任单位及责任人进行责任追究。

五、执行中遇到的问题，请径向区公共资源交易管理办公室（联系电话：8772983）反映。区公共资源交易中心设在区政府大院文化综合大楼三楼。

附件：韶关市武江区公共资源交易目录

韶关市武江区人民政府

2014年6月10日

附件：

韶关市武江区公共资源交易目录

一、建设工程

（一）招标范围：

1. 电力、新能源等能源项目；

2. 公路、管道、水运及其他交通运输项目；

3. 邮政和电信枢纽，通信、信息网络等邮电通讯项目；

4. 防洪、灌溉、水利枢纽、引（供）水、滩涂治理、排涝、水土保持等水利项目；

5. 道路、桥梁、污水处理及排放、垃圾处理、排水、地下管道、园林绿化、城市照明、公共停车场等市政设施项目；

6. 生态环境与自然资源保护项目；

7. 供水、供电、供气等项目；

8. 科技、教育、文化、卫生、社会福利、体育、旅游项目；

9. 广播电视、新闻出版项目；

10. 经济适用住房、解困房、微利房项目；

11. 其他基础设施和公用事业项目；

12. 使用各级政府财政性资金，国家机关、国有企业事业单位自有资金及借贷资金的建设项目；

13. 使用财政性资金的货物采购和适用国有资金涉及社会公共利益的货物采购项目；

14. 使用财政性资金的勘察、设计、咨询、监理、劳务等服务项目；

15. 关系社会公共利益和国有资金投资效益的服务项目；

16. 国家和省人民政府规定必须进行招标的其他项目。

（二）规模标准：

A. 工程建设：

1. 施工单项合同估算投资十万以上一百万元人民币以下的或建筑面积在五百以上一千五百平方米以下的。

2. 与工程建设有关的设备、材料等货物采购单项合同估算价在十万以上一百万元人民币以下的。

3. 施工单项合同估算低于上述标准，但项目总投资在一百万以上一千万元人民币以下的建设工程的土建施工的主要设备购置、安装。

B. 服务：

1. 勘察、设计、咨询、监理、劳务等服务单项合同估算价十万以上五十万元以下的。

2. 勘察、设计、监理单项合同低于十万元人民币，但项目总投资一千万元人民币以上的。

二、政府采购

（一）招标范围

A. 货物类

1. 计算机设备及软件；

2. 办公设备；

3. 电器设备；

4. 办公消耗用品；

5. 通用交通工具；

6. 多媒体系统；

7. 图书档案设备（包括放置图书的固定架、密集架等）；

8. 印刷设备；

9. 发电设备；

10. 灯光音响设备；

11. 电梯；

12. 通用家具（办公、宿舍和教学家具）；

13. 医疗设备；

14. 监控安保设备；

15. 教学设备；

16. 实验室设备；

17. 文艺设备（包括乐器、道具等）；

18. 体育设备。

B. 服务类

1. 印刷服务；

2. 车辆保险和维修服务；

3. 物业管理服务（指用于单位办公场所建筑物门窗保养

维护、保洁、保安、园林绿化等项目）；

4. 维修和保养服务（包括设备维修、保养和道路维修、养护）；

5. 信息技术服务（软件开发服务、信息系统开发设计服务、信息系统集成服务、信息系统运营维护服务）。

C. 工程类

1. 装修修缮工程（指与单位的建筑物、构筑物新建、改建、扩建无关的单独的装修修缮工程）。

（二）规模标准：

1. 货物类预算金额5万元以上（含5万元）；服务类预算金额5万元以上（含5万元）；工程类预算金额10万元以上（含10万元）。

2. 公开招标限额标准：货物类预算金额10万元以上（含10万元）；服务类预算金额10万元以上（含10万元）；工程类按照《中华人民共和国招投标法》和省有关规定执行。

3. 政府集中采购通用类目录（货物类）中属于协议品目的，执行协议供货相关规定。

4. 属于涉密采购项目的，执行《关于规范我省政府涉密采购工作的通知》（粤密〔2013〕46号）有关规定。

三、产权

1. 司法或行政机关罚没物拍卖项目；

2. 法院涉诉的国有和集体资产拍卖项目；

3. 机关、团体、事业单位和国有（集体）企业房屋租赁、资产处置项目；

4. 车辆号牌拍卖。

韶关市武江区人民政府关于公布《韶关市武江区人民政府2014年决定保留的行政审批项目目录》的通知

韶武府〔2014〕9号

各镇人民政府、街道办事处，区府直属有关单位：

《韶关市武江区人民政府2014年决定保留的行政审批项目目录》（共106项）已经2014年6月27日第八届20次区政府常务会议审议通过，现予以公布，请认真贯彻执行。

附件：韶关市武江区人民政府2014年决定保留的行政审批项目目录（106项）（见表12）

韶关市武江区人民政府

2014年6月30日

关于提高城乡低保对象医疗救助比例的通知

韶武府〔2014〕11号

各镇人民政府、街道办事处，区府直属有关单位：

根据《韶关市人民政府关于印发提高我市底线民生保障水平实施方案的通知》（韶府〔2014〕19号）精神，为进一步完善低保对象医疗救助工作，按照提高标准、简化手续、方便群众的要求，结合我区实际，决定对《关于印发武江区城乡特困居民医疗救助实施细则的通知》（韶武府〔2013〕12号）文件第五条第一款进行调整，现就有关事项通知如下：

一、第五条第一款：住院救助。医疗救助对象的住院医疗费用，在扣除各种医疗政策性补偿、补助、减免及社会指定医疗捐赠后的个人自付部分，按50%的比例予以救助，但每人每年累计救助住院费用最高不超过5000元。调整为按70%比例予以救助，人均年救助标准不低于934元，但每人每年累计救助住院费用最高不超过5000元。

二、调整后的城乡低保对象医疗救助比例从2014年6月30日起执行。

韶关市武江区人民政府

2014年7月10日

韶关市武江区人民政府关于印发武江区重大行政决策程序规定的通知

韶武府〔2014〕16号

各镇人民政府、街道办事处，区府直属各部门，驻区有关单位：

《武江区重大行政决策程序规定》已经八届政府22次常务会议通过，现印发给你们，请遵照执行。执行中遇到的问题，请径向区法制局反映。

韶关市武江区人民政府

2014年9月11日

武江区重大行政决策程序规定

第一条 为规范政府重大行政决策行为，推进决策科学化、民主化和法制化，保障公民、法人和其他组织合法权益，根据国务院《全面推进依法行政实施纲要》、《国务院关于加强法治政府建设的意见》、《国务院关于加强市县政府依法行政的决定》、《广东省重大行政决策听证规定》和《韶关市重大行政决策程序规定》等有关规定，结合本区实际，制定本规定。

第二条 区政府、镇政府和办事处（以下统称为政府）重大行政决策程序，适用本规定。

重大行政决策事项依法需要报请上级机关批准的，政府依照本规定提出重大行政决策方案后，应当报请上级机关批准。

重大行政决策事项依法应当提请同级人民代表大会或者其常务委员会审议决定的，政府依照本规定提出重大行政决策方案后，应当依法提请同级人民代表大会或者其常务委员会审议决定。

第三条 重大行政决策应当遵循科学、民主、合法的原则，遵循公众参与、专家论证、风险评估、合法性审查和集体决定相结合的行政决策机制。

第四条 政府办公室负责组织实施本规定。

政府法制机构负责重大行政决策的合法性审查工作。

行政监察机关负责对政府职能部门和下级政府重大行政决策制定和执行等有关工作的行政监察。

第五条 本规定所称的重大行政决策（以下简称决策）是指政府做出的涉及本行政区域经济社会发展全局、社会涉及面广、专业性强，与公民、法人和其他组织利益密切相关或对社会公共利益有重大影响的下列行政决策事项：

（一）制定经济和社会发展重大政策措施。

（二）编制和修改各类经济、社会、文化发展和公共服务总体规划。

（三）使用重大财政资金，安排重大政府投资项目，处置重大国有资产。

（四）开发利用重大自然资源。

（五）制定城市建设、环境保护、土地管理、劳动就业、社会保障、文化卫生、科技教育、住房保障、交通管理等方面的重大政策措施。

（六）制定行政管理体制改革的重大措施。

（七）其他需要政府决定的重大行政管理事项。

第六条 以下事项不适用本规定：

（一）政府规范性文件的制定。

（二）政府人事任免。

（三）政府内部事务管理措施的制定。

（四）突发事件的应急处理。

（五）法律、法规、规章已对决策程序作出规定的其他事项。

第七条 政府行政首长或者分管领导可以直接提出决策建议，并指定决策承办单位。

政府各职能部门、下一级政府及公民、法人或者其他组织认为重大事项需要提请政府决策的，可以提出决策建议。政府行政首长或者分管领导收到决策建议后批准同意启动决策程序的，应当指定决策承办单位。

第八条 决策承办单位可以自行组织起草决策草稿，也可以委托有关专家或者专业研究机构起草决策草稿。决策草稿应当包含决策目标、工作任务、措施方法、时间步骤、决策执行部门和配合部门、经费预算、决策后评估计划等内容，并应当附有决策起草说明。

起草决策草稿，应当具有法律和政策依据，并开展调查研究，全面掌握和分析决策事项所涉及的有关情况。

对需要进行多方案比较研究的重大行政决策，应当拟订两个以上可供选择的决策备选方案。

第九条 决策承办单位应当就决策草稿进行决策风险评估。决策风险评估可以分类委托有关专门研究机构进行。

决策风险评估报告应当视决策需要，对决策草稿进行成本效益分析，对财政经济、社会稳定、环境生态或者法律纠纷等方面的风险作出评估，并相应提出防范、减缓或者化解措施。

第十条 决策承办单位应当组织专家论证，邀请相关领域5名以上专家或委托专业研究机构对决策的必要性、科学性和可行性等问题进行论证。专家或者专业研究机构论证后，应当出具签名或者盖章的书面意见。

对专家或者专业研究机构的合理意见应当予以采纳；未予采纳的，应当说明理由。

第十一条 决策承办单位应当就决策草稿征求本级政府其他有关职能部门和下级政府的意见。

对拟不采纳的其他部门和下级政府的反馈意见，决策承办单位应当与提出意见的单位协商；经协商仍不能达成一致意见的，决策承办单位应当作出专门说明。

第十二条 决策承办单位应当根据风险评估报告、专家论证意见以及其他部门和下级政府的意见形成决策征求意见稿。

第十三条 决策承办单位就决策征求意见稿向社会公开征求意见的，应当经政府同意。

经政府同意向社会公开征求意见的，决策承办单位应当通过报刊、互联网或者广播电视等公众媒体公布决策征求意见稿及起草说明。公开征求意见时间不得少于20日。

第十四条 决策事项有下列情形之一的，应当举行听证会：

（一）法律、法规、规章规定应当听证的行政决策事项。

（二）编制重要规划等涉及

重大公共利益的行政决策事项

（三）教育、医疗等社会涉及面广、与人民群众利益密切相关的行政决策事项。

（四）行政机关认为需要听证的行政决策事项。

第十五条 听证会应当按照以下要求进行：

（一）听证会由决策承办单位组织。

（二）听证会由听证主持人、听证陈述人、听证参加人组成。

（三）听证会一般以现场会议形式举行，也可以通过视像、网络等形式举行。

（四）听证组织机关应当在听证会举行30日前，在本级政府门户网站或本机关门户网站发布听证公告；听证公告应当包括听证事项的目的、内容、依据、听证时间、地点以及听证参加人产生方式等内容。

（五）听证组织机关应当根据听证事项的性质、复杂程度以及影响范围，按照广泛性和代表性原则，合理确定听证参加人范围、名额、比例和听证会持续时间，并在听证公告中列明；听证参加人人数不得少于8人。

（六）听证会参加人员名单应当在听证会举行20日前确定，并通过本级人民政府门户网站或者本机关门户网站公布；听证会参加人员名单应当包括听证主持人、听证陈述人、听证参加人及以上人员身份情况等内容。

（七）听证会通知书和听证事项内容、依据、理由以及有关背景材料应当在听证会举行10日前送达听证参加人。

（八）听证会应当公开举行，允许公民、法人和其他组织旁听，不得拒绝新闻媒体采访报道，但涉及国家秘密、商业秘密和个人隐私的除外。

（九）听证会应当制作听证录像、听证笔录和听证报告；决策承办单位应当充分考虑、采纳听证代表的合理意见；对意见和建议的采纳情况以及不予采纳的理由，听证组织机关应当以书面形式向听证参加人反馈，并以适当方式向社会公布。

第十六条 决策承办单位还可以通过座谈会、问卷调查或者其他方式征求社会公众意见。

以座谈会方式征求公众意见的，决策起草部门应当邀请有利害关系的公民、法人或者其他社会组织代表参加。决策征求意见稿及其起草说明应当至少提前5日送达与会代表。

以民意调查方式征求公众意见的，应当委托独立调查研究机构进行，并作出书面调查报告。

第十七条 决策承办单位应当依据意见征求情况形成决策草案及起草说明。

决策草案起草说明应当对公众意见的采纳情况作出说明。

第十八条 决策草案应当经决策承办单位的法制机构审核，并经决策承办单位领导集体讨论通过后，提请政府审议。

第十九条 决策承办单位将决策草案提请政府审议，应当向政府办公室报送以下材料：

（一）提请政府审议的请示。

（二）决策草案及起草说明。

（三）草案的法律依据和政策依据。

（四）征求意见汇总材料、风险评估报告、专家论证意见、听证报告等其他相关材料。

第二十条 政府办公室应当自收到决策起草部门提交审议的材料后5个工作日内作出处理，认为材料齐备的，应当将决策草案送交本级政府法制机构进行合法性审查；认为材料不齐备的，应当退回决策起草部门补充材料。

未经政府法制机构审查的决策草案，不得提交政府审议。

第二十一条 政府法制机构应当自收到提交审议的材料之日起10个工作日内提出合法性审查意见。

第二十二条 政府法制机构应当从以下方面进行合法性审查：

（一）决策事项是否属于政府法定权限。

（二）草案的内容是否合法。

（三）草案起草过程是否符合规定的程序。

政府法制机构在合法性审查过程中，可以要求决策起草部门补充相关材料。

第二十三条 政府法制机构在进行合法性审查时，认为有必要的，可以邀请相关专家进行合法性论证。合法性论证意见应当作为政府法制机构提出审查意见的依据之一。

第二十四条 决策草案应当经政府全体会议或者常务会议审议决定。

决策草案经政府分管领导审核后，由政府行政首长决定提交政府全体会议或者常务会议讨论。

政府常务会议或者政府全体会议审议重大决策草案应遵循以下程序：

（一）决策承办单位作决策草案说明。

（二）政府法制部门作合法性审查或论证说明。

（三）会议其他组成人员发表意见。

（四）决策事项的分管领导发表意见。

（五）行政首长最后发表意见。

第二十五条 政府全体会议或者常务会议对决策草案作出通过、不予通过、修改、暂缓或者再次审议的决定。

做出暂缓决定超过一年的，决策草案退出重大决策程序。

第二十六条 决策结果应当在政府全体会议或者常务会议作出决策之日起20日内通过政府网站、报纸等公众媒体向社会公开。

第二十七条 实施决策实行决策后评估制度。决策后评估工作应当按照以下规定组织：

（一）评估组织单位为决策执行主办部门。

（二）评估应当定期进行，其周期视决策所确定的决策执行时限或者有效期而定。

（三）评估委托专业研究机构进行的，该专业研究机构应当未曾参与决策起草阶段的相关论证、评估工作。

（四）评估应当征询公众意见；公民、法人或者其他组织可以对决策执行情况提出评估意见和建议，评估组织单位应当就采纳情况作出书面答复并说明理由。

（五）评估组织单位应当制作决策后评估报告提交政府，决策后评估报告应当就决策内容、决策执行情况作出评估，并提出继续执行、停止执行、暂缓执行或者修改决策内容等决策执行建议。

第二十八条 决策后评估报告建议停止执行或者暂缓执行决策的，经政府全体会议或者常务会议讨论同意后，决策应当停止执行或者暂缓执行。

决策评估报告建议对决策内容作重大修改的，按照本规定决策程序执行。

政府作出停止执行、暂缓执行或者修改决策的决定的，决策执行主办部门应当采取有效措施，尽量避免或者减少经济损失和不良社会影响。

第二十九条 政府办公室、行政监察机关和政府法制机构应当组织开展对决策起草、执行和评估的督查督办等工作，根据决策内容和政府工作部署，采取跟踪督促、催办等措施，保障决策按照规定程序制定和执行，并及时向政府报告督察督办情况。

第三十条 公民、法人或者其他社会组织有权监督决策制定和执行工作，可以向政府、决策起草部门、决策执行主办部门和配合部门提出意见或者建议。

人大代表、政协委员依法对决策制定和执行工作进行监督。

第三十一条 行政机关和相关工作人员违反本规定，或者在决策起草、执行和监督过程中有玩忽职守、徇私舞弊、贪污受贿等违法、违纪行为的，按照《行政机关公务员处分条例》《关于实行党政领导干部问责的暂行规定》《广东省行政过错责任追究暂行办法》等有关规定依法依规予以问责和处分等有关规定依法问责；构成犯罪的，移送司法机关追究刑事责任。

第三十二条 本规定自发布之日起施行。

印发《武江区2014年开展纪律教育学习月活动的意见》的通知

韶武委办〔2014〕6号

各镇（街）、区直各单位：

《武江区2014年开展纪律教育学习月活动的意见》，已经区委同意，现印发给你们，请认真贯彻执行。

中共韶关市武江区委办公室

2014年7月22日

武江区2014年开展纪律教育学习月活动的意见

根据十八届中央纪委三次全会、十一届省纪委三次全会、市纪委十一届四次全会关于反腐倡廉教育工作的部署及区委八届三次全会的精神，结合深入开展党的群众路线教育实践活动的要求，现就我区2014年开展纪律教育学习月活动提出如下意见。

一、指导思想

高举中国特色社会主义伟大旗帜，以邓小平理论、“三个代表”重要思想、科学发展观为指导，深入贯彻落实党的十八大、十八届三中全会精神和习近平总书记系列重要讲话精神，紧密结合开展第二批党的群众路线教育实践活动，以严明组织纪律、锻造优良作风为主题，深入开展理想信念教育、宗旨教育、社会主义核心价值体系教育和党的组织纪律教育，加强党风党纪、廉洁自律和警示教育，夯实党员干部和公职人员廉洁从政的思想基础，强化组织纪律观念，弘扬优良作风，解决突出问题，保持清廉本色，为实现我区振兴发展目标提供坚强的思想政治保障。

二、教育对象和内容

教育对象是全区党员，重点是党的各级领导干部，非中共党员的领导干部和国家公务人员也应列为教育对象。各单位可根据实际，在7－9月期间，相对集中5－7天组织开展学习教育活动。学习内容主要包括党的十八大和十八届三中全会精神，习近平总书记系列重要讲话精神，十八届中央纪委三次全会和十一届省纪委三次全会精神，十一届市纪委四次全会和区纪委2014年纪检监察工作会议精神，《反腐倡廉教育读本（2014）》，正面典型先进事迹和反面典型案例剖析等。各单位开展纪律教育学习月活动要紧扣以下几方面。

（一）开展以中国特色社会主义教育为主要内容的理想

信念教育。深入开展中国特色社会主义教育，引导党员干部矢志不渝为中国特色社会主义共同理想和实现中华民族伟大复兴中国梦而奋斗。开展社会主义核心价值体系教育，引导党员干部牢固树立正确的世界观、人生观和价值观，始终保持对马克思主义的坚定信仰，树立中国特色社会主义的坚定信念，自觉为建设中国特色社会主义而奋斗。开展形势任务教育，深化对共产主义理想的认识，引导党员干部坚定共产主义远大理想，保持高尚的道德情操，明确肩负的历史使命，始终把共产主义的坚定信念作为人生永恒的追求，坚守共产党人精神追求。开展爱国主义教育，引导党员干部深刻认识我国社会发展现状、反腐倡廉建设现状，强化民族自尊心、自豪感，坚定道路自信、理论自信、制度自信。

（二）开展以政治纪律和组织纪律教育为主要内容的党纪教育。继续开展政治纪律教育，引导党员干部不断增强党性观念，始终保持正确的政治方向、政治立场和政治观点，坚决维护党的集中统一，始终同党中央保持高度一致。突出抓好组织纪律教育，引导党员干部严格执行党的组织纪律、工作纪律、财经纪律和生活纪律，坚决纠正无组织无纪律、自由主义、好人主义等现象，坚决克服组织涣散、纪律松弛现象；认真贯彻落实民主集中制、党内组织生活、请示报告等党的组织制度和组织纪律，进一步增强责任感、使命感，自觉做到在党爱党、在党忧党、在党兴党；开展党纪条规教育，增强党员干部廉洁从政、依法行政的自觉性，规范从政行为。

（三）开展以弘扬党的优良传统为主要内容的作风教育。深入开展作风教育，引导党员干部弘扬党的优良传统和作风，讲党性、重品行、作表率；深入贯彻落实中央八项规定精神，坚持不懈纠正形式主义、官僚主义、享乐主义和奢靡之风等方面存在的问题，引导党员干部由浅入深、由易到难、由简到繁、循序渐进，在坚持中深化，在深化中坚持，以良好的作风凝聚党心民心，始终保持党同人民群众的血肉联系；大力弘扬艰苦奋斗、勤俭节约的作风，教育引导党员干部尤其是领导干部带好头、作表率，全面加强思想作风、学风、工作作风、领导作风和生活作风建设，接受社会监督，弘扬新风正气。

（四）开展以落实保密责任工作制为主要内容的保密宣传教育。要把开展学习贯彻国务院《保密法实施条例》作为重要内容，深入学习宣传，注意学习掌握其中蕴含的领导责任、工作原则、工作方法、工作精神，努力加深对保密工作基本经验、基本规律的认识和把握，切实做到慎之又慎、严之又严，对党忠诚、无私奉献。要认真落实省委领导对保密工作作出的重要批示。突出加强对各级领导干部、公务员和涉密人员的保密意识和保密常识教育，切实落实保密工作责任制，聚焦问题症结，排查风险隐患。

此外，各单位要在党员干部中深入开展人口与计划生育基础知识教育，不断强化党员干部严格落实计生政策的法纪意识。

三、教育形式

各单位要从实际出发，不断加大专题性、警示性、体验性和面向全社会的反腐倡廉教育。要丰富教育形式和方法，根据不同行业、不同岗位、不同层次党员干部的思想状况、心理特征、廉政风险等，有的放矢地确定教育思路，突出教育的层次性，增强教育的针对性。尤其要紧密结合第二批党的群众路线教育实践活动，坚持把解决实际问题作为纪律教育的出发点和落脚点，不断深化教育效果。各单位可结合实际组织开展以下活动：

（一）组织开展专题学习。重点学习习近平总书记系列重要讲话精神，特别是在党的十八届三中全会、十八届中央纪委三次全会、参加河北省委常委班子专题民主生活会、兰考县委常委扩大会议上的重要讲话精神，学习有关党纪条规以及《反腐倡廉教育读本（2014）》等，深化对党要管党、从严治党的认识，强化纪律意识、底线意识。

（二）组织集中观看警示教育片。大力开展以案说纪教育，充分发挥典型案件的警示教育作用。省纪委根据省科技厅原厅长李兴华，广州市原副市长、增城市委原书记曹鉴燎，广东移动公司原董事长、总经理徐龙腐败案，分别摄制了警示教育专题片；市纪委编写了仁化县原副县长刘建发、新丰县原副县长潘三峰违纪违法案件剖析材料。各单位要认真组织党员领导干部集中观看和学习。

（三）组织安排专题党课或专题培训班。各单位可围绕2014年纪律教育主题，结合开展党的群众路线教育实践活动安排本单位的主要负责同志或邀请有关专家学者，给党员干部上专题党课或举办党员干部廉洁从政专题教育培训班。

（四）组织参观警示教育基地。8月份组织全区副科以下党员干部到市反腐倡廉教育基地接受教育。

（五）组织人员开展廉洁文化作品评选活动。7月底组织人员对4—7月期间征集的廉政诗歌作品进行评选，评选结束后，在武江区人民政府公众信息网通报此次开展廉政诗歌征集活动的情况及获奖结果，同时此次获奖作品将与2013年的廉洁明信片获奖作品编印成册，以便在全区内传播。各单位可根据自身特色，开展创作和传播廉洁文化作品精品活动。

（六）开展“廉洁广东行”（韶关）主题系列宣传活动。根据省、市纪委“廉洁广东行”主题系列宣传活动的部署，区纪委将编辑印发武江区2014年纪律教育学习月活动简报，各单位要积极向区纪委投稿，结合正在开展党的群众路线教育实践活动情况，大力宣传党风廉政建设和反腐败工作的经验，鞭策后进，传递廉洁广东、廉洁韶关、廉洁武江正能量。

四、加强组织领导

（一）明确主体责任，抓好落实。各单位党政主要负责人要切实担负起反腐倡廉建设的主体责任，把纪律教育学习月活动纳入党委宣传思想教育工作进行整体部署，做到通盘考虑，精心组织，层层落实。各单位党政主要负责同志要发挥示范带头作用，做到重要部署亲自研究，重要活动亲自参加，重要工作亲自过问，重要问题亲自协调。领导班子成员要以身作则，率先垂范，积极发挥带头作用，用行动展现良好的作风，做到言传身教。要带头接受教育，带头调查研究，带头整改落实，对纪律教育学习月活动中发现的问题，特别是作风建设方面存在的问题，要落实措施，坚决整改。

（二）落实监督责任，注重成效。纪检监察机关要切实落实反腐倡廉建设的监督责任，充分发挥组织协调作用，积极协助党委抓好纪律教育学习月活动。要细化、分解工作目标，明确工作责任，及时掌握工作进度，推动工作落实。采取召开座谈会、经常性督查、随机抽查等方式，通报活动情况，总结交流经验，研究解决问题。对领导不重视、工作不得力的单位，要及时进行批评教育，要求其限期整改。

（三）注重宣传发动，营造氛围。各单位要做好宣传发动工作，调动各方积极性，使广大党员干部深刻认识开展纪律教育学习月活动的重要性和必要性，明确具体做法和要求，自觉投入到活动当中。充分发挥本单位宣传舆论的阵地作用，大力宣传纪律教育学习月活动的做法、成效，营造良好活动氛围。要建立信息反馈机制，及时编发、报送信息，反映纪律教育学习月活动的动态、经验做法和存在问题。

各单位开展纪律教育学习月活动的情况，请于9月20日前报区纪委。电话：6102232，电子邮箱：wujine5@126.com。

关于印发《武江区开展机关在职党员到社区报到为群众服务工作的实施方案》的通知

韶武委办〔2014〕9号

新华、惠民街道办事处，区直各单位：

经区委同意，现将《武江区开展机关在职党员到社区报到为群众服务工作的实施方案》印发给你们，请认真按照执行。工作中遇到的问题，请径向区委组织部反映（联系电话8777062）。

中共韶关市武江区委办公室

2014年9月3日

武江区开展机关在职党员到社区报到为群众服务工作的实施方案

为深入贯彻落实党的十八大和十八届三中全会精神，结合正在开展的党的群众路线教育实践活动，完善党员干部直接联系群众制度和社区服务体系，紧紧围绕改进机关干部作风、服务社区居民群众、密切党群干群关系，组织机关在职党员到社区报到为群众服务，推进机关在职党员八小时以外服务群众、发挥先锋模范作用，制定本实施方案。

一、参加范围

区直及驻区有关单位的机关在职党员，鼓励离退休党员及非公有制经济组织和社会组织等其他领域在职党员积极参与。

区直机关事业单位的在职党员原则上到挂钩联系点社区报到（具体见附件1）；驻区机关事业单位的在职党员原则上到驻地的社区党组织登记报到。也可以根据党员自愿选择到工作所在地社区、居住地社区、户籍所在地社区或其他社区报到。

二、职责任务

（一）在职党员职责任务。在职党员要积极参加社区党组织组织的活动。重点是：1. 带头服从管理。根据单位性质及自身情况可以在联系点社区、工作所在地社区、居住地社区、户籍所在地社区或者是党员自愿报到的其他社区选择一个社区报到，亮明党员身份。2. 带头志愿服务。根据自身特长和能力认领服务项目和岗位，每个季度到社区参加活动一般不少于1次，每年不少于4次。自觉接受社区党组织管理监督。根据自身特长和能力，积极认领服务项目和岗位，参与或组建志愿服务组织，参加志愿服务活动。3. 带头建言献策。主动了解社情民意，及时反映群众诉求，为社区建设发展出主意、想办法，提高社区服务和管理水平。4. 带头帮难解困。主动帮扶群众，关爱残疾人、孤寡老人、留守儿童、困难家庭等弱势群体。有条件的可结对帮扶困难群众。5. 带头弘扬新风。宣传政策法规，发挥党员引领示范作用，模范参加社区的文化、环保、文明、平安等创建等活动，促进社区和谐稳定。

（二）单位党组织职责任务。单位党组织要把在职党员到社区报到为群众服务工作作为党建工作的重要任务，落实共驻共建要求，组织、鼓励本单位在职党员积极参与社区建设和管理。重点是：1. 做好单位在职党员的个人特长、服务意向及居住地等基本情况的摸底登记。2. 组织党员报到，做好思想动员，调动在职党员的积极性。3. 督促党员服务，引导党员在完成本职工作基础上，热心参与社区服务。4. 加强跟踪管理。定期了解掌握在职党员在社区表现和服务情况，有针对性提出要求；及时宣传典型，营造氛围；评先评优时要主动征求社区党组织意见。5. 提供必要支持，帮助党员解决在社区服务中的实际问题。6. 参与社区共建，积极为社区党组织提供信息、资金、人才、场所等支持，帮助社区党组织办实事、解难题。

（三）社区党组织职责任务。社区党组织要积极为在职党员进社区发挥作用创造条件、提供服务。重点做好：1. 摸底调查。建立到本社区报到的党员台账，全面、准确地掌握在职党员职业特长和服务意向等基本情况。2. 按需设岗。根据社区需要和居民需求，分类设置服务项目及服务岗位。3. 编入服务团队。向报到的党员介绍社区情况，提供服务需求，协商服务岗位、服务项目，把党员编入相应的网格服务团队或志愿服务团队。定期向在职党员和党员志愿者提供公益性服务岗位和群众的服务需求意向，发挥桥梁纽带作用。4. 经常开展活动。制定服务计划，丰富活动载体，牵头或协同开展有关活动。5. 履行监管职责。及时掌握、如实记录在职党员在社区服务奉献情况，建立基础台账，并在社区和小区公开栏定期公示。建立社区党员QQ群、微信群等信息平台，方便党员沟通联络。加强与机关党组织沟通联系，做好情况反馈。

（四）街道党工委职责任务。街道党工委要积极为在职党员到社区为群众服务创造条件。1. 提升服务保障。定期召开党工委社区党建专题研究会议，为社区党组织开展服务提供必要的人财物支持。2. 推行“三方联动”机制。全面推行社区党组织领导下的社区居委会、业委会和物业服务企业“三方联动”机制，实现有物业服务、符合条件的小区“三方联动”全覆盖。3. 强化对社区党组织的督促指导。重点督促社区将社区需要和居民需求定期提供给到社区报到的在职党员，牵头和引导开展活动。并及时将党员到社区为群众服务的表现反馈给单位党组织。

三、实施步骤

（一）部署发动阶段（9月上旬）

单位党组织要结合党的群众路线教育实践活动，要以“为什么进社区，进社区做什么，到社区怎么做”为主题，通过召开动员会、座谈会等方式，统一思想认识，激发在职党员参与热情。做好党员基本信息登记，组织好在职党员填写好报到登记表，将在职党员基本信息分别向党员报到地社区及所属街道党工委集中反馈；街道党工委要召开专题会议，研究部署有关工作，明确责任人、工作要求和职责，并组织好社区党组织提前做好承接准备工作。

（二）开展活动阶段（9月上旬至12月中旬）

1.有序报到（9月中旬前）。在职党员持单位党组织出具的《武江区机关在职党员赴社区报到证及回执联》及《武江区机关在职党员到社区报到登记表》到社区报到；社区党组织要安排好人员，做好接洽工作，认真填写好回执联并盖章，由党员及时交单位党组织留存。同时社区党组织将到社区报到的党员进行汇总登记，填写好《武江区社区在职党员报到汇总登记表》；报到登记工作在9月中旬完成。对未及时报到的，单位党组织要摸清原因，做好工作，督促迅速报到。对报到情况实行动态管理，新调入、新发展的党员要在1个月内及时报到。报到地点变更的在职党员，要及时告知单位党组织和原报到社区党组织，重新办理报到手续。

2.设岗领岗（9月中旬前）。街道党工委会同社区党组织要发挥枢纽作用，深入群众，广泛收集辖区内群众服务需求，列出服务项目清单，填写好《武江区机关在职党员到社区报到为群众服务项目统计表》；并根据到社区报到的在职党员数量及社区需求和党员志愿服务意向，成立政策咨询、法律援助、民事调解、卫生监管、医疗卫生、文化体育、便民服务、关爱互助等志愿服务队，提高在职党员社区活动的组织化程度。在职党员到社区报到后，要积极认领服务岗位，明确服务职责。

3.开展活动（9月下旬至12月中旬）。在职党员到社区报到服务群众，既可立足于联系点社区所涵盖的住宅小区、也可是居住点所在小区、楼栋（街巷），也可扩大到整个社区，既可个人、家庭参与，也可组织邻里共同参与。探索活动招募等方式，增强志愿服务的针对性和灵活性。深化机关党建进社区，打破机关层级和地域限制，组织党员开展组团式服务，解决社区在职党员分布不均衡的问题。社区党组织和单位党组织要及时建立台帐，督促党员开展服务活动。

开展活动期间，在职党员要如实记载服务情况，填写好《武江区机关在职党员服务纪实卡》，经社区党组织查验后，由在职党员每个季度末报所在单位备案；社区党组织在评议在职党员服务情况时要征求群众意见；社区党组织要适时与在职党员所在单位党组织沟通联系，每个季度末填写好《武江区机关在职党员到社区报到为群众服务表现反馈表》向在职党员所在单位反馈在社区服务群众情况。

（四）检查汇总阶段（12月中旬至12月底）

区直各机关单位、街道党工委及各社区党组织每年12月下旬要将在职党员进社区的情况进行认真总结，将活动中的典型事例、有效举措和意见建议形成文字材料；单位党组织填写好《武江区机关在职党员到社区报到为群众服务情况汇总表》，社区党组织填写好《武江区机关在职党员进社区服务项目完成情况表》，分别报区委组织部备案。区委组织部将对此项工作进行检查。

四、做好服务

（一）公开服务承诺。在职党员对认领的服务岗位、服务事项、完成时限进行承诺，由社区党组织通过公告栏、显示屏等平台公开，接受群众监督，并报所在单位备案。

（二）实行定点服务。报到接纳地点可设在社区党代表工作站、党群便民服务中心、社区办公场所等地方。社区党组织可以利用现有场所设立在职党员工作站，组织在职党员利用业余时间轮流到党群便民服务中心参加服务，帮助社区党组织和群众解决实际困难。

（三）推行组团服务。统筹单位、社区在职党员力量，发挥专业优势，组建创文巩卫宣传、社区治理、法律维权、健康义诊和居民就业扶持等专业化服务团队，定期开展巡回服务或定点服务。

（四）参与主题服务。

围绕社区中心工作、重点任务和群众普遍反映的问题，有针对性的组织开展红色教育、民俗节庆、道德讲坛、文明创建以及关心青少年、关爱空巢老人等主题活动，在职党员要积极参与。提倡各单位集中组织开展“服务月”“服务日”活动，为在职党员发挥作用搭建平台。

（五）开展“微心愿·圆梦想”活动。社区党组织根据实际情况，面向生活困难党员群众、空巢老人、残障人士、留守儿童、下岗工人、外来务工人员及随迁子女等群体征集具体、实在、易于解决的“小梦想”“小心愿”“小困难”，在职党员主动对接认领，力所能及地帮助群众达成所愿。

五、保障措施

（一）健全责任制度。机关在职党员到社区报到为群众服务工作，将纳入基层党建工作责任制专项考核内容，作为机关事业单位基层党建工作考评的重要内容。各级机关事业党组织要把深化在职党员进社区活动摆上重要位置，与开展党的群众路线教育实践活动结合起来，作为改进工作作风、密切联系群众的具体举措，认真部署，精心组织实施，防止流于形式、走过场。单位党组织书记作为第一责任人，要带头到社区报到、带头认领服务项目、带头参加社区管理服务，积极支持社区党组织履行在职党员的协管职能和对党员领导干部社区生活的监督职能。街道党工委要明确1名班子成员负责面上协调。社区党组织要切实抓好在职党员进社区各项工作安排和落实，要加强与各单位的互动沟通。

（二）健全报到制度。每年9月份，为在职党员集中到社区报到时间。已经报到的在职党员要主动加强与社区经常性联系，工作调动、居住地变化时，要及时与社区党组织沟通，到新社区报到。每年12月份，社区和单位要汇总通报在职党员到社区报到情况。

（三）健全服务纪实制度。要加强党员服务过程的管理，做好记录。在职党员如实记载服务情况，经社区党组织查验后，由在职党员每个季度报所在单位备案。社区党组织评议在职党员服务情况时要征求群众意见，把服务对象评价作为服务纪实的必备内容。

（四）健全意见征集制度。健全经常联系服务群众工作机制，探索运用网站、QQ群、微博、微信等信息手段，拓宽征集意见渠道。建立服务供需对接机制，及时了解社区所需、群众所盼，定期梳理、发布服务需求，根据群众个性化需求，制定服务菜单，由党员自主认领、群众自主选择。

（五）健全沟通反馈制度。社区党组织要适时与在职党员所在单位党组织沟通联系，每个季度末向在职党员所在单位反馈在社区服务群众情况，如遇重要情况可随时反馈。单位党组织要加强与社区的沟通，定期了解本单位党员在社区的现实表现。在职党员要做好双向反馈的具体联络工作。

（六）健全考核激励制度。积极引导在职党员到社区报到为群众服务，社区每年底对在职党员表现情况进行考核评价，单位党组织对在职党员到社区服务群众情况进行汇总。结果作为党员民主评议、推选“两代表一委员” 和评先评优的重要依据。

六、组织领导

（一）落实工作责任。各单位党组织要把在职党员到社区报到为群众服务，作为党的群众路线教育实践活动和社区服务型党组织建设的重要载体，加强工作督导和分类指导，统筹部署推进。单位党组织书记要切实履行基层党建工作第一责任人职责，认真安排部署，精心组织实施，抓好落实。

（二）营造舆论氛围。加强舆论引导，发挥报刊、广播、电视、网络等媒体的作用，有条件的地方要开设专栏，大力宣传在职党员进社区工作的重要意义，宣传先进典型，营造良好的舆论氛围。

（三）务求取得实效。坚持简便易行，循序渐进，杜绝形式主义，采取灵活多样的服务方式，做到单位好组织、党员好参与、社区好操作。坚持量力而行、尽力而为，尊重群众意愿，结合党员实际，不搞“一刀切”，不提过高要求，促进服务常态化、工作长效化。

附：1.武江区直机关联系社区安排表

附件1

武江区直机关联系社区安排表

表7

街道	社区名称	挂点单位	社区名称	挂点单位
新华街	花城社区	政法委、社工委 司法局、信访局	五祖路社区	农业局
	金洲社区	统计局	红尾坑社区	民政局
	沙洲社区	安监局	工业中社区	人社局
	工业西社区	发改局	乳韶社区	卫计局
	工业东社区	组织部	芙蓉北社区	水务局
	惠民西社区	区委办、区政府办 工青妇	芙蓉东社区	政协机关
	武江南社区	宣传部	新华南社区	林业局、武装部
	惠民东社区	人大机关	利民社区	文新局、残联
惠民街	惠民北社区	检察院	沐阳东社区	公路站
	黄田坝社区	城管局	群立社区	教育局
	新华北社区	纪 委、监察局	侨新社区	财政局
	群康社区	住建局、科技局	东岗岭社区	统战部
	冷水坑社区	法 院	武江北社区	经信局
	幸福社区	审计局	沙湖社区	编办
	新村社区	食药监局		

说明：区直机关联系社区原则上按韶武办发〔2014〕23号文安排，对韶武办发〔2014〕23号文中没有安排挂钩联系社区的单位就机关在职党员到社区报到此项工作进行了补充。

关于成立武江区申苏、申老区工作领导小组的通知

韶武办发〔2014〕34号

各镇，区直有关单位：

为加强对全区申苏和申老区工作的组织领导，区委、区政府决定成立武江区申苏、申老区工作领导小组，其组成人员如下：

组　长：张　雯（区委副书记）

副组长：孙理鸣（区委常委，区委办主任）

郑伟平（区委常委，宣传部长）

刘拥军（区政府副区长）

成　员：杨鉴庭（区委农办主任）

欧阳征禄（区档案局局长，史志办主任）

叶文辉（区委办副主任）

段锋刚（区委宣传部副部长）

邱　江（区政府办副主任）

罗北京（区发改局副局长）

陈发中（区民政局副局长）

孙青文（区财政局副局长）

曾彩娣（区委农办副主任）

朱伟东（区文新局副局长）

李卫东（区档案局副局长）

李俊锋（区老促会第一副会长）

领导小组下设办公室，办公室设在区扶贫办。办公室主任由杨鉴庭同志兼任，副主任由曾彩娣同志兼任。

中共韶关市武江区委办公室

韶关市武江区人民政府办公室

2014年12月23日

关于印发《武江区2014年若干重要改革任务要点》的通知

韶武委办发电〔2014〕27号

各镇（街道）、区直各单位及驻区有关单位：

经区委、区政府同意，现将《武江区2014年若干重要改革任务要点》印发给你们，请认真遵照执行。

中共韶关市武江区委办公室
韶关市武江区人民政府办公室
2014年6月18日

武江区2014年若干重要改革任务要点

为贯彻落实党的十八届三中全会精神和《中共中央关于全面深化改革若干重大问题的决定》（中发〔2013〕12号）以及省委、市委的改革工作部署，结合我区工作实际，现提出我区2014年若干重要改革任务要点。

一、总体要求

高举中国特色社会主义伟大旗帜，坚持以邓小平理论、“三个代表”重要思想、科学发展观为指导，深入贯彻党的十八大、十八届三中全会和习近平总书记系列重要讲话精神，认真落实中央、省、市全面深化改革的决策部署，坚持解放思想，坚持发展第一要务，抓住重要领域和关键环节确定若干重要改革任务，找准武江深化改革的突破口和着力点，从最紧迫的事项改起，从人民群众最期待的领域改起，从制约经济社会发展最突出的问题改起，从社会各界能够达成共识的环节改起，着力破解阻碍经济社会发展的体制机制障碍，以改革促发展，加快我区全面建成小康社会步伐。

二、重要任务

（一）促进政府职能转变

1. 推进机构改革。按照市的统一部署，重点推进和完善卫生计生、文化新闻出版、食品药品监管、经济和信息化、物价等部门机构改革，7月底前完成《武江区政府职能转变和机构改革方案》的起草、报批、实施工作；12月底前，制定出台《韶关市武江区商事登记制度改革方案》。结合全面建设小康社会统计监测指标体系，完善镇（街）落实科学发展观考核实施方案。（区编办、区工商局、区纪检监察。排在最前面的单位为牵头单位，下同。）

2. 推进行政审批制度改革。最大限度减少政府对微观事务的管理，实现区政府行政审批事项比2011年底减少40%以上。建立严格规范的行政审批目录管理制度，加大审批事项尤其是非行政许可事项清理力度，进一步压减审批事项，严格控制新设行政审批事项，6月底前制定公布区级保留的行政审批事项目录。根据市行政审批标准化实施方案，推动建立统一的行政审批信息管理服务平台，公布实施行政审批办事指南和业务手册。协助建立行政审批事中、事后监管标准和机制，协助制定审批权取消下放后的监督管理办法。（区编办、区行政服务中心、区编办）

3. 完善网上办事大厅建设。推动横向到行政部门、纵向到镇（街）规范统一的区网上办事大厅建设，推动行政审批和服务事项由到部门实地办理加快向网上办理转变。到2014年底，区60%行政审批事项网上办事深度达一级以上，40%达二级以上，10%达到三级，社会事务服务事项网上办理率达50%以上，总体网上办结率达20%以上；推动网上办事大厅延伸到镇（街），争取2个镇（街）开通网上办事站，5%以上的村居开通网上办事点。（区信息中心、区行政服务中心）

（二）加快建立现代市场规则

4. 建立统一的市场准入制度。推进企业登记制度改革，推行“网上申请、双向快递”登记服务，深化企业信用分类监管制度，完善企业个人信用管理。推进工商登记制度改革，放宽市场主体登记条件，由先证后照改为先照后证，把注册资本实缴登记制改为认缴登记制。改革年检（验照）方式，建立经营异常名录管理制度，强化商事登记后续监管，构建严管体制机制。积极开展行政事业性收费清理工作，进一步清理各类收费项目。加强招投标活动各环节的监管力度，完善中标后跟踪检查制度，推进招投标制度改革。（区工商局、区财政局、区纪检监察）

5. 继续深化投资管理体制改革。全面贯彻落实国家、省、市关于企业投资管理体制改革工作的有关政策，除需报国家、省、市核准的项目外，对不涉及公共资源开发利用的区管权限内企业投资项目一律实行备案管理，对具有一定投资收益能力的公共资源开发利用项目实行竞争性配置。统筹推进项目用地、规划、环评等审批事项同步改革，简化企业投资审批流程，建立企业投资项目“指导、服务、监管”三位一体的工作机制，企业投资审批事项明显压减，办理时限总体压缩50%左右。进一步完善政府投资项目管理制度，建立健全政府投资重点建设项目廉政保障体系，实现项目安全、资金安全、人员安全。加强对全区党政机关楼堂馆所项目监管，加大财政资金监督检查力度，确保财政资金绩效的发挥。（区发改局、区住建局、区财政局）

6. 推进市场监管体系和社会信用体系建设。出台《武江区社会信用体系建设规划》，落实社会信用体系建设规划，推进行业和部门信用建设，实行社会信用分类监管制度，制定守信企业“绿色通道”和失信企业综合惩戒办法。（区发改局、区工商局、区经信局）

7. 推进价格体制改革。控制和减少政府定价的范围与项目。（区发改局）

（三）激发市场主体发展活力

8. 大力发展混合所有制经济。落实对重点支持大型骨干企业的挂点服务及帮扶措施，支持骨干企业增资扩产和兼并重组，加快培育主营业务收入亿元以上、成长性较好、发展潜力大的企业。鼓励和促进符合条件的个体工商户转制为私营企业，加快推动工业商贸企业上规模，力争全年新增规上工业企业3家，限上商贸企业9家。（区经信局、区发改局）

9.进一步加强国有资产管理。加大公共资产收益收缴和预算支出管理工作，将区属行政事业单位公共资产处置收入全额上缴区财政，纳入财政预算管理。（区财政局）

10．支持非公有制经济健康发展。落实国家和省、市扶持非公有制企业做大做强的政策措施，在资金、土地、技术、人才等方面实行与公有制企业同等政策。鼓励和支持民营企业发展战略性新兴产业，支持民营企业以公司资产、股权、专利技术等投资其他企业。建立健全中小企业政策扶持、投融资、自主创新、中介等专业服务体系。（区经信局、区发改局、区财政局）

（四）推动财政体制改革

11．完善财政体制。推进预算编制改革，建立全口径的预算编报体系和跨年度预算平衡办法。完善预算编制征询部门、专家、人大代表和社会各界意见的机制，及时向社会公开本部门预决算信息以及“三公”经费预决算信息。完善国库管理制度，优化国库拨付流程前期工作。健全协税护税工作机制，提高税收征管质量。逐步建立政府事权与支出责任相适应的体制，做好市对区级财政管理体制对接工作。（区财政局）

12．优化财政支出。按照省、市的部署，推进基本公共服务均等化综合改革试点工作。注重增加财政用于保障民生等公共支出，确保区级公共财政预算中安排用于保障和改善民生等公共性领域支出比例达到市的要求，用于经营性领域的支出按市规定的比例减少。健全财政监管机制，按财政经常性监督检查的要求，加大财政专项资金监管力度，推进财政支出绩效评价，委托第三方开展重点评价工作。（区财政局）

13．完善公共资源配置竞争机制。健全完善区公共资源交易平台和监管体系，推进公共资源交易“管办分离”，规范公共资源交易和招投标行为，逐步将公共资源交易纳入网上办事大厅，发挥市场在资源配置中的决定性作用。按省、市关于公务用车制度改革要求，推进我区公务用车制度改革工作。（区行政服务中心、区财政局、区发改局）

（五）健全科技创新市场导向机制

14．加强科技创新驱动发展。推动建立健全技术创新市场导向和产学研协同创新机制，引导企业加强自主创新，完善创新创业平台，引导和支持创新要素向企业集聚，推动建立区域创新体系。强化企业的技术创新主体地位，引导和支持企业申报高新技术企业，发挥大型企业创新骨干作用，激发中小企业创新活力。推动应用型技术研发机构转制改企，运用市场化机制新建一批新型科研机构，鼓励企业建立工程技术研发、检验检测、技术咨询等公共技术服务中心，支持建立技术创新公共服务平台。（区科技局、区经信局）

15．加强知识产权保护和运用。完善技术研发、转化的市场化机制，贯彻科技成果转化促进条例，推进科技中介服务机构和科技成果转化产业化平台建设，健全技术转移机制。完善技术转移和交易机制，建立政府资金和社会资本共同参与的创新创业投资机制。完善知识产权保护、管理和运用机制。（区科技局、区发改局、区经信局）

（六）推进农村综合体制改革

16．创新农业经营发展机制。培育壮大新型农业经营主体，年内新培育1家市级农业龙头企业；争取有2家合作社升级为市级示范社，争取有3家合作社产品获得无公害或绿色农产品品牌认证；新培育家庭农场2—3家。（区农业局）

17．优化农村发展环境。努力建设美丽乡村，推进农村人居环境综合整治，加快编制名村、示范村及9个近郊农村自然村新村规划。大力推进建立农村垃圾分类和处理机制，各镇要建成一座生活垃圾转运站，各行政村要建成一座以上生活垃圾收集点，各行政村要建立保洁清扫制度。完善农村扶贫开发“双到”机制，提高扶贫对象确定、资金投入等精准度。（区住建局、区农业局、区扶贫办）

18. 保护和发展农民财产权利。搞好农村土地承包经营权确权登记颁证试点工作。选择一个镇（村）开展农村土地承包经营权确权登记颁证试点。待市《关于韶关市开展农村土地承包经营权登记试点工作的实施意见》出台后，制定我区的农村土地承包经营权登记试点工作方案。（区农业局、区国土分局、区法制局）

（七）完善推进新型城镇化发展的体制机制

19. 促进农业转移人口市民化。坚持积极稳妥、扎实推进，紧紧围绕提高城镇化质量，推进以人为核心的城镇化，提高城镇人口素质和居民生活质量，有序推进在城镇稳定就业和生活的常住人口市民化。加强服务，积极引导和促进房地产行业健康有序发展。继续推进高技能人才入户城镇制度。（区住建局、区发改局、区人社局）

20. 增强中心城区辐射带动作用。落实好市关于城区扩容提质以及芙蓉新区发展的各项规划。配合市启动市辖两区农村宅基地规划和审批工作。健全打击“违法用地、违法建筑”联动机制，积极做好违法建筑认定工作，坚决打击“两违”行为。（区住建局、区新城征地办、区城管局、区国土分局）

（八）构建对内对外开放新格局

21. 加大对内对外开放力度。积极主动融入珠三角。按照“一园一城七组团”的总体思路，重点加强与东莞市对口帮扶的联系。进一步加强与湘赣周边地区的合作，打造商贸物流基地，构建粤湘赣省际开放先行区。（区经信局）

22. 推进投资贸易便利化。创新外商投资管理模式，逐步推行外商投资准入前国民待遇加负面清单管理模式，将外商投资企业合同章程审批制改为备案制。创新和优化外商投资服务模式，加强对境外投资的引导和服务。创新加工贸易管理模式，推进开放型经济转型升级综合配套改革。（区经信局）

（九）创新文化发展体制机制

23.推进文化管理服务机制创新。建立群众评价和反馈机制，推行“菜单式”服务，实现“群众报单、政府买单”的供给方式，推动文化惠民项目与群众文化需求有效对接。大力推进文化单位行政审批事项减政放权。（区委宣传部、区文新局）

24.加快文化单位改革发展。加快建立健全基础管理、内容管理、行业管理以及网络违法犯罪防范和打击等工作联动机制，进一步强化网上舆论引导。加强网络评论员、信息员、志愿者队伍建设。（区委宣传部、区文新局）

25.健全文化产业健康发展体制机制。整合优化文化产业结构和布局，提高文化产业规模化、集约化、专业化水平。按照省、市的部署，推进文化与科技、贸易等融合发展试点工作。鼓励非公有制文化企业发展，引导社会资本以多种形式投资文化产业，支持各种形式的小微文化企业发展。（区委宣传部、区文新局）

（十）推进社会民生事业改革创新

26. 推进教育领域综合改革。统筹城乡义务教育资源均衡配置，继续实行义务教育免试就近入学，进行九年一贯的学区管理新模式试点工作。鼓励社会力量兴办教育，促进民办教育规范特色发展。落实国家和省市考试招生制度改革。建立校长、骨干教师跟岗培训机制，选拔优秀校长、骨干教师定期到珠三角经济发达地区的优质中小学校跟岗培训，切实加强师资队伍建设，促进我区教育质量的持续提升。有效开展教学工作评估、教师专业素养比赛、小课题教学研究，规范和完善学校教学管理，进一步提高办学水平。（区教育局、区人社局）

27. 深化医药卫生体制改革。加强卫生院和社区卫生服务中心建设，强化农村卫生站标准化建设。完善各项基本公共卫生服务工作。巩固完善基本药物制度和运行新机制，继续推广平价药包医疗服务。建立基层首诊、双向转诊制度，探索“大病进医院，康复在基层”的分级诊疗模式。继续实施中医药强区政策，健全中医药服务体系。落实国家和省、市有关一方是独生子女的夫妇可生育两个孩子的计划生育政策。（区卫计局）

28. 健全就业创业机制。贯彻广东省创业带动就业的实施意见，落实创业促进就业扶持政策。完善公共就业信息平台，健全就业服务体系，加强职业技能培训，促进城乡充分就业。促进以高校毕业生为重点的青年就业和农村转移劳动力、城镇困难人员就业。（区人社局）

29. 深化收入分配制度改革。探索建立机关事业单位工作人员工资收入正常增长机制，逐步提高基层公职人员津贴补贴水平。积极完善工资集体协商制度，形成以工资集体协商为核心的企业工资共决机制和正常调整机制。（区人社局、区财政局、区总工会）

（十一）创新民主法治体制机制

30. 推动法治韶关建设。健全社会普法教育机制，加强法治文化建设，增强全民法治观念。按照市的统一部署，落实一村（居）一律师工作。（区司法局，区人大法工委）

31. 健全基层群众自治机制。坚持基层党组织的领导核心地位，保持基层治理的基本框架稳定，扩大基层群众对公共事务参与范围，以江湾镇为试点，开展以“听民声、访民情、解民忧”为主要内容的“乡村夜话”活动。落实城市社区居委会直选制度，完善村（居）民主决策、管理和监督制度，建立村务监督委员会。完善城乡基层社会治理体制，整合各部门延伸到基层社区的工作和资源，制定规范城乡社区服务标准，构建各方力量共同参与的基层社区治理格局。（区委组织部、区社工委、区民政局）

32. 稳步推进社会组织管理体制改革。推进社会组织“去行政化”改革。推动社会组织的人、财、物与党政机关和事业单位脱钩。大力推进我区社会组织创新发展，切实做好简化社会组织注册登记工作，推进政府职能转移和购买服务，完善扶持政策，建立综合监管体系。（区民政局、区社工委）

33. 创新预防化解社会矛盾机制。贯彻落实省信访条例，畅通信访渠道，完善网上信访制度，实现办理过程和结果可查询、可跟踪、可督办、可评价；改革涉法涉诉信访工作机制，实行诉讼与信访分离制度，建立涉法涉诉信访事项导入司法程序机制和涉法涉诉信访依法终结制度。建立健全欠薪综合治理机制，严格落实建设领域施工企业工人工资保证金制度，探索建立欠薪应急保障金制度。探索推进劳动保障监察行政综合执法改革。推进基层劳动争议调解组织规范化建设。完善社区矫正工作机制，推进社区矫正人员电子监控平台建设。（区委政法委、区信访局、区社工委、区人社局、区司法局）

34. 健全公共安全体系。完善立体化治安防控体制机制。加强互联网管理体制机制建设，规范传播秩序，确保网络和信息安全。制定安全生产监督管理机关行政检查制度。完善事故责任追究体系。建立维稳工作分析研判机制，健全重大决策社会稳定风险评估机制。畅通食品药品投诉举报渠道，建立健全举报投诉平台和有奖举报制度。建立健全我区突发事件处置现场指挥官制度，推进应急管理机制创新。研究制定区突发公共事件总体应急预案，完善各类公共安全事件应急预案，进一步完善“横向到边、纵向到底”的应急预案体系。加强应急救援专业队伍、应急物资储备和应急避难场所建设，推进应急避灾示范点建设工作。（区公安分局、区安监局、区食药监局、区应急办）

（十二）创新生态文明体制机制

35. 健全生态环境保护与开发体制。深入推进“新一轮绿化广东大行动”，大力实施四大林业生态重点工程建设，2014年完成碳汇造林7725亩，乡村美化绿化示范村建设10个。大力推进森林公园建设和提升生态功能等级。2014年完成市级森林公园建设1个，即张九龄纪念公园。全区新增生态公益林面积4万亩。大力发展生态农业、林业，把生态优势转化为发展优势。（区林业局、区农业局）

36. 建立生态红线保护制度。健全林木采伐与更新“一本账”的管理体制。坚持采伐计划与更新造林计划同步审批，严格执行《韶关市林业局林木采伐管理规定》，加大对生态功能区保护力度。（区林业局）

37. 做好节能减排工作。组织实施《韶关市节能减排财政政策综合示范城市总体实施方案》，推进重点领域节能减排。建立和完善严格监管所有污染物排放的环境保护管理制度。健全农业源污染减排和治理机制，落实矿山生态修复制度，实施最严格的水资源管理制度，落实“三条红线”指标任务。（区经信局、区农业局、区住建局、区国土分局、区水务局）

三、保障措施

（一）强化领导责任。要坚决贯彻落实中央和省、市的改革部署及相关工作安排，加强统筹协调、整体推进、督促落实，确保政令畅通，推进各项改革任务取得实质性进展。

（二）强化协调落实。各单位要强化大局意识，以自我革新的勇气和积极主动的精神，研究提出负责推进改革事项的具体方案，做到有工作措施、有时间进度、有跟踪督查。深入研究各领域改革的关联性和配套改革的整体性，相互促进、协同配合，形成工作合力。

（三）强化干部人才保障。各级领导干部要加强对全面深化改革的学习与实践，营造勇于改革、敢于担当、鼓励创新、宽容失败的人才成长环境。广大党员干部要强化对新理论新知识的专业培训，适应全面深化改革的新任务新要求，肩负起推进各项改革的使命责任。

（四）强化作风建设。各级领导干部要严格执行中央八项规定和厉行节约反对浪费等要求，认真落实党的群众路线教育实践活动各项整改方案，努力建立改进作风长效机制，以优良作风推动改革顺利进行。

（五）强化宣传舆论引导。各单位要把深入宣传党的十八届三中全会精神作为重要政治任务，凝聚改革共识，激发改革热情，充分调动广大干部群众参与改革的积极性、主动性、创造性，激发社会参与改革热情，努力营造理解改革、拥护改革、支持改革的良好社会环境。

关于印发《武江区学习〈习近平总书记系列重要讲话读本〉实施方案》的通知

韶武委办发电〔2014〕48号

各镇、街道，区直各单位：

经区委同意，现将《武江区学习〈习近平总书记系列重要讲话读本〉实施方案》印发给你们，请各单位结合实际，认真贯彻执行。

中共韶关市武江区委办公室

2014年9月5日

武江区学习《习近平总书记系列重要讲话读本》实施方案

党的十八大以来，习近平总书记发表了系列重要讲话，深刻回答了新形势下党和国家事业发展的一系列重大理论和现实问题，提出了许多富有创见的新思想、新观点、新论断和新要求。为进一步深化讲话精神的学习贯彻，结合我区实际，特制订本学习方案。

一、加强区委中心组学习

根据2014年下半年的实际情况，区委中心组初步安排六个学习主题：一个课题、两次交流、三堂授课。

主题一：“加快推进武江区城镇化和工业化”课题研究

1. 学习内容：由我区与韶关学院、市委党校合作共同组成课题组，针对我区城镇化和工业化的实际情况，研判形势，分析问题，提出对策和发展思路。

2. 学习形式：座谈交流、集中授课。

3. 学习人员：区委中心组成员，区直各单位正副职，驻区单位一把手，镇街党政负责人。

4. 学习时间：待定。

5. 责任单位：区委办、区委宣传部。

主题二：务虚研讨交流会

1. 学习内容：认真研读《习近平总书记系列重要讲话读本》，结合各自的学习、思想实际，认真撰写读书笔记和学习心得体会。

2. 学习形式：座谈交流。

3. 学习人员：区委中心组成员。

4. 学习时间：初定9月，时间为一天。

5. 责任单位：区委办、区委宣传部。

主题三：工作交流会

1. 学习内容：根据前期学习《习近平总书记系列重要讲话读本》的心得体会，结合各自的分管工作，深入开展调研，认真谋划明年工作任务，撰写调研报告。

2. 学习形式：座谈交流

3. 学习人员：区委中心组成员，镇街党政负责人。

4. 学习时间：初定12月，时间为一天。

5. 责任单位：区委办、区委宣传部。

主题四：学习《习近平总书记系列重要讲话读本》

1. 学习内容：《习近平总书记系列重要讲话读本》的相关内容，深刻学习领会习近平总书记关于治党、治国的要求。

2. 学习形式：集中授课。

3. 学习人员：区委中心组成员，区直各单位正副职，驻区单位一把手，镇街党政负责人。

4. 学习时间：9月，时间为半天。

5. 责任单位：区委宣传部。

主题五：宣讲十八届四中全会精神

1. 学习内容：十八届四中全会的相关精神和要求。

2. 学习形式：集中授课。

3. 学习人员：区委中心组成员，区直各单位正副职，驻区单位一把手，镇街党政负责人。

4. 学习时间：下半年，时间为半天。

5. 责任单位：区委宣传部。

主题六：纪律教育学习

1. 学习内容：中央、省、市关于廉洁从政的要求。

2. 学习形式：集中授课。

3. 学习人员：区委中心组成员，区直各单位正副职，驻区单位一把手，镇街党政负责人。

4. 学习时间：9月，时间为半天。

5. 责任单位：区纪委。

二、加强各镇街、区直各单位学习

各镇（街）、区直各单位结合各自实际情况，参照区委中心组学习主题，制定各自的学习计划，并按要求严格落实，确保学习成效。

三、加强社会层面的宣讲

邀请市委宣讲团成员深入企业、社区、农村、学校等开展宣讲活动，组织本区道德模范到村（居）、企业等开展宣讲。

中共韶关市武江区委办公室　武江区人民政府办公室印发《韶关市武江区贯彻落实中央〈建立健全惩治和预防腐败体系2013—2017年工作规划〉的工作方案》的通知

韶武委办发电〔2014〕71号

各镇（街道），区直及驻区各单位：

《韶关市武江区贯彻落实中央〈建立健全惩治和预防腐败体系2013—2017年工作规划〉的工作方案》已经区委、区政府同意，现印发给你们，请结合实际认真贯彻执行。

中共韶关市武江区委办公室
韶关市武江区人民政府办公室
2014年12月31日

韶关市武江区贯彻落实中央《建立健全惩治和预防腐败体系2013—2017年工作规划》的工作方案

为贯彻落实党的十八大、十八届三中全会精神，深入推进党风廉政建设和反腐败斗争，根据《中共韶关市委办公室、韶关市人民政府办公室印发〈关于贯彻落实中央《建立健全惩治和预防腐败体系2013—2017年工作规划》实施办法〉分工方案的通知》（韶委办发电〔2014〕131号，以下简称《工作方案》），结合我区实际，制定本工作方案。

一、指导思想、基本原则和目标任务

（一）指导思想

深入贯彻落实党的十八大、十八届三中全会精神和习近平总书记系列重要讲话精神，坚持标本兼治、综合治理、惩防并举、注重预防，以构建使党员干部不敢腐、不能腐、不想腐的有效机制为主线，以改革精神加强反腐败体制机制创新和制度保障，持之以恒改进作风，坚定不移惩治腐败，坚持不懈预防腐败，建设廉洁政治，努力实现干部清正、政府清廉、政治清明，为我区在全面深化改革中建设幸福美好武江提供有力保障。

（二）基本原则

围绕中心，服务大局。围绕中央、省委、市委和区委关于经济社会发展的总体部署，把惩治和预防腐败体系建设有效融入我区物质文明和精神文明建设的全过程。

完善制度，依法反腐。不断健全反腐败制度体系，用法治思维和法治方式反对腐败，强化制约监督，把权力关进制度的笼子里。

改革创新，攻坚克难。加强反腐败体制机制创新，用发展的思路、改革的办法、科技的手段破解党风廉政建设面临的难题，更加科学有效地防治腐败。

统筹推进，惩防并举。立足当前、着眼长远，整合各方面资源和力量，形成工作合力，着力治标，为治本赢得时间，逐步铲除滋生腐败的土壤。

（三）目标任务

经过5年不懈努力，坚决遏制腐败蔓延势头，取得人民群众比较满意的进展和成效。党的作风建设深入推进，“四风”问题得到认真治理，党风政风和民风社风明显好转；惩治腐败力度不断加大，纪律约束和法律制裁的警戒作用有效发挥；反腐败制度体系逐步完善，党员干部廉洁自律意识和拒腐防变能力明显增强。

二、具体任务和分工安排

（一）持之以恒改进作风

1. 深入治理干部作风的突出问题

（1）巩固和深化整治违规修建楼堂馆所、公款出国（境）旅游、节庆论坛展会活动过多过滥、清退会员卡、治理“小金库”和违规使用专项资金专项行动成果。［区纪委（监察局）、区委办、区政府办、区发改局、区财政局、区外事侨务局牵头，市国土资源局武江分局、区住建局、区审计局配合］

（2）继续整治收送“红包”、礼金，大操大办婚丧喜庆事宜，违规购车用车，“会所腐败”，公款“大吃大喝”，“吃空饷”以及庸懒散、奢私贪、蛮横硬等突出问题。严肃查处以改革之名搞劳民伤财的“政绩工程”“形象工程”，变相增加机构编制人员以及巧立名目挥霍浪费等问题。［区纪委（监察局）、区委办、区政府办、区编办、区发改局、区财政局、市国土资源局武江分局牵头，区委组织部、区委宣传部、市公安局武江分局、区人社局、区住建局、区审计局、区工商局配合］

2. 切实解决损害群众利益的突出问题

（3）扎实开展违法违规征地拆迁、强农惠农资金使用、涉法涉诉、食品药品安全、安全生产、环境保护、科技教育、医疗卫生等领域突出问题的整治，坚决纠正乱收费、乱罚款、乱摊派和吃拿卡要等侵害群众利益的不正之风。［区委政法委、区法院、区检察院、区教育局、区经信局、市公安局武江分局、区财政局、市国土资源局武江分局、区住建局、区农业局、区卫计局、区安监局、区食药监局、区城管局牵头，区纪委（监察局）、区委宣传部、区社工委配合］

（4）充分发挥民主评议、政风行风热线、作风举报网等的作用，畅通群众诉求表达渠道，加强对执法机关和窗口单位、服务行业事难办、滥用职权、执法不公等问题的监督。［区纪委（监察局）牵头，各镇（街道）及区直各重点评议单位配合］

（5）抓好涉农涉土、劳资纠纷、环境保护等领域的矛盾纠纷排查和化解工作，加强农村基层党风政风民风建设，完善村务监督机制，制定工作规程，深化农村集体资金、资产、资源的清理监管。［区纪委（监察局）、区委政法委、区社工委、区民政局、区财政局、区人社局、市国土资源局武江分局、区住建局、区农业局、区林业局、区总工会、区综治办负责］

3. 建立健全作风建设长效机制

（6）围绕反对“四风”，着力改进会风文风，控制“三公”经费支出，解决不作为、乱作为等问题。［区纪委（监察局）、区委办、区政府办、区财政局牵头，区直各单位配合］

（7）严格落实《党政机关厉行节约反对浪费条例》《广东省党政机关厉行节约反对浪费实施细则》，以及相关配套制度。［区委办、区人大办、区政府办、区政协办、区纪委（监察局）、区委组织部、区委宣传部、区发改局、区财政局、区人社局、区审计局、区外事侨务局负责］

（8）完善领导干部配偶子女经商、担任公职和社会组织职务等相关制度。建立健全防治庸懒散奢等不良风气常态化制度，完善暗访、曝光、查处、追责“四管齐下”的作风监督问责机制，坚决纠正打折扣、搞变通行为。［区委组织部、区纪委（监察局）牵头，区委宣传部、区民政局、区工商局、区直有关单位配合］

4. 强化作风建设的组织和纪律保障

（9）严格执行党的政治纪律、组织纪律、财经纪律、工作纪律和生活纪律等各项纪律，督促和引导党员干部学习党章、遵守党章，严格按照党的组织原则和党内政治生活准则办事。加强对党的纪律执行情况和中央、省委、市委和区委全面深化改革重大决策部署落实情况的监督检查，坚决克服组织涣散、纪律松弛问题，确保政令畅通。［区纪委（监察局）、区委组织部、区委宣传部、区财政局、区人社局、区审计局牵头，区直各单位配合］

（二）坚定不移惩治腐败

5. 加大查办案件力度

（10）坚决查处领导干部违纪违法案件，切实解决发生在群众身边的腐败问题。严格审查和处置党员干部违反党纪政纪、涉嫌违法的行为，重点查处十八大以后还不收敛不收手、问题线索比较集中、群众反映强烈的、现在重要岗位且可能还要提拔使用的党员干部贪污贿赂、权钱交易、腐化堕落、失职渎职案件。［区纪委（监察局）牵头，区委反腐败协调小组成员单位配合］

6. 严格把握办案政策

（11）坚持抓早抓小，对党员干部身上的苗头性问题早发现、早纠正、早查处，防止小问题变成大问题。［区纪委（监察局）、区委组织部按职责负责］

（12）全面把握查办案件的力度、质量、效率和安全，坚持依纪依法、安全文明办案，切实保障被调查人的合法权益，实现政治效果、社会效果和法纪效果的统一。［区纪委（监察局）牵头，区法院、区检察院、市公安局武江分局配合］

（13）坚持把因缺乏经验、先行先试出现的失误与明知故犯而违纪违法的行为区分开来，把国家尚无明确规定时的探索性试验与国家明令禁止后有法不依的行为区分开来，把深化改革过程中的无意过失与为谋取私利故意违纪违法的行为区分开来，努力保护党员干部干事创业的积极性、主动性和创造性，为全面深化改革营造良好环境。［区纪委（监察局）牵头，区委组织部、区法院、区检察院、市公安局武江分局、区人社局配合］

7. 改革和完善办案工作体制机制

（14）落实查办腐败案件以上级纪委领导为主，线索处置和案件查办在向同级党委报告的同时必须向上级纪委报告制度。〔区纪委（监察局）负责〕

（15）完善党委反腐败协

调小组职能，健全查办案件组织协调机制。建立和完善全区纪检监察机关查办案件指挥协调机制，完善追逃防逃机制，统筹推动全区办案工作。［区纪委（监察局）牵头，区委组织部、区委宣传部、区委政法委、区法院、区检察院、市公安局武江分局、区人社局、区审计局、区外事侨务局配合］

（16）探索非党员、非监察对象协助调查取证的有效途径和办法。畅通信访举报渠道，落实对举报人和证人的保护奖励办法。深入剖析违纪违法案件，总结发案特点与规律，堵塞漏洞，充分发挥查办案件的治本功能。〔区纪委（监察局）牵头，区委组织部、区委宣传部、区法院、区检察院、区司法局、市公安局武江分局、区信访局配合〕

（17）建立健全查办案件工作评估机制，加强办案场所的规范化、信息化建设，改革基层办信办案体制和工作机制，强化办案力量，整合办案资源，确保实名举报核查率达到100%，案件年结案率达到90%，区级纪委办案人员占总人数比例达到70%以上。〔区纪委（监察局）、区委组织部、区编办牵头，各镇（街道）纪（工）委配合〕

（三）坚持不懈预防腐败

8. 深化党风廉政宣传教育

（18）深入开展中国梦教育、理想信念和宗旨教育、社会主义核心价值体系教育，加强党纪国法、廉政法规、从政道德和示范警示教育。坚持开展纪律教育学习月活动，办好党政主要领导干部党纪政纪法纪教育培训班，全面推行新任领导干部廉政谈话制度。［区纪委（监察局）、区委办、区委组织部、区委宣传部负责］

（19）抓好公职人员岗位廉政和职业操守教育，坚持把党风廉政教育纳入学习型党组织和机关建设，把廉政法律、法规和行为准则作为教育培训的必修课程。加强廉政文化建设，实施廉洁文化精品工程，把培育廉洁价值理念融入国民教育、精神文明建设和法制教育之中。建成和完善廉政教育基地，实现教育基地化、网络化和经常化。［区纪委（监察局）牵头，区委组织部、区委宣传部、区检察院、区司法局、区教育局、区人社局、区文新局、区法制局、区依法治区办配合］

（20）加强宣传和舆论引导工作，建立健全新闻发布会和案件信息发布制度。加强反腐倡廉网络舆情信息收集研判和处置引导，办好反腐倡廉专栏专题。［区纪委（监察局）、区委宣传部牵头，区文新局、区信息中心配合］

9. 推进廉政制度建设

（21）推进廉政制度建设，逐步建立内容科学、程序严密、配套完备、有效管用的反腐败制度体系。健全重要法规制度适用情况信息反馈和跟踪评价机制，增强法规制度执行力。实行制度廉洁性审查评估，避免在全面深化改革中出现制度缝隙和漏洞。［区纪委（监察局）牵头，区人大常委会法工委、区法制局配合］

10. 健全权力运行监督与制约体系

（22）加强党内监督，强化对民主集中制执行情况的检查监督，完善党代会、全委会、常委会决策机制，构建决策科学、执行坚决、监督有力的权力运行体系。［区纪委、区委办、区委组织部负责］

（23）推行各级政府及其工作部门权力清单制度，完善党务、政务、司法、村务、厂务公开和各领域办事公开。［按照省的统一要求分别由区编办、区委办、区政府办、区委组织部、区委政法委、区民政局、区人社局、区农业局、区总工会牵头，区纪委（监察局）配合］

（24）根据市委要求，区委、区政府主要领导同志每年向市委提交述廉报告。推行区直部门、各镇级党委和政府主要负责同志每年向区委提交述廉报告制度。落实下一级党委主要负责人和本级党委、政府所属部门、单位党组织主要负责人向纪委全会述责述廉述德并接受评议制度。［区委办、区政府办、区纪委（监察局）牵头，各镇（街道）党（工）委和政府（办事处）、区委组织部、区直各单位配合］

（25）稳步推进领导干部报告个人有关事项工作，并按一定比例开展抽查核实工作。加强对配偶已移居国（境）外或没有配偶，子女均已移居国（境）外工作人员的监管。［区纪委（监察局）、区委组织部负责］

（26）落实省加强对领导干部特别是8小时外活动监督及严禁领导干部插手工程建设、干预司法等行为的办法。［区纪委（监察局）、区委组织部牵头，区委政法委、区法院、区检察院、区发改局、区经信局、区司法局、区住建局配合］

（27）严格按照分岗查险、分险设防、分权制衡、分级预警、分层追责模式，推进党政机关、国有企事业单位廉政风险防控全覆盖，加强对重点领域、重大工程项目、重要岗位的廉政风险精准防控，探索开展政府投资重大项目同步廉情评估抽查工作。［区纪委（监察局）牵头，区发改局、区住建局、区农业局、区审计局配合］

（28）坚持开展武江区重大工程建设项目廉政风险同步防控工作，探索建立长效机制，确保政府投资重大工程建设项目安全可靠，干部廉洁清正，财政资金高效使用。［区纪委（监察局）牵头，区财政局、区审计局等区政府相关职能部门配合］

（29）加强法律监督，支持人大及其常委会依法加强对“一府两院”的监督和对法律实施情况的监督，保证审判机关依法独立公正开展审判活动，强化检察机关对立案侦查活动、审判和执行活动的监督。加强民主监督，认真听取人民政协和民主党派、工商联、无党派人士及特邀监察员的意见建议和批评，发挥工会、共青团、妇联等人民团体的监督作用。重视和加强舆论监督，运用和规范互联网监督。［区人大办、区纪委（监察局）、区委宣传部牵头，区政府办、区政协办、区委政法委、区委统战部、区法院、区检察院、市公安局武江分局、区文新局、区工商联、区总工会、团区委、区妇联配合］

（30）加强行政监督，强化对政府职能部门廉政、执法、效能监察，加大行政问责力度。［区纪委（监察局）牵头，区直各单位配合］

11. 推进社会领域防治腐败

（31）指导非公有制企业纪检组织建设，完善政企联动防治腐败机制。加强防治腐败工作的交流合作，实现防治资源共享、工作协调联动。落实省、市中介组织防治腐败意见，开展市场中介机构专项治理，严查公职人员利用市场中介组织进行权钱交易及市场中介组织行贿受贿等问题，加大对行贿行为的惩处力度。制定社会组织防治腐败工作指引，加强对行业协会、基金会、民办非企业单位等社会组织的监管，推动行业协会和商会建立廉洁自律机制。［区纪委（监察局）、区检察院、区委组织部牵头，区委统战部、市公安局武江分局、区民政局、区司法局、区外事侨务局、区工商局、区工商联配合］

（32）督促落实廉洁城市建设行动计划，深化廉洁镇村创建活动，推进廉洁城乡建设全覆盖。［区纪委（监察局）牵头，区直各单位、各镇（街道）配合］

12. 深化源头治腐工作

（33）深化行政审批制度和社会管理体制改革，全面清理、精简和下放行政审批事项，对调整、取消的审批事项加强后续监管，规范行政自由裁量权。深化公共资源交易市场化改革，加强对公共资源交易活动的监管。稳步推进职务消费改革，开展公务用车社会化市场化改革。加快推进以网上办事大厅为龙头，集行政审批、政务服务、公共资源交易、效能监察于一体的区镇村三级政务服务体系建设。深化财税、金融、投资管理体制改革，加强专项资金监管，构建公开透明的财政资金管理和项目评价机制。［按工作职能分别由区编办、区社工委、区经信局、区发改局、区财政局、区地税局、区国税局牵头，区纪委（监察局）、区委办、区政府办、区检察院、市公安局武江分局、区财政局、市国土资源局武江分局、区住建局、区农业局、区卫计局、区行政服务中心、区法制局、区信息中心相应配合］

（34）深化干部人事制度改革，完善选人用人机制，提高选人用人公信度。［区委组织部、区人社局负责］

（35）深化司法工作机制改革，严格规范司法自由裁量权，解决影响司法公正的深层次问题。［区委政法委、区法院、区检察院、区司法局、市公安局武江分局负责］

（36）深化行政执法体制改革，深入推进执法规范化建设，做到严格规范公正文明执法。［区直有行政执法权单位负责］

（37）稳步开展不动产登记制度建设。落实金融账户实名制，完善反洗钱工作机制。深化国有企业和国有资产管理体制改革，完善公司法人治理结构，健全国有企业信息公开制度，全面落实“三重一大”决策制度，规范企业境外经营管理，强化国有企业经营投资责任追究。［市国土资源局武江分局、区财政局牵头，区纪委（监察局）、区检察院、市公安局武江分局、区住建局、区农业局、区林业局配合］

13. 配合做好巡视工作

（38）积极配合做好省委的巡视工作，对巡视组交办的问题线索和信访件实行分类处置、快查快结，抓好报告、批办和督办，按时上报查办结果，做到件件有着落，事事有回音。强化巡视成果运用，把巡视成果运用到对领导干部的日常监督管理、案件查办和干部选拔任用等方面。［区纪委（监察局）、区委办、区委组织部负责］

14. 改革和完善派驻机构领导体制

（39）完善派驻机构管理体制，深化派驻机构改革，坚持科学布局、整合力量、统筹安排，针对不同部门的规模、性质、特点，积极探索派驻的有效途径和方式方法，实行统一名称、统一管理，明确派驻机构的职责任务、机构设置、人员编制和工作保障。［区纪委（监察局）牵头，区委组织部、区编办、区人社局、区财政局配合］

15. 强化派驻机构监督执纪作用

（40）派驻机构要把监督执纪问责作为首要职责，强化对驻在部门领导班子及其成员的监督。加强对贯彻执行中央和省委、市委、区委重大决策部署，落实党风廉政责任制，执行党的政治纪律、组织纪律和工作纪律等各项纪律的监督。加强对驻在部门重要岗位和关键环节的监督。加大对驻在部门党员干部违反党纪政纪、涉嫌违法行为的审查和处置力度。［区纪委（监察局）牵头，区直各单位配合］

16. 加强财政财务收支审计

（41）加强对中央和省委、市委、区委决策部署落实情况的审计监督，促进全区全面深化改革各项重点任务落实。加强对公共资金使用、公共权力运行和公共部门履职尽责情况的监督检查，实现审计工作全覆盖。加大对中央八项规定精神、国务院“约法三章”和厉行节约反对浪费条例执行情况，以及政府职能转变、民生资金项目、资源环保、土地保护和国有企业等方面的审计力度，推动解决突出问题、落实重点工作。［区审计局牵头，区委办、区政府办、区纪委（监察局）、区委组织部、区编办、区发改局、区民政局、区财政局、区人社局、市国土资源局武江分局、区住建局、区农业局配合］

17. 增强审计监督实效

（42）扩大经济责任审

计覆盖面，拓展经济责任审计内容，坚持把严肃揭露、查处重大违法违规问题和大案要案作为审计的重要内容。加强对重点领域、重大项目、重要资金的审计监督，推进区属重点单位、重要经济部门的主要领导干部经济责任同步审计，全面开展镇（街道）党政主要领导干部审计。健全审计结果运用机制，做好审计监督与纪律检查、行政监察、组织监督、司法监督等的有效衔接，完善案件移送协调会商机制。坚持查处问题与完善制度相结合，抓好审计建议的整改落实，促进改革体制、完善制度、优化机制、强化管理。［区审计局牵头，区纪委（监察局）、区委组织部、区检察院、区财政局、区人社局配合］

（四）凝聚反腐败工作合力

18. 严格落实各级党委的主体责任

（43）严格落实各级党委的主体责任，把加强党风廉政建设作为政治任务，列入重要议事日程，与经济社会发展同部署、同落实、同检查。支持和保证纪委认真履行职责，及时研究解决党风廉政建设工作中遇到的困难和问题。各级领导班子主要负责同志要履行党风廉政建设第一责任人职责，树立不抓党风廉政建设就是严重失职的意识，抓好班子、带好队伍、管好自己，做到重要工作亲自部署、重大问题亲自过问、重点环节亲自协调、重要案件亲自督办。领导班子其他成员要坚持"一岗双责"，根据分工抓好职责范围内的党风廉政建设和反腐败工作。对发生重大腐败案件和严重违纪违法问题查处不力的地方、部门和单位，实行"一案双查"，严肃追究当事人和有关领导干部的责任。［各级党委和政府、区直各单位党（工）委牵头，区纪委（监察局）配合］

19. 强化各级纪检监察机关的监督责任

（44）强化上级纪委对下级纪委的领导，落实纪委书记、副书记的提名和考察以上级纪委会同组织部门为主，完善下级纪委向上级纪委报告工作和定期述职制度，推动党的纪律检查工作双重领导体制的具体化、程序化、制度化。［区纪委（监察局）牵头，区委组织部配合］

（45）制定纪检监察机关履职指引，推动纪检监察机关转职能、转方式、转作风，集中精力抓好党风廉政建设和反腐败工作，既协助党委加强党风建设和组织协调反腐败工作，又督促相关部门落实惩治和预防腐败工作任务，强化对监管者的监督，严肃查处腐败问题。落实加强对同级党委特别是常委会成员的监督，更好发挥党内监督专门机关作用。加强和改进行政监察工作，落实省规范和加强行政监察工作的意见。［区纪委（监察局）牵头，区委办、区编办、区法制局配合］

20. 加强纪检监察机关建设

（46）创新反腐败体制机制，落实省关于县（市、区）纪检监察机关体制改革的意见，探索创新各类经济功能区纪检监察组织架构，整合基层监督资源，优化纪检监察机构设置和人力资源配置，逐步形成惩治、预防和支持保障三大力量布局。强化队伍专业素质和履职能力建设，完善选人用人和干部考核评价机制，优化队伍结构。［区纪委（监察局）牵头，区委组织部、区编办、区财政局、区人社局、区审计局配合］

（47）加强作风建设，规范工作流程和标准，加强对信访举报处置权、案件检查权、定性量纪权、执纪纠风权、干部任用权、资金资产支配权的监督和制约。探索对纪检监察干部监督的新途径，引入社会力量加强对纪检监察干部的监督。严格执行《广东省纪检监察干部行为规范》和《广东省纪检监察机关干部监督暂行办法》、《韶关市纪检监察干部廉洁自律承诺书》，坚决查处纪检监察干部违纪违法行为，切实防止"灯下黑"，建设忠诚可靠、服务人民、刚正不阿、秉公执纪的纪检监察干部队

伍。［区纪委（监察局）负责］

（48）严格执行省纪委关于开展镇（街道）纪委规范化建设的指导意见，进一步提升全区镇（街道）纪委建设的规范化、科学化水平，促进镇（街道）纪委职能作用发挥，夯实党风廉政建设和反腐败工作的基础。［区纪委（监察局）牵头，区委组织部、区编办、区财政局、各镇（街道）配合］

21. 增强惩治和预防腐败体系建设工作合力

（49）各级纪检监察机关要发挥统筹协调、政策指导、督促检查和总结经验等方面的作用；各牵头单位要履行主抓职责，周密安排，集中力量突破重点难点问题；各配合单位要密切配合，把握工作进度，积极完成所承担工作任务。［区纪委（监察局）、区委办、区政府办牵头，区直各有关单位配合］

（50）支持人大、政协发挥法制建设和民主监督作用，支持法院、检察院依法惩处职务犯罪行为。组织、宣传、统战、政法等部门要把党风廉政建设融入各自工作之中，各级政府及其所属部门要充分履行行政监管职责。［区人大办、区政协办、区委组织部、区委宣传部、区委统战部、区委政法委、区法院、区检察院等区直单位负责］

22. 强化责任落实和考核

（51）坚持把贯彻落实惩治和预防腐败体系建设工作情况纳入党风廉政建设责任制考核和廉洁城镇测评体系之中。各单位要结合实际，制定贯彻落实区委《工作方案》的具体措施，建立工作台账，明确工作要求、工作标准和工作进度，分阶段分步骤抓好任务落实。［区纪委（监察局）、区委办牵头，各镇（街道）、区直有关单位配合］

（52）进一步细化党风廉政建设责任制，完善责任制考核和责任追究制度，对抓党风廉政建设和反腐败工作不力、惩治和预防腐败体系建设任务落实不到位，造成不良影响的，严肃追究领导责任。［区纪委（监察局）牵头，区委办、区政府办、区委组织部、区人社局配合］

三、加强领导，精心组织，落实工作任务

全面贯彻落实市委《工作方案》和我区的工作方案，推进具有武江特色的惩治和预防腐败体系建设，是党的建设的重要组成部分。要在党委统一领导下，纪检监察机关发挥组织协调监督作用，组织力量，共同参与，整体推进，把各项工作任务落到实处。

（一）明确工作职责。各党（工）委是贯彻落实我区工作方案的责任主体，各级党（工）委书记是第一责任人，负总责，领导班子其他成员根据分工抓好职责范围内的工作，做到党政齐抓共管；各级纪检监察机关要协助党委制定年度贯彻落实方案，作出具体安排，健全工作机构，组织有关部门抓好工作落实。

（二）突出工作重点。各牵头单位、责任单位和配合单位要注重统筹兼顾，突出工作重点，有力有序地推进各项工作任务，增强工作的前瞻性、针对性、协调性和有效性。有关单位要重点抓好具有武江区地方特色的工作任务，打造工作亮点。

（三）强化督促检查。贯彻落实我区实施意见，要做到每年至少突出抓好1个重点、难点工作，相关情况列入领导班子和领导干部考核的重要内容，严格责任考核，强化责任追究。各党（工）委及纪（工）委要加强督办，定期反馈报告，具体抓好落实。结合党风廉政建设责任制的考核，区每年对各单位落实情况进行一次检查，两年组织一次对重点部门、重点任务的专项检查，五年后对落实情况进行全面总结。区直各牵头单位、责任单位和各镇（街道）每半年要开展自查，提交进展情况报告，确保按照工作要求和时间进度落实各项任务。

中共武江区委办公室　武江区人民政府办公室关于党政机关和领导干部办公用房清理的指导意见

韶武委办发电〔2014〕14号

各镇（街）党（工）委、人民政府，区直各单位：

为进一步贯彻落实《中共中央办公厅、国务院办公厅关于党政机关停止新建楼堂馆所和清理办公用房的通知》（中办发〔2013〕17号）和《中共广东省委办公厅、广东省人民政府办公厅关于党政机关停止新建楼堂馆所和清理办公用房的通知》（粤办发〔2013〕20号）精神，根据《关于印发〈关于规范党政机关办公用房使用管理的指导意见〉的通知》（粤财资〔2014〕5号）要求，现就我区党政机关和领导干部办公用房清理工作提出如下指导意见。

一、高度重视党政机关和领导干部办公用房清理工作

根据市委、市政府的工作部署，市财政局分别于2013年9月18日和11月20日印发了《转发省财政厅关于开展全省党政机关和领导干部办公用房清理工作的通知》（韶财〔2013〕73号）和《关于贯彻落实中省文件精神对我市办公用房情况进行核实和清理的通知》（韶财〔2013〕82号），对我区党政机关和领导干部办公用房情况进行了初步清理和核实。为进一步加强我区党政机关和领导干部办公用房清理工作，切实落实中央和省的有关精神，全区各单位要按照文件所明确的清理范围和清理内容，对办公用房认真开展清理整改，不得等待观望。

二、严格按照规定标准配置办公用房

全区各单位办公用房人均建筑面积和各级工作人员办公室使用面积必须严格执行《党政机关办公用房建设标准》（原国家计委计投资〔1999〕2250号）规定标准。

（一）各级工作人员办公室标准面积

县（市、区）级，直属机关及镇（街）

县级正职：每人使用面积20平方米

县级副职：每人使用面积12平方米

直属机关及镇（街）科级（含副科级）：每人使用面积9平方米

科级以下：每人使用面积6平方米

（二）超标整改原则

根据中央和省的文件精神，领导干部办公用房超标的，应按如下原则整改：办公用房（含休息室，不含卫生间）超标面积占标准面积30%及以内且目前无现成用房可调剂的，可暂不腾退或隔断；超标面积占标准面积30%—50%的，可暂继续使用，待下次办公用房维修改造或领导干部职务变动调换办公用房时一并整改；

超标面积占标准面积50%及以上的，应及时安排整改。

已列入文物保护单位的党政机关办公用房面积超过标准，应采取符合有关文物保护法律法规、不破坏文物的措施进行整改，并依照《文物保护法》的相关规定报相应的文物行政主管部门审批。

三、严格控制办公用房维修改造项目

各单位办公用房因使用时间较长、设施设备老化、功能不全、存在安全隐患，不能满足办公需求的，可申请维修改造。维修改造项目要以消除安全隐患、恢复和完善使用功能、降低能源消耗为重点。党政机关办公用房维修改造项目必须严格履行审批程序，严格执行维修改造标准，严禁豪华装修。

各单位年终应把办公用房维修改造项目实施情况作为政务公开的重要内容，主动接受社会监督。

四、严格规范办公用房使用功能

各单位未经批准不得随意改变办公用房用途。未经批准改变办公用房使用功能的，原则上应恢复原使用功能。立项时明确作为党政机关办公用房的房产，不得对外出租、出借。

违规对外出租、出借的办公用房，租赁合同到期的，应立即予以收回；租赁合同未到期的，租金收入严格按政府非税收入管理规定上缴财政，实行收支两条线管理，到期后不得续租。

合理区分办公用房和技术业务用房。不得以技术业务用房为名安排行政办公用房。已有国家建设标准的技术业务用房，严格按相关标准划分办公用房和技术业务用房；没有国家建设标准的技术业务用房，一律不得挤占行政办公用房。

五、规范党政机关办公用房使用范围

除在办公用房立项批复中明确事业单位和党政机关办公用房一并建设外，所属其他企事业单位一律不得占用党政机关办公用房。在立项批复中已明确和行政机关办公用房一并建设的事业单位，可继续使用行政办公用房，但应严格按照《党政机关办公用房建设标准》进行核定。

公益一类事业单位和未与所属党政机关改制脱钩的协会占用的行政办公用房，按照《党政机关办公用房建设标准》和事业单位业务用房需求进行核定，符合规定标准的可继续使用，超出部分应予以清理腾退；公益二类事业单位和其他协会占用的行政办公用房原则上应予以清理腾退，确有困难的，由行政事业资产管理部门统一调整安排，实行有偿使用，租金收入严格按照收支两条线规定管理；其他事业单位占用的党政机关办公用房，原则上应予以清理腾退。

部门和单位在机构变动中转变为企业的，所占用的党政机关办公用房应予腾退，确实难以腾退的，经批准可以租用原办公用房或按规定程序转为企业国有资本金，租金收入严格按照收支两条线规定管理。企业已自建或购置办公用房的，应将占用行政办公用房及时腾退。

六、领导干部不得多占办公用房

领导干部应当按照标准配置使用一处办公用房，确因工作需要另行配置办公用房的，应严格履行审批程序，由领导干部兼职单位提供小于标准面积的适当工作用房。其中，地级市党政主要负责同志报省委办公厅、省政府办公厅审批，其他相关负责同志由市级党政主要负责同志审批；县（市、区）和市直各部门党政主要负责同志报市委办公室、市政府办公室审批，其他相关负责同志由县（市、区）和市直各部门党政主要负责同志审批；县（市、区）级以下党政机关参照执行。领导干部在不同部门同时任职的，由主要工作部门安排办公用房，其他任职部门不再安排办公用房。领导干部工作调动的，由调入部门安排办公用房，原单位的办公用房不再保留。领导干部在人大或政协任职，人大或政协没有安排办公用房的，由原单位根据本人承担工作的实际情况，安排适当的办公用房；异地转任人大或政协各专门委员会副主任委员以上职务领导干部的办公用房，按照保留一处办公用房的原则，由人大或政协及时与领导干部原任职单位和本人沟通后办理。领导干部在协会等单位任职的，由协会等单位根据工作需要安排办公用房，原单位的办公用房不再保留。领导干部已办理退休手续或调离的，原办公用房应及时腾退并由原单位收回。领导干部不得长期租用宾馆、酒店房间作为办公用房。

七、建立健全办公用房管理制度

各单位要建立健全相关管理制度，明确办公用房管理权限及职责。建立办公用房调配机制，新建、调整办公用房的部门和单位，要按照“建新交旧”、“调新交旧”的原则，在搬入新建或新调整办公用房的同时，及时将原办公用房腾退移交同级政府，由同级政府行政事业资产管理部门统一管理，作为政府办公用房存量资源调剂使用。因机构增设、职能调整确需增加办公用房的，应当在本单位现有办公用房中解决；本单位现有办公用房不能满足需要的，经同级政府同意后，在存量办公用房中调剂解决；无法调剂的确需租用办公用房的，要严格履行审批手续，不得以变相补偿方式租用由企业等单位提供的办公用房，严格办公用房使用管理。

八、加强组织领导

我市成立党政机关和领导干部办公用房清理工作领导小组（以下简称领导小组），由区委常委区委办公室主任孙理鸣同志任组长，区纪委（区监察局）朱东生、朱旭东、欧阳征禄、陈雪延同志任副组长，区发改局、区国土资源局、区住建局、区审计局主要负责同志为成员。领导小组下设办公室，办公室设在区财政局（联系人：杨欢，联系电话：6111686）。

党政机关办公用房清理整改工作应遵循厉行节约、反对浪费的原则，尽量通过腾换用房、合并办公、整合资源等方式进行，避免大幅改动结构，造成新的闲置和浪费，并严格控制有关支出。全区党政机关和领导干部办公用房清理整改工作应在2014年5月25日前完成，完成情况由各镇（街）政府和区直各单位同时书面上报区领导小组办公室。整改工作完成后，区领导小组将派出督查组，对各镇（街）和区直各单位整改落实情况进行抽查，并以适当方式通报，具体安排另行通知。

在清理办公用房过程中，对有令不行、有禁不止的，一经发现，依纪依规严肃追究直接责任者和相关领导者责任。

中共韶关市武江区委办公室
韶关市武江区人民政府办公室
2014年4月29日

关于印发《武江区2014年城乡居民社会养老保险工作方案》的通知

韶武府办〔2014〕28号

各镇人民政府、街道办事处，区人力资源和社会保障局：

《武江区2014年城乡居民社会养老保险工作方案》已经区政府同意，现印发给你们，请认真遵照执行。

韶关市武江区人民政府办公室

2014年4月15日

武江区2014年城乡居民社会养老保险工作方案

为进一步巩固和完善城乡居民社会养老保险制度，扎实有效地推进城乡居民社会养老保险工作，从根本上解决城乡居民老有所养问题，加快建设和谐武江。根据《韶关市人民政府关于贯彻落实〈广东省城乡居民社会养老保险实施办法〉的通知》（韶府〔2013〕77号），结合我区实际，现就我区2014年城乡居民社会养老保险工作，制定本工作方案。

一、目标任务

按照全区城乡居民社会养老保险工作安排，为逐步扩大参保覆盖面，到年底，参保人数要达到27800人（具体各镇、街目标任务附后），符合领取条件的城乡居民基础养老金发放率达到100%，做到应发尽发。

二、实施步骤

为积极推动城乡居民社会养老保险工作顺利开展，完成2014年民生工程的目标任务，根据全区的实际工作情况，分四个阶段突击实施。

（一）第一阶段（2014年4月10日至6月10日），完成2014年城乡居民社会养老保险参（续）保任务的60%。重点做好2013年度已参保人员的续保工作和领取待遇人员的年审工作。

（二）第二阶段（2014年6月10日至9月10日），完成2014年城乡居民社会养老保险参（续）保任务的90%。在做好续保工作的同时，做好2014年度新增参保人员的资料审核、个人档案的完善、个人账户建立等工作，确保参（续）保人员个人档案、个人账户的完整性和安全性。

（三）第三阶段（2014年9月10日至12月20日），完成2014年城乡居民社会养老保险参（续）保任务的100%。

（四）第四阶段（2014年6月10日至12月20日）查漏补缺。各镇（街）人民政府（办事处）要对照目标任务，组织人员查漏补缺，不断提高参保比例，确保到2014年12月底全区参保人数达到27800人。同时各镇（街）人民政府（办事处）和区经办机构做好上级有关部门检查验收的各项准备工作。

三、保障措施

（一）加强领导，明确任务责任。

各镇（街）人民政府（办事处）及各部门要充分认识全区城乡居民社会养老保险工作的重要性、艰巨性、复杂性。主要领导要亲自抓、负总责，分管领导具体抓，一级抓一级，层层抓落实，将各项目标任务细化分解，责任到岗，量化到人。2014年6月份前为全区集中扩面征缴时间，在6月20日前各镇（街）人民政府（办事处）要组织镇、村干部进村入户开展工作，加大宣传工作力度，根据粤农保办〔2014〕2号文精神，2014年7月起，基础养老金将由每人每月65元提高到80元。根据韶府〔2013〕77号文精神，符合养老金领取条件的参保人缴费15年以上的，从第16年起缴费每满1年每月加发3元基础养老金。各镇（街）要将这些惠民政策宣传到位，进一步促进扩面征缴和保费续缴工作。

（二）强化措施，严格考核，扎实推进工作落实。

1. 实行各镇（街）工作人员驻点包干的措施，各镇（街）责任人要积极到村（居）委检查督促参保工作开展情况，并按时上报工作进度。

2. 严格考核。城乡居民社会养老保险工作已列入区对镇科学发展观考核项目。对参保缴费工作进度位居全区落后位次的镇（街）进行全区通报批评，并要求说明原因，制定整改措施，限期整改。对按时完成任务好的镇（街）进行全区通报表彰。

（三）规范管理，强化服务，提升工作水平。

1. 加强完善参保人基础资料的整理，规范城乡居民养老保险档案管理工作。按照“记录一生、跟踪一生、服务一生、保障一生”的档案管理要求，通过健全各项管理制度，规范数据库资料，逐步建立和规范参保档案、养老金待遇享受增减变化档案，切实做好档案管理工作，保证参保人的权益。

2. 强化服务职能，提高服务质量，打造标准化、规范化发放服务窗口，切实做好做实城乡居民社会养老保险的账户管理、政策咨询、账户查询服务、养老金支付等工作，实现养老待遇的社会化发放。

3. 加快数据采集工作进度，逐步完善城乡居民社会养老保险管理信息系统，确保个人账户等基本要素的完整准确。

附件：武江区2014年城乡居民社会养老保险工作目标任务表

武江区2014年城乡居民社会养老保险工作目标任务表

表8

序号	单 位	城乡居民社会养老保险（人）
1	新华街	1300
2	惠民街	1200
3	西河镇	4700
4	西联镇	4000
5	龙归镇	9500
6	重阳镇	4800
7	江湾镇	2300
合 计		27800

关于调整城乡低保最低月标准及农村五保供养最低年标准的通知

韶武府办〔2014〕70号

各镇人民政府、街道办事处，区府直属有关单位：

根据《韶关市民政局 韶关市财政局关于印发2014年韶关市城乡低保最低月标准及农村五保供养最低年标准的通知》（韶民救〔2014〕17号）有关精神，结合我区实际，决定调整城乡低保最低月标准及农村五保供养最低年标准，现就调整标准的有关事项通知如下：

一、按照（韶民救〔2014〕17号）要求，调整城乡低保最低月标准及农村五保供养标准，城市低保标准为370元/人月、人均补差水平最低为333元；农村低保标准为230元/人月，人均补差水平最低为147元；五保供养最低年标准为6864元。

二、调整后的城乡低保最低月标准及农村五保供养最低年标准从2014年1月1日起执行。对未达标的月份按最新低保、五保名册予以补发。

韶关市武江区人民政府办公室

2014年6月26日

韶关市武江区人民政府办公室关于提高孤儿基本生活最低养育标准的通知

韶武府办〔2014〕72号

各镇人民政府、街道办事处，区直有关单位：

根据广东省民政厅广东省财政厅关于提高孤儿基本生活最低养育标准的通知（粤民发〔2014〕84号）要求，现就提高全区孤儿基本生活最低养育标准有关事项通知如下：

一、建立孤儿基本生活供养标准自然增长机制

结合我区实际，制定不低于全省儿童福利机构集中供养和分散供养孤儿基本生活最低标准，并按照全省城镇居民及农村居民人均消费性支出增长幅度，建立孤儿基本生活供养标准自然增长机制，逐步提高孤儿基本生活保障水平。2014年至2017年，全区孤儿集中供养分别达到1150元/月、1240元/月、1340元/月、1450元/月；孤儿分散供养要分别达到700元/月、760元/月、820元/月、880元/月。

二、艾滋病病毒感染儿童基本生活保障标准

按照广东省民政厅、财政厅转发民政部财政部关于发放艾滋病病毒感染儿童基本生活费的通知规定，艾滋病病毒感染儿童基本生活费标准统一按本地孤儿基本生活散居供养标准执行。

三、以上标准自2014年1月1日起执行。

韶关市武江区人民政府办公室
2014年7月2日

附　录

武江区文件目录选编

2014年中共韶关市武江区委及办公室文件目录选

表9

序号	文件名称	文号	发文单位	发文时间
1	关于调整区四套班子分工的通知	韶武委〔2014〕7号	区委	2014年6月30日
2	中共韶关市武江区委关于调整党的建设工作领导小组成员的通知	韶武委〔2014〕11号	区委	2014年12月16日
3	关于表彰武江区2013年度优秀企业及先进个人的决定	韶武发〔2014〕1号	区委、区政府	2014年5月4日
4	关于表彰2013年度镇、街及区直机关绩效考评优秀单位的通报	韶武发〔2014〕2号	区委、区政府	2014年7月10日
5	关于印发《韶关市武江区人民政府职能转变和机构改革方案》的通知	韶武发〔2014〕3号	区委、区政府	2014年8月22日
6	关于调整武江区农村党员干部现代远程教育工作领导协调小组的通知	韶武委办〔2014〕1号	区委办	2014年3月12日
7	关于调整区依法治区工作领导小组成员的通知	韶武委办〔2014〕2号	区委办	2014年4月14日
8	关于印发《2014年依法治区工作要点》的通知	韶武委办〔2014〕3号	区委办	2014年4月14日
9	印发《武江区2014年开展纪律教育学习月活动的意见》的通知	韶武委办〔2014〕6号	区委办	2014年7月22日
10	关于调整区精神文明建设委员会成员的通知	韶武委办〔2014〕7号	区委办	2014年8月5日
11	关于成立武江区在职党员进社区活动领导小组的通知	韶武委办〔2014〕8号	区委办	2014年9月3日
12	关于印发《武江区开展机关在职党员到社区报到为群众服务工作的实施方案》的通知	韶武委办〔2014〕9号	区委办	2014年9月3日
13	关于印发中共韶关市武江区纪律检查委员会机关、武江区监察局主要职责、内设机构和人员编制方案的通知	韶武委办〔2014〕11号	区委办	2014年12月17日

续表9

序号	文 件 名 称	文 号	发文单位	发文时间
14	关于印发《武江区关于建立乡镇（街道）领导干部挂点普遍直接联系群众制度的实施方案》的通知	韶武委办〔2014〕12号	区委办	2014年12月24日
15	关于印发武江区2013年度区直机关、镇街落实科学发展观绩效考评方案的通知	韶武办发〔2014〕1号	区委办、区政府办	2014年1月6日
16	关于调整武江区重大事项社会稳定风险评估工作领导小组成员的通知	韶武办发〔2014〕2号	区委办、区政府办	2014年1月13日
17	关于调整信访事项复查复核领导小组的通知	韶武办发〔2014〕3号	区委办、区政府办	2014年1月29日
18	关于调整武江区加强信访工作和维护社会稳定协调领导小组的通知	韶武办发〔2014〕4号	区委办、区政府办	2014年1月29日
19	关于调整武江区经济责任审计工作领导小组成员的通知	韶武办发〔2014〕6号	区委办、区政府办	2014年2月17日
20	关于成立《中国共产党韶关市武江区历史编纂委员会的通知》	韶武办发〔2014〕7号	区委办、区政府办	2014年2月20日
21	关于表彰2013年宜居建设先进单位的通报	韶武办发〔2014〕9号	区委办、区政府办	2014年2月28日
22	关于印发《2014年芙蓉新城路网拆迁工作方案》的通知	韶武办发〔2014〕10号	区委办、区政府办	2014年3月4日
23	关于调整武江区三防指挥部成员的通知	韶武办发〔2014〕12号	区委办、区政府办	2014年3月6日
24	关于韶关市武江区社会工作委员会组成人员的通知	韶武办发〔2014〕13号	区委办、区政府办	2014年3月11日
25	关于调整韶关市武江区殡葬改革工作领导小组的通知	韶武办发〔2014〕14号	区委办、区政府办	2014年3月11日
26	关于调整武江区城市园林苗圃基地征地拆迁安置工作领导小组及办公室成员的通知	韶武办发〔2014〕15号	区委办、区政府办	2014年3月13日
27	关于成立韶关市武江区公共资源交易管理委员会的通知	韶武办发〔2014〕16号	区委办、区政府办	2014年4月1日
28	关于印发韶关市武江区统一规范公共资源交易市场组建方案的通知	韶武办发〔2014〕17号	区委办、区政府办	2014年4月1日
29	关于印发《2014年东莞韶关对口帮扶首批重点项目推进工作方案》的通知	韶武办发〔2014〕19号	区委办、区政府办	2014年5月19日
30	关于成立区民族宗教工作领导小组的通知	韶武办发〔2014〕21号	区委办、区政府办	2014年6月10日
31	印发武江区2014年“广东扶贫济困日”活动工作方案的通知	韶武办发〔2014〕22号	区委办、区政府办	2014年6月17日

续表9

序号	文 件 名 称	文 号	发文单位	发文时间
32	关于调整区四套班子领导及区直机关联系基层工作的通知	韶武办发〔2014〕23号	区委办、区政府办	2014年6月27日
33	开展庆祝建军87周年和拥军优属活动的通知	韶武办发〔2014〕24号	区委办、区政府办	2014年7月4日
34	关于调整武江区双拥工作领导小组成员的通知	韶武办发〔2014〕25号	区委办、区政府办	2014年7月4日
35	关于调整东莞（韶关）产业转移工业园武江片区管委会领导成员的通知	韶武办发〔2014〕26号	区委办、区政府办	2014年7月3日
36	关于调整广州大岗（武江）产业转移工业园武江片区管委会领导成员的通知	韶武办发〔2014〕27号	区委办、区政府办	2014年7月4日
37	关于调整武江区绩效考评工作领导小组成员的通知	韶武办发〔2014〕28号	区委办、区政府办	2014年7月4日
38	关于调整武江区机关效能监察工作领导小组成员的通知	韶武办发〔2014〕29号	区委办、区政府办	2014年7月7日
39	关于成立流动人口计划生育服务管理专项活动领导小组的通知	韶武办发〔2014〕30号	区委办、区政府办	2014年7月11日
40	关于成立武江区2014年征兵工作领导小组的通知	韶武办发〔2014〕31号	区委办、区政府办	2014年7月18日
41	关于调整武江区方志编纂委员会成员的通知	韶武办发〔2014〕32号	区委办、区政府办	2014年7月22日
42	关于调整武江区绩效考评工作领导小组成员的通知	韶武办发〔2014〕33号	区委办、区政府办	2014年8月26日
43	关于成立武江区申苏、申老区工作领导小组的通知	韶武办发〔2014〕34号	区委办、区政府办	2014年12月24日

2014年中共韶关市武江区委及办公室文件目录选（明电）

表10

序号	文件名称	文号	发文单位	发文时间
1	关于转发《关于规范我市评比达标表彰活动有关问题的通知》的通知	韶武委办发电〔2014〕2号	区委办	2014年1月15日
2	关于2014年全国“两会”等期间武江区四套班子领导包案方案的通知	韶武委办发电〔2014〕5号	区委办	2014年2月28日
3	武江区关于进一步加强网络问政工作的通知	韶武委办发电〔2014〕9号	区委办	2014年4月3日
4	关于加强和改进信息报送工作的通知	韶武委办发电〔2014〕10号	区委办	2014年4月10日
5	转发市委办公室《关于进一步加强和改进信息报送工作的通知》的通知	韶武委办发电〔2014〕11号	区委办	2014年4月21日
6	关于党政机关和领导干部办公用房清理的指导意见	韶武委办发电〔2014〕14号	区委办	2014年4月29日
7	关于表扬五一放假期间值班领导及值班单位的通报	韶武委办发电〔2014〕16号	区委办	2014年5月7日
8	中共韶关市武江区委办公室关于印发《区委常委会议工作规程》的通知	韶武委办发电〔2014〕17号	区委办	2014年5月13日
9	关于党政机关和领导干部办公用房清理的补充意见	韶武委办发电〔2014〕18号	区委办	2014年5月13日
10	关于印发《武江区领导干部请（休）假制度》的通知	韶武委办发电〔2014〕20号	区委办	2014年5月15日
11	关于印发武江区2014年人口和计划生育目标管理责任制考核方案的通知	韶武委办发电〔2014〕21号	区委办	2014年5月15日
12	关于转发《广东省党政机关公务接待有关规定》的通知	韶武委办发电〔2014〕22号	区委办	2014年5月20日
13	关于印发《武江区2014年若干重要改革任务要点》的通知	韶武委办发电〔2014〕27号	区委办	2014年6月18日
14	关于印发《区委常委会议工作规程》的通知	韶武委办发电〔2014〕29号	区委办	2014年7月7日
15	关于成立武江区万通项目土地、房屋征收工作指挥部的通知	韶武委办发电〔2014〕33号	区委办	2014年7月21日
16	关于成立《武江年鉴（2014）》审稿组的通知	韶武委办发电〔2014〕34号	区委办	2014年7月24日
17	关于调整武江区爱国卫生运动会委员会成员的通知	韶武委办发电〔2014〕35号	区委办	2014年7月28日

续表10

序号	文件名称	文号	发文单位	发文时间
18	关于印发《武江区机关、企事业单位侨情调查工作实施方案》的通知	韶武委办发电〔2014〕41号	区委办	2014年8月8日
19	关于成立武江区社区居委会管理工作领导小组的通知	韶武委办发电〔2014〕42号	区委办	2014年8月15日
20	关于印发《韶关市武江区组织推动培育和践行社会主义核心价值观工作实施方案》的通知	韶武委办发电〔2014〕43号	区委办	2014年8月21日
21	关于印发《韶关市武江区推进志愿服务制度化实施方案》的通知	韶武委办发电〔2014〕44号	区委办	2014年8月21日
22	关于调整区三防指挥部、区人口和计划生育工作领导小组成员的通知	韶武委办发电〔2014〕45号	区委办	2014年8月29日
23	关于印发《武江区学习<习近平总书记系列重要讲话读本>实施方案》的通知	韶武委办发电〔2014〕48号	区委办	2014年9月5日
24	关于印发《加强我区消防宣传教育工作的意见》的通知	韶武委办发电〔2014〕51号	区委办	2014年9月28日
25	区委办、区府办关于做好2014年国庆期间值班应急与重大紧急信息报送工作的通知	韶武委办发电〔2014〕52号	区委办	2014年9月28日
26	区委办、区府办关于印发《武江区领导包干督办登革热防控工作方案》的通知	韶武委办发电〔2014〕53号	区委办	2014年10月5日
27	关于调整武江区土地、山林权属纠纷调处工作领导小组及其办公室组成人员的通知	韶武委办发电〔2014〕54号	区委办	2014年10月17日
28	关于印发《2014年镇（街）经济社会科学发展考评实施方案》和《2014年区直机关绩效考评实施方案》的通知	韶武委办发电〔2014〕55号	区委办	2014年10月31日
29	关于调整武江区芙蓉新城征地拆迁安置工作领导小组成员的通知	韶武委办发电〔2014〕60号	区委办	2014年12月2日
30	关于成立武江区委农村工作领导小组的通知	韶武委办发电〔2014〕65号	区委办	2014年12月17日
31	关于成立武江区扶贫开发工作领导小组的通知	韶武委办发电〔2014〕67号	区委办	2014年12月17日
32	关于印发《武江区落实韶关市创建第十届全国、全省双拥模范城市工作的实施方案》的通知	韶武委办发电〔2014〕68号	区委办	2014年12月26日
33	关于做好2015年元旦春节期间我区有关工作的通知	韶武委办发电〔2014〕70号	区委办	2014年12月30日
34	印发《韶关市武江区贯彻落实中央<建立健全惩治和预防腐败体系2013–2017年工作规划>的工作方案》的通知	韶武委办发电〔2014〕71号	区委办	2014年12月31日

2014年武江区政府及办公室目录选编

表11

序号	文件名称	文号	发文单位	发文时间
1	土地权属纠纷处理决定书（龙归镇龙归村委第五村小组）	韶武府〔2014〕1号	区政府	2014年1月8日
2	关于二〇一三年度计划生育考核结果的通知	韶武府〔2014〕2号	区政府	2014年1月15日
3	山林权属纠纷处理决定书（重阳九联村委）	韶武府〔2014〕3号	区政府	2014年3月20日
4	韶关市第四污水处理厂项目征地补偿资金使用拨付管理办法	韶武府〔2014〕4号	区政府	2014年3月26日
5	印发事业单位分类改革实施方案的通知	韶武府〔2014〕5号	区政府	2014年5月12日
6	关于2013年度人口与计划生育目标管理责任制考核情况的通报	韶武府〔2014〕6号	区政府	2014年5月15日
7	关于印发《韶关市武江区公共资源交易目录》的通知	韶武府〔2014〕7号	区政府	2014年6月11日
8	关于下达2014年度人工商品林采伐指标的通知	韶武府〔2014〕8号	区政府	2014年6月11日
9	韶关市武江区人民政府关于公布《韶关市武江区人民政府2014年决定保留的行政审批项目目录相关工作的通知》	韶武府〔2014〕9号	区政府	2014年6月30日
10	关于印发武江区农村集体经济管理暂行办法的通知（试行）	韶武府〔2014〕10号	区政府	2014年7月3日
11	关于提高城乡低保对象医疗救助比例的通知	韶武府〔2014〕11号	区政府	2014年7月10日
12	山林纠纷处理决定书（西联村委田心村小组）	韶武府〔2014〕12号	区政府	2014年8月14日
13	山林权属纠纷处理决定书（西联村委李屋村小组）	韶武府〔2014〕13号	区政府	2014年8月14日
14	武江区原市无线电三厂五厂国有土地上房屋征收决定书	韶武府〔2014〕14号	区政府	2014年8月26日
15	韶关市武江区人民政府关于印发韶关市武江区人民政府工作规则的通知	韶武府〔2014〕15号	区政府	2014年9月12日
16	韶关市武江区人民政府关于印发武江区重大行政决策程序规定的通知	韶武府〔2014〕16号	区政府	2014年9月12日
17	关于印发莞韶城三期项目征收土地补偿方案的通知	韶武府〔2014〕17号	区政府	2014年9月17日
18	韶关市武江人民政府关于万通城“三旧改造”及周边道路规划范围内房屋征收决定书	韶武府〔2014〕18号	区政府	2014年9月17日
19	关于印发《武江区万通项目“三旧改造”及周边道路规划范围内房屋征收补偿补充奖励方案》的通知	韶武府〔2014〕19号	区政府	2014年9月26日

续表11

序号	文件名称	文号	发文单位	发文时间
20	关于印发《武江区清理整顿无证学前教育机构工作方案》的通知	韶武府办〔2014〕1号	区政府办	2014年1月8日
21	关于成立武江区清理整顿无证学前教育机构工作领导小组的通知	韶武府办〔2014〕2号	区政府办	2014年1月8日
22	关于成立韶关市武江区打击和处置非法集资工作领导小组的通知	韶武府办〔2014〕3号	区政府办	2014年1月9日
23	关于建立武江区清理整顿无证学前教育机构工作联席会议制度的通知	韶武府办〔2014〕4号	区政府办	2014年1月9日
24	关于印发《武江区妇女发展规划（2011–2020年）》的通知	韶武府办〔2014〕5号	区政府办	2014年1月15日
25	关于印发《武江区儿童发展规划（2011–2020年）》的通知	韶武府办〔2014〕6号	区政府办	2014年1月15日
26	关于委托征收莞韶城一期建设用地的通知	韶武府办〔2014〕7号	区政府办	2014年1月28日
27	关于成立韶关市第四污水处理厂项目武江区征地拆迁工作领导小组的通知	韶武府办〔2014〕8号	区政府办	2014年2月25日
28	关于成立第四污水处理厂项目征地拆迁资金审核监管工作小组的通知	韶武府办〔2014〕9号	区政府办	2014年2月25日
29	关于开展武江区第六次全国体育场地普查工作的通知	韶武府办〔2014〕10号	区政府办	2014年2月28日
30	关于印发韶关市武江区2014年度地质灾害防治方案的通知	韶武府办〔2014〕11号	区政府办	2014年3月4日
31	关于印发武江区整治“三公“经费开支过大严禁超预算或无预算安排支出工作方案和武江区严格公务接待标准专项整治行动方案的通知	韶武府办〔2014〕12号	区政府办	2014年3月10日
32	2014年武江区政府工作要点	韶武府办〔2014〕13号	区政府办	2014年3月5日
33	关于印发2014年武江区防洪应急预案的通知	韶武府办〔2014〕14号	区政府办	2014年3月6日
34	武江区2013年度殡葬事业发展目标考核情况通报	韶武府办〔2014〕15号	区政府办	2014年3月11日
35	关于调整武江区2014年消防安全重点单位的通知	韶武府办〔2014〕16号	区政府办	2014年3月14日
36	关于成立韶关市武江区小额贷款公司监管工作领导小组的通知	韶武府办〔2014〕17号	区政府办	2014年3月17日
37	关于调整武江区突发公共事件应急委员会组成人员的通知	韶武府办〔2014〕18号	区政府办	2014年3月19日
38	关于调整武江区高标准基本农田建设工作领导小组的通知	韶武府办〔2014〕19号	区政府办	2014年3月25日
39	关于印发武江区政府党组深入开展党的群众路线教育实践活动实践实施方案的通知	韶武府办〔2014〕20号	区政府办	2014年3月26日
40	武江区人民政府党组关于成立党的群众路线教育实践活动领导小组的通知	韶武府办〔2014〕21号	区政府办	2014年3月26日

续表11

序号	文件名称	文号	发文单位	发文时间
41	关于下达武江区2014年国民经济和社会发展计划主要指标的通知	韶武府办〔2014〕22号	区政府办	2014年3月27日
42	关于印发武江区2014年重点建设项目计划表及武江区2014年重点建设预备项目计划表的通知	韶武府办〔2014〕23号	区政府办	2014年3月31日
43	关于印发武江区2014年度高标准基本农田建设实施方案的通知	韶武府办〔2014〕24号	区政府办	2014年4月1日
44	关于调整武江区消防安全委员会成员的通知	韶武府办〔2014〕25号	区政府办	2014年4月4日
45	关于印发武江区惠民街道火灾隐患重点地区整治工作方案的通知	韶武府办〔2014〕26号	区政府办	2014年4月4日
46	关于拨给2013年市级“广东扶贫济困日”捐赠资金的通知	韶武府办〔2014〕27号	区政府办	2014年4月10日
47	关于印发《武江区2014年城乡居民社会养老保险工作方案》的通知	韶武府办〔2014〕28号	区政府办	2014年4月15日
48	关于2014年武江区城乡居民基本医疗保险、社保卡发放任务分解的通知	韶武府办〔2014〕29号	区政府办	2014年4月15日
49	批转区财政局关于武江区区级财务核算集中监管改革试点实施方案的通知	韶武府办〔2014〕30号	区政府办	2014年4月16日
50	关于印发武江区“小产权房”排查摸底工作方案的通知	韶武府办〔2014〕31号	区政府办	2014年4月21日
51	转发韶关市广东省教育强镇（街道）复评工作指导意见的通知	韶武府办〔2014〕32号	区政府办	2014年4月21日
52	关于做好采矿许可证到期石场关闭清场工作的通知	韶武府办〔2014〕33号	区政府办	2014年4月23日
53	关于调整武江区实施基层农技推广体系改革与建设补助项目领导小组的通知	韶武府办〔2014〕34号	区政府办	2014年4月25日
54	关于调整武江区农机购置补贴工作领导小组的通知	韶武府办〔2014〕36号	区政府办	2014年4月28日
55	关于印发武江区地方志资料年报（2014）实施方案的通知	韶武府办〔2014〕37号	区政府办	2014年4月29日
56	关于调整武江区打假工作领导小组的通知	韶武府办〔2014〕38号	区政府办	2014年4月29日
57	转发省政府办《广东省人民政府办公厅关于进一步落实三防工作责任的通知》的通知	韶武府办〔2014〕39号	区政府办	2014年4月29日
58	关于印发武江区政府机关食堂财务管理制度的通知	韶武府办〔2014〕40号	区政府办	2014年4月29日
59	关于印发武江区政府机关食堂材料及实物管理制度的通知	韶武府办〔2014〕41号	区政府办	2014年4月29日
60	关于成立武江区知识产权工作领导小组的通知	韶武府办〔2014〕42号	区政府办	2014年4月30日
61	关于印发韶关市武江区知识产权强区工程试点工作实施方案的通知	韶武府办〔2014〕43号	区政府办	2014年4月30日

续表11

序号	文件名称	文号	发文单位	发文时间
62	关于成立狮公岩地块清表工作领导小组的通知	韶武府办〔2014〕44号	区政府办	2014年5月4日
63	关于调整园区开发资金监督管理领导小组成员的通知	韶武府办〔2014〕46号	区政府办	2014年5月6日
64	关于加强全区政府性债务管理的通知	韶武府办〔2014〕48号	区政府办	2014年5月8日
65	关于印发《武江区打击非法开采矿产资源行动方案》的通知	韶武府办〔2014〕49号	区政府办	2014年5月9日
66	关于成立武江区电网建设协调领导小组的通知	韶武府办〔2014〕50号	区政府办	2014年5月14日
67	关于印发武江区房屋租赁业税收专项清理整治工作实施方案的通知	韶武府办〔2014〕53号	区政府办	2014年5月26日
68	关于转发暂停全省党政机关一般公务用车配备业务的通知	韶武府办〔2014〕54号	区政府办	2014年5月27日
69	关于印发2014年地质灾害隐患点搬迁和治理工作实施方案的通知	韶武府办〔2014〕55号	区政府办	2014年5月29日
70	关于印发武江区老楼危楼安全排查工作方案的通知	韶武府办〔2014〕56号	区政府办	2014年5月30日
71	关于拨给2013年省级“广东扶贫济困日”捐赠资金的通知	韶武府办〔2014〕57号	区政府办	2014年6月3日
72	关于拨给2013年区级“广东扶贫济困日”捐赠资金的通知	韶武府办〔2014〕58号	区政府办	2014年6月3日
73	关于落实2013-2014年度安全生产考核任务目标责任分解工作的通知	韶武府办〔2014〕59号	区政府办	2014年6月10日
74	关于印发武江区促进计划生育家庭发展实施意见的通知	韶武府办〔2014〕60号	区政府办	2014年6月11日
75	关于印发武江区2014年度突发事件风险隐患排查和整改工作方案的通知	韶武府办〔2014〕61号	区政府办	2014年6月13日
76	关于成立武江区推进市民文化活动中心项目协调领导小组的通知	韶武府办〔2014〕62号	区政府办	2014年6月16日
77	关于做好我区2014年度无偿献血工作的通知	韶武府办〔2014〕63号	区政府办	2014年6月18日
78	关于印发武江区组团参加韶关市第十四届运动会工作方案的通知	韶武府办〔2014〕64号	区政府办	2014年6月19日
79	转发关于发布韶关市市场主体住所工商登记实施办法（暂行）的通告的通知	韶武府办〔2014〕65号	区政府办	2014年6月23日
80	关于成立武江区解决区属地块历史遗留问题工作领导小组的通知	韶武府办〔2014〕66号	区政府办	2014年6月23日
81	关于成立“6·21”触电事故调查组的通知	韶武府办〔2014〕67号	区政府办	2014年6月25日
82	关于调整武江区水利工程建设管理领导小组的通知	韶武府办〔2014〕68号	区政府办	2014年6月25日
83	关于调整韶关市武江区村（居）务公开工作领导小组成员的通知	韶武府办〔2014〕69号	区政府办	2014年6月27日

续表11

序号	文件名称	文号	发文单位	发文时间
84	关于调整城乡低保最低月标准及农村五保供养最低年标准的通知	韶武府办〔2014〕70号	区政府办	2014年6月27日
85	韶关市武江区人民政府办公室关于公开部门保留行政审批项目相关工作的通知	韶武府办〔2014〕71号	区政府办	2014年6月30日
86	韶关市武江区人民政府办公室关于提高孤儿基本生活最低养育标准的通知	韶武府办〔2014〕72号	区政府办	2014年7月2日
87	关于成立武江区市区西出口环境整治项目专项工作小组的通知	韶武府办〔2014〕73号	区政府办	2014年7月7日
88	关于印发《武江区2014年拓展完善网上办事大厅工作方案》的通知	韶武府办〔2014〕74号	区政府办	2014年7月10日
89	关于印发《关于开展社会保险法执法检查工作的方案》的通知	韶武府办〔2014〕75号	区政府办	2014年7月16日
90	关于印发武江区“强师工程”实施方案的通知	韶武府办〔2014〕76号	区政府办	2014年7月21日
91	关于建立社会救助综合服务窗口的通知	韶武府办〔2014〕77号	区政府办	2014年7月31日
92	关于印发《武江区违法违规用地清理整治专项行动工作方案》的通知	韶武府办〔2014〕78号	区政府办	2014年8月1日
93	关于成立韶关市武江区煤矸石环保砖厂项目征地拆迁工作领导小组的通知	韶武府办〔2014〕79号	区政府办	2014年8月6日
94	关于成立武江区第二次全国地名普查领导小组的通知	韶武府办〔2014〕80号	区政府办	2014年8月8日
95	关于深入推进武江区地方预决算公开工作的通知	韶武府办〔2014〕81号	区政府办	2014年8月15日
96	关于印发武江区2014年度违法建筑查控工作要点的通知	韶武府办〔2014〕82号	区政府办	2014年8月19日
97	武江区查控违法建设重心下移工作方案	韶武府办〔2014〕83号	区政府办	2014年8月19日
98	武江区镇、街道违法建筑查控工作责任考核实施细则	韶武府办〔2014〕84号	区政府办	2014年8月19日
99	关于印发《韶关市武江区家庭作坊消防安全专项治理行动工作方案》的通知	韶武府办〔2014〕85号	区政府办	2014年8月21日
100	印发韶关市武江区人民政府办公室主要职责内设机构和人员编制规定的通知	韶武府办〔2014〕86号	区政府办	2014年8月29日
101	印发韶关市武江区发展和改革局主要职责内设机构和人员编制规定的通知	韶武府办〔2014〕87号	区政府办	2014年8月29日
102	印发韶关市武江区经济和信息化局主要职责内设机构和人员编制规定的通知	韶武府办〔2014〕88号	区政府办	2014年8月29日
103	印发韶关市武江区农业局主要职责内设机构和人员编制规定的通知	韶武府办〔2014〕89号	区政府办	2014年8月29日
104	印发韶关市武江区事业单位在职在编人员列入公益一类经费供养渠道考试实施方案的通知	韶武府办〔2014〕90号	区政府办	2014年9月4日
105	关于印发韶关市武江区2014–2016年小型农田水利资金整合实施方案的通知	韶武府办〔2014〕91号	区政府办	2014年9月11日

续表11

序号	文件名称	文号	发文单位	发文时间
106	关于成立韶关市武江区支农资金整合工作领导小组的通知	韶武府办〔2014〕92号	区政府办	2014年9月11日
107	关于成立韶关市武江区中央财政小型农田水利重点县建设项目工作领导小组的通知	韶武府办〔2014〕93号	区政府办	2014年9月11日
108	关于印发《2014年度韶关市武江区人口计生兼职单位综合治理工作目标管理责任制考核方案》的通知	韶武府办〔2014〕94号	区政府办	2014年9月17日
109	关于印发韶关市武江区烟花爆竹经营（零售）布点规划（2015-2017年）的通知	韶武府办〔2014〕96号	区政府办	2014年10月20日
110	关于成立武江区小额贷款公司试点工作领导小组的通知	韶武府办〔2014〕97号	区政府办	2014年12月1日
111	关于成立景发针织厂宿舍楼房屋征收工作指挥部的通知	韶武府办〔2014〕99号	区政府办	2014年12月8日
112	关于建立武江区社会救助联席会议制度的通知	韶武府办〔2014〕100号	区政府办	2014年12月11日
113	关于进一步规范区公共资源工程建设类项目交易的通知	韶武府办〔2014〕101号	区政府办	2014年12月24日

韶关市武江区人民政府2014年决定保留的行政审批项目目录(106项)

表12

序号	审批部门	类别	项目名称	子项	共同审批部门	审批对象	备注
1	武江区发改局（含物价局）	许可	依法必须招标的基建工程、特许经营项目招标方式和招标范围的核准	—	无	机关、事业单位、企业	
2	武江区发改局（含物价局）	许可	外商投资限制类项目核准	—	无	企业	
3	武江区发改局（含物价局）	非许可	区级权限范围内政府投资项目审批	—	无	机关、事业单位、企业	
4	武江区发改局（含物价局）	非许可	固定资产投资项目节能审查	—	无	机关、事业单位、企业和社会组织	
5	武江区发改局（含物价局）	非许可	平价商店设立审批	—	法律法规规定需共同审批的部门	企业	
6	武江区发改局（含物价局）	非许可	收费许可证核发	1. 教育收费许可证核发	无	机关、事业单位、企业	
				2. 广东省行政事业性收费许可证核发	无	机关、事业单位	
				3. 广东省经营服务性收费许可证核发	无	事业单位、企业	
7	武江区经信局	非许可	监控化学品用户审核与备案	—	无	辖区内经正式注册、拟使用或进口监控化学品的企业	市下放
8	武江区经信局	许可	属区级审批权限的外商投资企业设立（含合同、章程）及企业变更和终止审批	1. 属区级审批权限的外商投资企业设立（含合同、章程）审批	无	企业	
				2. 属区级审批权限的外商投资企业变更审批	无	企业	
				3. 属区级审批权限的外商投资企业终止审批	无	企业	

续表12

序号	审批部门	类别	项目名称	子项	共同审批部门	审批对象	备注
9	武江区经信局	许可	区管权限的工业、商贸流通业和信息化领域技术改造投资项目核准	—	无	区内申请工业、商贸流通业和信息化领域技术改造投资项目核准的企业	
10	武江区教育局	许可	民办教育机构审批	1. 民办学前教育的审批	无	民办教育机构	
				2. 民办义务教育阶段学校的审批			
11	武江区教育局	许可	初中、小学、幼儿园教师资格认定		无	社会人员	
12	武江区民政局	许可	全区性社会团体成立、变更、注销登记	1. 全区性社会团体起成立登记	无	社会团体	
				2. 全区性社会团体变更登记	无	社会团体	
				3. 全区性社会团体注销登记	无	社会团体	
13	武江区民政局	许可	区级民办非企业单位登记	1. 民办非企业单位名称预先核准申请	需前置审批的单位需本业务范围内的相关主管单位审批同意	民办非企业单位	
				2. 民办非企业单位成立、变更、注销登记	需前置审批的单位需本业务范围内的相关主管单位审批同意	民办非企业单位	
14	武江区民政局	许可	养老机构设立许可	—	消防、食药监、环保部门前置审批	养老机构	市委托
15	武江区民政局	非许可	农村公益性墓地的审批	—	无	单位	
16	武江区民政局	非许可	国内公民收养登记审批	—	无	国内公民	

续表12

序号	审批部门	类别	项目名称	子项	共同审批部门	审批对象	备注
17	武江区财政局	许可	会计从业资格证书核发	—	无	自然人	
18	武江区财政局	非许可	设立除会计师事务所以外的代理记账机构审批	—	无	企业	
19	武江区财政局	非行政许可	县级以下社会团体、群众团体公益性捐赠税前扣除资格认定审核	—	区国税局、区地税局、区民政局	公益性群众团体、公益性社会团体	
20	武江区人社局	许可	经营劳务派遣业务许可	—	无	符合规定条例的劳务派遣机构	
21	武江区人社局	许可	职业介绍机构设立审批	—	无	符合设立资质条件的企业和个人	
22	武江区人社局	许可	基本医疗保险定点零售药店资格审查和年审	—	韶关市社会保险服务管理局武江分局	符合资质的零售药店	
23	武江区人社局	许可	基本医疗保险定点医疗机构资格审查	—	无	企业	市下放
24	武江区人社局	非许可	中、初级专业技术资格评审、认定、审批	1. 大中专院校毕业生初次专业技术资格考核认定确认	无	专业技术人员	
				2. 初级专业技术资格评审结果核准		专业技术人员	
				3. 中级专业技术资格申报初审		专业技术人员	
25	武江区人社局	非许可	举办人才交流会审批	—	无	符合规定条例的人才中介服务机构	

续表12

序号	审批部门	类别	项目名称	子项	共同审批部门	审批对象	备注
26	武江区公路站	许可	占用、挖掘县乡道公路审批	1. 跨越、穿越乡道公路修建桥梁、渡槽、涵洞、隧道或者架设、埋设管线、电缆等设施审批	无	公民、法人和其他组织	市下放
				2. 在乡道公路用地范围内及其两侧建筑控制区埋设管线、设置电杆、变压器和类似设施等审批	无	公民、法人和其他组织	市下放
				3. 因修建铁路、机场、供电、水利、通信等建设工程需要占用、挖掘乡道公路、公路用地或者使公路改线审批	无	公民、法人和其他组织	市下放
				4. 利用乡道公路桥梁、公路隧道、涵洞铺设电缆等设施的审批	无	公民、法人和其他组织	市下放
				5. 乡道公路维修需要封闭半幅以上公路路面的审批	无	公民、法人和其他组织	市下放
				6. 履带车、铁轮车和其他有损公路路面的车辆行驶乡道公路审批	无	公民、法人和其他组织	市下放
				7. 乡道公路增设平面交叉道口或者拆除分隔带许可	无	公民、法人和其他组织	市下放
				8. 利用跨越乡道公路的设施悬挂非公路标志审批	无	公民、法人和其他组织	市下放

续表12

序号	审批部门	类别	项目名称	子项	共同审批部门	审批对象	备注
27	武江区公路站	许可	更新砍伐乡道公路用地树木审批	—	无	公民、法人和其他组织	市下放
28	武江区公路站	许可	乡道公路用地范围内设置非公路标志许可	—	无	公民、法人和其他组织	市下放
29	武江区水务局	许可	取水许可	—	无	机关、事业单位、企业、社会组织及自然人	
30	武江区水务局	许可	区管权限的水利工程管理和保护范围内新建、扩建、改建的工程建设项目方案审批	—	无	机关、事业单位、企业、社会组织及自然人	
31	武江区水务局	许可	河道管理范围内建设项目审批和作业许可	1. 市城区河道采砂许可	无	企业和个人	
				2. 市城区河道占用许可	无	企事业和个人	
				3. 河道管理范围内工程建设方案审批	无	机关、事业单位、企业、社会组织及自然人	
				4. 入河排污口设置审批	无	机关、企事业单位、社会组织	
				5. 堤围穿堤建筑物工程设计方案审批	无	机关、事业单位、企业、社会组织	
32	武江区水务局	许可	开发建设项目水土保持方案审批	—	无	机关、事业单位、企业、社会组织及自然人	
33	武江区水务局	许可	建设项目水资源论证报告书审批	—	无	机关、企事业单位、社会组织和自然人	
34	武江区水务局	许可	蓄滞洪区避洪设施建设审批	—	无	机关、事业单位、企业、社会组织	

续表12

序号	审批部门	类别	项目名称	子项	共同审批部门	审批对象	备注
35	武江区水务局	许可	迁移、损坏市管水利工程设施，占用影响市管农业灌溉水源、灌排工程设施审批	—	无	机关、事业单位、企业、社会组织	
36	武江区水务局	许可	农村集体经济修建水库批准审批	—	无	机关、事业单位、企业、社会组织	
37	武江区水务局	许可	城市建设填堵水域、废除围堤审核	—	无	机关、事业单位、企业、社会组织	
38	武江区水务局	非许可	重大项目洪水影响评价报告、防洪规划同意书审批	—	无	机关、事业单位、企业、社会组织	
39	武江区水务局	非许可	区管权限内水利水电工程项目建议书及可行性研究审核	—	无	机关、事业单位、企业、社会组织	
40	武江区水务局	非许可	护堤、护岸林木采伐审核	—	无	机关、事业单位、企业、社会组织及自然人	
41	武江区水务局	非许可	设立水利旅游项目审批	—	无	机关、事业单位、企业、社会组织	
42	武江区水务局	非许可	小型水库水库汛期调度运用计划审批	—	无	机关、事业单位、企业、社会组织	
43	武江区林业局	许可	征用、占用林地审批	临时使用2公顷以下非生态林、自然保护区林地许可	无	单位或个人	
44	武江区林业局	许可	林木种子生产、经营许可	1. 林木种子的生产许可（不含主要林木良种种子）	无	单位或个人	
				2. 林木种子经营许可（不含主要林木良种种子）	无	单位或个人	

续表12

序号	审批部门	类别	项目名称	子项	共同审批部门	审批对象	备注
45	武江区林业局	许可	木材运输许可（含出省木材运输许可）	—	无	单位或个人	
46	武江区林业局	许可	林木采伐许可（不含生态公益林和自然保护区采伐）	—	无	单位或个人	
47	武江区林业局	许可	进入森林防火区进行实弹演习，爆破等活动审批	—	无	单位或个人	市下放
48	武江区林业局	许可	设立临时性森林防火检查站审批	—	无	单位或个人	市下放
49	武江区林业局	许可	外国人对国家重点保护野生植物进行野外考察审批	—	无	单位或个人	
50	武江区林业局	许可	猎捕非国家重点保护陆生野生动物狩猎证核发	—	无	单位或个人	
51	武江区林业局	许可	野外生产用火许可	—	无	单位或个人	
52	武江区林业局	许可	因特殊情况在禁猎区狩猎	—	无	单位或个人	
53	武江区林业局	许可	陆生野生动物及其产品运输许可和国家“三有”陆生野生动物及其产品经营利用许可,驯养繁殖许可	陆生野生动物及其产品运输许可（含国家和省重点保护陆生野生动物及其产品出县境运输许可）	无	单位或个人	市下放
				国家“三有”保护陆生野生动物及其产品经营利用许可	无	单位或个人	
				国家“三有”保护陆生野生动物驯养繁殖许可	无	单位或个人	
				养殖的国家二级保护野生动物和省重点保护野生动物或其产品收购、经营单位的审批	无	单位或个人	市下放
54	武江区农业局	许可	农作物种子生产许可证核发（不含主要农作物杂交种子及其亲本种子、常规种原种种子）	—	无	生产机构和个人	市下放

续表12

序号	审批部门	类别	项目名称	子项	共同审批部门	审批对象	备注
55	武江区农业局	许可	农业植物及其产品检疫证签发	1. 省际调运植物检疫证书签发	无	生产机构和个人	市下放
				2. 省内调运植物检疫证书签发	无	生产机构和个人	市下放
				3. 植物产地检疫证书签发	无	生产机构和个人	市下放
56	武江区农业局	许可	农业机械维修技术合格证核发	—	无	个人、企业	
57	武江区农业局	许可	拖拉机、联合收割机号牌、行驶证核发、变更、年审	1. 拖拉机、联合收割机号牌及行驶证核发、变更	无	个人	
				2. 拖拉机、联合收割机年审	无	个人	
58	武江区农业局	许可	拖拉机、联合收割机驾驶证核发、换发、注销	—	无	个人	
59	武江区农业局	许可	种畜禽生产经营许可核发	—	无	单位和个人	市下放
60	武江区农业局	许可	兽药经营许可证核发、换发、变更	—	无	单位和个人	
61	武江区农业局	许可	水产苗种的生产许可	—	无	单位和个人	市下放
62	武江区农业局	许可	动物诊疗许可证核发、变更	—	无	单位和个人	
63	武江区农业局	许可	渔业捕捞许可证核发	—	无	单位或个人	
64	武江区农业局	许可	水域滩涂养殖使用证核发	—	无	单位和个人	
65	武江区农业局	许可	动物防疫条件合格证核发（隔离场所、无害化处理场所）	—	无	单位和个人	市下放
66	武江区农业局	许可	渔业船舶初次检验、营运检验和临时检验的证书核发	—	无	渔业船舶所有者	市下放
67	武江区文新局	许可	互联网上网服务营业场所经营单位设立审批	—	工商	企业	
68	武江区文新局	许可	设立娱乐场所审批	1. 歌舞娱乐场所经营许可	无	企业或个人	
				2. 游艺、电子游戏娱乐场所经营许可	无	企业或个人	

续表12

序号	审批部门	类别	项目名称	子项	共同审批部门	审批对象	备注
69	武江区文新局	许可	设立营业性文艺表演团体审批	1. 设立营业性文艺表演团体审批	无	企业或个人	
				2. 设立演出经纪机构审批	无	企业或个人	
70	武江区文新局	许可	出版物零售业务审批	—	无	企业或个人	
71	武江区文新局	许可	电影放映单位设立、变更业务 范围或者兼并合并、分立审批	—	工商	企业或个人	
72	武江区文新局	许可	复印、影印、打印经营许可审批	—	工商	企业或个人	
73	武江区文新局	许可	举办营业性演出的审批	—	无	已核发许可证或者批准文件的企业或个人	
74	武江区文新局	非许可	设立博物馆审批(冠以“中国”、“中华”、“国家”、“广东”等需由省级以上有关行政主管部门审核同意的除外）	—	无	企业或个人	
75	武江区卫计局	许可	区管权限内的医疗机构设置审批及执业许可	1. 医疗机构设置审批	无	单位	
				2. 医疗机构执业许可（注册登记、校验、变更、注销）	无	单位	
76	武江区卫计局	许可	乡村医生执业许可	乡村医生执业注册	无	个人	
77	武江区卫计局	许可	医师执业注册审批	—	无	个人	
78	武江区卫计局	许可	计划生育技术服务机构设立许可	—	无	单位	
79	武江区卫计局	许可	执业医师申请个体行医审批	—	无	个人	
80	武江区卫计局	非许可	医疗卫生机构承担预防性健康检查审批	—	无	单位	

续表12

序号	审批部门	类别	项目名称	子项	共同审批部门	审批对象	备注
81	武江区卫计局	非许可	病残儿医学鉴定初审	1. 病残儿医学鉴定初审	无	个人	
				2. 病残儿医学鉴定初审（申请再生育部分）	无	个人	
82	武江区卫计局	非许可	政策内怀孕非医学需要施行14周以上终止妊娠手术审批	—	无	个人	
83	武江区卫计局	非许可	输精（卵）管复通手术审批	—	无	个人	
84	武江区统计局	非许可	地方统计调查项目审批、备案	—	无	区人民政府有关部门	
85	武江区安监局	许可	烟花爆竹经营（零售）许可证	—	无	烟花爆竹经营（零售）单位	
86	武江区安监局	许可	危险化学品经营许可证	—	无	危险化学品企业	
87	武江区安监局	许可	县级人民政府及其有关主管部门审批、核准、备案的在建建设项目的安全设施设计审查与竣工验收审批	—	无	在建建设项目的单位或企业	
88	武江区安监局	许可	危险化学品重大危险源《备案告知书》、《备案登记表》、《核销告知书》、《核销登记表》核发	—	无	危险化学品企业	
89	武江区安监局	非许可	非药品类易制毒化学品经营（第三类）备案证明	—	无	危险化学品企业	
90	武江区安监局	非许可	金属与非金属矿产资源地质勘探作业备案	—	无	矿山企业	
91	武江区城管局	许可	临时占用或者挖掘城市道路许可	—	无	个人或企业	
92	武江区食药局	许可	药品零售经营许可证核发	—	无	药品零售经营企业	
93	武江区食药局	许可	保健食品经营企业卫生许可证核发	—	无	保健食品经营企业	
94	武江区食药局	许可	消费环节餐饮服务许可证核发	—	无	消费环节餐饮经营企业	

续表12

序号	审批部门	类别	项目名称	子项	共同审批部门	审批对象	备注
95	武江区食药局	许可	食品流通许可证核发	—	无	食品经营企业	
96	武江区人防办	非许可	应建防空地下室的民用建筑项目许可	—	无	企业和个人	
97	武江区残联	许可	残疾人就业保障金审核	—	无	机关、事业单位、团体、企业等	
98	武江区残联	非许可	盲人保健按摩机构开业资格及保健按摩人员从业资格认定	1. 开办盲人保健按摩机构资格认定	无	残疾人(以盲人为主)	
				2. 盲人保健按摩人员从业资格认定			
99	武江区事登局	许可	事业单位法人登记	1. 事业单位法人设立(备案)登记	无	区属事业单位	
				2. 事业单位法人变更登记	无	区属事业单位	
				3. 事业单位法人注销登记	无	区属事业单位	
100	武江区司法局	非许可	基层法律服务所设立、变更、注销登记	1. 基层法律服务所设立登记	无	基层法律服务所	
				2. 基层法律服务所注销登记	无	基层法律服务所	
				3. 基层法律服务所名称、法定代表人、执业场所变更登记	无	基层法律服务所	
				4. 基层法律服务所修改章程核准	无	基层法律服务所	
101	武江区民宗局	许可	设立、变更宗教活动场所审批	在宗教活动场所内改建或新建建筑物审核	无	社会团体	

续表12

序号	审批部门	类别	项目名称	子项	共同审批部门	审批对象	备注
102	武江区民宗局	非许可	全区性宗教团体负责人审批	—	无	社会团体	
103	武江区民宗局	非许可	中央下拨民族经费项目审批	—	无	社会团体	
104	武江区档案局	许可	集体和个人所有的对国家和社会具有保存价值的或者应当保密的档案向国家档案馆以外的任何单位或者个人出卖、转让或者赠送审批	—	无	集体和个人（原档案所有者）	
105	武江区档案局	许可	单位和个人利用区档案馆未开放档案的审批	—	无	机关、团体、企业事业单位和其他组织以及中国公民	
106	武江区档案局	非许可	对出卖、转让集体所有、个人所有以及其他不属于国家所有的对国家和社会具有保存价值的或者应当保密的档案的审批	—	无	集体和个人（原档案所有者）	

武江区事业单位分类改革表

表13

序号	主管单位	单位名称	性质	级别	现经费渠道	改革定向	分类	备注
1	区委	武江区委党校	参公	正科级	核拨	保留	公益一类	
2	区政府	武江区土地开发整理中心		正股级	核拨	保留	公益一类	
3		武江区体育局	参公	正科级	核拨	保留	公益一类	
4		武江区档案局（馆）	参公	正科级	核拨	保留	公益一类	
5	区委办	武江区史志办公室	参公	副科级	核拨	保留	公益一类	
6	政府办	武江区行政服务中心	参公	副科级	核拨	保留	公益一类	
7		武江区政府信息中心		副科级	核拨	保留	公益一类	
8		武江区机关事务管理局	参公	副科级	核拨	保留	公益一类	
9	体育局	武江区业余体育运动学校		正股级	核拨	保留	公益一类	

续表13

序号	主管单位	单位名称	性质	级别	现经费渠道	改革定向	分类	备注
10	司法局	武江区法律援助处	参公	正股级	核拨	整合	公益一类	区公职律师事务所职能整合后划入区法律援助处，撤销区公职律师事务所，收回编制4名
11		武江区公职律师事务所	参公	正股级	核拨			
12		韶关市康正公证处		副科级	核拨	保留	经营服务类	
13	农业局	武江区畜牧兽医水产局	参公	副科级	核拨	保留	公益一类	
14		广东省渔政总队武江大队		正股级	未定	撤销		
15		武江区农机管理总站		正科级	核拨	保留	公益一类	
16		武江农村财务管理办公室	参公	副科级	核拨	撤销		职能划入财政局，收回编制4名
17		武江区畜牧良种场		正股级	自筹	撤销		
18		武江区水生动物防疫检疫站		正股级	自筹	撤销		在动物卫生监督所挂牌
19		武江区农产品质量安全监督检验检测站		正股级	未定	撤销		
20		武江区农业技术推广中心		副科级	未定	撤销		将职能整合划入区畜牧水产局，在畜牧水产局挂牌
21	畜牧兽医水产局	武江区水产技术推广站		未定	未定	撤销		
22		武江区水产种苗养殖示范场		正股级	自筹	撤销		收回编制10名
23	财政局	武江区政府采购管理办公室	参公	副科级	核拨	保留	公益一类	
24		武江区财政局国库支付中心	参公	副科级	核拨	保留	公益一类	
25		西河镇财政所	参公	正股级	核拨	保留	公益一类	
26		西联镇财政所	参公	正股级	核拨	保留	公益一类	
27		龙归镇财政所	参公	正股级	核拨	保留	公益一类	
28		重阳镇财政所	参公	正股级	核拨	保留	公益一类	
29		江湾镇财政所	参公	正股级	核拨	保留	公益一类	
30		武江区预决算审核中心		正股级	核拨	保留	公益一类	

续表13

序号	主管单位	单位名称	性质	级别	现经费渠道	改革定向	分类	备注
31	教育局	武江区教学研究室（中学部、小学部）		未定	核拨	保留	公益一类	定正股级
32		武江区电化教学仪器设备站		未定	核拨	保留	公益一类	定正股级
33		武江区招生考试中心		副科级	核拨	保留	公益一类	
34		武江区勤工俭学办		未定	核拨	撤销		收回编制1名
35	教育局下属小学（19所）	武江区东岗小学		正股级	核拨	保留	公益一类	
36		武江区金福园小学		正股级	核拨	保留	公益一类	
37		武江区黄田坝小学		正股级	核拨	保留	公益一类	
38		武江区华泰小学		正股级	核拨	保留	公益一类	
39		武江区至和汤邓淑芳纪念学校		正股级	核拨	保留	公益一类	
40		武江区齿轮小学		正股级	核拨	保留	公益一类	
41		武江区镇泰小学		正股级	核拨	保留	公益一类	
42		武江区红星小学		正股级	核拨	保留	公益一类	
43		武江区向阳小学		正股级	核拨	保留	公益一类	
44		武江区朝阳小学		正股级	核拨	保留	公益一类	
45		武江区白芒小学		正股级	核拨	保留	公益一类	
46		武江区西联小学		正股级	核拨	保留	公益一类	
47		武江区沐溪小学		正股级	核拨	保留	公益一类	
48		武江区阳山小学		正股级	核拨	保留	公益一类	
49		武江区甘棠小学		正股级	核拨	保留	公益一类	
50		武江区车头小学		正股级	核拨	保留	公益一类	
51		武江区龙归镇中心小学		正股级	核拨	保留	公益一类	
52		武江区江湾镇中心小学		正股级	核拨	保留	公益一类	
53		武江区田家炳小学		正股级	核拨	保留	公益一类	

续表13

序号	主管单位	单位名称	性质	级别	现经费渠道	改革定向	分类	备注
54	教育局下属初中（8所）	韶关市第九中学		正科级	核拨	保留	公益一类	
55		韶关市第十一中学		正科级	核拨	保留	公益一类	
56		韶关市第十四中学		正科级	核拨	保留	公益一类	
57		韶关市第十五中学		正科级	核拨	保留	公益一类	
58		武江区江湾中学		正股级	核拨	保留	公益一类	
59		武江区龙归中学		正股级	核拨	保留	公益一类	
60		武江区西河学校（9年）		正股级	核拨	保留	公益一类	
61		武江区重阳学校（9年）		正股级	核拨	保留	公益一类	
62	教育局下属高中（1所）	韶关市第五中学		正科级	核拨	保留	公益一类	
63	科技局	武江区生产力促进中心		正股级	核拨	保留	公益一类	
64		韶关市蔬菜科技示范场		正股级	自筹	撤销		
65	民政局	武江区社会福利院		未定	核拨	保留	公益一类	定正股级
66		武江区龙归镇敬老院		正股级	核拨	保留	公益一类	
67		武江区西河镇敬老院		正股级	核拨	保留	公益一类	
68		武江区西联镇敬老院		正股级	核拨	保留	公益一类	
69		武江区重阳镇敬老院		正股级	核拨	保留	公益一类	
70		武江区江湾镇敬老院		正股级	核拨	保留	公益一类	
71		武江区福利彩票发行中心		未定	未定	保留	公益三类	定正股级，核定编制1名
72		武江区殡葬管理所		正股级	自筹	保留	公益三类	收回编制3名
73		武江区天灵祭祖园		正股级	自筹	撤销		
74		武江区捐助接收站		正股级	自筹	撤销		

续表13

序号	主管单位	单位名称	性质	级别	现经费渠道	改革定向	分类	备注
75	林业局	武江区森林资源综合管护大队		副科级	核拨	保留	公益一类	
76		武江区生态公益林管理中心（林场管理站、林业技术推广站）		正股级	核拨	保留	公益一类	
77		武江区江湾围坪木材检查站		正股级	核拨	保留	公益一类	
78		武江区龙归木材检查站		正股级	核拨	保留	公益一类	
79		武江区龙归林业工作站（龙归林业技术推广站）		正股级	核拨	保留	公益一类	
80		武江区重阳林业工作站（重阳林业技术推广站）		正股级	核拨	保留	公益一类	
81		武江区江湾林业工作站（江湾林业技术推广站）		正股级	核拨	保留	公益一类	
82		武江区林业调查规划与资源资产评估中心（林业调查规划设计队）		正股级	自筹	保留	公益三类	
83		武江区森林资源资产交易中心		正股级	自筹	保留	经营服务类	
84		武江区国营樟源林场		正股级	自筹	保留	经营服务类	
85		武江区国营江湾林场		正股级	自筹	保留	经营服务类	
86	人社局	武江区人才工作管理办公室	参公	副科级	核拨	保留	公益一类	
87		武江区就业服务管理局（武江区农民工综合服务中心）		副科级	自筹	保留	公益一类	收回编制5名
88		武江区劳动人事争议仲裁院		副科级	核拨	保留	公益一类	
89		武江区劳动监察大队	参公	正股级	核拨	保留	公益一类	
90		武江区人力资源办公室		副科级	核拨	撤销		职能划入人才办，收回编制2名，人员分流2名，由人社局在其下属同类事业单位安置
91		武江区职业技能鉴定指导中心		正股级	核拨	保留	公益一类	核定编制2名

续表13

序号	主管单位	单位名称	性质	级别	现经费渠道	改革定向	分类	备注
92	文新局	武江区文化馆		未定	自筹	保留	公益一类	定正股级
93		武江区少儿图书馆		正股级	未定	撤销		职能划入文化馆
94	残联	武江区残疾人综合服务中心		正股级	自筹	保留	公益一类	
95	宣传部	武江区委宣传部讲师团	参公	副科级	核拨	保留	公益一类	
96	武装部	武江区人民武装部民兵装备仓库		未定	核拨	保留	公益一类	定正股级
97	统计局	武江区统计普查中心		正股级	核拨	保留	公益一类	
98	老干局	武江区老干部活动中心		正股级	核拨	保留	公益一类	
99	总工会	武江区总工会职工服务中心		正股级	核拨	保留	公益一类	
100	发改局（物价局）	武江区重点建设项目办公室		正股级	核拨	保留	公益一类	
101		武江区物价局价格认证中心		正股级	自筹	保留	公益三类	核定编制2名，更名为区价格认证中心
102	城管局	武江区环境卫生管理所		正科级	核拨	保留	公益一类	
103	经信局	武江区外商投资服务中心		副科级	核拨	整合	公益一类	更名为：区外商投资和中小企业服务中心，副科级
104		武江区中小企业服务中心		未定	自筹			
105	水务局	武江区水政监察大队	参公	正股级	核拨	保留	公益一类	
106		武江区沐溪水库管理处		副科级	核拨	保留	公益一类	
107		武江区机电排灌管理总站		正股级	自筹	保留	公益三类	
108	龙归镇	龙归镇文化站		未定	未定	保留	公益一类	定正股级
109		龙归镇人力资源社会保障所		正股级	核补	保留	公益一类	
110		武江区龙归镇畜牧兽医水产站		未定	核拨	保留	公益一类	定正股级
111		龙归镇农村综合服务站		未定	未定	保留	公益一类	定正股级
112		龙归镇计生专业服务队		未定	未定	保留	公益一类	定正股级

续表13

序号	主管单位	单位名称	性质	级别	现经费渠道	改革定向	分类	备注
113	西河镇	西河镇文化站		未定	未定	保留	公益一类	定正股级
114		西河镇人力资源社会保障所		正股级	核补	保留	公益一类	
115		武江区西河镇畜牧兽医水产站		未定	核拨	保留	公益一类	定正股级
116		西河镇农村综合服务站		未定	未定	保留	公益一类	定正股级
117		西河镇计生专业服务队		未定	未定	保留	公益一类	定正股级
118	西联镇	西联镇文化站		未定	未定	保留	公益一类	定正股级
119		西联镇人力资源社会保障所		正股级	核补	保留	公益一类	
120		武江区西联镇畜牧兽医水产站		未定	核拨	保留	公益一类	定正股级
121		西联镇农村综合服务站		未定	未定	保留	公益一类	定正股级
122		西联镇计生专业服务队		未定	未定	保留	公益一类	定正股级
123	重阳镇	重阳镇文化站		未定	未定	保留	公益一类	定正股级
124		重阳镇人力资源社会保障所		正股级	核补	保留	公益一类	
125		武江区重阳镇畜牧兽医水产站		未定	核拨	保留	公益一类	定正股级
126		重阳镇农村综合服务站		未定	未定	保留	公益一类	定正股级
127		重阳镇计生专业服务队		未定	未定	保留	公益一类	定正股级
128	江湾镇	江湾镇文化站		未定	未定	保留	公益一类	定正股级
129		江湾镇人力资源社会保障所		正股级	核补	保留	公益一类	
130		武江区江湾镇畜牧兽医水产站		未定	核拨	保留	公益一类	定正股级
131		江湾镇农村综合服务站		未定	未定	保留	公益一类	定正股级
132		江湾镇计生专业服务队		未定	未定	保留	公益一类	定正股级
133	新华街道办事处	武江区新华街道人力资源社会保障所		正股级	核补	保留	公益一类	增加编制6名，增加后核定编制10名
134		新华街道文化站		正股级	未定	保留	公益一类	核定编制2名

续表13

序号	主管单位	单位名称	性质	级别	现经费渠道	改革定向	分类	备注
135	惠民街道办事处	武江区惠民街道人力资源社会保障所		正股级	核补	保留	公益一类	增加编制6名，增加后核定编制10名
136		惠民街道文化站		正股级	未定	保留	公益一类	核定编制2名
137	畜牧兽医水产局	武江区动物卫生监督所		正股级	核拨	保留	行政类	已完成
138	区政府	韶关市武江区地方公路管理站		正科级	核拨	保留	公益一类	已完成
139	卫计局（韶武府〔2013〕32号文合并前12个单位，合并后7个单位）	韶关市武江区新华街道社区卫生服务中心		正股级	核拨	保留	公益一类	已完成
140		惠民街道社区卫生服务中心		正股级	核拨	保留	公益一类	已完成
141		韶关市武江区龙归镇中心卫生院（加挂韶关市武江区龙归镇计划生育服务所）		正股级	核拨	保留	公益一类	已完成
142		韶关市武江区重阳卫生院（加挂韶关市武江区重阳镇计划生育服务所）		正股级	核拨	保留	公益一类	已完成
143		韶关市武江区江湾卫生院（加挂韶关市武江区江湾镇计划生育服务所）		正股级	核拨	保留	公益一类	已完成
144		韶关市武江区计划生育服务站（西河镇计划生育服务所、西联镇计划生育服务所并入）		正股级	核拨	保留	公益一类	
145	区政府	广州大岗（武江）产业转移工业园管理委员会		正科级	核拨	暂缓		
146		东莞（韶关）产业转移工业园武江片区管委会		正股级	自筹	暂缓		

索　　引

主题索引

说　明

1. 本索引按照主题词首字汉语拼音字母顺序排列。
2. 索引款目后的数字表示内容所在的页码,数字后的英文字母（a、b、c）表示栏别（即版面的1、2、3、栏）。
3. 本期的特载、大事记、人物・荣誉、文件辑录和附录等内容未作索引。

D

F

G

H

J

K

L

M

N

P

Q

R

S

T

W

X

Y

Z

彩版索引

表格索引